Idries Shah

Die Sufis

Eugen Diederichs Verlag

Aus dem Englischen übersetzt von Jochen Eggert
und Stephan Schuhmacher
Titel der Originalausgabe: The Sufis

Erste Auflage 1976

Umschlaggestaltung: Eberhart May
Satz: Fotosatz Tutte, Salzweg-Passau
Druck und Bindung: Mohndruck Reinhard Mohn OHG, Gütersloh
ISBN 3-424-00582-7

INHALT

ZUR LAGE

Die Menschheit schläft. Sie beschäftigt sich allein mit Nutzlosem, sie lebt in einer falschen Welt. Glaubt man, sich in dieser Welt hervortun zu können, so ist das nur Gewohnheit oder Brauch – nicht aber Religion. Diese »Religion« ist ungenügend ...
Triffst du Menschen, die den Pfad (der Erkenntnis) gehen, so schwatze nicht, sondern verzehre dein Ich. Stehst du in Beziehung zur Wirklichkeit auf dem Kopf, dann sind auch dein Wissen und deine Religion verkehrt.
Der Mensch verstrickt sich selbst in sein Netz. Der Löwe (der Mensch des Pfades) sprengt seinen Käfig.

(Der Sufi-Meister Sanai von Afghanistan, Lehrer von Rumi,
in: *Der ummauerte Garten der Wahrheit,*
geschrieben im Jahre 1131)

VORWORT

Eine der Wissenschaft und ihrer akademischen Methode diametral entgegengesetzte Darstellung zu geben, war nicht die Absicht dieses Buches. Fachgelehrte aus Ost und West haben ihr Lebenswerk dem Ziel gewidmet, mit den ihnen eigenen Mitteln das literarische und philosophische Gedankengut der Sufis allgemein zugänglich zu machen. In vielen Fällen haben sie die oft wiederholte Selbstaussage der Sufis redlich wiedergegeben, daß ihr Weg nämlich nicht mit den Mitteln des Intellekts und des gewöhnlichen Buchwissens zu begreifen sei. Daß dieser Grundsatz sie indes nicht daran gehindert hat zu versuchen, den Sufismus in Kategorien ihres eigenen Verstehens einzuordnen, ist ein Tribut an ihre intellektuelle Ehrlichkeit und das Vertrauen auf ihre gewohnten Untersuchungsmethoden.

Es hieße jedoch den Sufismus mißverstehen, wollte man nicht eindeutig feststellen, daß er über einen gewissen Punkt hinaus nur noch im Kontext einer tatsächlichen Schulung erfaßt werden kann. Voraussetzung dafür ist die Gegenwart eines Sufi-Lehrers. Für den Sufi ist es durchaus kein Zufall, daß die »geheime Lehre«, deren Existenz man seit undenklichen Zeiten geahnt und deren Unterweisung man gesucht hat, sich für den Suchenden als so schwer faßbar erweist. Ist, wie man sagt, der Kommunismus eine Religion ohne Gott, so ist das akademische Studium des Sufismus ohne praktische Einübung und Erfahrung ein Sufismus ohne sein wesentlichstes Moment. Spricht nun diese Behauptung gegen die althergebrachte rationalistische Einstellung, ein Mensch könne die Wahrheit allein durch den Gebrauch der Fähigkeiten finden, mit denen er ausgestattet ist, so gibt es darauf nur eine Antwort. Sufismus, die »geheime Überlieferung«, bleibt unzugänglich, wenn man von Prämissen ausgeht, die einer anderen Welt – der des Intellekts – angehören. Geht man davon aus, daß die Wahrheit über außerphysikalische Tatsachen nur durch den Gebrauch *einer* Methode des Denkens, nämlich der rationalen und »wissenschaftlichen«, zu finden sei, dann gibt es allerdings keinen Berührungspunkt zwischen dem Sufi und dem vermeintlich objektiven Wahrheitssucher.

Sufische Literatur und einführende Unterweisung sind darauf abgestellt, die Kluft zwischen diesen beiden Welten des Denkens zu überbrücken. Wäre es nicht möglich, überhaupt eine Brücke zu schlagen, so wäre dieses Buch wertlos und hätte gar nicht geschrieben werden brauchen.

Sufismus, als ein Nährstoff für die Gesellschaft betrachtet, kann innerhalb der Gesellschaft nicht in unveränderter Form fortbestehen. Das heißt, daß die Sufis nicht Systeme errichten, wie man Bauwerke als Beispiel und Vorbild für kommende Generationen erstellt. Sufismus wird durch das menschliche Bei-

spiel vermittelt, den Lehrer. Daß er im Alltagsleben nicht gerade häufig anzutreffen ist und daß er Nachahmer hat, heißt nicht, daß er gar nicht existiert.
Spuren des Sufismus finden sich noch in sinnentleerten Organisationen, denen dieses Element menschlicher Überlieferung, die *baraka,* verlorengegangen ist; dort bleibt nur noch die Form. Da jedoch diese äußere Schale für den gewöhnlichen Menschen am leichtesten wahrnehmbar ist, müssen wir sie benutzen, um auf tiefere Dimensionen hinzuweisen. Anders als der Mensch des Jedermannsbewußtseins können wir nicht sagen, dieses oder jenes Ritual, dieses oder jenes Buch verkörpere den Sufismus. Wir gehen von menschlichem, sozialem, literarischem Material aus, das sowohl unvollkommen ist – da nicht gekoppelt mit der Überzeugungskraft des lebenden Beispiels, des Lehrers – als auch zweitrangig, da es nur teilweise verdaut ist. Historische Tatsachen, wie zum Beispiel überdauernde religiöse und soziale Organisationen, sind sekundäre, äußerliche Phänomene, die zu ihrem Überleben von Verwaltung, Emotion und äußerlicher Repräsentation abhängig sind. Diese für die Fortdauer gewöhnlicher Systeme so wichtigen Faktoren sind aus der Sicht des Sufismus nur Ersatz für die Lebenskraft des Organismus, die der Sufismus von Erscheinung und Gefühl abhebt.
Eine Schule des Sufismus entsteht, wie jede andere natürliche Gegebenheit, um zu blühen und zu vergehen, nicht aber um Spuren mechanischer Rituale oder anthropologisch interessante Relikte zu hinterlassen. Die Funktion einer Nahrung ist es, umgewandelt zu werden, und nicht unveränderte Spuren zurückzulassen.
Der große Sufi-Lehrer Jami bezieht sich auf diese Tendenz der Verselbständigung, wenn er sagt, ein Bart, den man zu üppig wachsen lasse, würde bald dem Haupthaar Bedeutung und Beachtung streitig machen.
Es ist leicht einzusehen, daß sowohl der Anspruch des Sufismus, »organisch« zu sein, als auch seine Forderung eines menschlichen Vorbilds ihn aus dem Gesichtskreis konventioneller Untersuchungsmethoden entfernen.
Dennoch hat es Sinn, den Einflüssen der Sufis auf die Menschheitskultur nachzugehen. Da finden wir erst einmal innerhalb poetischer, literarischer und anderer Medien Bemühungen, die Kluft zwischen gewöhnlichem Denken und der Sufi-Erfahrung zu überbrücken: Bemühungen, die darauf abzielen, das gewöhnliche, unentwickelte oder embryonale menschliche Bewußtsein zu größerer Bewußtheit und tieferer Erkenntnis zu führen. Zweitens behaupten die Sufis, daß die menschliche Individualität sich selbst in Kulturen, in denen autoritäres und mechanisches Denken ein umfassendes Verständnis erstickt hat, irgendwie durchsetzen wird, und sei es auch nur in dem unbestimmten Gefühl, das Leben müsse einen weitergehenden Sinn haben als nur den offiziell propagierten.
In diesem Buch wurde zur besseren Verdeutlichung das Schwergewicht auf die Verbreitung des sufischen Denkens während eines bestimmten Zeitraumes (nämlich vom siebenten Jahrhundert bis zur Gegenwart) gelegt. Wenn im

Verlauf der Darstellung gänzlich neues Material vorgelegt wurde, so geschah das nicht in der Absicht, einen scholastischen Beitrag zu liefern. Die Gelehrsamkeit ist daran interessiert, Informationen zu sammeln und Schlußfolgerungen daraus zu ziehen. Sufismus bemüht sich darum, eine direkte Verbindung zu letzter Erkenntnis herzustellen, und nicht um eine Kombination einzelner Tatsachen, mögen diese historisch oder theoretisch auch noch so aufregend sein.

Sufismus, das sollte man sich stets vor Augen halten, ist nur insofern »östliches« Denken, als er Glaubensvorstellungen bewahrt – wie die des menschlichen Vorbilds –, die im Westen in Vergessenheit geraten sind. Er ist okkult und mystisch in dem Sinne, daß er einen anderen Pfad verfolgt als den von Dogmen und Autoritäten einzig als wahr bezeichneten. Sufismus behauptet, daß diese letztere Einstellung nur einen Teil, nur eine Phase der menschlichen Gesamtentwicklung darstellt. Indem Sufismus die »wahre« Quelle der Erkenntnis für sich in Anspruch nimmt, kann er die angemaßte Wahrheit derer nicht akzeptieren, die ihre eigene Erkenntnis als die »logische« betrachten.

Ein Großteil des Materials, das hier vorgestellt wird, ist unvollständig, da es ohne das Gegengewicht der sufischen Schulung nicht möglich ist, weitere formale Literatur über den Sufismus zu produzieren. Vieles von diesem Material ist allerdings außerhalb traditioneller Sufi-Kreise nicht bekannt. Es beabsichtigt nicht, die herkömmliche Gelehrsamkeit zu beeinflussen, zu der es auch nur in der oberflächlichsten Beziehung steht; die Herstellung einer engeren Beziehung wäre eine Verzerrung der Tatsachen.

Sufismus erkennt man durch Sufismus.

Es ist interessant zu sehen, wie anders Wissenschaft heute von uns gesehen wird im Vergleich zur Auffassung eines ihrer Pioniere. Roger Bacon, der als das Wunderkind des Mittelalters und einer der größten Denker der Menschheit gilt, war der Pionier der Methode, Wissen durch Erfahrung zu erlangen. Dieser franziskanische Mönch lernte von den Sufis der »Erleuchteten Schule«, daß es einen Unterschied zwischen dem Sammeln von Informationen und dem Wissen um die Dinge durch tatsächliches Experimentieren gibt. In seinem *Opus Maius*, in dem er sich auf die sufische Lehre bezieht, sagt er:

Es gibt zwei Formen des Wissens: Wissen durch Beweisführung und Wissen durch Erfahrung. Die Beweisführung führt zu Schlußfolgerungen und zwingt uns, diese anzuerkennen. Sie bringt jedoch weder Gewißheit, noch beseitigt sie Zweifel, so daß der Geist in der Wahrheit ruhen könnte, es sei denn, diese Gewißheit käme durch eigene Erfahrung zustande.

Diese Sufi-Lehrmeinung wurde im Westen als die wissenschaftliche Methode des induktiven Vorgehens bekannt, und in der Folge stützte sich die westliche Wissenschaft weitgehend darauf.

Die moderne Wissenschaft jedoch – anstatt den Gedanken zu akzeptieren, daß Erfahrung auf allen Gebieten des menschlichen Denkens notwendig ist – verstand das Wort »erfahren« im Sinne von »experimentieren«, wobei das Experi-

mentieren ein Tun ist, in dem der Experimentierende sich selbst so weit als möglich aus der eigentlichen Erfahrung heraushält.
Vom Standpunkt der Sufis aus begründete Roger Bacon, als er diese Worte im Jahre 1268 schrieb, zwar die moderne Wissenschaft, vermittelte andererseits jedoch nur einen Teil der Weisheit, auf die sie sich hätte gründen können.
Das »wissenschaftliche« Denken hat seitdem fortdauernd und geradezu heroisch mit diesem Teilaspekt der Überlieferung gearbeitet. Obwohl es so aus dem Wirken der Sufis entsprang, hat die Abschwächung der Überlieferung den wissenschaftlichen Forscher daran gehindert, sich dem Wissen durch Wissen selbst zu nähern – also durch *Erfahrung,* und nicht nur durch das *Experiment.*

DIE INSELBEWOHNER

Der gewöhnliche Mensch bereut seine Sünden:
Die Auserwählten bereuen ihre Unachtsamkeit.
(Dhu'l-Nun Misri)

Die meisten Fabeln enthalten wenigstens ein bißchen Wahrheit, und oft ermöglichen sie es den Menschen, Gedanken aufzunehmen, die zu verarbeiten ihre gewohnten Denkstrukturen sie gehindert hätten. Fabeln wurden deshalb oft benutzt – nicht zuletzt von den Sufi-Lehrern –, um ein Bild des Lebens zu zeichnen, das stärker mit dem sufischen Lebensgefühl harmonisierte, als es einer Darstellung mit intellektuellen Methoden möglich gewesen wäre.

Hier nun eine Fabel über die Situation der Menschheit, zusammengefaßt und den Gegebenheiten der Zeit, in der sie vorgetragen wird, angepaßt.

Es war einmal eine ideale Gemeinschaft, die in einem fernen Land lebte. Ihren Mitgliedern waren die Ängste, mit denen wir leben, fremd. Statt Unsicherheit und Wankelmut besaßen sie Zielbewußtheit und reichere Möglichkeiten, sich selbst auszudrücken. Obwohl es dort keine der Belastungen und Spannungen gab, die die Menschheit heute als für ihren Fortschritt unerläßlich betrachtet, war das Leben dieser Menschen reicher, da andere, bessere Elemente an die Stelle dieser Faktoren traten. So lebten sie also in einer etwas anderen Existenzform als wir. Man könnte fast sagen, daß unsere gegenwärtigen Erfahrungen nur grobe, unbeholfene Versionen jener wirklichen Erfahrung sind, der die Menschen jener Gemeinschaft fähig waren.

Sie besaßen wahres Leben, kein Halb-und-halb-Leben.

Wir könnten sie das Ar-Hew-Volk nennen.

Sie hatten einen Führer, der entdeckte, daß ihr Land für einen Zeitraum von, sagen wir, zwanzigtausend Jahren unbewohnbar werden würde. Er plante ihr Entkommen, wohl wissend, daß ihre Nachfahren erst nach zahlreichen Prüfungen glücklich in die Heimat würden zurückkehren können.

Er fand einen Zufluchtsort für sein Volk; eine Insel, deren natürliche Gegebenheiten nur entfernt jenen ihres Heimatlandes glichen. Wegen der unterschiedlichen klimatischen und sonstigen Umweltsbedingungen mußten die Einwanderer eine Umwandlung durchmachen. Diese Umwandlung paßte sie körperlich und geistig den neuen Umständen an; ein grobes Wahrnehmungsvermögen zum Beispiel trat an die Stelle des feinen, das sie besessen hatten, so wie die Hand des Schwerarbeiters, entsprechend der Beanspruchung in seinem Beruf, schwielig wird.

Um den Schmerz eines Vergleiches des neuen Zustandes mit dem alten zu

lindern, ließ man sie die Vergangenheit beinahe völlig vergessen. Nur ganz schattenhafte Erinnerungen blieben, genug jedoch, um zur rechten Zeit wieder erweckt werden zu können.
Das System war sehr kompliziert, aber geschickt aufgebaut. Die Organe, durch die das Volk auf dieser Insel überlebte, machte man auch zu Organen des physischen und geistigen Vergnügens. Die Organe, die in ihrem alten Heimatland wirklich konstruktiv gewesen waren, wurden auf besondere Weise außer Kraft gesetzt und derart mit den schattenhaften Erinnerungen verknüpft, daß ihre Aktivierung gegebenenfalls möglich war.
Langsam und unter Schmerzen wurden die Einwanderer heimisch und stellten sich auf die gegebenen Bedingungen ein. Zu den natürlichen Gegebenheiten der Insel gehörte die Möglichkeit, unter Anstrengungen und einer besonderen Form der Anleitung auf dem Weg in die ursprüngliche Heimat zunächst auf eine andere Insel übersetzen zu können. Diese war die erste einer ganzen Reihe von Inseln, auf der die schrittweise Akklimatisierung stattfinden sollte.
Die Verantwortung für diese »Evolution« wurde solchen Individuen anvertraut, die ihre Last auch tragen konnten. Es konnten nur wenige sein, denn für die Masse des Volkes war die Anstrengung, beide Wissensbereiche in ihrem Bewußtsein zu behalten, geradezu unzumutbar. Schien doch der eine dieser Bereiche dem anderen zu widersprechen. So bewahrten einige Spezialisten die »besondere Wissenschaft«.
Dieses »Geheimnis«, die Methode, den Übergang zu vollziehen, war nicht mehr und nicht weniger als das Wissen um die Kunst der Seefahrt und ihre Anwendung. Zur Flucht von der Insel waren kompetente Anleitung, sowie Rohmaterialien, Arbeitskraft, Anstrengungen und Einsicht nötig. Dies alles vorausgesetzt, konnten Menschen lernen, zu schwimmen und auch Schiffe zu bauen. Die Leute, die anfangs für die Rettungsaktion verantwortlich waren, machten es jedermann deutlich, daß es gewisser Vorbereitungen bedurfte, ehe man schwimmen lernen, oder gar am Bau eines Schiffes teilnehmen konnte. Eine Zeitlang funktionierte dieses Verfahren auch zufriedenstellend.
Dann jedoch lehnte sich ein Mann, dem man gesagt hatte, daß ihm – wenigstens zu diesem Zeitpunkt – die nötigen Voraussetzungen noch fehlten, gegen diese Ordnung auf und entwickelte eine meisterliche Vorstellung. Er hatte nämlich beobachtet, daß die Anstrengungen, die man zum Entkommen traf, dem Volk eine schwere und oft anscheinend unwillkommene Bürde aufluden. Gleichzeitig war es geneigt, Gerüchten Glauben zu schenken, die über die Rettungsaktion verbreitet wurden. Er erkannte, daß er mächtig werden und sich zudem an jenen Leuten rächen konnte, die ihn – wie er glaubte – unterbewertet hatten, indem er einfach diese beiden Tatbestände ausnutzte.
Er brauchte sich nur zu erbieten, das Volk von dieser Bürde zu befreien, indem er ihm versicherte, daß es überhaupt keine Bürde gebe. So verkündete er folgendes:
»Es gibt keinen Grund, warum ein Mensch sein Bewußtsein integrieren und

auf die vorgeschriebene Art und Weise schulen sollte. Das menschliche Bewußtsein ist schon jetzt ein stabiles, beständiges und in sich stimmiges Ding. Man hat Euch gesagt, Ihr müßtet Handwerker werden, um ein Schiff bauen zu können. Ich aber sage Euch, Ihr braucht nicht nur keine Handwerker zu werden – Ihr braucht überhaupt kein Schiff! Ein Inselbewohner braucht sich nur an ein paar einfache Regeln zu halten, um zu überleben und einen Platz in der Gesellschaft zu haben. Mit ein bißchen gesundem Menschenverstand, der ja jedermann angeboren ist, kann er alles auf dieser Insel erreichen, die unsere Heimat ist, unser aller gemeinsames Eigentum und Erbe!«

Nachdem der Redegewandte bei den Leuten großes Interesse hervorgerufen hatte, »bewies« er nun seine Botschaft:

»Wenn an diesem Gerede über Schiffe und Schwimmen irgend etwas dran ist, dann zeigt uns doch Schiffe, die die Reise gemacht haben, zeigt uns Schwimmer, die zurückgekommen sind!«

Das war eine Herausforderung, der die Instrukteure nicht begegnen konnten. Ging sie doch von einer irrtümlichen Annahme aus, derren Irrigkeit die eingelullten Massen nun nicht mehr durchschauten. Denn, seht ihr, die Schiffe kehrten niemals aus dem anderen Land zurück. Und Schwimmer hatten, wenn sie zurückkamen, eine erneute Anpassung hinter sich, die sie für die Masse nicht mehr erkennbar machte.

Das aufgewiegelte Volk bestand auf einem unleugbaren Beweis. »Schiffbau«, so sagten die Fluchthelfer in einem vergeblichen Versuch, mit den Revoltierenden zu diskutieren, »ist eine Kunst und ein Handwerk. Das Erlernen und Ausüben dieser Überlieferung bedarf besonderer Techniken. Diese ergeben zusammen eine Gesamtaktivität, die sich nicht in kleinen Stückchen untersuchen läßt, wie Ihr das verlangt. In dieser Aktivität gibt es ein unfaßbares Element, *baraka* genannt, von dem sich das Wort ›Barke‹ – ein Schiff – herleitet. Dieses Wort heißt ›Das Feine‹, und das kann Euch nicht vorgeführt werden.«

»Kunst, Handwerk, Gesamtaktivität, *baraka* – Unsinn!« schrien die Revolutionäre, und sie hängten alle schiffbauenden Handwerker, die sie finden konnten.

Das neue Evangelium wurde überall als ein Akt der Befreiung willkommen geheißen. Der Mensch hatte entdeckt, daß er bereits reif war. Er fühlte sich, wenigstens für einige Zeit, einer großen Verantwortung enthoben.

Die meisten anderen Denkarten wurden bald von der Einfachheit und Bequemlichkeit der revolutionären Vorstellungen überschwemmt. Und schon bald hielt man diese für grundlegende Tatsachen, die niemals von einem vernunftbegabten Wesen in Frage gestellt worden waren. Vernünftig nannte man natürlich einen Menschen, der mit der verbreiteten Theorie, auf der nun die gesamte Gesellschaftsordnung basierte, übereinstimmte.

Vorstellungen, die der neuen Theorie widersprachen, konnte man leicht als irrational hinstellen. Und alles Irrationale war schlecht. In der Folge mußte ein Mensch eventuelle Zweifel unterdrücken oder sich davon ablenken, denn man mußte ihn um jeden Preis für »rational« halten.

Rational zu sein war allerdings nicht schwer. Man brauchte sich nur an die Werte der Gesellschaft zu halten. Außerdem gab es ja genug Beweise für die Richtigkeit des rationalen Denkens – vorausgesetzt, man dachte nicht über das Inselleben hinaus. Im Rahmen dieser Insel hatte die Gesellschaft nun vorübergehend ein Gleichgewicht erreicht und schien, wenn man sie mit ihren eigenen Augen sah, ein glaubwürdiges Ganzes darzustellen. Sie gründete sich auf Verstand und Emotion und ließ beides plausibel erscheinen. So war zum Beispiel der Kannibalismus aus rationalen Gründen erlaubt. Man hatte herausgefunden, daß der menschliche Körper eßbar ist. Eßbarkeit ist indes eine Eigenschaft von Nahrung. Also war auch der menschliche Körper Nahrung. Um die Mängel dieser Argumentationsweise zu überspielen, sorgte man für Abhilfe. Kannibalismus wurde im Interesse der Gesellschaft unter Kontrolle gestellt. »Kompromiß« hieß das Gütezeichen des momentanen Gleichgewichts. Zu jeder besseren Gelegenheit kam jemand mit einem neuen Kompromiß, und im Ringen von Vernunft, Ehrgeiz und den Werten der Gesellschaft entstand irgendeine neue soziale Norm.

Da die Fertigkeit Schiffe zu bauen in dieser Gesellschaft keine offensichtlichen Anwendungsmöglichkeiten fand, konnte man derlei Bemühungen leicht als absurd abtun. Schließlich brauchte man keine Schiffe – wohin sollte man denn fahren? Die Konsequenzen aus bestimmten Annahmen lassen sich dazu benutzen, diese Annahmen zu »beweisen«. Dies ist es, was man Pseudo-Gewißheit nennt, der Ersatz für wahre Gewißheit. Auch wir machen täglich in Pseudogewißheit, wenn wir voraussetzen, daß wir auch am nächsten Tag leben werden. Unsere Inselbewohner allerdings wendeten sie auf alles und jedes an.

Zwei Eintragungen im großen *Insel-Universallexikon* machen deutlich, wie dieses System arbeitete. Ihre Weisheit aus der einzigen geistigen Nahrung ziehend, die ihnen zur Verfügung stand, produzierten die Gelehrten der Insel in allem Ernst Wahrheiten wie die folgenden:

SCHIFF: ärgerlich. *Ein imaginäres Fahrzeug, von dem Schwindler und Betrüger behaupten, es sei möglich, darin »das Wasser zu überqueren«; nunmehr wissenschaftlich als Absurdität erwiesen. Auf der Insel finden sich keine wasserundurchlässigen Materialien, mit denen ein solches »Schiff« konstruiert werden könnte, ganz abgesehen von der Frage, ob es überhaupt einen Bestimmungsort jenseits der Insel gibt. Den »Schiffbau« zu propagieren ist ein Kapitalverbrechen gemäß Paragraph XVII des Strafgesetzbuches, Unterabteilung J,* Zum Schutz von Leichtgläubigen. *SCHIFFBAUMANIE ist eine extreme Form von geistigem Eskapismus, ein Symptom von Fehlanpassung. Alle Bürger sind verfassungsmäßig verpflichtet, die Gesundheitsbehörden zu verständigen, wenn sie die Existenz dieses tragischen Zustandes bei einem Mitbürger vermuten.*

Siehe auch: Schwimmen; Geistesverwirrung; Verbrechen (schwer).

Literatur: Smith, J., Warum man keine »Schiffe« bauen kann, *Insel-Monographien Band 1151.*

SCHWIMMEN: unangenehm. *Angeblich eine Methode, den Körper im Wasser*

vorwärtszubewegen, ohne dabei zu ertrinken, im allgemeinen in der Absicht, einen »Ort außerhalb der Insel« zu erreichen. Der »Schüler« dieser unangenehmen Kunst mußte sich einem grotesken Ritual unterwerfen. Während der ersten Lektion mußte er sich auf den Boden legen und nach dem Kommando eines »Instrukteurs« Arme und Beine bewegen. Der Gedanke des »Schwimmens« basiert allein auf dem Bedürfnis der selbsternannten »Instrukteure« zu barbarischen Zeiten, Leichtgläubige beherrschen zu können. Noch vor kurzem hat der Kult die Form einer seuchenartigen Manie angenommen.
Siehe auch: Schiff; Häresie; Pseudokünste. *Literatur: Brown, W.*: Der Große Schwimm-Wahn, *7 Bände, Institut für die Klarheit sozialen Denkens.*

Die Worte »ärgerlich« (displeasing) und »unangenehm« (unpleasant) bezeichneten auf der Insel alles, was dem neuen Evangelium widersprach, welches selbst unter der Bezeichnung »Please« (Gefallen) bekannt war. Damit sollte den Leuten suggeriert werden, daß sie nun ganz nach ihrem eigenen Gefallen lebten – natürlich im Rahmen der Notwendigkeit, dem Staat zu gefallen. Unter dem Staat verstand man ›alle Leute‹.

Es ist kaum erstaunlich, daß schon seit verhältnismäßig früher Zeit der bloße Gedanke, die Insel zu verlassen, die meisten Menschen mit Schrecken erfüllte. Eine ähnliche, durchaus nicht von der Hand zu weisende Furcht findet man bei langjährigen Gefangenen, die kurz vor der Entlassung stehen. Das »Draußen«, das was jenseits der Gefangenschaft liegt, wird als vage, unbekannte, bedrohliche Welt empfunden.

Die Insel war kein Gefängnis. Aber sie war ein Käfig mit unsichtbaren Gittern, die wirkungsvoller waren, als offensichtliche Gitter es jemals gewesen wären.

Die Inselgesellschaft wurde zunehmend komplexer, und wir können hier nur auf einige ihrer herausragenden Eigenschaften eingehen. Ihre Literatur war sehr vielseitig. Zusätzlich zu den kulturellen Werken gab es eine Vielzahl von Büchern, die einzelne Werte und Errungenschaften der Nation erläuterten. Es gab auch die Kunstform der allegorischen Geschichte, die ausmalte, wie schrecklich das Leben gewesen wäre, wenn ... die Gesellschaft sich nicht in der gegenwärtigen beruhigenden Struktur arrangiert hätte.

Von Zeit zu Zeit versuchten Instrukteure der gesamten Gemeinschaft das Entkommen zu ermöglichen. Mancher Kapitän opferte sich auf, um ein geistiges Klima wiederherzustellen, in dem die Schiffbauer, die sich nun verborgen halten mußten, ihre Arbeit fortsetzen könnten. All diese Versuche wurden von Geschichtswissenschaftlern und Soziologen allein im Hinblick auf die Gegebenheiten auf der Insel interpretiert. An Kontakte, die über diese geschlossene Gesellschaft hinausgingen, dachten sie nicht. War es doch verhältnismäßig leicht, für nahezu alles eine plausible Erklärung zu finden. Dabei kümmerte man sich nicht um ethische Prinzipien, denn die Gelehrten widmeten sich weiterhin mit wahrer Begeisterung nur dem, was wirklich zu sein *schien*. »Was könnten wir denn *noch* tun?« fragten sie und setzten mit dem Wort *noch* voraus, daß die Alternative eine quantitative Anstrengung sei. Oder sie fragten einander: »Was könnten wir *anderes* tun?«, und nahmen dabei an, die Antwort könnte in dem *anderes*, also etwas Verschiedenem liegen. Ihr wahres Problem war, daß sie sich selbst für fähig hielten, die Fragen zu formulieren, und dabei übersahen, daß die Fragen genauso wichtig sind wie die Antworten.

Natürlich hatten die Inselbewohner innerhalb ihres eigenen kleinen Reiches eine Menge Denk- und Handlungsspielraum. Die verschiedenen Spielarten der Gedanken und Unterschiede der Meinungen vermittelten den Eindruck von Gedankenfreiheit. Das Denken wurde sogar gefördert, vorausgesetzt, es war nicht »absurd«.

Die Redefreiheit war garantiert. Allerdings war sie ohne die Entwicklung der Einsicht, um die man sich nicht kümmerte, wenig von Nutzen.

So mußte die Arbeit der Navigatoren und das, was sie in deren Verlauf besonders betonten, angesichts des Wandels in der Gemeinschaft andere Aspekte hervorkehren. Das machte ihre Wirklichkeit in den Augen der Schüler, die sie vom Standpunkt des Insellebens sahen, noch unverständlicher.

Inmitten der allgemeinen Verwirrung konnte sogar das Vermögen, sich der Möglichkeit einer Flucht zu erinnern, bisweilen zum Hindernis werden. Die sich regende Bewußtheit der Fähigkeit zur Flucht schärfte allerdings nicht den Blick. In den meisten Fällen gaben sich die eifrigen Möchtegern-Flüchtlinge mit irgendeiner Ersatzlösung zufrieden. Ohne Richtungsbestimmung bleibt eine vage Vorstellung von der Navigation nutzlos. Sogar die allereifrigsten der potentiellen Schiffbauer hatte man dazu erzogen zu glauben, sie hätten dieses Orientierungsvermögen bereits. Man war ja bereits reif. So haßten sie jeden, der sie darauf hinwies, daß sie möglicherweise einer Vorbereitung bedurften.

Die verschrobensten Abarten des Schwimmens und des Schiffbaus verdrängten oft die Möglichkeiten eines wahren Fortschritts. Viel schuld daran hatten die Verfechter des Pseudoschwimmens oder der allegorischen Schiffe, reine Krämerseelen, die solchen Menschen Schwimmstunden offerierten, die noch zu schwach zum Schwimmen waren, oder Überfahrten auf Schiffen anboten, die sie gar nicht bauen konnten.

Die Bedürfnisse der Gesellschaft hatten ursprünglich gewisse Leistungen und Denkstrukturen notwendig gemacht, die sich zur sogenannten Wissenschaft entwickelten. Dieser bewunderungswürdige Ansatz, der auf den Gebieten, wo er anwendbar ist, so Wesentliches leistet, ließ schließlich seine wahre Bedeutung weit hinter sich. Die Einstellung, die man »wissenschaftlich« nannte, wurde bald nach der »Please«-Revolution so weit ausgedehnt, daß sie schließlich alle Gebiete des Denkens umfaßte. Alles, was sich nicht in ihren Rahmen zwängen ließ, wurde als »unwissenschaftlich« bezeichnet, mit einem weiteren bequemen Synonym für »schlecht«. So nahm man unbewußt Worte gefangen und versklavte sie dann automatisch.

In Ermangelung einer angemessenen Zielsetzung warfen sich die Inselbewoh-

ner – Menschen gleich, die in einem Wartezimmer, sich selbst überlassen, plötzlich fieberhaft Zeitschriften lesen – ganz darauf, Ersatz für die Erfüllung zu finden, die der ursprüngliche (und natürlich auch der letzte) Sinn des Exils der Gemeinschaft war.
Einige vermochten ihre Aufmerksamkeit mehr oder weniger erfolgreich auf hauptsächlich gefühlsbetonte Bindungen abzulenken. Es gab verschiedene Spannweiten der Emotion, aber kein geeignetes Instrument, ihr Ausmaß zu messen. So hielt man alle Gefühle für »stark« oder »tief« – jedenfalls für tiefer als Nichtgefühle. Ein Gefühl, das die Menschen zu den extremsten physischen und geistigen Verrenkungen bewegte, die man sich nur vorstellen kann, wurde automatisch als »tief« bezeichnet. Die meisten Menschen setzten sich Ziele – oder erlaubten es anderen, die Ziele für sie zu setzen. Sie konnten einem Kult nach dem anderen oder aber dem Geld oder sozialem Rang nachlaufen. Einige huldigten irgendwelchen Dingen und glaubten sich deshalb allen anderen überlegen. Andere wieder, die zurückwiesen, was ihrem Verständnis nach Verehrung bedeutete, meinten, sie hätten keine Abgötter und dürften deshalb verächtlich auf die anderen herabsehen.
Nach einigen Jahrhunderten war die Insel schließlich von den Abfällen dieser Kulte übersät. Und schlimmer als bei gewöhnlichem Müll, verewigte dieser sich auch noch selbst. Wohlmeinende Menschen vereinigten die verschiedenen Kulte in immer neuen Kombinationen, und diese verbreiteten sich erneut. Für den Dilettanten und den Intellektuellen war das eine Fundgrube akademischen und »initiatorischen« Materials, die ihm ein beruhigendes Gefühl der Vielfalt vermittelte.
Prächtige Einrichtungen zum Schwelgen in kleinen »Befriedigungen« griffen um sich. Paläste und Denkmäler, Museen und Universitäten, wissenschaftliche Institute, Theater und Sportarenen füllten die Insel fast aus. Die Menschen waren natürlich stolz auf diese Errungenschaften; viele davon – so dachte man – hatten irgendwie eine Beziehung zur letzten Wahrheit, wenn die meisten Menschen sich auch nicht vorstellen konnten, worin diese Beziehung nun eigentlich bestehe.
Zwar war der Schiffbau mit einigen Dimensionen dieser Aktivitäten verbunden, aber auf eine Weise, die fast allen Inselbewohnern unbekannt war.
Und heimlich hißten Schiffe ihre Segel, fuhren Schwimmer fort, das Schwimmen zu lehren …
Die Lebensbedingungen auf der Insel brachten diese entschlossenen Menschen nie ganz zur Verzweiflung. Schließlich entstammten ja auch sie dieser Gemeinschaft und waren ihr und ihrem Schicksal unlösbar verbunden.
Aber sie mußten sich oft hüten, die Aufmerksamkeit ihrer Mitbürger zu erregen. Einige »normale« Inselbewohner versuchten, sie vor sich selbst zu retten. Andere versuchten – aus ähnlich erhabenen Gründen – sie zu töten. Und einige suchten sogar verzweifelt ihre Hilfe, konnten sie aber nicht finden.

All diese Reaktionen auf die Existenz der Schwimmer waren das Resultat ein und derselben Ursache, gefiltert durch verschiedene Arten von Bewußtsein. Diese Ursache war, daß kaum jemand wußte, was ein Schwimmer wirklich war, was er tat oder wo man ihn finden konnte.

Als nun das Leben auf der Insel immer zivilisierter wurde, entstand als logische Entwicklung eine seltsame Industrie. Sie beschäftigte sich damit, Zweifel an der Gültigkeit des Gesellschaftssystems anzumelden. Es gelang ihr andererseits, Zweifel an den sozialen Werten zu absorbieren, indem sie sie in satirischer Form abhandelte und dem Gelächter preisgab. Aktivitäten wie diese trugen entweder ein betrübliches oder ein vergnügliches Gesicht – auf jeden Fall gerieten sie zu einem ständig sich wiederholenden Ritual. Potentiell eine wertvolle Industrie, wurde sie doch oft daran gehindert, ihre wirklich kreative Rolle zu spielen.

Die Menschen meinten, die Tatsache, daß sie ihrem Zweifel vorübergehend Gestalt verleihen durften, würde ihn lindern, bannen oder gar ausräumen. Satire gab sich als bedeutungsschwere Allegorie; Allegorie wurde zwar aufgenommen, aber nicht verdaut. Theaterstücke, Bücher, Filme, Gedichte, Witzblätter waren die üblichen Medien dieser Entwicklung, wenngleich sie sich auch auf akademischeren Gebieten breitmachte. Viele Inselbewohner hielten es für emanzipierter, moderner oder progressiver, diesem Kult zu folgen als irgendeinem der alten Kulte.

Ab und zu erschien trotzdem noch ein Anwärter bei einem Schwimmlehrer, um mit ihm handelseinig zu werden. Meistens kam es dann zu einer fast stereotypen Unterhaltung:

»Ich möchte schwimmen lernen.«

»Möchten Sie einen Vertrag aushandeln?«

»Das ist nicht nötig. Ich müßte nur mein Faß Sauerkraut mitnehmen können.«

»Was für ein Sauerkraut?«

»Na das Essen, das ich auf der anderen Insel brauchen werde.«

»Dort gibt es besseres Essen.«

»Wie soll ich das verstehen? Ich kann doch nicht sicher sein. Nein, mein Sauerkraut muß ich mitnehmen.«

»Aber mit einem Faß Sauerkraut können Sie nun mal nicht schwimmen!«

»Dann kann ich auch nicht mitkommen. Sie nennen es eine Last, für mich ist es meine lebenswichtige Nahrung!«

»Sagen wir einmal allegorisch statt ›Sauerkraut‹ ›Vermutungen‹ oder ›destruktive Vorstellungen‹ – was dann?«

»Ich gehe mit meinem Sauerkraut lieber zu einem Lehrer, der versteht, was ich brauche.«

Dies ist ein Buch über einige der Schwimmer und Schiffbauer und auch über einige der Menschen, die ihnen mit mehr oder weniger Erfolg zu folgen versuchten. Die Fabel ist nicht zu Ende, denn noch ist die Insel bevölkert.

Die Sufis benutzen die verschiedensten Zeichen, um ihre Botschaft zu transportieren. Ordnen Sie die Buchstaben des Namens der ursprünglichen Gemeinschaft, des Ar-Hew-Volkes, um, und Sie erhalten das »wahre Volk«. Vielleicht haben Sie auch schon bemerkt, daß der Name, den die Revolutionäre angenommen hatten – »Please« –, zu dem Wort »Asleep« (schlafend) umgeformt werden kann.

DER HINTERGRUND:
I. DIE REISENDEN UND DIE WEINTRAUBEN

> Es gibt drei Formen von Kultur: Weltliche Kultur, der bloße Erwerb von Information; Religiöse Kultur, das Einhalten von Regeln; Elitekultur, die Selbst-Entwicklung.
> (Meister Hujwiri, *Die Offenbarung des Verhüllten*)

In den Fabeln des Aesop findet sich die Geschichte eines jungen Maulwurfs, der zu seiner Mutter kommt und behauptet, er könne sehen. Nun, wie wir alle wissen, ist Augenlicht etwas, das den Maulwürfen üblicherweise nicht gegeben ist. Die Mutter dieses jungen Maulwurfs beschloß, ihn auf die Probe zu stellen. Sie legte ihm also ein Stück Weihrauch vor und fragte, was das sei.

»Ein Stein«, sagte der kleine Maulwurf.

»Du bist nicht nur blind«, entgegnete ihm seine Mutter, »sondern du hast auch noch deinen Geruchssinn verloren.«

Aesop, den die Sufis von jeher als praktischen Lehrer einer seit undenkbaren Zeiten überlieferten Weisheit achten, welche durch die bewußte Übung von Geist, Körper und Wahrnehmungsvermögen erlangt wird, hätte sich allerdings mit der offenkundigen Bedeutung dieser Geschichte keinen besonderen Namen gemacht. Die Abgedroschenheit der Moral (eher der oberflächlichen Glossen) mancher der Fabeln von Aesop ist ihm schon von vielen seiner Leser angekreidet worden.

Wissen wir etwas von der Sufi-Überlieferung und ihrer Methode, Bedeutungen in literarischen Werken zu verbergen, dann können wir diese Geschichte analysieren, um herauszufinden, was sie wirklich bedeutet.

»Maulwurf«, auf arabisch *khuld* (vom Radikal KHLD), wird genauso geschrieben wie *khalad,* was so viel heißt wie »Ewigkeit, Paradies, Denken, Geist, Seele«, je nach dem Kontext. Da im Arabischen nur die Konsonanten geschrieben werden, läßt sich aus dem isolierten Schriftzug nicht erkennen, welches Wort damit gemeint ist. Würde dieses Wort in einer semitischen Sprache im dichterischen Sinn verwendet und von jemandem ins Griechische übersetzt, der die Doppelbedeutung des Wortes nicht kennt, so ginge das Wortspiel verloren.

Warum aber Stein und Duft? Weil in der Sufi-Überlieferung »Moses (ein Führer für sein Volk) einen Stein wie Moschus duftend machte« (Hakim Sanai, *Der ummauerte Garten der Wahrheit*).

»Moses« symbolisiert den »Leitenden Gedanken«, der etwas anscheinend Un-

belebtes und Inaktives in ein Ding »wie Moschus duftend« verwandelt–etwas, dem man fast eine Art eigenes Leben zuschreiben könnte.
Unsere Geschichte zeigt, wie die ›Mutter‹ des Denkens (sein Ursprung, sein Mutterboden, seine wesentliche Eigenschaft) dem Denken oder Geist »Weihrauch« (eine unbeschreiblich feine Erfahrung) vorstellt. Weil sich das Individuum (der Maulwurf) auf das »Sehen« konzentriert (versucht, Fähigkeiten in der falschen Reihenfolge zu entwickeln), verliert es sogar die Kraft, jene Fähigkeiten zu gebrauchen, die es eigentlich haben sollte.
So sucht der Mensch nach Ansicht der Sufis im Außen und folgt Illusionen (falsch entwickelten metaphysischen Systemen), die ihn nur noch invalider machen, anstatt in sich selbst zu gehen und dort seine eigene Fortentwicklung zu sehen und zu verwirklichen.
Was sind die inneren Möglichkeiten des ›Maulwurfs‹? Sehen wir uns die ganze Gruppe arabischer Wörter an, die zu der hier vorliegenden Wurzel KHLD gehören:

Khalad (KHaLaD)	=	ewig-bestehend, langdauernd
Khallad (KHaLLaD)	=	etwas verewigen
Akhlad (AKHLaD)	=	sich zuneigen, treu zu (einem Freund) stehen
Khuld (KHuLD)	=	Ewigkeit, Paradies, Stetigkeit
Khuld (KHuLD)	=	Maulwurf, Feldratte, Lerche
Khalad (KHaLaD)	=	Denken, Geist, Seele
El-Khualid (EL-KHUALiD)	=	Berge, Felsen, Ständer (eines Topfes).

Dem Sufi verrät diese Gruppierung von Wörtern um ein Radikal wesentliches über die Weiterentwicklung des Menschen. Es ist fast eine Landkarte des Sufismus. Zufällig kann der Maulwurf als ein Symbol des Geistes oder Denkens verwendet werden. Im gleichen Geist haben wir Ewigkeit, Stetigkeit und Standfestigkeit. Dem Sufismus geht es um die Verewigung des menschlichen Bewußtseins durch seine im Erkenntnisvermögen enthaltene Quelle. Treue im Umgang mit anderen ist eine wesentliche Voraussetzung zur Erfüllung dieser Aufgabe.
Die Geschichte des Aesop bedeutet also nicht – wie ihre Kommentatoren glauben möchten–, daß »es leicht ist, einen Schwindler zu entlarven«. Wir wollen nicht bestreiten, daß die Geschichte jahrhundertelang in dieser Funktion gebraucht werden konnte. Aber der Gebrauch von Weihrauch und Maulwurf sowie die sufische Überlieferung, daß in der Wortwahl von Schriftstellern wie Aesop gewisse Geheimnisse verborgen sind, helfen uns, die wahre Bedeutung zu entschlüsseln. Schauen wir uns einen Großteil des literarischen und philosophischen Materials unter diesem Gesichtspunkt an, dann werden wir unwiderstehlich an die Botschaft von Rumi erinnert, der selbst, genau wie Aesop, ein großer Erzähler Kleinasiens war. Er sagt, daß ein Kanal zwar selbst nicht trinken mag, aber er erfüllt die Funktion, den Durstigen Wasser zu bringen.

Wer dieser Interpretation des Maulwurf-Symbols nachgeht, der mag ahnen, daß die leichtfertig abgetane Weisheit des Aesop Träger der geistigen Nahrung gewesen ist, die wir nun darin finden.

Rumi lebte fast zweitausend Jahre nach Aesop, und er sagte: »Eine Geschichte, sei sie erfunden oder nicht, erhellt die Wahrheit.« Es ist nicht nötig, die arabische Sprache selbst als die tatsächliche Quelle der semitischen Version dieser Fabel des Aesop nachzuweisen. Für uns ist das Arabische einfach nützlich als ein Werkzeug, weil es – wie die Philologen gezeigt haben – den engen Zusammenhang von nach primitiven Mustern gruppierten Wörtern bewahrt, deren Bedeutung in anderen semitischen Sprachen bereits weitgehend verfälscht ist.

Es gibt in Ost und West zahlreiche Beispiele einer ähnlichen Kristallisierung einer Lehre in Literatur, Ritual und volkstümlicher Überlieferung. Viele dieser Phänomene hält man für unbedeutend, wie zum Beispiel die Witze, die man über Nasrudin, Joe Miller und andere erzählt, in ihrer wörtlichen Interpretation. Manches in der Dichtung des Omar Khayyam, das den Leser zu nüchternem Denken erziehen soll, indem es das Leben zu einer Absurdität reduziert, wurde oberflächlich so verstanden, daß Khayyam eben ein ›Pessimist‹ sei. Platonisches Material, das nach dem Verständnis der Sufis die Grenzen der formalen Logik und die Gefahr eines Abgleitens in falsche Schlußfolgerungen aufzeigen sollte, sah man als verderbt an und nichts weiter. In einigen Fällen, wie bei Aesop, führt der Kanal noch Wasser, auch wenn er nicht als Kanal erkannt wird.

In anderen Formulierungen bewahren Menschen oft bedeutungslose Rituale und Glaubensvorstellungen, die sie so weit rationalisiert haben, daß sie keine wirkliche Dynamik mehr besitzen und nur noch von antiquarischem Interesse sind. Der große Sufi-Dichter Jami sagt von ihnen: »Die trockene Wolke, wasserlos, hat keine regenspendende Eigenschaft.« Und doch werden solche Kulte, die oft nur noch der Abklatsch eines auf dichterischer Analogie basierenden, sorgfältig aufgebauten Symbolismus sind, immer wieder ernsthaft studiert. Manche Menschen glauben, sie enthielten irgendwelche metaphysischen oder magischen Wahrheiten, andere meinen, sie seien in sich von historischer Bedeutung.

In Fällen, wo ein Kult oder eine Gruppe von Menschen einem Leitmotiv folgt, das ursprünglich in gewissen Wortgruppierungen vorgezeichnet war, ist es unmöglich, diese Gruppe zu verstehen oder gar ihre geschichtliche Entwicklung zurückzuverfolgen, wenn wir nicht wissen, daß ein solches Leitmotiv ursprünglich gegeben war. Wegen ihrer besonderen mathematischen Eigenart und weil sie im Mittelalter als Bezugsrahmen gewählt wurde, um West und Ost ein bestimmtes Wissen zu vermitteln, ist die arabische Sprache für diese Studien von größter Wichtigkeit.

Außerdem besitzt Arabisch wegen seiner nahezu algebraischen Methode, Wörter aus einer grundlegenden Drei-Buchstaben-Kombination abzuleiten, eine Einfachheit, die kaum jemand vermuten würde, der diese Sprache nicht kennt. Wir beschäftigen uns hier oft nur mit Wörtern, Gruppen von Konsonanten, und nicht mit Grammatik, Syntax oder gar den arabischen Buchstaben. Für unsere Zwecke können diese leicht durch lateinische Buchstaben ersetzt werden. Wir ersetzen einen Buchstaben durch einen anderen. Allenfalls modifizieren wir die neu gesetzten Buchstaben, um darauf hinzuweisen, welcher Buchstabe ursprünglich dort stand. Dies ist im wesentlichen eine Kunst, die in jenen Ländern des Ostens, welche von arabischer Schrift und Sufi-Überlieferung durchdrungen wurden, weit verbreitet ist, und die dort von Menschen angewandt wird, die keine genaue Kenntnis des Arabischen besitzen. So entdeckten einige Menschen im Osten und auch im latinisierten Westen des Mittelalters, daß sich das Arabische wie ein Geheimcode verwenden läßt. (Siehe Anmerkung: »Sprachen«)

Die Eltern-Kind-Beziehung (Maulwurf und Mutter) wird von den Sufis benutzt, um die Schulung auf eine ausgereifte »Schau« der Dinge hin zu bezeichnen, und auch um das Wesen der Beziehung des Sufis zur letzten »Schau« der objektiven Wahrheit zu charakterisieren. Für den Sufi ist eine religiöse Verkörperung oder ein Abbild dieser Beziehung nur ein grobes und sekundäres Mittel, etwas darzustellen, das einem Individuum oder einer Gruppe geschieht – eine religiöse Erfahrung, die ihnen den Weg zur Selbstverwirklichung weist.

»Der verwirklichte Sufi ist groß, erhaben; er ist unvergleichlich. Durch Liebe, Arbeit und Harmonie hat er die höchste Stufe der Meisterschaft erreicht. Alle Geheimnisse stehen ihm offen; sein ganzes Sein ist von magischer Ausstrahlungskraft durchdrungen. Er ist der Führer und der Reisende auf dem Weg unendlicher Schönheit, Liebe, Verwirklichung, Macht, Erfüllung; der Hüter der ›Ältesten Weisheit‹, der Wegbereiter zu den erhabensten Geheimnissen; der geliebte Freund, dessen bloße Existenz uns beflügelt und dem Geist der Menschheit neuen Sinn gibt.« Dies ist die Beschreibung des Sufi durch einen zeitgenössischen Schriftsteller, der selbst kein Sufi ist, der aber unter den Anhängern des Pfades der Liebe gelebt hat.

Für den verblendeten Menschen scheint der Sufi sich zu ändern, aber für jene mit innerer Wahrnehmungsfähigkeit bleibt er der gleiche, denn das Wesen seiner Persönlichkeit ist sein Inneres, nicht sein Äußeres. Ein Gelehrter in Kaschmir, das für Jahrhunderte ein Zentrum der sufischen Lehre war, machte im 17. Jh., was man heute einen ›Report‹ über die allgemeinen Eigenschaften der sufischen Mystiker nennen würde. Er hieß Sirajudin und er reiste durch alle angrenzenden Länder, ja selbst bis nach Java, China und in die Sahara,um mit Sufis zu sprechen und ihre unaufgezeichnete Überlieferung zu sammeln.

»Der Sufi«, so sagt er, »ist der Wahre Mensch. Sagt er ›Unter Rosen sei eine Rose, unter Dornen sei ein Dorn‹ so meint er nicht unbedingt soziales Verhalten damit. Die Sufis sind Dichter und Liebende. Je nach dem Grund, auf dem ihre Lehre wächst, sind sie Soldaten, Beamte oder Ärzte. In den Augen der

Betrachter mögen sie wie Zauberer, Mystiker, Menschen, die unbegreifliche Künste beherrschen, aussehen. Verehrst du sie als Heilige, so wirst du gewinnen durch ihre Heiligkeit; arbeitest du mit ihnen als Gefährten, so wirst du durch ihre Gesellschaft gewinnen. Für sie ist die Welt ein Werkzeug, das die Menschheit zurechtschleift. In ihrer Identifikation mit dem ununterbrochenen Prozeß der Schöpfung sind sie selbst die Gestalter anderer Wahrer Menschen. Einige reden, andere schweigen, einige wandern scheinbar ruhelos, andere sitzen still und lehren. Um sie zu verstehen, muß man seine intuitive Intelligenz zum Zuge kommen lassen, die ja meist von ihrem freundlichen Feind, der Intelligenz des logischen Denkens, niedergehalten wird. Bevor du die Unlogik und ihren Sinngehalt nicht verstehst, meide die Sufis – von festumrissenen, eindeutigen und selbstverständlichen gegenseitigen Gefälligkeiten einmal abgesehen.« (Aus dem *Safarnama* des Sirajudin Abbasi, 1649)

Die Sufis können nicht durch eine bestimmte Folge von Wörtern oder Vorstellungen definiert werden. Durch ein mehrdimensionales Bild in ständiger Bewegung schon eher. Rumi, einer der größten mystischen Meister, sagt in seiner berühmten Beschreibung, der Sufi sei:

Trunken ohne Wein; gesättigt ohne ein Mahl; außer sich; ohne Essen und ohne Schlaf; ein König in schlichtem Gewand; ein Schatz in einem Trümmerhaufen; nicht von Luft und nicht von Erde, nicht von Feuer und nicht von Wasser; ein grenzenloses Meer. Er hat hundert Monde, Himmel und Sonnen. Seine Weisheit entstammt der letzten Wahrheit – er ist kein Buchgelehrter.

Ist er ein Mann der Religion? Nein, er ist weit mehr: »Er ist jenseits von Atheismus und Glauben – was sollen ihm Sünde und Verdienst? Er ist verborgen – suche ihn!«

Der Sufi, so hören wir in diesen berühmten Worten des *Diwan des Sams aus Täbris* aus dem 13. Jahrhundert, ist verborgen, tiefer verborgen als jeder Anhänger einer Geheimlehre. Trotzdem weiß man überall im Osten von Tausenden von Sufis. Sufi-Siedlungen finden sich in den Ländereien der Araber, Türken, Perser, Afghanen, Inder und Malaien.

Je verbissener die Forscher des Westens versucht haben, die Geheimnisse der Sufis aufzuspüren, desto komplizierter und hoffnungsloser schien diese Aufgabe zu werden. Ihre Arbeiten sind daher über die Gebiete der Mystik, Arabistik, Orientalistik, Geschichte, Philosophie und sogar der allgemeinen Literaturwissenschaft verstreut. »Das Geheimnis«, so sagt ein Spruch der Sufis, »bewahrt sich selbst. Man findet es nur im Geist und in der Ausübung des *Werkes*.«

Ein bekannter Professor der Archäologie ist wohl die größte lebende Autorität des Westens in Fragen des Sufismus – weil er ein Sufi ist, nicht, weil er Akademiker ist.

Der gewöhnliche Mensch des Ostens sieht den Sufi genauso, wie man sich auch im Westen einen orientalischen Mystiker vorstellt – als einen Menschen, der mit übernatürlichen Kräften begabt ist, als Erben von seit undenklicher Zeit überlieferten Geheimnissen, als ein Symbol der Weisheit und der Zeitlosigkeit. Der Sufi kann Gedanken lesen, sich in einem Augenblick von einem Ort an einen anderen versetzen und steht dauernd in Verbindung mit den Dingen einer anderen Welt.

Im allgemeinen schreibt man den Sufis heilende Kräfte zu, und es gibt genug Menschen, die berichten, wie sie durch einen einzigen Blick eines Sufi oder auf ähnlich geheimnisvolle Weise geheilt wurden. Auf den Gebieten, auf denen sie tätig werden, sollen die Sufis ganz besondere Leistungen vollbringen; zahlreiche Persönlichkeiten werden als Bestätigung für diese Behauptung angeführt. Man glaubt auch, daß sie wesentlich weniger Fehler machen als andere Menschen und daß sie anders als jeder andere mit den Dingen umgehen. Und doch wird ihre Handlungsweise durch die Geschehnisse bestätigt. Diese Tatsache schreibt man einer Art von Hellsichtigkeit zu. Sie selbst glauben, daß sie an der Höherentwicklung der Menschheit teilhaben.

Gehen solche volkstümlichen Vorstellungen, die im ganzen Nahen Osten sogar eine Art von Heiligenverehrung erreichen, schon recht weit, so werden sie doch von den Legenden und überlieferten Berichten über die Sufi-Meister, jenen Persönlichkeiten, die von den Anhängern aller Glaubensbekenntnisse verehrt werden, noch übertroffen. Die alten Sufis konnten auf dem Wasser wandeln, sie konnten beschreiben, was sich im gleichen Moment an weit entfernten Orten ereignete und die wahre Wirklichkeit des Lebens erfahren. Das und eine Reihe ähnlicher Dinge. So gab es einen Meister, dessen Zuhörer in mystische Verzückung gerieten, sobald er zu sprechen begann, und darin magische Kräfte entwickelten.

Wo immer die Sufis hinkamen, wurden Mystiker anderer Glaubensbekenntnisse – oft solche von großem Ansehen – zu ihren Schülern, manchmal ohne daß ein Wort gewechselt worden wäre.

In der Welt der Phänomene basiert die Überlegenheit der Sufis auf ihrem Wirken und ihrer Kreativität und wird wegen der Erfolge der einzelnen Sufis im allgemeinen auch anerkannt. Von den philosophischen und wissenschaftlichen Entdeckungen der Sufis nimmt man gemeinhin an, sie seien durch ihre besonderen Kräfte zustande gekommen. Der konventionelle Theosoph oder Intellektuelle findet sich in der unbequemen Lage, daß er einerseits oft die Anzeichen einer besonderen Form des Bewußtseins, welches nur einer derartigen Elite zugänglich ist, leugnen, andererseits jedoch anerkennen muß, daß die Sufis in manchen Ländern nationale Vorbilder, in anderen verantwortlich für die Entwicklung der klassischen Literatur sind. Man schätzt, daß etwa zwanzig bis vierzig Millionen Menschen Mitglieder von sufischen Schulen sind oder diesen zuneigen; und die Zahl der Sufis nimmt ständig zu. Ihr Nachbar mag ein Sufi sein, der Mann von gegenüber oder ihre Hausangestellte; manchmal auch ein Einsiedler, sei er reich oder arm.

Eine Untersuchung der Wirklichkeit der Sufis läßt sich nicht von gänzlich Außenstehenden durchführen, denn Sufismus beinhaltet Teilnahme, Schulung und Erfahrung. Auch wenn die Sufis zahllose Bücher geschrieben haben, so mögen sich diese doch auf ganz besondere Umstände beziehen, sich scheinbar widersprechen, sie mögen für den Uneingeweihten unverständlich sein oder andere Bedeutungen enthalten als die äußerlich sichtbaren. Außenstehende studieren sie gewöhnlich nur auf einer sehr oberflächlichen Ebene. Auf eine der Schwierigkeiten, den Sufismus über seine östliche Literatur in den Griff zu bekommen, haben viele Gelehrte hingewiesen, die diesen Versuch unternommen haben. So auch Professor Nicholson, der sich lange darum bemüht hat, das sufische Denken zu verstehen und dem Westen zugänglich zu machen. In seiner Einleitung zu einer Auswahl von Sufi-Schriften gibt er zu, daß »ein Großteil eigenartig und einzigartig ist, so daß die Schriften, die diese Passagen enthalten, ihre wirkliche Bedeutung meist nur jenen offenbaren, die das Geheimnis ihrer Entschlüsselung kennen, während der Nicht-Eingeweihte sie entweder wörtlich versteht oder gar nicht«. (R.A. Nicholson, *Tales of Mystic Meaning,* London, 1931, S. 171).

Ein Buch wie das vorliegende »entwirft sich selbst« nach sufischen Gesetzmäßigkeiten; es muß ›per definitionem‹ eine sufische und nicht eine konventionelle Struktur haben, und so sind sein Material und seine Verarbeitung von besonderer Art und nicht mit herkömmlichen Kriterien beurteilbar. Die hier benutzte Methode ist die der »Streuung«, die davon ausgeht, daß ein Denkanstoß besonders wirkungsvoll ist, wenn er an verschiedenen Punkten ansetzt.

Im Alltagsleben kommen durch Erfahrung bestimmte Formen des Verstehens zustande. Das menschliche Bewußtsein ist, was es ist, zum Teil durch die Anstöße, denen es ausgesetzt ist, und durch seine Fähigkeit, diese Anstöße auszunutzen. Die Wechselwirkung zwischen Anstoß und Bewußtsein bestimmt die Eigenart einer Persönlichkeit. Im Sufismus wird dieser normale physische und mentale Prozeß bewußt benutzt. So sind seine Ergebnisse dann durchschlagender, und die Erlangung von »Weisheit« – anstatt der Zeit, dem Alter und dem Zufall überlassen zu bleiben – wird als unvermeidlich angesehen.

Die Sufis verdeutlichen diesen Prozeß in einer Analogie; sie vergleichen den Wilden, der alles in sich hineinfrißt, mit einem Menschen, der zu unterscheiden versteht und nur ißt, was schmackhaft und auch bekömmlich ist.

Aus genannten Gründen wäre es absurd zu versuchen, die Bedeutung des sufischen Denkens und Handelns auf konventionelle, vereinfachte oder unterhaltsame Art und Weise darzustellen. Diese Absurdität charakterisieren die Sufis durch den Spruch: »Einen Kuß durch Boten senden«. Sufismus mag natürlich sein, aber er ist auch Teil einer höheren Entwicklung der Menschheit, und zwar einer bewußten Entwicklung. In Gesellschaften, in denen er nicht in dieser fortgeschrittenen Form gewirkt hat, gibt es für gewöhnlich keine angemessenen Mittel zu seiner Darstellung. Andererseits ist auf anderen Gebieten das Klima für seine Darstellung (teils durch Literatur, teils durch Darstellungen, teils durch menschliches Beispiel und anderes) schon vorbereitet.

Metaphysisch veranlagte Menschen, und insbesondere jene, die meinen, sich auf dem Gebiet der Mystik oder der ›inneren Wahrnehmung‹ auszukennen, haben, wo es um die Erfassung des Sufismus geht, der Allgemeinheit nichts voraus. Ihre Subjektivität kann für sie sogar ein ernsthaftes Handikap sein, vor allem dort, wo sie sich mit einem starken Sinn für persönliche Einzigartigkeit verbindet, die meist nur anderen Leuten abgesehen ist.

Es gibt keinen vereinfachten Sufismus; er entzieht sich ganz und gar der Erkenntnis jener Wirrköpfe, die sich zutrauen, ihn zu verstehen, so wie sie eben alles ›Spirituelle‹ kraft ihres in Wirklichkeit wattigen, eingebildeten Wahrnehmungsvermögens durchdringen. Einen solchen Menschen, wie beredt er auch sein mag (und oft ist er das), übersieht der Sufi einfach.

Jemand der sagt »Es ist alles so unbeschreibbar, aber ich *fühle* einfach, was du meinst«, wird kaum vom Sufismus profitieren können. Denn die Sufis arbeiten, sie bemühen sich darum, einen gewissen Bereich des Bewußtseins zu erwecken – und zwar mit einer Vorgehensweise, die äußerst spezialisiert und keineswegs von ungefähr ist. Sufismus handelt nicht in Luftschlössern, Schmeicheleien und lauwarmen Gemeinplätzen. Wo die ›Schärfe‹ aus einer Situation verschwindet, verschwindet auch das sufische Element. Auch die Umkehrung dieses Satzes trifft zu. Sufismus wendet sich nicht an einen bestimmten Teil der Gemeinschaft – denn solche Teile gibt es nicht – sondern an gewisse Veranlagungen in den einzelnen. Wo diese Veranlagung nicht aktiviert wird, da gibt es keinen Sufismus. Er enthält ›harte‹ genauso wie ›milde‹ Realitäten, Zwietracht sowie Harmonie und das Gleißen der Erkenntnis genauso wie die sanfte Dunkelheit des dämmernden Schlafes.

Sufismus, einer Definition nach, *ist* das menschliche Leben. Okkulte und metaphysische Kräfte sind weitgehend nebensächlich, wenn sie auch in dem Prozeß, und manchmal auch für den persönlichen Wunsch nach Anerkennung und Befriedigung eine Rolle spielen.

Es ist eine Grundregel, daß der von dem Streben nach persönlicher Macht, so wie sie gewöhnlich verstanden wird, motivierte Versuch, ein Sufi zu werden, nicht erfolgreich ist. Nur die Suche nach der Wahrheit zählt, nur die Sehnsucht nach Weisheit gilt als Motiv. Die Methode ist die der Angleichung, nicht des Studiums.

Versuchen uns durch Dinge ein Bild von den Sufis zu machen, die tatsächlich nur Ableitungen von Sufi-Techniken darstellen, dann wird vieles, was uns zunächst wichtig erscheinen mag, an Wichtigkeit verlieren, je weiter wir fortschreiten. Diese Technik ist leicht zu illustrieren. Ein Kind lernt lesen, indem es sich zuerst das Alphabet aneignet. Kann es erst Wörter lesen, dann behält es zwar die Kenntnis der Buchstaben, liest aber ganze Wörter. Würde es sich auf die Buchstaben konzentrieren, dann würde es jetzt ernsthaft durch etwas behindert, das in einem früheren Stadium von großem Nutzen war. Wörter und Buchstaben sollten nun in einer etwas ausgeglicheneren Perspektive gesehen werden. Das ist die Sufi-Methode.

Der Prozeß ist einfacher, als sich das hier anhört, allein schon deshalb, weil es oft leichter ist, eine Sache zu tun, als sie zu beschreiben.
Hier ein flüchtiger Einblick in einen Kreis *(halka)* von Sufis. Der Kreis ist der Kern und das Zentrum des aktiven Sufismus. Eine Gruppe Suchender fühlt sich zu einem lehrenden Meister hingezogen und besucht seine Donnerstagabend-Versammlung. Zu Beginn der Veranstaltung geht es nicht so förmlich zu, da werden Fragen gestellt und Schüler empfangen.
Bei einer solchen Gelegenheit hatte ein Neuling unserem Lehrer, dem Agha, gerade die Frage gestellt, ob es einen fundamentalen Drang nach mystischer Erfahrung gebe, der allen Menschen gemein sei.
»Wir kennen ein Wort«, entgegnete der Agha, »das die Antwort zusammenfaßt. Es beschreibt, was wir tun, und faßt unsere Art zu Denken zusammen. Durch dieses Wort wirst du den wahren Grund für unsere Existenz verstehen und auch, warum die Menschen im allgemeinen miteinander im Streit liegen. Das Wort ist *Anguruzuminabstafil.*« Und er erläuterte das Wort durch eine alte Sufi-Geschichte.
Vier Männer, ein Perser, ein Türke, ein Araber und ein Grieche standen auf einer Dorfstraße. Sie waren Reisegefährten, unterwegs zu einem fernen Ort. Gerade jetzt aber stritten sie sich, wie sie das einzige Geldstück, das sie noch besaßen, ausgeben sollten.
»Ich möchte *angur* kaufen«, sagte der Perser.
»Ich will *uzum*«, meinte der Türke.
»Nein, ich will *inab*«, sagte der Araber.
»Ach was!« sagte der Grieche, »wir sollten *stafil* kaufen.«
Ein anderer Reisender, ein Sprachexperte, der gerade vorüberkam, sprach sie an: »Gebt mir die Münze. Ich werde einen Weg finden, euer aller Wünsche zu befriedigen.«
Zuerst wollten sie ihm nicht trauen, aber schließlich gaben sie ihm die Münze. Er ging zum Stand eines Obsthändlers und kaufte vier kleine Büschel Weintrauben.
»Da ist ja mein *angur*«, sagte der Perser.
»Das ist doch genau das, was ich *uzum* nenne«, rief der Türke aus.
»Sie haben mir *inab* gebracht«, sagte der Araber.
»Ach was!« meinte der Grieche, »in meiner Sprache heißt das *stafil.*«
Die Männer teilten sich die Weintrauben, und jeder erkannte, daß der ganze Streit nur auf seinem Mißverstehen der Sprache der anderen beruhte.
»Die Reisenden«, sagte der Agha, »sind die gewöhnlichen Menschen dieser Welt. Der Sprachexperte ist der Sufi. Die Leute wissen, daß sie etwas wollen, denn sie verspüren einen inneren Drang. Sie mögen ihm verschiedene Namen geben, und doch ist es das gleiche. Jene, die es Religion nennen, bezeichnen es mit verschiedenen Namen und haben sogar verschiedene Vorstellungen darüber, was Religion sein könnte. Jene, die es Ehrgeiz nennen, versuchen es auf andere Weise einzuordnen. Erst wenn der Sprachexperte auftaucht, jemand,

der weiß, was sie wirklich meinen, können sie aufhören zu streiten und beginnen, ihre Trauben zu essen.«

Die beschriebenen Reisenden, so fuhr der Agha fort, waren fortgeschrittener als die meisten Menschen. Sie hatten nämlich eine genaue Vorstellung von dem, was sie wollten; sie konnten diese nur nicht mitteilen. Es ist weitaus verbreiteter, daß ein Mensch sich in seinem Streben noch auf einer früheren Stufe befindet, als er selbst denkt. Er möchte etwas, aber er weiß noch nicht, was das ist – auch wenn er glauben mag, es zu wissen. Das Denkmodell der Sufis ist besonders in einer Welt der Massenkommunikationsmittel angebracht, wo alle Anstrengungen darauf gerichtet sind, den Leuten weis zu machen, daß sie dieses oder jenes möchten oder brauchen; daß sie an gewisse Dinge glauben und folgerichtig gewisse Dinge tun sollten – nämlich das, was ihre Manipulatoren von ihnen erwarten.

Die Sufis sprechen vom Wein, dem Produkt der Traube, und seiner geheimen Macht, ihnen zum ›Rausch‹ zu verhelfen. Die Traube sieht man als die Rohform des Weines. Trauben stehen also für die gewöhnliche Religion, während der Wein die wahre Essenz der Frucht ist. Die Reisenden sind also vier gewöhnliche Menschen mit verschiedenen Glaubensbekenntnissen. Der Sufi zeigt ihnen, daß der Grund ihrer Religionen in Wahrheit dasselbe ist. Er bietet ihnen jedoch keinen Wein an, jene Essenz, welche die innere Lehre ist, die darauf wartet, von der Mystik hervorgebracht und gebraucht zu werden, auf einer wesentlich entwickelteren Stufe als der der bloßen organisierten Religion. Der Wein ist für ein späteres Stadium. Aber die Rolle des Sufi als eines Dieners der Menschheit erweist sich darin, daß er, der er sich auf einer höheren Ebene bewegt, den Anhängern der formalen Religion doch so weit als möglich hilft, indem er ihnen die fundamentale Identität alles religiösen Glaubens deutlich macht. Er hätte ihnen natürlich als nächstes die Vorzüge des Weins beschreiben können, aber was die Reisenden wollten, waren Trauben, und Trauben bekamen sie. Wenn das Gerangel über Lappalien aufhört, dann kann, so meinen die Sufis, die umfassendere Lehre übermittelt werden. Bis dahin hat er zumindest schon einmal eine Art Eingangslektion erteilt.

Der fundamentale Drang nach mystischer Erfahrung ist bei einem unverwandelten Menschen niemals klar genug, um als solcher erkannt zu werden.

Rumi spielt in seiner Version dieser Geschichte (*Mathnawi,* Buch II) auf die Schulungsmethode der Sufis an, wenn er sagt, daß alle Trauben, preßt man sie zusammen, *einen* Saft ergeben – den Wein des Sufismus.

Die Sufis gehen oft von einem nicht-religiösen Gesichtspunkt aus.[1] Die Antwort, so sagen sie, liegt im Bewußtsein der Menschheit. Es muß befreit werden, so daß durch Selbst-Erkenntnis die Intuition zum Führer auf dem Weg der Vervollkommnung wird. Der andere Weg, der der Ausbildung, unter-

[1] »Wörter sind ungeeignet, religiöse Wahrheit zu beschreiben, außer in der Analogie.« (Hakim Sanai, *Der ummauerte Garten der Wahrheit.*)

drückt die Intuition und bringt sie zum Schweigen. Nichtsufische Systeme machen ein konditioniertes Tier aus dem Menschen, während sie ihm gleichzeitig erzählen, er sei frei und schöpferisch, habe Denk- und Handlungsfreiheit. Der Sufi ist ein Mensch, der glaubt, daß er sich befreien kann, indem er abwechselnd Loslösung vom Leben und Identifikation mit dem Leben praktiziert. Er ist ein Mystiker, weil er glaubt, daß er mit dem Sinn allen Lebens in Einklang kommen kann. Er ist ein wirklichkeitsnaher Mensch, weil er glaubt, daß sich dieser Prozeß im Rahmen der normalen Gesellschaft abspielen muß. Und er muß der Menschheit dienen, weil er ein Teil von ihr ist. Der große El-Tughrai, ein Zeitgenosse von Omar Khayyam, warnte im Jahre 1111: »O Mensch, der du vollgestopft bist mit Informationen, die an die Geheimnisse rühren; höre, denn schweigend bist du sicher vor Entgleisungen – ›Man hat zu einem Zweck dich aufgezogen, doch hast du's auch verstanden? Willst du nicht mit verirrten Schafen grasen, dann habe acht auf dich!‹«

Um bei diesem Unternehmen Erfolg zu haben, muß der Sufi den von früheren Meistern entwickelten Methoden folgen, Methoden, durch das komplexe Maschenwerk einer Ausbildung zu schlüpfen, die die meisten Menschen zu Gefangenen ihrer Umgebung und der Auswirkungen ihrer Erfahrungen macht. Die Übungen der Sufis haben sich aus dem Zusammenspiel von zwei Faktoren entwickelt – der Intuition und der wechselnden Aspekte des menschlichen Lebens. Verschiedene Methoden werden sich intuitiv in unterschiedlichen Gesellschaften und zu verschiedenen Zeiten anbieten. Das hat nichts mit Inkonsequenz zu tun, denn wahre Intuition ist in sich konsequent.

Das Sufi-Leben läßt sich zu jeder Zeit und an jedem Ort leben. Es bedarf weder der Abkehr von der Welt noch organisierter Bewegungen, noch des Dogmas. Es ist mit der menschlichen Existenz deckungsgleich. Es ist deshalb nicht richtig, den Sufismus als ein östliches System zu bezeichnen. Er hat sowohl den Osten zutiefst beeinflußt als auch die Grundpfeiler der westlichen Zivilisation, in der viele von uns leben, jener Mischung von christlichem, jüdischem, mohammedanischem, nahöstlichem und mittelmeerischem Erbe, die man gemeinhin ›westlich‹ nennt.

Die Menschheit ist, nach sufischem Verständnis, zu unendlicher Vervollkommnung fähig. Man nähert sich der Vollkommenheit, indem man sich mit der Gesamtheit der Existenz in Einklang bringt. Physisches und spirituelles Leben kommen zusammen, aber nur, wenn zwischen beiden völliges Gleichgewicht besteht. Systeme, welche die Abkehr von der Welt predigen, sieht der Sufismus als unausgeglichen an.

Physische Übungen sind mit theoretischen Mustern verbunden. In der sufischen Psychologie besteht zum Beispiel eine wichtige Beziehung zwischen den ›Sieben Stadien des Menschen‹[2] und der Integration der Persönlichkeit; oder

[2] Die ›Stadien‹ in der sufischen Literatur entsprechen der Umwandlung der sieben ›Selbst‹, der sog. *Nafs*. Siehe Anmerkung: »Sieben Menschen«.

es besteht eine Beziehung zwischen Bewegung, Erfahrung und fortschreitender Entwicklung der Persönlichkeit.

Wann und wo begann das sufische Denken? In bezug auf das, was es gerade jetzt zu tun gibt, ist das für die meisten Sufis ziemlich unwichtig. Der ›Ort‹ des Sufismus ist innerhalb der Menschheit. So wie der Ort Ihres Wohnzimmerteppichs auf dem Boden Ihres Hauses ist – nicht in der Mongolei, wo sein Muster vielleicht herstammt.

»Das sufische Wirken ist zu erhaben, um einen formalen Anfang zu haben«, sagt das *Asrar el Qadim wa'l Qadim* (Geheimnisse der Vergangenheit und Zukunft). Doch solange man nicht vergißt, daß die Geschichte weniger wichtig ist als die Gegenwart und die Zukunft, können wir eine Menge aus einem Rückblick auf die Verbreitung des Sufismus lernen. Betrachten wir nur die Geschichte des Sufismus moderner Ausprägung, wie er sich von den vor fast 1400 Jahren arabisierten Gegenden her ausbreitete. Ein Blick auf diese Entwicklungsperiode ermöglicht es den Sufis zu zeigen, wie und warum die Botschaft von der möglichen Selbst-Vervollkommnung des Menschen in jede denkbare Gesellschaftsform hineingetragen werden kann, gleich welchen religiösen oder sozialen Zielen sich diese verpflichtet fühlt.

Die Anhänger des Sufismus betrachten ihn als die innere, ›geheime‹ Lehre, die in jeder Religion verborgen liegt. Und da ihre Grundlagen in jedem menschlichen Bewußtsein bereits vorhanden sind, muß die sufische Entwicklung notwendig überall zum Ausdruck kommen. Die historische Zeit der Lehre beginnt mit der Explosion des Islams aus der Wüste in die statischen Gesellschaften des Nahen Ostens.

Gegen Mitte des 17. Jahrhunderts war die Ausbreitung des Islam über die Grenzen der arabischen Welt hinaus die große Herausforderung, und bald sollte er die Reiche des Mittleren Ostens überrollen. Jedes dieser Reiche hatte eine ehrwürdige Tradition auf politischem, militärischem und religiösem Gebiet. Die Armeen des Islam, ursprünglich hauptsächlich aus Beduinen bestehend, dann aber durch Rekruten anderer Herkunft verstärkt, stießen nach Norden, Osten und Westen vor. Die Kalifen wurden zu Erben der Ländereien der Hebräer, der Byzantiner und der Graeco-Buddhisten; im Westen erreichten die Eroberer Südfrankreich, im Osten die Täler des Indus. Jene politischen, militärischen und religiösen Eroberungen bilden den Kern der mohammedanischen Länder und Gemeinschaften von heute, die sich von Indonesien im Pazifik bis nach Marokko am Atlantik erstrecken.

Mit dieser Entwicklung im Hintergrund wurden die sufischen Mystiker im Westen bekannt, und sie bewahrten eine Strömung der Lehre, welche Menschen von Intuition vom Fernen Osten bis zum fernsten Westen miteinander verbindet.

Die frühen Kalifen hatten sich in den Besitz von mehreren Millionen Quadratkilometern Land, ungezählten Reichtümern und der politischen Oberherrschaft über die bekannte Welt des Mittelalters gebracht. Fast alle der antiken

Zentren der Lehre, darunter die traditionellen Schulen mystischer Lehre, waren ihnen in die Hände gefallen. In Afrika die alten ägyptischen Gemeinden, einschließlich Alexandriens; weiter im Westen Karthago, wo der heilige Augustin studiert und esoterische, vorchristliche Lehren verbreitet hatte. (Siehe Anmerkung: »Heiliger Augustinus«). Weiterhin Palästina und Syrien, Heimatländer geheimer Überlieferungen, Zentralasien, wo sich der Buddhismus besonders festgesetzt hatte, und das nordwestliche Indien, mit seinem ehrwürdigen Hintergrund von Mystik und erfahrener Religion – all das war nun im Herrschaftsbereich des Islam.

Zu diesen Zentren reisten die arabischen Mystiker, seit alters als die ›Nahen‹ *(muqarribun)* bekannt, welche glaubten, daß die innere Lehre aller Glaubensbekenntnisse im Wesen das gleiche sei. Wie Johannes der Täufer trugen sie Kleider aus Kamelwolle und mögen deshalb die Sufis (Menschen der Wolle) genannt worden sein – wenn auch nicht nur aus diesem Grund. Als Folge dieser Kontakte mit den Hanifs (Siehe Anmerkung: »Hanifs«) wurde jedes der antiken Zentren geheimer Lehre zu einer Hochburg des Sufismus. Die Kluft zwischen der geheimen Überlieferung und Praxis der Christen, Zoroaster, Hebräer, Hindus und Buddhisten war überbrückt. Dieser Prozeß des Zusammenfließens der Essenzen ist von Nicht-Sufis nie als Tatsache erkannt worden, da solche Beobachter sich unmöglich vorstellen können, daß der Sufi die sufische Strömung in jeder Kultur sieht und mit ihr in Verbindung tritt, so wie eine Biene, die ihren Honig aus vielen Blumen saugt, ohne dabei selbst zur Blume zu werden. Sogar der sufische Gebrauch einer Terminologie des »Zusammenfließens« zur Beschreibung dieser Funktion ist nicht weit vorgedrungen.

Die sufische Mystik unterscheidet sich gewaltig von anderen Kulten, die beanspruchen, ›mystisch‹ zu sein. Die formale Religion ist für den Sufismus nur eine Schale – wenn auch eine, die durchaus echt ist–, welche eine bestimmte Funktion hat. Hat das menschliche Bewußtsein erst diesen sozialen Rahmen gesprengt, dann versteht der Sufi die wahre Bedeutung der Religion. Die Mystiker anderer Ausprägung sehen das ganz anders. Sie mögen über äußere religiöse Formen hinausgehen, aber sie betonen nicht die Tatsache, daß die äußere Religion nur eine Vorstufe der eigentlichen Erfahrung ist. Die meisten Ekstatiker bleiben einer verzückten Symbolisierung einer Vorstellung verhaftet, die aus ihrer Religion abgeleitet ist. Der Sufi benutzt Religion und Psychologie, um über Religion und Psychologie hinauszugehen. Hat er dies getan, so ›kehrt er in die Welt zurück‹, um andere auf den Weg zu geleiten. In einem Gedicht von Rumi kommt diese objektive Sicht der Religion zum Ausdruck:

Gibt es irgendeinen Liebenden in dieser Welt, O Muselmanen, das bin ich.
Gibt es irgendeinen Gläubigen oder christlichen Einsiedler, das bin ich.
Der Bodensatz des Weins, Mundschenk und Sänger, Harfe und Musik,
Der Geliebte und die Kerze, der Trunk und auch des Trunkenen Freude,
das bin ich.

Die zwei-und-siebenzig Bekenntnisse und Sekten in der Welt
Bestehen nicht in Wirklichkeit: Ich schwör's bei Gott,
Jedes Bekenntnis, jede Sekte, das bin ich.
Erde und Luft, Wasser und Feuer, ja sogar Körper und Seele, das bin ich.
Wahrheit und Falschheit, gut und böse, Wohlsein und Drangsal vom Anfang bis zum Ende, das bin ich.
Wissen und Gelehrsamkeit, Askese, Frömmigkeit und Glauben, das bin ich.
Das Höllenfeuer, ihr könnt sicher sein, mit seinen lodernden Vorhöllen,
Ja, auch das Paradies, der Garten Eden und die Paradiesjungfrauen, das bin ich.
Diese Erde, dieser Himmel und alles was sie bergen,
Engel, Elfen, Genien und die gesamte Menschheit, das bin ich.

Rumi hat die Begrenzungen des gewöhnlichen Bewußtseins durchbrochen. Nun vermag er die Dinge zu sehen, wie sie wirklich sind, versteht er die Verwandtschaft und Einheit scheinbar unterschiedlicher Dinge und erkennt, was die Rolle des Menschen und insbesondere des Sufi ist. Diese Erfahrung reicht weit über das hinaus, was üblicherweise Mystik genannt wird.

Es war keineswegs immer ungefährlich, vor den Augen der riesigen Menge enthusiastischer und siegreicher mohammedanischer Eiferer zu behaupten – wie das die Sufis taten –, daß die menschliche Selbstverwirklichung aus seinem Inneren entspringt, und nicht allein durch das Tun gewisser Dinge und das Lassen anderer herbeigeführt wird. Gleichzeitig vertraten die Sufis den Standpunkt, die Mystik müsse ihres zutiefst geheimnisvollen Charakters entkleidet werden, um eine Kraft werden zu können, die die gesamte Menschheit zu durchdringen vermöge.

In ihrer eigenen Tradition sahen die Sufis sich als Erben einer einzigen Lehre – anderswo in zahlreiche Facetten aufgesplittert –, die als Instrument der menschlichen Entwicklung dienstbar gemacht werden konnte. »Noch bevor es Garten, Weinstock oder Traube in der Welt gab«, schreibt ein Sufi, »war unsere Seele bereits trunken vom Wein der Unsterblichkeit«.

Das Fundament für die weite Verbreitung des sufischen Denkens und Handelns wurde von den Meistern der klassischen Periode gelegt. Diese kann man als die ersten achthundert Jahre nach dem Auftreten des Islam ansehen, also die Zeit etwa zwischen dem Jahr 700 n. Chr. und 1500 n. Chr. Der Sufismus gründete sich in der Liebe, wirkte durch die Dynamik der Liebe und manifestierte sich durch das gewöhnliche menschliche Leben, durch Dichtung und Arbeit.

Da die Sufis den Islam als eine Manifestation des Emporquellens der transzendentalen Lehre anerkannten, konnte es keinen internen Konflikt zwischen dem Islam und dem Sufismus geben. Der Sufismus, so sagte man, sei in Übereinstimmung mit der inneren Wirklichkeit des Islam – so wie mit den gleichwertigen Aspekten jeder anderen Religion und echten Überlieferung.

Manchmal ist es für einen konventionell denkenden Menschen schwer zu begreifen, wie weitreichend der Einflußbereich eines im wesentlichen sufisch geprägten Verhaltens ist. Da es dem Sufismus bestimmt war, im Islam genauso wie anderswo zu bestehen, konnte er leicht vermittels des Islam gelehrt werden. Es ist bezeichnend, daß zwei juristische und theologische Sammelwerke, die offensichtlich bemüht sind, den Sufismus öffentlich als mit der Orthodoxie vereinbar zu präsentieren, von zwei Sufi-Größen geschrieben wurden. Der *Taaruf* stammt von Kalabadhi von Buchara (gest. 995) und die erste öffentliche Abhandlung der Perser, die *Kashf*, von Hujwiri (gest. 1063). Beide Verfasser sind Sufis von höchstem Rang, und doch sprechen sie oft nur wie Beobachter und nicht wie Eingeweihte, wie das auch Omar Khayyam zum Erstaunen jener Kommentatoren, die ihn vertrauensselig wörtlich nehmen, häufig tut. Die Werke dieser Autoren stecken voller verborgener Bedeutungen, die in Übersetzungen bisher nie wiedergegeben wurden, und genau dies war auch die Vorgehensweise vieler der mittelalterlichen Brüderschaften des Sufismus. Sie setzten, das war in der islamischen Welt voll anerkannt, die Arbeit jener großen Sufis fort. Dennoch wurde, wie einige Sufis festgestellt haben, »der Sufismus zeitweise allein durch Zeichen gelehrt«. Das Endergebnis, der Vollendete Mensch, ist in beiden Fällen das gleiche. Der Symbolismus und die Kette von Erfahrungen, durch die der Islam und andere Glaubenssysteme in der sufischen Praxis miteinander versöhnt wurden, sind andere Aspekte, die nur praktizierenden Sufis anvertraut werden und die in dem Spruch verborgen sind: »Wer schmeckt, der weiß.«

Obwohl aus verschiedenen Gründen viele Erklärungen für die Übernahme des Wortes »Sufi« angeführt werden, gibt es nur eine wirklich bedeutsame Erklärung, die auch jenen Menschen gelehrt wird, die sich diesen Mystikern anschließen. Das Wort enthält – in verschlüsselter Form – die Vorstellung der Liebe. Außerdem finden wir darin in ganz gewöhnlichen numerischen Chiffren eine Anzahl von Wörtern enthalten, die in verkürzter Form eine Botschaft vermitteln: über; transzendierend; berichtigend; ein Vermächtnis; in oder zu einer gewissen Zeit Genüge tun. Sufismus ist also eine transzendentale Philosophie, welche recht macht, aus der Vergangenheit überliefert ist und der jeweils gegenwärtigen Gesellschaft angemessen ist.

Jede Religion ist einer Entwicklung unterworfen. Für den Sufi vollzieht sich die Entwicklung des Sufi in ihm selbst und auch in seiner Beziehung zur Gesellschaft. Die Entwicklung der Gesellschaft und die Bestimmung aller Geschöpfe – einschließlich der dem Namen nach unbelebten Schöpfung – ist mit der Bestimmung des Sufi eng verknüpft. Es mag nötig sein, daß er sich eine Zeitlang aus der Gesellschaft zurückzieht – für einen Augenblick, einen Monat oder auch länger –, aber letztlich ist er in das Ewige Ganze eingewoben. Die Bedeutung des Sufi ist deshalb unermeßlich, und sein Wirken und sein Erscheinungsbild werden sich in Übereinstimmung mit menschlichen und außermenschlichen Bedürfnissen scheinbar wandeln. Jalaluddin Rumi betont die evolutionäre Natur des menschlichen Strebens, und das gilt sowohl für das

Individuum als auch für die Gruppe: »Ich starb als unbelebte Materie und wurde Pflanze. Als Pflanze starb ich und wurde zum Tier. Ich starb als Tier und wurde Mensch. Was sollte ich nun fürchten, meine ›menschliche‹ Eigenart zu verlieren! Ich werde als Mensch sterben und in der Form des Engels wieder aufstehen ...« (*Mathnawi,* III–17)

Diese Haltung erklärt in der Weise der Sufis etwas von den scheinbaren Unterschieden in Verhalten und Einstellung der Sufis. Mit den Gegebenheiten der Gesellschaft Schritt haltend, betonten die Sufis der frühen islamischen Zeit die Notwendigkeit von Entsagung und Disziplin – also von Faktoren, an denen es in der sich ausdehnenden und wohlhabenden Gesellschaft, die auf der Grundlage der militärischen Erfolge im Nahen Osten entstand, vor allem mangelte. Den gewöhnlichen Geschichtsschreibern entgeht diese Tatsache, und folglich sehen sie die Sufis historisch, glauben unabhängige Entwicklungen in den Reihen der Gläubigen feststellen zu können. So sagt man zum Beispiel von Rabia, der sufischen Heiligen (gest. 802), sie habe die Liebe betont; Nuri (gest. 907) wiederum betonte die Abkehr von der Welt. Danach, so erzählt man uns, kam es wieder zu einer neuen Entwicklung mit einer engagierten Sicht des Lebens – sowohl spekulativ als auch philosophisch. Solchen und vielen anderen Trends ging man, den Kult von außen sehend, nach.

Ohne Zweifel haben solche Entwicklungen stattgefunden, aber die Erklärung dafür ist nach Meinung der Sufis ganz anders, als es oberflächlich den Anschein hat. Zuerst einmal waren die Elemente des Sufismus immer in ihrer Gesamtheit im menschlichen Bewußtsein vorhanden. Verschiedene Formen der Lehre wurden zu verschiedenen Zeiten betont – »Kein Mensch ist sein Leben lang wütend«.

Individuen wie Rabia nahm man als menschliche Beispiele für bestimmte Aspekte der Lehre. Uneingeweihte Leser haben in Ermangelung des notwendigen Bezugsrahmens ganz selbstverständlich angenommen, dieser oder jener Sufi habe sein ganzes Leben in Selbstkasteiung verbracht, oder es habe vor, sagen wir, Bayazid (gest. 875) keine Gemeinsamkeiten mit der vedischen Lehre oder dem Buddhismus gegeben. Vielleicht waren angesichts der Dürftigkeit des Materials, das dem gewöhnlichen Studenten zur Verfügung steht, solche Schlußfolgerungen unvermeidbar. Andererseits muß es immer genug Sufis gegeben haben, die dazu bereit gewesen wären, diesen Punkt zu erläutern – denn unter den Sufis herrschte wohl im allgemeinen Klarheit darüber. Es ist jedoch dem scholastischen Denken zu eigen, daß man dem ›schwarz auf weiß‹ Geschriebenen mehr Glaubhaftigkeit beimißt als etwas Gesagtem oder Erfahrenen, und so ist es mehr als wahrscheinlich, daß die lebenden Vertreter des Sufismus von den Akademikern nur selten zu diesen Punkten um Rat gefragt wurden.

Es ist leicht nachzuweisen, daß das geistige Klima des Islam bald als günstig für die Verbreitung der sufischen Lehre erkannt wurde. Trotz des Entstehens eines nicht-autorisierten Klerus im Islam, jener engstirnigen Schriftgelehrten, die an einer dogmatischen Auslegung der Religion festhielten, bot der Islam bessere Bedingungen für die Verbreitung einer inneren Lehre als alle seine Vorläufer im gleichen Gebiet. Religiösen Minderheiten garantierte er Freiheit vor Verfolgung – eine Immunität, die auch während der Zeiten sichtbarer Aktivität des Sufismus streng eingehalten wurde. Die Zugehörigkeit zum Islam selbst war eine Frage rechtlicher Definition. Wer war ein Gläubiger? Ein Mensch, der als Mindestvoraussetzung den Satz nachsprechen mochte: *La-illaha-illa-Allah, Mohammed ar-Rasul-Allah* – »Nichts verehrt außer der Gottheit, der Gepriesene der Gesandte des Verehrungswürdigen« – ein Satz, der gemeinhin so verstanden wird: »Es gibt keinen Gott außer Allah, und Mohammed ist sein Prophet.« Der Ungläubige war ein Mensch, der den Worten dieses Bekenntnisses sichtlich zuwiderhandelte. Niemand konnte einem Menschen ins Herz sehen, und so ließ sich Glaube nicht definieren, man konnte nur darauf schließen.

Vorausgesetzt, jemand konnte glaubhaft machen, daß er diese Formel für bindend hielt, so konnte er nicht wegen Häresie belangt werden. Es gab kein festgelegtes Dogma über das Wesen der Gottheit und die Beziehung zum Propheten; und es gab nichts in dem Satz der Bestätigung, das ein Sufi nicht unterschreiben konnte. Seine Interpretation des Satzes mag mystischer gewesen sein als die der Scholastiker, aber es gab keine Macht, keine amtliche Priesterschaft zum Beispiel, die eine Vorherrschaft des Klerus hätte etablieren können. Letztlich bestimmten in der Glaubensgemeinschaft des Islam die Gesetzesgelehrten. Sie konnten jedoch Allah nicht definieren, er war jenseits menschlicher Begriffe, und auch den Begriff der Gesandtschaft, die eine einzigartige Beziehung zwischen Gott und dem Menschen ist, konnten sie nicht präzise bestimmen. So konnten die Sufis schon bald offen Meinungen äußern wie: »Ich bin ein Götzenverehrer, denn ich weiß, was Götzendienst bedeutet; der Götzendiener jedoch weiß es nicht.«

Das Aufbrechen der alten Strukturen im Nahen Osten vereinte nach Ansicht der Sufis die einzelnen ›Quecksilberperlen‹ – die esoterischen Schulen der Ägypter, Perser und Byzantiner – wieder zu einem einzigen ›Strom von Quecksilber‹, dem zugrundeliegenden, evolutionären Sufismus.

Die Sufis konnten sogar das Prinzip durchsetzen – und oft genug wurde es von islamischen Gerichtshöfen anerkannt –, daß anscheinend unehrerbietige Äußerungen, in einem Zustand mystischer Ekstase getan, nicht zum Zweck der Bestrafung wörtlich genommen werden durften. »Kann ein Busch sagen: ›Ich bin die Wahrheit‹, so kann das auch ein Mensch«, sagte ein berühmter Sufi.

Es gab auch den in der allgemeinen Öffentlichkeit weitverbreiteten Glauben, daß Mohammed zu anderen Mystikern eine besondere Beziehung gehabt hatte und daß er den frommen und hochangesehenen ›Suchern der Wahrheit‹ *(Tulab el Haqq)*, die ihn zu Lebzeiten umgeben hatten, vielleicht insgeheim eine innere Lehre übermittelt hatte. Mohammed, das sollte man nicht vergessen, erhob nicht den Anspruch, eine neue Religion zu bringen. Er setzte die monotheistische Tradition fort, die es nach seinen eigenen Worten schon lange vor seiner Zeit gegeben hatte. Er prägte seinen Anhängern Respekt für die Mitglieder anderer Glaubensbekenntnisse ein und sprach von der Bedeutung spiritueller Lehrer jeder Richtung. Der Koran selbst wurde ihm auf mystischem Wege offenbart und enthält zahlreiche Hinweise auf mystisches Denken.

Auf religiösem Gebiet behauptet der Koran die Einheit aller Religionen und die Identität ihres Ursprunges – »Jedes Volk hatte einen Mahner«. Der Islam erkannte Moses, Jesus und andere als inspirierte Propheten an. Eine weitere Grundlage für den Glauben an die Kontinuität einer alten, nicht lokalisierten Lehre, von der die vorhergehenden, hochentwickelten Religionssysteme nur Ableitungen oder Vereinfachungen sein mochten, bildete die Tatsache, daß viele frühere Juden, Christen und Magiker (Priester nicht ausgeschlossen), die zu Lebzeiten Mohammeds nach Arabien gereist waren, um einen Lehrer zu suchen, die Sendung Mohammeds anerkannten.

So kommt es, daß in der Sufi-Tradition die ›Kette der Überlieferung‹ der sufischen Schulen über eine Linie bis auf den Propheten zurückreichen mag, und über eine andere Linie bis auf Elias. Ein Sufi-Meister von höchstem Ansehen, Uways, der im Jahre 657 starb, hat Mohammed nie getroffen, obwohl er zur gleichen Zeit in Arabien lebte und ihn sogar überlebte. Außerdem ist durch eine verläßliche Quelle belegt, daß der Name ›Sufi‹ schon verwendet wurde, bevor Mohammed seine prophetische Sendung verkündete. *(Kitab el-Luma)*

Es ist wesentlich, dieses Gespür für die Kontinuität der inneren Lehre und auch den Glauben an die Entwicklung der Gesellschaft zu begreifen, will man die Sufis überhaupt einigermaßen verstehen.

Vielleicht der wichtigste Beitrag des Islam zur Verbreitung des sufischen Denkens war sein Mangel an Ausschließlichkeit und seine Anerkennung der Theorie, daß die Zivilisation evolutionär, ja sogar organisch sei. Anders als alle vorherigen Religionen behauptete der Islam, daß die Wahrheit allen Völkern zu einer bestimmten Zeit in ihrer Entwicklung offenbart werde, und daß der Islam – weit entfernt davon, eine neue Religion zu sein – nicht mehr und nicht weniger als das letzte Glied in einer Kette großer Religionen sei, die sich an die Völker der Welt richten. Indem der Islam behauptete, daß es keinen Propheten nach Mohammed mehr geben werde, spiegelte er in einem soziologischen Sinn das Bewußtsein der Menschheit vom Ende des Zeitalters des Entstehens neuer theokratischer Systeme. Die Ereignisse der folgenden fünfzehnhundert Jahre haben gezeigt, daß diese Aussage nur zu wahr ist. Aus Gründen der Entwicklung der heutigen Gesellschaft ist es unvorstellbar, daß noch einmal neue religiöse Lehrer vom Rang der Gründer der Weltreligionen ähnliche Bedeutung erlangen wie Zarathustra, Buddha, Moses, Jesus oder Mohammed.

Nach der vollen Entfaltung der islamischen Zivilisation im Mittelalter traten die überweltlich orientierten Strömungen der Völker in ihrem Einflußbereich in engere Verbindung miteinander, als das während der legendären Zeit, in der die praktische Mystik auf kleine, sehr abgeschlossene Gruppen beschränkt war, der Fall sein konnte. Nun begann der Sufismus sich auf vielen verschiedenen Wegen zu verbreiten. Die Lehrer, die sich auf Sammlung und Kontemplation spezialisierten, wirkten dem größeren Trend zum Materialismus entgegen, indem sie dem Materialismus die Askese gegenüberstellten. Askese, so warnte der große Sufi Hasan von Basra (gest. 728), kann masochistisch sein, nämlich wenn man sich ihr aus einem Mangel an Seelenstärke zuwendet. Jeder Sufi mußte durch eine Zeit der Schulung gehen – ob sie länger oder kürzer war, hing von seiner Begabung ab –, bevor man ihn für ausgewogen genug hielt, »in der Welt aber nicht von der Welt« zu sein. Indem sie ihre Lehrmethoden den Bedürfnissen der Gesellschaft anpaßten, schufen sufische Dichter und Sänger Meisterwerke, die zu einem Teil des klassischen Erbes des Ostens werden sollten. In einer Umgebung, in der Unterhaltungssucht und Frivolität vorherrschten, stellten sich die sufischen Techniken auf Musik und Tanz ein, auf das Lehren durch romantische und wundersame Geschichten und besonders durch den Humor. Die Konzentration auf das Thema der Liebe und die Entferntheit des Menschen von seinem Ziel wurde schon früh in militärische Kreise eingeführt. Dort brachten Ritterlichkeit und das Thema der Sehnsucht nach der Geliebten und einer letzten Erfüllung weitere Literatur hervor und führten zur Gründung der Ritterorden, die in der Folge für Ost und West große Bedeutung haben sollten.

DER HINTERGRUND:
II. DER ELEFANT IM DUNKELN

> Ein Mensch, der niemals Wasser gesehen hat,
> wird mit verbundenen Augen hineingeworfen und fühlt es.
> Wird ihm die Binde abgenommen, weiß er was es ist.
> Bis dahin kannte er es nur von seiner Wirkung her.
> (Rumi, *Fihi Ma Fihi*)

Mit der Verbreitung von Wissenschaft und Kunst im mittelalterlichen Sarazenenreich gewann auch der Sufi-Genius an Boden; Sufis wurden Ärzte und Wissenschaftler und hinterließen Symbole in ihren Gebäuden und ihrer dekorativen Kunst (einige davon nennt man heute Arabesken), die in sichtbarer Form einige ewige Wahrheiten enthielten. Wahrheiten, die nach Meinung der Sufis das Streben der menschlichen Seele und ihren Fortschritt zur letztlichen Harmonie und Integration mit der gesamten Schöpfung zusammenfaßten.[1]
Die Auswirkungen des überaus praktischen Systems der Sufis sind überall im Denken, in der Kunst und in den magisch-okkulten Phänomenen des Ostens so wie des Westens zu entdecken, auch wenn sie für Außenstehende, die die wahre Bedeutung des Systems nicht kennen, oft verborgen bleiben. Um uns der sufischen Erfahrung weiter anzunähern, wollen wir einen Blick auf die Denkmethoden und Grundvorstellungen dieser Mystiker werfen. Wir könnten bei einem Gedicht, einem Witz, einem Symbol beginnen.
Die Zugänge zum sufischen Denken sind, wie man von alters her sagt, fast so zahlreich wie die Sufis selbst. Religion zum Beispiel kann nicht von vorneherein angenommen oder zurückgewiesen werden, ehe man nicht genau weiß, was Religion bedeutet. Man ist sich deshalb auf der ganzen Welt nicht über die wesenhafte Einheit allen religiösen Glaubens einig, so sagen die Sufis, weil den meisten Gläubigen überhaupt nicht bewußt ist, was das Wesen der Religion eigentlich ist. Religion braucht nicht zu sein, was man gemeinhin darunter versteht.
Für den Sufi gleichen der Frömmler und der Spötter zwei Menschen, die sich darüber streiten, ob die Erde eine flache Scheibe sei – wie der eine glaubt – oder ob sie zylindrisch sei – wie der andere behauptet. Keiner von beiden weiß aus eigener Erfahrung, wie ihre wirkliche Form ist.

[1] Einige Naturwissenschaftler des zwanzigsten Jahrhunderts sind zutiefst erstaunt, wenn sie erfahren, daß der Derwisch Hujwiri fast eintausend Jahre vor Einstein in einer sachlichen Abhandlung die Identität von Zeit und Raum in der angewandten Sufi-Erfahrung diskutierte. *(Offenbarung des Verhüllten)*

Hier zeigt sich ein fundamentaler Unterschied zwischen der Methode der Sufis und der anderer metaphysischer Systeme. Man setzt zu oft voraus, daß ein Mensch entweder ein Gläubiger sein muß oder ein Ungläubiger – oder vielleicht noch ein Agnostiker. Ist er ein Gläubiger, so erwartet er, daß ihm ein Glaube oder ein System angeboten wird, das seine vermeintlichen Bedürfnisse befriedigt. Nur selten sagt man ihm, daß er möglicherweise gar nicht weiß, was seine Bedürfnisse wirklich sind.

Die Welt des Sufis hat zusätzliche Dimensionen. Für ihn sind die Dinge auf eine Weise bedeutungsvoll, die jene Menschen nicht kennen, welche nur den Verhaltensmustern folgen, die ihnen von der Gesellschaft eingeimpft wurden.

Solche Menschen ›schielen‹. Fragt man einen Ausgehungerten, was die Summe von zwei und zwei ist, so wird er antworten ›vier (oder sogar acht) *Stücke Brot*‹.

Der Sufismus lehrt, daß die Gesamtheit der Existenz nicht zu erfassen ist, wenn man sie nur mit den Methoden unseres Jedermannsbewußtseins untersucht. Das liegt zum Teil daran, daß man zwar die Frage »Was ist eigentlich der Sinn des Ganzen« in einem rein begrifflich vernünftigen Satz stellen kann, die Antwort darauf jedoch nicht auf gleiche Weise zu geben ist. Die Antwort erhält man durch Erfahrung, durch Erleuchtung. Ein Instrument, mit dem sich etwas Kleines erfassen läßt, muß nicht unbedingt geeignet sein, auch das Große zu erfassen. »Verwertet Euer Wissen, denn Wissen, das man nicht anwendet, ist ein Körper ohne Leben«, sagt Abu Hanifa.[2] Ein Wissenschaftler mag einem erzählen, daß Zeit und Raum das gleiche sind oder daß Materie durchaus nicht fest ist. Er mag auch in der Lage sein, das mit den Methoden seiner Disziplin zu beweisen. Aber für unser Verständnis der ganzen Angelegenheit macht das nur wenig, für unsere Erfahrung davon überhaupt keinen Unterschied. Alle Materie ist unendlich oft teilbar – können wir sagen. Aber aus rein praktischen Gründen gibt es eine Grenze für die Zahl der Teilungen, die man zum Beispiel an einem Stück Schokolade vornehmen kann, soll es noch die Anforderungen erfüllen, die man an ein Stück Schokolade stellt. So kann es einem einerseits um ein Stück Schokolade gehen, andererseits um ein Objekt, das man so oft teilen möchte wie möglich. Der menschliche Geist neigt zu Verallgemeinerungen aufgrund von Teilerkenntnissen. Die Sufis glauben, daß sie eine vollständigere Erfahrung der Dinge haben können.

Eine alte Sufi-Geschichte verdeutlicht einen Aspekt dieser Frage und zeigt, welchen Schwierigkeiten sich selbst Gelehrte gegenübersehen, wenn sie versuchen, sich einem Verständnis der Sufis mit Hilfe ihrer begrenzten Untersuchungsmethoden zu nähern:

[2] Abu Hanifa ist der Gründer einer der vier großen arabischen Rechtsschulen, der Vierten Schule. Er war der Sufi-Lehrer von Daud von Tai (gest. 781). Daud gab seine Lehren an seinen Schüler Maaruf Karkhi (›Salomon der König‹) weiter, den Gründer der sufischen Bruderschaft, die sich ›Die Baumeister‹ nannte.

Ein Wanderzirkus hatte seinen Elefanten in einem Stall in der Nähe einer Stadt untergebracht, in der man noch nie einen Elefanten gesehen hatte. Vier neugierige Bürger hörten von dem verborgenen Wunder und machten sich auf, um vielleicht im voraus einen Blick darauf zu erhaschen. Als sie jedoch zu dem Stall kamen, fanden sie, daß es kein Licht darin gab. Sie mußten ihre Untersuchung also im Dunkeln vornehmen.

Der eine bekam den Rüssel des Elefanten zu fassen und meinte folglich, das Tier müsse einer Wasserpfeife ähneln; der zweite erfühlte ein Ohr und schloß, es sei eine Art Fächer; der dritte, der ein Bein anfaßte, konnte es nur mit einer lebenden Säule vergleichen; und der vierte schließlich, der seine Hand auf den Rücken des Elefanten legte, war überzeugt, eine Art Thron vor sich zu haben. Keiner von ihnen konnte sich ein vollständiges Bild machen, und den Teil, den ein jeder erfühlte, konnte er nur in Begriffen beschreiben, die ihm bekannte Dinge bezeichneten. Das Ergebnis der Expedition war Verwirrung. Jeder der vier war sicher, daß er recht hatte; und keiner der anderen Bürger der Stadt konnte verstehen, was wirklich geschehen war, was die vier tatsächlich erfahren hatten.

Die meisten Menschen, die sich über das Denken der Sufis informieren wollen, werden auf ein Nachschlagewerk zurückgreifen. Sie werden unter dem Wort »Sufi« in einem Lexikon suchen oder Bücher heranziehen, die von den verschiedensten Gelehrten, Experten auf dem Gebiet von Religion oder Mystik, geschrieben wurden.

Geht man so vor, so wird man ein schlagendes Beispiel für diese ›Elefant im Dunkeln‹-Mentalität entdecken.

Ein persischer Gelehrter bezeichnet den Sufismus als entartetes Christentum. Ein Professor aus Oxford meint, er sei von den Veden der Hindus beeinflußt. Ein arabisch-amerikanischer Professor hält ihn für eine Reaktion auf den Intellektualismus des Islam. Ein Professor für semitische Literatur behauptet, im Sufismus Spuren des zentralasiatischen Schamanentums zu finden. Ein Deutscher möchte, daß wir eine Kombination von Christentum und Buddhismus darin sehen. Zwei berühmte englische Orientalisten machen sich für einen deutlichen neoplatonischen Einfluß stark; einer von ihnen räumt jedoch ein, der Sufismus könne auch unabhängig davon entstanden sein. Ein Araber, der seine Ansichten von einer amerikanischen Universität veröffentlichen läßt, versichert seinen Lesern, der Neoplatonismus (den er als einen Bestandteil des Sufismus anführt) sei selbst eine Kombination von griechischem und persischem Gedankengut. Einer der größten spanischen Arabisten, der sich als einen in christliches Mönchstum Eingeweihten bezeichnet, will uns weismachen, der Manichäismus sei eine Quelle des Sufismus. Ein anderer Gelehrter von nicht geringerem Rang findet Gnostiker unter den Sufis, während ein englischer Professor, der ein sufisches Werk übersetzt hat, von »einer kleinen persischen Sekte« spricht. Wieder ein anderer Übersetzer findet die mystische Überlieferung der Sufis »im Koran selbst«. »Auch wenn die zahlreichen Definitionen des Sufismus, die wir in arabischer und persischer Fachliteratur finden, historisch interessant sind, liegt ihre Hauptbedeutung doch darin, zu verdeutlichen, daß der Sufismus nicht zu definieren ist.« (Prof. R. A. Nicholson, *The Mystics of Islam*, London, 1914, Seite 25)

Eine pakistanische Ansicht von Rumi (1207–1273) betrachtet ihn als den Erben praktisch aller großen alten Strömungen des Denkens im Nahen Osten. Wer wirklich mit Sufis Kontakt gehabt und an ihren Treffen teilgenommen hat, der wird ohne besondere geistige Umstellung oder Anstrengung den Sufismus als ein System verstehen können, das all die Myriaden von Fäden einschließt, welche in nicht-sufischen Systemen als Gnostizismus, Neoplatonismus, Aristotelianismus und so weiter erscheinen. »Zahllose Wellen, die sich kräuseln und für einen Augenblick die Sonne reflektieren – alle aus dem gleichen Meer«, sagt Meister Halki. Diese Zusammenschau jedoch wird ein Geist, der darauf trainiert ist, an die Unvereinbarkeit oder Alleingültigkeit gewisser Ideen oder Schulen zu glauben, wohl kaum in eine Betrachtung des Sufismus einbringen können.

Dr. Khalifa Abdu-Hakim zeigt, wie er auf all die philosophischen Schulen eingehen kann, die gleiche Vorstellungen vertreten wie Rumi, ohne sie gleich als voneinander abgeleitet betrachten zu müssen. Er sagt: »Sein (Rumis) *Mathnawi* ist ein Kristall mit vielen Facetten. Wir sehen darin, gebrochen widergespiegelt, das Licht des semitischen Monotheismus, des griechischen Intellektualismus, Platos Ideenlehre und die aristotelische Theorie von Ursache und Entwicklung, das Eine des Plotin und die Ekstase, die mit dem Einen vereint, die Streitfragen der *Mutakallimun* (Schulmenschen), die erkenntnistheoretischen Probleme von Ibn Sina und al-Farabi, Ghasalis Theorie des prophetischen Bewußtseins und Ibn El-Arabis Monismus.«

Und damit – falls ich meinen Standpunkt noch immer nicht ganz deutlich gemacht habe – will ich keinesfalls andeuten, Rumi habe sein mystisches System aus den genannten Zutaten zusammengebraut. »Perlen findet man nicht nur in Samarkand.«

Die Literatur über den Sufismus ist umfangreich, und eine große Zahl der Sufi-Texte sind von westlichen Gelehrten übersetzt worden. Den wenigsten dieser Übersetzer – wenn überhaupt einem von ihnen – war es beschieden, den Sufismus selbst zu erleben, seine mündliche Überlieferung kennenzulernen oder auch nur zu erfahren, in welcher Reihenfolge sein Schulungsmaterial durchgearbeitet wird. Damit sei nicht gesagt, daß ihre Arbeit nicht der Mühe wert gewesen sei; für den Orientalisten war sie von großem Nutzen. Sie neigt jedoch zu Ungereimtheiten. Man wird an den legendären Schreiber erinnert, der seine Schriftstücke selbst begleiten und vorlesen mußte, da er so unleserlich schrieb. So bedürfen viele dieser Arbeiten der Erläuterung durch einen Sufi.

Die Wirkung solcher Übersetzungen und der diskursiven Literatur über den Sufismus auf den uneingeweihten Studenten ist sicherlich beträchtlich, und es dürfte nicht leicht sein, sich davon wieder freizumachen. Schon die Art und

Weise, wie das Problem der Übersetzung angegangen wird, ist oft recht absonderlich. Sehen wir einmal von Unterschieden in Genauigkeit und Interpretation zwischen den Übersetzern ab (die zu manch erbitterter, wenn auch unergiebiger Auseinandersetzung zwischen ihnen geführt haben), so stellen wir doch fest, daß das literarische Material, welches dem armen Leser vorgesetzt wird, oft die seltsamsten Abenteuer zu bestehen hat.

So versucht ein Übersetzer manchmal in der Übersetzung den Rhythmus oder die Reime des Originals einer östlichen Dichtung wiederzugeben, da er meint, dieses Mittel trage dazu bei, den Sinn des Originals zu vermitteln. Der nächste Übersetzer ist ganz anderer Meinung und versucht erst gar nicht, das Versmaß zu erhalten – es sei ja doch unmöglich und zudem unnötig. Einige Texte wurden mit Hilfe nicht-sufischer Kommentare übersetzt – gewöhnlich mohammedanischer oder sogar streng christlicher theologischer Abhandlungen. Dann gibt es diese Zusammenstückelungen ausgewählter Texte, in denen der Übersetzer Kürzungen vorgenommen hat, zu denen er sich aus unerfindlichen Gründen berechtigt sah. Je weniger er von der Praxis des Sufismus begriffen hat, desto unerschrockener scheint ein solcher Übersetzer bei seinem Werk der Verstümmelung vorzugehen. Sufi-Texte sind eben nicht nur rein literarisches, philosophisches oder technisches Material.

Da gibt es zum Beispiel die englische Übersetzung eines persischen Buches – nicht aus dem Persischen, sondern von einer französischen Übersetzung der Urdu-Version einer klassischen persischen Kurzfassung des arabischen Originals. Oder die modernen Versionen persischer Klassiker, aus denen zum Teil jene Stellen gestrichen wurden, die zeitgenössischen iranischen Glaubensvorstellungen widersprechen. Hinzu kommen die Werke von Christen (Missionaren), Hindus und westlichen Neo-Hindus – sowie westlicher Neo-Sufis –, die den Sufismus allgemeinverständlich darstellen wollen. Zustände, wie wir sie in der Sufismus-Literatur für den durchschnittlich gebildeten Leser des Westens antreffen, suchen wohl ihresgleichen auf anderen literarischen Gebieten.

Das ganze Drunter und Drüber hat gelegentlich auch seine erheiternden Seiten. Diese verdrehende Tendenz – einen treffenden Begriff dafür zu finden scheint unmöglich, es sei denn, man prägt nach dem Muster von ›Dichotomie‹ den Ausdruck ›Polychotomie‹ – hat schon vor etwa tausend Jahren zu einer amüsanten Pointe geführt. Damals schrieb der jüdische Denker Avicebron von Malaga (ca. 1020–1050 oder 1070) sein Werk *Quell des Lebens,* das auf der sufischen Philosophie der Erleuchtung basiert. Da er auf arabisch schrieb, hielten ihn viele einflußreiche Christen der nordeuropäischen Schule, die damals »arabische« Bildung aufsogen, für einen Araber. Einige von ihnen meinten sogar, er sei ein Christ reinsten Wassers, und das sagten sie auch laut. Die Franziskaner übernahmen eifrig seine Lehren und brachten sie in das christliche Denken ein, und sie stützten sich dabei auf eine lateinische Übersetzung, die etwa ein Jahrhundert nach Avicebrons Tod entstanden war.

Das Wirken der Sufis hatte einen beträchtlichen Einfluß auf den christlichen

Westen. Dieser Einfluß war so groß, daß sich mehr als genug Beweise für die Behauptung der Sufis aufzählen ließen, daß die objektive Wahrheit eine Dynamik enthält, der man sich kaum widersetzen kann. Soll diese vitale Kraft jedoch einen angemessenen Ausdruck finden, so muß der Mensch, der sie empfinden will, darauf eingestimmt sein. Fehlt diese Vorbereitung, so wird der sufische Strom leicht in merkwürdige Bahnen abgelenkt. Besonders anfällig für solche Verdrehungen ist, wer nur mit ausgewählten Teilstücken des sufischen Stroms umgeht. Ein schlagendes Beispiel ist das Schicksal, welches dem Werk des Ghasali in Europa beschieden war.

Ghasali von Zentral-Asien (1058–1111) schrieb ein Buch mit dem Titel *Die Vernichtung der Philosophen,* das bald in Teilen übersetzt und von katholischen Apologeten sowohl gegen mohammedanische als auch christliche Schulen ins Feld geführt wurde. Der Ausschnitt, der in den Westen gelangte, war jedoch nur jener Teil, der der einführenden Darstellung der Philosophie gewidmet war. Man muß Ghasalis sufische Werke schon als Ganzes lesen und auch seine Ansichten über den Wert der sufischen Übungsmethoden teilen, wenn man ihn richtig verstehen will. Jedenfalls erschien eine Entgegnung auf dieses Werk, geschrieben von einem anderen Araber, Ibn Ruschd von Córdoba (1126–1198). Unter dem Namen Averroës wurde auch er übersetzt. Es gelang ihm zwar nicht, mit seiner scholastischen Methode Ghasali zu widerlegen, aber er dachte wenigstens, daß er es getan hätte. Dennoch bestimmte der Averroismus die westliche und christliche Scholastik für mehr als vierhundert Jahre, vom Ende des 12. bis zum Ende des 16. Jahrhunderts. Zusammengenommen ergeben die Fragmente des Ghasali und der Aristotelianismus des Averroës eine doppelte sufische Strömung (Aktion und Reaktion), aus der ein Christentum schöpfte, welches (wenigstens was die Scholastiker anging) keine Ahnung von den ursprünglichen Absichten des Ghasalismus und des Averroismus hatte.

»Man muß erkennen«, sagt Rumi, »daß gegensätzliche Dinge zusammenarbeiten, auch wenn sie sich äußerlich widersprechen.« *(Fihi Ma Fihi)*

Menschen, die sich ein Studium des sufischen Systems zur Aufgabe machen, teilen nur selten das fundamentale Wissen des Sufis darum, daß der Sufismus sowohl eine Lehre, als auch Teil einer organischen Entwicklung ist. Die Folge ist, daß sie als Außenstehende kaum zu treffenden Schlußfolgerungen kommen können. Wer sich auf seine diskursiven Fähigkeiten verläßt, der disqualifiziert sich selbst, bevor er überhaupt angefangen hat. Dem Menschen, der Äußerlichkeiten verhaftet bleibt, sagt Rumi in seinem *Mathnawi:*

Danad o ki nekbakht wa muharam ast:
Ziraki az Iblis wa ishq Adam ast.

Das heißt sinngemäß:

Wer das Glück hat, erleuchtet zu sein (der Sufi)
Weiß, daß Spitzfindigkeit vom Teufel, die Liebe von Adam kommt.

Zugegeben, es ist für den Gelehrten leichter, sich einen Aspekt des Elefanten im Dunkeln vorzunehmen und ihn zu beschreiben, als sich von außen ein umfassendes Bild vom Sufismus zu machen. Viele Gelehrte sind einfach psychologisch unfähig, dieses Thema zu behandeln. »Neben der Unfähigkeit selbst gibt es andere Mängel, die das Erlangen innerer Wahrheit verhindern. Einer davon ist Wissen, das durch äußerliche Methoden erworben wurde.« *(Elixier der Glückseligkeit)*

Neben der schier unüberwindlichen Barriere der sufischen Erfahrung sieht sich der außenstehende Betrachter dem Problem der Sufi-Persönlichkeit gegenüber. Ein einfacher Überblick über die sufischen Schriften und den Lebensweg bekannter Sufis wäre geeignet, selbst den undoktrinärsten Betrachter in Erstaunen zu versetzen. Unter den Sufis gab es ehemalige zoroastrische, christliche, hinduistische, buddhistische und andere Priester; Perser, Griechen, Araber, Ägypter, Spanier und Engländer. In den Reihen der Sufi-Meister findet man Theologen, einen bekehrten Räuberhauptmann, Sklaven, Soldaten, Kaufleute, Wesire, Könige und Künstler. Nur zwei von ihnen sind einer größeren Zahl westlicher Leser bekannt. Es handelt sich um den Dichter und Mathematiker Omar Khayyam aus Persien und den Prinzen Abu ben-Adam aus Afghanistan, den Leigh Hunt in einem Gedicht besingt: »Abu ben-Adam, möge sich sein Stamm vermehren ...«

Aus der Menge der bekannten Persönlichkeiten, die vom Sufismus beeinflußt waren, seien nur ein paar Namen herausgegriffen: Raymond Lully, Goethe, Präsident de Gaulle und Dag Hammarskjöld.

Da sie oft unter der Bedrohung inquisitorischer Verfolgung schrieben, verfaßten einige Sufis Bücher, in denen sie ihre Praktiken als mit der Orthodoxie vereinbar darstellten und den Gebrauch ungewöhnlicher Bilder und Symbole in ihrer Literatur verteidigten. Um die Bedeutung ritualistischer Faktoren zu verschleiern, und da es oft angeraten war, nur als Herausgeber einer Anthologie von Sufi-Schriften aufzutreten, hinterließen sie uns Manuskripte, aus denen sich die sufische Essenz nur herausdestillieren läßt, wenn man die Voraussetzungen dazu mitbringt. Sie paßten ihr Wirken verschiedenen Orten, Zeitaltern und Charakteren an und betonten so abwechselnd die Bedeutung von Askese, Frömmigkeit, Musik und Bewegung, Einsamkeit und Geselligkeit. Von den sufischen Handbüchern sind nur die allgemein als religiös anerkannten außerhalb sufischer Kreise erhältlich.

Daß ein Mensch, der vom Wissen um den inneren Zusammenhang der sufischen Lehre völlig unberührt ist, das Werk ihrer großen Dichter trotzdem würdigen kann, wurde immer wieder von Übersetzern demonstriert. Gertrude Bell, eine unermüdliche Studentin und Übersetzerin des großen Hafis (sie übersetzte ihn ins Englische), wurde von dem Orientalisten Sir Denison Ross für ihr akademisches Können und ihre Urteilsfähigkeit gepriesen. Dennoch ist gerade sie die erste, die zugibt, daß »es schwer ist, festzustellen, aus welchen Gründen genau er (Hafis) im Osten so geschätzt wird, und vielleicht unmög-

lich ist zu verstehen, was seine Lehre für seine Landsleute bedeutet«. (Siehe Anmerkung: »Hafis«)
So ist es um so interessanter zu sehen, was dabei herauskommt, wenn sie versucht, sich aufs Geratewohl ein Bild von der Absicht des Hafis zu machen: »Aus unserer Sicht gesehen scheint seine Philosophie darauf hinauszulaufen, daß es wenig gibt, dessen wir uns sicher sein können, und daß dieses wenige immer das Ziel des menschlichen Strebens sein wird. Jeder von uns wird auf seiner Suche danach einen anderen Weg einschlagen, für keinen wird dieser Weg leicht sein, aber ein jeder mag, ist er nur weise genug, am Wegrand manche Belohnung für seine Mühen finden.«[3]
Sie sieht die Aktivität der Sufis nicht, wie die Sufis selbst, als einen Prozeß, aber ihr ist doch nicht der eigenartige, zutiefst sufische Charakter des Hafis in jenen Passagen entgangen, wo er von einem Horizont des menschlichen Denkens spricht – und ihn sieht–, der für uns gegenwärtig ist, für ihn aber in ferner Zukunft lag:
Es ist, als sei sein geistiges Auge, mit wunderbarem visionärem Scharfblick begabt, bereits in jene Regionen des Denkens eingedrungen, die den Menschen späterer Zeitalter zu bewohnen bestimmt war.
Das Vorherwissen des Hafis ist zu augenfällig, als daß sie es hätte übersehen können; aber es ist auch verwirrend. Sie kann sich keinen Reim darauf machen.
Kehren wir zu unserem Elefanten zurück. Sind die Gelehrten glücklicherweise auch viel weniger doktrinär als die Geistlichen, so ähneln für den Sufi doch beide den Besuchern im Elefantenhaus. Wäre es möglich, daß sie tatsächlich alle nur einen Teil der Teile gesehen haben? Die Sufis sagen: »Dies ist nicht *eine* Religion, dies *ist* Religion«; oder auch: »Sufismus ist die Essenz aller Religionen.« Ist also unter den Sufis und anderswo überliefert, daß es eine geheime Lehre gibt, die nur an Eingeweihte weitergegeben und in einer Linie von Erben der Lehre bewahrt wird – also etwas das erklären würde, warum der außenstehende Beobachter seinem eigenen Vorurteil gemäß fast jede Form der Religion in den Schriften der Sufis wiederfinden kann?
Um Klarheit darüber zu gewinnen, müssen wir schon auf die Aussagen der Sufis zu diesem Punkt zurückgreifen, die von nicht-sufischen Studenten gemeinhin nicht beachtet wurden. Wir müssen auch den Traditionen anderer Schulen nachgehen und herausfinden, ob es dort im Mittelalter und zu anderer Zeit die Überlieferung eines Glaubens an eine innere Lehre gegeben hat, welche über die formale Religion hinausgeht. Diese Untersuchung ist durchaus nicht uninteressant.
»Früher«, so sagt der Scheich Abu el-Hasan Fuschanji, »war das Sein des Sufi eine Wirklichkeit ohne Namen. Heute ist es ein Name ohne Wirklichkeit.«

[3] G. L. Bell, *Poems from the Divan of Hafiz*, London, new ed. 1928, S. 81.

Dieser Ausspruch wird oberflächlich meist so verstanden, als wolle er sagen, daß es heutzutage eine Menge sogenannter Sufis gebe, der wahre Sinn des Sufismus jedoch nicht erfaßt werde. Und obwohl auch dies eine gültige Interpretation des Satzes sein mag, soll er hier doch ganz etwas anderes verdeutlichen.

Der Drang, ein historisches Phänomen auf einen ganz bestimmten Ursprung zurückzuverfolgen, ist in der gegenwärtigen Phase der Gelehrsamkeit sehr ausgeprägt. Zweifellos ist er mit dem Bedürfnis des Jedermannsbewußtseins verknüpft, für alles und jedes einen Anfang und wenn möglich auch ein Ende zu kennen. Fast alles, was der Mensch durch seine gewöhnlichen Sinne erfährt, hat für ihn einen Anfang und ein Ende. Zu wissen, was etwas ist, gibt uns ein Gefühl der Stabilität, der Sicherheit. Hat man erst ein Etikett auf das Buch geklebt, kann man es ins Regal stellen, in irgendein A-bis-Z einordnen. Es gibt verschiedene mehr oder weniger anerkannte Methoden, einen Anfang und ein Ende festzulegen oder wenigstens einen Ersatz dafür zu konstruieren. Man kann sie sich aus Mythen und Legenden zusammenbrauen, in denen es ja oft darum geht, wie Dinge angefangen haben und wie sie enden werden. Eine andere Methode ist die jenes chinesischen Kaisers, der bestimmte, die Geschichte solle mit ihm beginnen und alle früheren Bücher sollten vernichtet werden. Oder man nimmt an, daß ein bestimmtes zeitlich und vielleicht auch räumlich lokalisierbares Ereignis einen Anfang darstellt. Dies war gewöhnlich die von den Religionen benutzte Methode; besonders deutlich sehen wir das in der verbreiteten Form des Christentums, dessen offizielles Dogma, ungeachtet der Lehre des heiligen Augustinus, darauf beruht.

Der Glaube, daß ein bestimmtes einzigartiges religiöses Ereignis zu einer völligen Wende in der Bestimmung der Menschheit geführt habe, setzte im Christentum große Energien frei. Aber zumindest zwei Faktoren hemmten ernstlich die Wirksamkeit dieser Energien. Der erste Faktor war die Zeit, in deren Verlauf deutlich wurde, daß es eine Grenze für die natürliche und sogar für die künstliche Verbreitung des kirchlich organisierten Christentums gibt, sowie auch Grenzen für seine Dynamik innerhalb seines eigenen Einflußbereiches. Der zweite war ein scholastisches Problem. Da man die Lehre von Jesus als einzigartig ansah (wenn auch vielleicht in den Propheten schon anklingend und von ihnen vorausgesagt), war es schwer, eine spirituelle Perspektive zu finden, die von diesem Glauben nicht bereits vorgeprägt war. Religion, Mystik, Spiritualität ließen sich nun nicht mehr einfach als eine natürliche Entwicklung oder ein gemeinsamer Besitz der Menschheit verstehen. Das wichtigste Gegengewicht zur Macht des formalisierten Christentums war nach Meinung der Sufis die fortbestehende Erfahrung der echten Überlieferung, von der die organisierte Religion nur eine Verzerrung darstellt.

Schon vor dem zehnten Jahrhundert, in dem der Islam die stärkste kulturelle Macht und die expansivste Zivilisation der damals bekannten Welt darstellte, hatte die Theorie von einer geheimen, seit frühester Zeit verehrten Lehre von diesem Schwerpunkt her auf den Westen ausgestrahlt. Die erste und einflußreichste klassische Schule des Sufismus wurde vor mehr als tausend Jahren in Spanien gegründet (Sufis begleiteten die arabischen Armeen, die Spanien im Jahre 711 eroberten). Die Tradition wurde nicht etwa, wie man denken könnte, im Westen erfunden, um die Vorherrschaft der arabisierten Länder zu rechtfertigen. Sie hatte ja auch genug mit dem Islam gemein und wurde zeitweilig sogar vom Islam gefördert, der, wie wir bereits erwähnt haben, die Religion ebenfalls als einen fortlaufenden Prozeß ansieht, der sich in jeder Gesellschaft manifestiert. Es gab die Tradition auch im Fernen Osten, und sie war geeignet, eine Resonanz im Herzen jener Menschen auszulösen, die noch Erinnerungen früherer spiritueller Lehren bewahrten. Die Theorie der Theosophie hat wenigstens zum Teil die verschiedenen religiösen Manifestationen in verschiedenen Gemeinschaften erklärt, Erscheinungsformen, die es nach der doktrinären Religion anderer Ausprägung gar nicht geben sollte.

Es war zweifellos ein Ausdruck dieses Gespürs für die Einheit der inneren, erfahrenen oder symbolischen Religion, daß die Völker der Antike ihre jeweiligen Götter einander gleichsetzten – so zum Beispiel Merkur mit Hermes und Hermes mit Thoth. Und es ist genau diese theosophische Theorie, welche die Sufis als ihre eigene Tradition ansehen, wenn auch nicht auf den religiösen Bereich beschränkt. Darum sagt der Sufi:

Ich lebe im Heiden; ich bete am Altar des Juden; ich bin der Götze des Yemeniten, der wahre Tempel des Feueranbeters, der Priester des Magikers; ich bin die innere Wirklichkeit des mit verschränkten Beinen meditierenden Brahmanen, der Pinsel und die Farbe des Malers, die unterdrückte kraftvolle Persönlichkeit des Lästerers. Das eine macht das andere nicht unwirksam – bringt man zwei Flammen zusammen, so vereinigen sie sich in ihrem »Flammenden«. Ihr werft eine Fackel auf eine Kerze, und dann sagt Ihr: ›Seht her, wir haben die Flamme der Kerze vernichtet!‹ (Ishan Kaiser, Speech of the Sages)

Mit einer neuen Art zu Sehen überwinden die Sufis die Konditionierung durch die materialistische, eindimensionale Gesellschaft. Alle Philosophie ist heruntergekommen, weil die Lehre von der »Weisheit« eingekapselt wurde. Die Menschen beten sich andauernd irgendwelche Binsenwahrheiten vor, ohne wirklich zu *erfahren*, was sie bedeuten. Es ist durchaus nicht unwahrscheinlich, daß jeder, der es hört, sofort zustimmt, wenn ein Sufi sagt: »Was not tut, ist eine neue Einstellung«, denn diese Aussage klingt irgendwie bedeutungsschwer – und die ganze Angelegenheit dann gleich wieder vergißt. Er hat sich den Sinn der Worte nicht zu eigen gemacht. »Nimm den Weizen, und nicht das Maß, darin er enthalten ist.« (Rumi, *Mathnawi,* Buch II)

So wichtig ist es, das Denken von den ihm anhaftenden starren Strukturen zu befreien, daß Rumi seine beiden Hauptwerke mit Übungen zu diesem Prozeß beginnt. In diesem Sinn geht er also mit den Lehrmethoden konform, die auch in den meisten sufischen Schulungszentren angewendet werden. Und auch wenn außenstehende Übersetzer das wahrscheinlich nicht wissen, sind doch

zwei seiner Bücher Kommentare zu den Stadien und Zuständen der sufischen Entwicklung, wie sie sich in den sufischen Schulen verkörpert manifestiert.
Gleich zu Anfang des *Fihi Ma Fihi* zitiert Rumi einen Ausspruch von Mohammed, der als Sprichwort in die Umgangssprache eingegangen ist und weise von Mund zu Mund weitergegeben wird. Mohammed soll gesagt haben: »Der Geringste der Weisen ist einer, der Prinzen besucht; der Vortrefflichste der Prinzen ist einer, der Weise besucht.«
Der innere Sinn dieser Belehrung ist nach Rumi, daß die Bedeutung des »Besuchens« von der Gesinnung des Besuchenden und des Besuchten abhängt. Besucht ein großer Weiser einen Prinzen, so ist es der Prinz, der Gewinn davon hat; deshalb muß man ihn auch als denjenigen betrachten, der vielmehr selbst den Weisen »besucht« habe. Das ist alles andere als ein billiges Jonglieren mit Worten, wie wenig zum Nachdenken geneigte Geister geargwöhnt haben.
Mit einer Art Schocktherapie eröffnet Rumi nach dem berühmten »Lied von der Schilfrohrflöte« die Unterweisung im *Mathnawi*. Es sieht aus, als erzähle er ein Märchen über einen Prinzen auf der Jagd und eine schöne Maid. Aber gerade wenn die Zuhörer es sich gemütlich gemacht haben, um sich an einer konventionellen Geschichte zu ergötzen, beginnt Rumi die Geschichte zu manipulieren. Er bringt seine Zuhörer zum Nachdenken und bekämpft die Tendenz, sich »einlullen« zu lassen, was aus sufischer Sicht die übliche Reaktion auf ein Märchen ist.
Ein Prinz, der auf die Jagd gezogen war, begegnete auf der Straße einer wunderschönen Magd. Er verliebte sich in sie und kaufte das Mädchen; kurze Zeit später ward sie krank. Voller Verzweiflung bot der Herrscher dem Arzt, der sie heilen könnte, alle weltlichen Schätze, die er sich nur wünschen mochte. Aber kein Arzt konnte ihr helfen, und der Zustand des Mädchens wurde immer bedenklicher. Vor Liebe und Furcht fast von Sinnen, lief der Prinz in die Moschee und flehte um göttlichen Beistand.
Da hatte er eine Vision, in der ihm ein alter Mann versicherte, daß bald ein fähiger Arzt erscheinen würde. Und richtig, am nächsten Tag traf dieser Mann auch ein. Der Arzt sah das Mädchen nur an und wußte, daß alle Heilmittel der Kurpfuscher nutzlos waren oder die Situation sogar noch verschlimmert hatten. Er erkannte, daß ihre Krankheit mit ihrer seelischen Verfassung zu tun hatte. Er versuchte es also mit der psychologischen Methode, stellte Fragen und brachte sie zum Sprechen, bis er schließlich herausfand, daß sie in einen gewissen Goldschmied aus Samarkand verliebt war.
Er sagte dem Prinz, um sie zu heilen, müsse man den Goldschmied an ihr Krankenlager bringen, und der Prinz stimmte zu. Was den Goldschmied anging, so sah dieser in seiner Berufung an den Hof nur die gebührende Würdigung seiner Goldschmiedekünste. Er hatte keine Ahnung, was das Schicksal mit ihm vorhatte.
Bei Hofe angekommen wurde er sogleich mit dem Mädchen verheiratet, und es gesundete darauf vollkommen. Bis hierher durfte das Betäubungsmittel

seine Wirkung auf die Zuhörerschaft tun, die sich doch so gerne dem Entzücken über ein »Ende gut – alles gut« hingibt.
Aber nun verabreichte der Arzt auch dem Goldschmied eine Medizin. Sie machte seine Charakterschwächen so offensichtlich, daß das Mädchen ihn sah, wie er wirklich war, und begann, ihn zu hassen. Er und das Mädchen war nun frei, den Prinzen zu lieben, der schon immer für sie bestimmt war.
Abgesehen von der komplexen Metaphorik der Geschichte in ihrer Originalfassung, enthält die Unterweisung Anstöße, die auf vielen Ebenen wirken. Es geht hier nicht einfach um das Erzählen einer Geschichte mit einer »Holzhammer«-Moral; sie ist ein Kommentar zu einigen fundamentalen Lebensprozessen.
Hadrat-i-Paghman sagt von dieser Geschichte: »Sinnt darüber nach, denn wenn ihr sie nicht ganz durchschaut, werdet ihr sein wie ein kleines Kind, welches möchte, daß alles nach seinem Willen geht, und schreit, wenn die Dinge nicht nach seinem Willen gehen. Dann werdet ihr euch selbst ein Gefängnis bauen, ein Gefängnis aus Emotionen. Einmal in diesem Gefängnis, werdet ihr euch an den scharfen Kanten der Gitterstäbe verletzen, mit denen ihr euch selbst umgeben habt.«
Ehemals wurden die Vorstellungen und Lehren der Sufis tatsächlich gelebt, und ein Mensch konnte ein Sufi sein, ohne einen Namen für seinen Kult zu haben. Dann kam die moderne Zeit, in der es zwar den Namen gibt, aber das, wofür er steht, schwer zu leben ist – mußte sich dieses Leben doch der »Verschleierung« – der Konditionierung – anpassen, die in der Wiege beginnt und praktisch erst im Grabe endet.
Wie alt ist das Wort »Sufismus« eigentlich genau? Die Überlieferung sagt, daß es zu allen Zeiten und in allen Ländern Sufis gegeben hat. Schon vor dem Auftreten des Islam gab es Sufis, und sie trugen auch schon diesen Namen. Aber wenn es auch einen Namen für den Ausübenden gab, so gab es doch keinen Namen für die Übung. Erst im Jahre 1821 prägte ein deutscher Gelehrter den latinisierten Begriff »Sufismus«. Vorher gab es das Wort *tasawwuf,* das den Zustand, die Praxis oder die Bedingung des ›Sufi-Seins‹ bezeichnet. Dieser Punkt mag unwichtig erscheinen, aber für den Sufi ist er es nicht. Es ist einer der Gründe, warum es unter den Sufis keinen feststehenden Begriff für ihren Kult gibt. Sie nennen ihn eine Wissenschaft, eine Kunst, ein Wissen, einen Weg, eine Zunft, ja sogar mit einem Schachtelwort aus dem zehnten Jahrhundert *nafsaniyyatalinsaniyyat*, was sich etwa mit Psychoanthropologie übersetzen ließe – aber sie nennen ihn nicht Sufismus.
Tarika-sufiyya steht für den Sufi-Weg; der arabische Ausdruck hat in dem deutschen eine treffende Parallele. Tarika bedeutet nämlich Pfad, aber auch der Weg, die Methode, etwas zu tun, und beinhaltet zudem die Vorstellung, einem Pfad, einer Linie oder einer Richtung zu folgen – dem Pfad des Sufi. Je nach dem Zusammenhang, in dem man über ihn spricht, wird der Sufismus mit verschiedenen Namen benannt. Man findet *ilm-al-maarifat* (die Wissenschaft

des Erkennens) oder auch *el-irfan* (die Gnosis); die organisierten Bruderschaften oder Gruppen werden gewöhnlich *tarika* genannt. So ist auch der Sufi selbst unter verschiedenen Namen bekannt, als der Suchende, der Trunkene, der Erleuchtete, der Gute, der Freund, der Nahe, als Derwisch, Fakir (demütig, arm im Geiste) oder *Kalandar,* als Wissender (Gnostiker), Weiser, Liebender oder Esoteriker. Da es ohne die Sufis keinen Sufismus gibt, bezieht sich das Wort immer auf die Menschen und läßt sich nicht in einem abstrakten Sinn gebrauchen, so wie etwa »Philologie« das Studium der Wörter oder »Kommunismus« eine Theorie des gesellschaftlichen Handelns meinen kann. Das Wort Sufismus bezieht also sowohl die Gemeinde der Sufis als auch die tatsächliche Ausübung ihres Kultes mit ein. Das Wort kann nicht wirklich für irgendeine theoretische Darstellung des Sufi-Weges stehen. Es gibt keinen theoretischen oder intellektuellen Sufismus, genausowenig, wie es eine Sufi-Bewegung gibt; dieses Wort wäre redundant, denn alles sufische Sein ist Bewegung, und zwar eine Bewegung, die alle Phänomene ähnlicher Art einschließt. So gibt es zum Beispiel »christliche Sufis«, ein Ausdruck, der durchaus möglich ist und von den Sufis auch benutzt wurde. In bestimmten Zusammenhängen wird der Sufi auch *masihi-i-batini,* also »esoterischer Christ« genannt.

Würde ein Sufi einem katalogisierenden Geist gewisse Informationen über die Sufis vorlegen, so könnte ein menschlicher oder auch ein elektrischer Computer sich durchaus bei dem Versuch ruinieren, sie in irgendeine systematische Ordnung zu bringen. Zum Glück gibt es immer noch eine Reihe von Menschen, die Informationen auf verschiedenen Ebenen aufnehmen können und in der Lage sind, sich ein Muster daraus zu bilden. Hier eine Reihe von Fakten über die Sufis:

In historischer Zeit treten die Sufis vor allem im Einflußbereich des Islam auf. Sie haben große Theologen, Dichter und Wissenschaftler hervorgebracht. Sie akzeptierten die Atomtheorie und formulierten eine Wissenschaft der Evolution gute sechshundert Jahre bevor Darwin lebte. Sie wurden als Heilige verehrt und als Ketzer verfolgt und getötet. Sie lehren, daß aller Religion eine einzige Wahrheit zugrunde liegt.

Einige Sufis haben gesagt:« Ich glaube an nichts«, andere wiederum »Ich glaube an alles«. Einige sagen: »Ein Sufi darf nichts leichtnehmen«, andere behaupten, »Es gibt keinen Sufi ohne Humor«. Scholastik und Mystik widersprechen einander. Aber unter anderen haben die Sufis auch eine scholastische und eine mystische Schule ins Leben gerufen. Waren das mohammedanische Schulen? Nein, sie waren christlich und standen, wie Professor Palacios und andere gezeigt haben, mit den Augustinern und dem heiligen Johannes vom Kreuz in Verbindung. Zuerst nur als orientalischer Mystiker verstanden, entpuppt sich der Sufi nun als der Vorfahre katholischer Mystiker und Philosophen. Wir wollen einige weitere Fakten anführen: Der Kaffee wurde der Überlieferung nach zuerst von den Sufis benutzt, um die Wachheit zu steigern. Wir tragen die

Kleidung der Sufis (Hemd, Hose, Gürtel), wir lauschen ihrer Musik (andalusische, rhythmische Musik, Liebeslieder), wir tanzen ihre Tänze (Walzer, Morris), wir lesen ihre Geschichte (Dante, Robinson Crusoe, Chaucer, Willhelm Tell), wir gebrauchen ihre esoterischen Ausdrücke (›Moment der Wahrheit‹, ›menschlicher Geist‹, ›der ideale Mensch‹) und wir spielen ihre Spiele (Kartenspiel). (Siehe Anmerkung: »Tarot«) Wir mögen sogar einem Kreis angehören, der von einer ihrer Geheimgesellschaften – wie den Freimaurern oder gewissen Ritterorden – abstammen. Auf diese Elemente des Sufismus kommen wir später noch zurück.

Der Mönch in seiner Zelle, der Fakir auf dem Berggipfel, der Kaufmann in seinem Laden, der König auf seinem Thron – sie alle können Sufis sein, aber all das ist nicht Sufismus. Die sufische Überlieferung betrachtet den Sufismus als einen Gärungsstoff (»Sufismus ist Hefe«) in jeder menschlichen Gesellschaft. Wenn man sich immer noch mit seiner akademischen Erforschung beschäftigt, so deshalb, weil er mit scholastischen Methoden nie ganz zu erfassen war. Seine Vielfalt verhindert, daß er einigermaßen systematisiert und damit statisch genug gemacht werden kann, um erforschbar zu sein. »Sufismus«, so sagt der Sufi, »ist das Abenteuer zu leben, ein notwendiges Abenteuer.«

Ist Sufismus ein Abenteuer, ein Ziel menschlicher Vervollkommnung, die durch die Wiederentdeckung und Erweckung eines höheren Organs für Erfüllung, Ganzheit und Bestimmung erlangt wird, warum ist es dann so schwer, ihn zu erfassen, ihn zeitlich einzuordnen, ihn festzulegen? Er hat so viele Gesichter, eben weil es ihn in jeder Gesellschaft und zu jeder Zeit gibt – und dies ist eines seiner Geheimnisse. Der Sufi braucht keine Moschee, nicht die arabische Sprache, keine Litaneien, philosophischen Werke oder gar soziale Stabilität. Seine Beziehung zur Menschheit ist evolutionär und den jeweiligen Bedingungen angepaßt. Er legt keinen Wert darauf, für magische Fähigkeiten oder Wundertaten gerühmt zu werden – auch wenn er in solchem Rufe steht, sind diese Dinge doch nebensächlich. Der magisch-religiös Versierte anderer Systeme geht vom anderen Ende der Skala aus; sein Ansehen gründet sich auf seine Wundertaten und wird von ihnen wohl auch aufrechterhalten. Auch der Sufi genießt hohes Ansehen, aber für seine Arbeit als ein Teil des sufischen Organismus ist diese Tatsache zweitrangig.

Die moralische Überlegenheit oder die magnetische Persönlichkeit, die ein Sufi erlangt, sind nicht das Ziel sondern ein Nebenprodukt seiner inneren Verwirklichung, eine Spiegelung seiner Entwicklung.

Ein Sufi sagt: »Würde die Motte denken, so könnte sie wohl annehmen, die Flamme der Kerze sei deshalb so anziehend, weil sie Vollkommenheit zu repräsentieren scheint. Die Flamme ist aber das Produkt von Wachs, Docht und zündendem Funken. Sucht die menschliche Motte die Flamme oder den Funken selbst? Beobachtet die Motte. Ihre Bestimmung, von der Flamme vernichtet zu werden, ist euch offensichtlich, ihr aber verborgen.« (Ein Zitat von Paiseem, aus: *Die Zunge der Stummen*)

Von den meisten Menschen seiner Umwelt wird der Sufi natürlich nur nach dem beurteilt, was er sagt und tut. Nehmen wir an, er sei Millionär geworden. Ein außenstehender Beobachter, der feststellt, daß er Millionär geworden ist, nachdem er einen »Sufismus« genannten Lebensweg eingeschlagen hat, mag das Phänomen Sufismus deshalb als einen Prozeß ansehen, der Millionäre hervorbringt. Für den fraglichen Sufi ist er jedoch die innere Erkenntnis und Entwicklung, welche ihm seine inneren Errungenschaften geschenkt haben. Das Geld mag eine äußere Spiegelung davon sein, aber es ist von ungleich geringerer Bedeutung als die sufischen Erfahrungen. Das heißt nun aber nicht, wie viele Leute vielleicht annehmen mögen, er sei zu einem von der Mystik besessenen Millionär geworden, für den das Geld gleichgültig ist. Solch eine Entwicklung wäre für den Sufi unmöglich, denn das Materielle und das Metaphysische sind auf eine Weise miteinander verwoben, die man am besten als ein Kontinuum begreift. Er wäre einer von jenen Millionären, die nicht nur reich sind, sondern auch vollkommen psychologisch integriert. Vielen Menschen fällt es schwer, diese grundsätzliche Tatsache so weit in sich aufzunehmen, daß sie ihnen von Nutzen ist.

Von Kalkutta bis Kalifornien ist es ein populärer Brauch, sich in philosophische Höhen aufzuschwingen, indem man sich selbst und jedem, der es hören mag, weise immer wieder vorsagt: »Geld ist nicht alles«, oder »Geld macht nicht glücklich.« Einen solchen Gedanken kann man nur aussprechen, wenn man vorher angenommen hat, Geld sei doch irgendwie metaphysisch bedeutsam. Die Praxis zeigt, daß es das nicht ist. Aber der hausgemachte Philosoph kann nicht recht begreifen, warum das wohl so ist. Die schwerwiegendsten Probleme des Mittellosen scheinen durch Geld lösbar zu sein. Der Priester erzählt ihm, Geld sei keine gute Sache. Bekommt er Geld, so braucht er deshalb nicht erfüllt zu sein. Und diese drei Faktoren kann er nicht integrieren.

Die moderne Psychologie hat einiges geleistet, indem sie zum Beispiel aufgezeigt hat, daß der Drang, viel Geld zu verdienen, ein Zeichen innerer Unsicherheit sein kann. Aber die Psychologie hat sich selbst noch nicht integriert. Historisch gesehen schwimmt sie manchmal immer noch gegen den Strom. Der Sufi geht in seinem Wirken von einem anderen Ansatz aus. Alles Leben, so sagt er, ist ein Kampf, aber dieser Kampf muß einheitlich sein. Der gewöhnliche Mensch kämpft gegen zu viele Dinge auf einmal. Kommt ein verwirrter und unerfüllter Mensch zu Geld, oder hat er beruflichen Erfolg, so bleibt er trotzdem ein verwirrter und unerfüllter Mensch.

Die Psychologie lernt, indem sie fortschreitet, der Sufismus hat bereits gelernt. Er verwandelt das Bewußtsein aus seinem natürlichen und erworbenen Zustand der Uneinheitlichkeit in ein Instrument, durch das sich menschliche Würde und Bestimmung einen Schritt weiterbringen lassen. Die Freudsche und die Jungsche Psychologie haben für den Sufi nicht die Frische, die sie in die westliche Welt gebracht haben. Freuds sexuelle Thesen wurden von dem sufischen Scheich Ghasali bereits vor über neunhundert Jahren in seinem Buch

Das Elixier der Glückseligkeit als ein Standardwissen unter den mohammedanischen Theologen angeführt. Die Archetypenlehre begann nicht mit Professor Jung, sondern wurde schon von dem Sufi-Meister Ibn El-Arabi formuliert, wie Professor Rom Landau in seinem Buch *Die Philosophie des Ibn Arabi* bestätigt. *(The Philosophy of Ibn Arabi,* New York, 1959, S. 40ff.)
Die Sufis aller Schulen haben sich in Ghasalis *Elixier der Glückseligkeit* und das Werk des Ibn El-Arabi vertieft, und sind deshalb mit diesen vermeintlich so modernen Denkmethoden und ihren Grenzen wohlvertraut.
Der Sufismus ist einer Untersuchung mit psychologischem Ansatz aus mehreren Gründen nicht zugänglich. Der für den westlichen Menschen interessanteste Grund ist wahrscheinlich, daß der Sufismus selbst ein wesentlich fortgeschritteneres psychologisches System darstellt, als jedes bis jetzt im Westen entwickelte. Und diese Psychologie ist auch nicht im wesentlichen ›östlich‹, sondern einfach menschlich. Wir brauchen diese Tatsache durchaus nicht unbestätigt hinzustellen. Wir wollen hier nur C.G. Jungs Zugeständnis erwähnen, daß die westliche Psychoanalyse mit der des Ostens verglichen noch in den Kinderschuhen steckt:

»*Was wir für eine spezifisch abendländische Erfindung halten, nämlich die Psychoanalyse und die von ihr ausgehenden Anregungen, so ist sie ein Anfängerversuch im Vergleiche mit dem, was im Osten altgeübte Kunst ist.*« (C.G. Jung, »*Das Seelenproblem des modernen Menschen*«, Gesammelte Werke *Bd. 10, S. 109)*

Und doch hat C.G. Jung sich dabei nur auf gewisse Gebiete des östlichen Denkens bezogen. Das Ganze läßt sich nicht durch seine Teile erfassen, und der Anfänger kann auf jedem Gebiet, einschließlich des Sufismus, das Werk des Eingeweihten nicht beurteilen. Der Sufi-Meister Pir-i-Do-Sara sagt dazu:
»Kann man sich ein Bewußtsein vorstellen, das seine eigene Gesamtheit betrachtet? Ginge es ganz in der Betrachtung auf, was könnte es dann betrachten? Wäre es ganz und gar Bewußtsein, was wäre dann das Betrachtende? Betrachtung des Ich ist notwendig, solange es ein Ich getrennt von einem Nicht-Ich gibt ...« *(Berg der Erleuchtung,* XVI, Verse 9951–57, MS)
Die Sufis behaupten, der Organismus, der gemeinhin Sufismus genannt wird, sei der *eine* Strom direkter, evolutionärer Erfahrung, der der bestimmende Faktor in allen großen Schulen der Mystik gewesen ist. Um diese Behauptung so weit wie möglich zu belegen, ist es schon interessant, der Ausbreitung des sufischen Denkens nachzugehen. Zeigt sich, daß seine Vorstellungen eine durchdringende Kraft haben, die Fähigkeit, das Denken und Handeln in den verschiedensten Gesellschaften zu beeinflussen, dann ließe sich sehr wohl auf die innere Dynamik des Systems schließen. Gibt es, mit anderen Worten, gute Gründe zu vermuten, daß der sufische Strom die Kraft hat, das menschliche Denken zum Beispiel in Westeuropa zu beeinflussen? Hat er während der recht gut dokumentierten klassischen Periode des Sufismus die Schleier des dunklen Zeitalters durchdrungen und in Gesellschaften mit ganz verschiedenem Hin-

tergrund Kraft und Entwicklungsanstöße hineingetragen? Ist der Sufismus in dieser Hinsicht organisch?
Wenn wir das annehmen, so implizieren wir damit, daß seit frühester Zeit Sufi-Meister ihre Überlieferung in fast jede Gesellschaft hineingetragen haben. Die sufische Tradition stellt dies als Tatsache hin. In modernerer Zeit läßt sich diese Behauptung nur durch das sichtbare Auftreten von sufischen Praktiken in Gesellschaften belegen, die weit von den Zentren des Sufismus in Asien entfernt liegen. Die Essenz des sufischen Wirkens wäre nicht so leicht sichtbar. Alles, was man hoffen könnte zu finden, wären Spurenelemente hier und da – ähnlich den radioaktiven Elementen, die man in den menschlichen Kreislauf injiziert, um gewisse Bewegungen verfolgen zu können – Spuren charakteristischer sufischer Überlieferungen und Praktiken, die noch etwas von ihrem Lokalkolorit behalten haben.
Nehmen wir ein Beispiel. Wenn Alfonso der Weise auf arabisch schrieb, so mag das nur Beweis für einen arabischen Einfluß sein. Finden wir jedoch das Symbol einer sufischen Geheimgesellschaft unter den Iren des neunten Jahrhunderts (es wurde gefunden), so könnte das, zusammen mit anderen Indizien, auf eine Ausbreitung der sufischen Überlieferung nach Westen hinweisen.
Wir haben bisher einige auffallende Charakteristika des Sufismus betrachtet; was diese oberflächlich plausiblen Tatsachen notwendig macht, haben wir jedoch noch nicht in aller Deutlichkeit herausgestellt. Hier darum der Rest der Überzeugungen der Sufis – soweit sie sich in gewöhnlichen Worten überhaupt darstellen lassen:
Die Sufis glauben – und dies ist nur eine der möglichen Formulierungen –, daß sich die Menschheit auf eine Bestimmung hin entwickelt. Wir alle haben teil an dieser Evolution. Organe entstehen, wenn die Entwicklung sie notwendig macht (Rumi).
Der Organismus des Menschen produziert gerade als Antwort auf eine solche Notwendigkeit einen neuen Komplex von Organen. In diesem Zeitalter der Transzendierung von Zeit und Raum ist jener Komplex von Organen auf die Transzendierung von Zeit und Raum abgestellt. Was gewöhnliche Menschen als sporadische und zufällige Ausbrüche telepathischer oder prophetischer Kräfte ansehen, sind für die Sufis nichts anderes als die ersten Regungen genau dieser Organe. Der Unterschied zwischen der gesamten evolutionären Entwicklung bis zu unserem Zeitalter und der gegenwärtigen Entwicklungsnotwendigkeit ist, daß uns etwa während der vergangenen zehntausend Jahre die Möglichkeit einer bewußten Entwicklung gegeben war. Die neue uufaßbarere Entwicklung ist so wesentlich, daß unsere gesamte Zukunft davon abhängt. Man kann sie, mit den Worten unserer Fabel, das »Schwimmen-Lernen« nennen.
Wie werden diese Organe entwickelt? Durch die sufische Methode. Woher wissen wir, daß wir sie entwickeln? Nur durch Erfahrung. Im sufischen System gibt es eine Anzahl von »Stufen«. Die Erreichung einer solchen Stufe ist durch

eine unverkennbare, wenn auch unaussprechliche Erfahrung gekennzeichnet. Tritt diese Erfahrung ein, so aktiviert sie das fragliche Organ, läßt uns kurz von dem Aufstieg verschnaufen und schenkt uns genügend Kraft, um weiterzuklettern. Ist eine Stufe einmal erreicht, so fällt man nicht mehr zurück. Bis die Stufe erreicht ist, mag die fotografische Platte belichtet und auch entwickelt sein, aber sie ist noch nicht fixiert; erst die tatsächliche Erfahrung ist das Fixierbad.

Dies ist die Bedeutung der mystischen Erfahrung. Schwelgt man jedoch in solchen Erfahrungen, ohne in angemessenem Einklang mit der Evolution zu sein, so scheinen sie zwar etwas Erhabenes zu sein – ein Gefühl von Allmacht oder Gnade –, aber sie sind durchaus keine Garantie dafür, daß der glückliche oder unglückliche Mensch auch demnächst in einen solchen Zustand eintreten wird.

Die Sufis glauben, daß die sufische Aktivität eine Art zentrifugaler oder magnetischer Kraft hervorbringt und konzentriert. Diese Kraft steht in Verbindung mit ähnlichen Kräften an anderen Orten. Durch das Zusammenströmen solcher Kräfte wird die Arbeit fortgesetzt. Dies ist eine Erklärung für die mysteriösen »Botschaften«, die ein Sufi-Lehrer erhält. Sie tragen ihm auf, an einen ganz besimmten Ort zu gehen, um dem Ruf einer Kraft zu folgen, die dort herrenlos geworden ist oder der Auffrischung bedarf.

Weiter als bis hierher läßt sich der Sufismus in formalen Begriffen nicht erklären. Was alles Übrige angeht, so gilt dafür die sufische Losung: »Wer nicht schmeckt, der weiß nicht.« (Rumi)

DIE LISTIGEN STREICHE DES MULLA NASRUDIN

Einmal ans Meer gelangt, sprichst du
nicht mehr von Nebenflüssen.
(Hakim Sanai, *Der ummauerte Garten der Wahrheit*)

Mulla (Meister) Nasrudin ist die klassische Figur, welche die Derwische ins Leben riefen, um mit ihr Momentaufnahmen von Situationen zu geben, in denen bestimmte Zustände des Bewußtseins deutlich werden. Überall im Mittleren Osten bekannt, stellen die Nasrudin-Geschichten (gesammelt in dem Buch *Die listigen Streiche des unvergleichlichen Nasrudin*) eine der merkwürdigsten Errungenschaften in der Geschichte der Metaphysik dar. Oberflächlich kann man die meisten Nasrudin-Geschichten als Witz auffassen. In den Teehäusern und den Karawansereien, daheim und auf allen Radiowellen werden sie in ganz Asien immer und immer wieder erzählt. Aber es ist den Nasrudin-Geschichten eigen, daß man sie auf vielen verschiedenen Bedeutungsebenen begreifen kann. Da ist der Witz, da ist die ›Moral von der Geschicht‹ – und da ist ein ›gewisses Etwas‹, das dem Bewußtsein des potentiellen Mystikers auf seinem Weg zur Selbstverwirklichung ein wenig weiterhilft.

Da der Sufismus etwas ist, das man genauso leben wie wahrnehmen muß, kann eine Nasrudin-Erzählung für sich keine vollkommene Erleuchtung bewirken. Andererseits überbrückt sie die Kluft zwischen dem weltlichen Leben und einer Umwandlung des Bewußtseins auf eine Weise, wie sie bisher wohl von keiner anderen literarischen Form erreicht worden ist.

Die *Streiche* sind noch nie gänzlich einer westlichen Leserschaft vorgelegt worden, wohl deshalb, weil die Geschichten von einem Nicht-Sufi kaum richtig übersetzt, geschweige denn aus dem Zusammenhang gerissen studiert werden können, ohne daß ihre wesentliche Wirkung verlorengeht. Selbst im Osten wird die Sammlung nur von eingeweihten Sufis zum Zweck der Schulung gebraucht. Einzelne »Witze« aus der Sammlung haben in fast jedes Schrifttum der Welt Eingang gefunden; deshalb wurde ihnen auch eine gewisse scholastische Beachtung zuteil – man führte sie als Beispiele für kulturelle Strömungen an, oder um die Behauptung zu belegen, daß Humor im Grund überall dasselbe sei. Haben die Geschichten aber auch durch den Reiz ihres unverwüstlichen Humors ihre Überlebenskraft bewiesen, so ist – was die Absicht der Sammlung angeht – dieser Reiz jedoch zweitrangig. Die Geschichten sollen nämlich als Grundlage für das Verständnis der sufischen Einstellung zum Leben dienen und gewisse sufische Erkenntnisse und mystische Erfahrungen ermöglichen.

Die Legende des Nasrudin, ein Anhang zu den *Streichen,* der im dreizehnten Jahrhundert oder früher geschrieben wurde, erwähnt einige der Gründe für die Einführung des Nasrudin. Die Ausbreitung von Humor läßt sich nicht unterdrücken; er hat eine Art, durch die starren Denkstrukturen hindurchzuschlüpfen, die der Menschheit durch unbewußte Gewöhnung und bewußte Absicht eingeimpft wurden. Als ein komplettes System des Denkens existiert Nasrudin auf so vielen Ebenen, daß er nicht umzubringen ist. Die Wahrheit dieser Behauptung erweist sich zum Beispiel an der Tatsache, daß so verschiedene und einander fremde Organisationen wie die *Britische Gesellschaft zur Förderung Christlichen Gedankengutes* und die sowjetische Regierung Nasrudin in ihre Dienste gezwungen haben. Die britische Gesellschaft (S.P.C.K.) veröffentlichte einige seiner Geschichten unter dem Titel »Tales of the Khoja«, während die Russen (vielleicht nach dem Motto: ›Mach dir zum Freund, wen du nicht schlagen kannst‹) einen Film über »Die Abenteuer des Nasrudin« drehten. Sogar die Griechen, die ja nun wirklich wenig von den Türken angenommen haben, betrachten ihn als Bestandteil ihres kulturellen Erbes. Der türkische Staat hat durch sein Informationsministerium eine Auswahl der metaphysischen Witze dieses vermeintlichen mohammedanischen Predigers veröffentlichen lassen, der das Urbild des sufischen Mystikers ist. Und das, obwohl die Derwisch-Orden gesetzlich verboten waren.

Niemand weiß genau, wer Nasrudin war, wo und wann er gelebt hat. Das ist natürlich ganz im Sinne der Sache, denn die Absicht war ja, eine Figur zu schaffen, die sich nicht genau charakterisieren läßt und die zeitlos ist. Für die Sufis zählt die Botschaft, nicht die Person. Das hat die Leute natürlich nicht gehindert, ihm eine Lebensgeschichte unterzuschieben und sogar seine Grabstätte zu entdecken. Die Gelehrten, über deren Haarspaltereien Nasrudin in den Geschichten meist triumphiert, haben sogar versucht, die *Streiche* zu analysieren, in der Hoffnung, auf geeignetes biographisches Material zu stoßen. Eine ihrer »Entdeckungen« hätte auch das Herz von Nasrudin höher schlagen lassen. Nasrudin habe selbst gesagt, daß er sich als ›verkehrt‹ in dieser Welt betrachte, argumentiert ein Gelehrter; daraus schließt er dann, das vermeintliche Todesjahr des Nasrudin auf seinem »Grabstein« müsse man nicht als 386, sondern als 683 lesen. Ein anderer Professor meint, die arabischen Ziffern sähen, wenn man sie wirklich umdreht, eher nach der Zahl 274 aus. Er schreibt in völligem Ernst, daß ein Derwisch, den er in dieser Angelegenheit um Rat gefragt hatte, »... nur sagte: ›Warum wirft man nicht einfach eine Spinne in Tinte und sieht, was sie beim Herauskrabbeln für Spuren hinterläßt? Sie sollten uns das korrekte Datum geben oder doch irgend etwas zeigen.‹« Tatsächlich bedeutet 386 aufgeschlüsselt 300 + 80 + 6. Setzt man das in arabische Buchstaben um, dechiffriert man daraus SH, W, F – was das Wort ShaWaF bildet: »jemanden etwas sehen lassen, ein Ding zeigen«. Die Spinne des Derwischs hätte also wirklich etwas ›gezeigt‹.

Betrachten wir nun einige der Nasrudin-Geschichten so unvoreingenommen wie möglich, so wird sich bald zeigen, daß eine rein scholastische Einstellung das letzte ist, dem ein Sufi zustimmen würde:

Nasrudin setzte einen Pedanten über ein stürmisches Wasser über. Als er etwas sagte, das grammatikalisch nicht ganz richtig war, fragte ihn der Gelehrte: »Haben Sie denn nie Grammatik studiert?«

»Nein.«

»Dann war ja die Hälfte Ihres Lebens verschwendet!«

Wenige Minuten später drehte sich Nasrudin zu seinem Passagier um: »Haben Sie jemals schwimmen gelernt?«

»Nein. Warum?«

»Dann war Ihr ganzes Leben verschwendet – wir sinken nämlich!«

So wird betont, daß der Sufismus ein praktisches Handeln ist. Er leugnet die Möglichkeit, durch den formalen Verstand zur Wahrheit zu gelangen oder die aus der gewohnten Welt abgeleiteten Denkschablonen auf die wahre Wirklichkeit anwenden zu können – eine Wirklichkeit, die sich in anderen Dimensionen bewegt.

Das wird noch eindrucksvoller in einer Geschichte herausgestellt, die sich in einem Teehaus abspielt. Teehaus ist ein sufischer Ausdruck für einen Treffpunkt von Derwischen. Ein Mönch tritt ein und verkündet:

»Mein Meister hat mich gelehrt zu verbreiten, daß die Menschheit so lange nicht das Stadium der Vollkommenheit erreichen wird, bis derjenige, dem kein Unrecht geschah, über ein Unrecht genauso empört ist, wie derjenige, dem Unrecht geschah.«

Für einen Augenblick ist die ganze Versammlung beeindruckt. Dann spricht Nasrudin:

»Mein Lehrer lehrte *mich,* daß überhaupt niemand über irgend etwas empört sein sollte, ehe er nicht sicher ist, daß das vermeintliche Übel auch tatsächlich ein Übel ist – und nicht eine verkleidete Segnung!«

In seiner Rolle als Sufi-Lehrer wendet Nasrudin oft die Derwisch-Technik an, in den Geschichten die Rolle des Unerleuchteten zu spielen, um eine Wahrheit so noch eindrucksvoller herauszustellen. Eine Geschichte, die den oberflächlichen Glauben an Ursache und Wirkung zurückweist, macht ihn zum Opfer:

Als der Mulla Nasrudin eines Tages durch eine schmale Gasse ging, fiel ein Mann von einem Dach – ihm genau auf den Kopf. Der Mann blieb unverletzt, aber den Mulla mußte man ins Krankenhaus bringen.

»Welche Lehre zieht ihr aus diesem Ereignis, Meister?« fragte ihn ein Schüler.

»Hüte dich vor dem Glauben an das Unvermeidliche, auch wenn Ursache und Wirkung unausweichlich scheinen. Und nimm dich in acht vor theoretischen Fragen wie: ›Wenn ein Mann vom Dach fällt, wird er sich das Genick brechen?‹ *Er* fiel – aber *mein* Genick ist gebrochen!«

Da der gewöhnliche Mensch in Schablonen denkt und sich nicht auf eine ganz andersartige Sicht der Dinge einstellen kann, entgeht ihm ein großer Teil der

Bedeutung des Lebens. Er mag leben, ja sogar Fortschritte machen, aber er versteht nicht alles, was um ihn her vorgeht. Die Geschichte über den Schmuggler verdeutlicht dies:

Jeden Tag ging Nasrudin mit seinem Esel über die Grenze, die Lastkörbe hoch mit Stroh beladen. Da er zugab, ein Schmuggler zu sein, durchsuchten ihn die Grenzwachen immer wieder. Sie machten Leibesvisitationen, siebten das Stroh durch, tauchten es in Wasser und verbrannten es sogar von Zeit zu Zeit. Nasrudin wurde unterdessen sichtlich wohlhabender.

Schließlich setzte er sich zur Ruhe und zog in ein anderes Land. Dort traf ihn Jahre später einer der Zollbeamten.

»Jetzt könnt Ihr es mir ja verraten, Nasrudin«, sagte er. »Was habt Ihr damals bloß geschmuggelt, als wir Euch nie etwas nachweisen konnten?«

»Esel«, sagte Nasrudin.

Diese Geschichte betont auch einen der wesentlichsten Punkte der sufischen Lehre – die Tatsache, daß übernatürliche Erfahrung und das mystische Ziel der Menschheit näher sind, als sie meint. Die Vermutung, etwas Esoterisches oder Transzendentales müsse weit weg oder sehr kompliziert sein, beruht nur auf der Unwissenheit der einzelnen. Und ein Mensch, der so denkt, ist am wenigsten befähigt, die Sache, um die es geht, zu beurteilen. Sie ist »nah« und auch »weit weg«, jedoch in einem anderen Sinn, als er annimmt.

Wie jeder Sufi verletzt Nasrudin nicht die Gesetze seiner Zeit. Aber er erweitert sein Bewußtsein um eine neue Dimension. Er weigert sich, zu einem spezifischen, begrenzten Zweck anzunehmen, Wahrheit sei etwas, das sich messen läßt wie irgend etwas anderes. Was Menschen jeweils die Wahrheit nennen, ist abhängig von ihrer Situation. Und bevor er das nicht begreift, kann ein Mensch die Wahrheit nicht finden. Eine sehr geistreiche Nasrudin-Geschichte zeigt, daß man keinen Fortschritt machen kann, ehe man nicht die relative Wahrheit durchschaut hat:

Nasrudin weilte gerade bei Hof, als sich der König eines Tages beklagte, seine Untertanen seien so unwahrhaft. »Majestät«, sagte Nasrudin, »es gibt Wahrheit und Wahrheit. Die Menschen müssen die echte Wahrheit üben, bevor sie relative Wahrheit anwenden können, aber sie versuchen es immer andersherum. Folglich nehmen sie es mit der menschengeschaffenen Wahrheit nicht so genau – sie wissen nämlich instinktiv, daß sie nur eine Erfindung ist.«

Das war dem König doch allzu kompliziert. »Eine Sache muß entweder wahr sein oder unwahr. Ich werde die Leute dazu *zwingen,* die Wahrheit zu sagen, bis sie sich daran gewöhnt haben, wahrhaftig zu sein.«

Als am nächsten Morgen die Tore der Stadt geöffnet wurden, fand man gleich vor den Toren Galgen aufgestellt, an denen ein Offizier der königlichen Garde Wache hielt.

Ein Herold verkündete: »Wer immer die Stadt betreten will, muß zuerst auf eine Frage des wachhabenden Offiziers hin die Wahrheit sagen.«

Nasrudin, der draußen gewartet hatte, trat als erster vor.

»Wohin geht Ihr?« fragte der Posten. »Sagt die Wahrheit, sonst werdet Ihr gehängt.«
»Ich gehe, um an jenem Galgen aufgehängt zu werden,« antwortete Nasrudin.
»Ich glaube Euch nicht!«
»Na bitte, wenn ich gelogen habe, dann hängt mich doch auf!«
»Aber das würde, was Ihr gesagt habt, ja zur Wahrheit machen!«
»Genau«, entgegnete Nasrudin, »zu *Eurer* Wahrheit.«

Der angehende Sufi muß auch erkennen, daß die Maßstäbe für gut und böse von Kriterien des einzelnen oder der Gruppe abhängig sind und nicht auf objektiver Wahrheit basieren. Bis er das nicht nur intellektuell akzeptiert sondern es auch innerlich erfährt, wird er nicht zu tiefer Erkenntnis fähig sein. Die folgende Geschichte ist ein Beispiel für eine solche Verschiebung des Maßstabes:

Ein König, der sich gern von Nasrudin Gesellschaft leisten ließ und zudem die Jagd liebte, befahl dem Mulla eines Tages, ihn auf eine Bärenjagd zu begleiten. Nasrudin schlotterte vor Angst.
Als er in sein Dorf zurückkehrte, fragte ihn jemand: »Na, wie war es auf der Jagd?«
»Phantastisch.«
»Wie vielen Bären seid Ihr begegnet?«
»Keinem einzigen.«
»Aber, wie kann die Jagd dann phantastisch gewesen sein?«
»Wenn einer Bären jagt und so einer ist wie ich, dann *ist* es eine phantastische Erfahrung, keinem einzigen Bären zu begegnen.«

Innere Erfahrung läßt sich nicht durch ständig wiederholte Berichte übermitteln, sie muß immer wieder an der Quelle aufgefrischt werden. Viele Schulen bestehen und lehren noch lange, nachdem ihre tatsächliche Dynamik schon lange erschöpft ist; sie werden zu Zentren, an denen nur noch eine ständig weiter verflachende Lehrmeinung wiederholt wird. Der Name der Lehre mag derselbe bleiben. Die Lehre aber braucht überhaupt keinen Wert mehr zu haben, ja kann sogar ihrer ursprünglichen Bedeutung widersprechen. Die Lehrmeinung ist in solchen Fällen fast immer nur noch eine Travestie der originalen Lehre. Dies ist einer der Punkte, die Nasrudin in seiner Geschichte von der ›Entensuppe‹ verdeutlicht:

Ein Verwandter kam von irgendwo tief aus dem Hinterland, den Mulla zu besuchen, und brachte als Geschenk eine Ente mit. Hocherfreut ließ Nasrudin die Ente zubereiten und teilte das Mahl mit seinem Gast. Es geschah jedoch, daß in der Folgezeit ein Mann vom Lande nach dem anderen bei Nasrudin auftauchte, jeder ein Freund des Freundes »des Mannes, der Dir die Ente mitgebracht hat«. Weitere Geschenke aber gab es nicht.
Schließlich waren die Mittel des Mulla erschöpft. Eines Tages erschien wieder einmal ein Fremder. »Ich bin der Freund des Freundes des Freundes des Verwandten, der Dir die Ente mitgebracht hat.«

Er setzte sich nieder und erwartete wie all die anderen ein Mahl aufgetischt zu bekommen. Nasrudin setzte ihm eine Schale heißes Wasser vor.

»Was ist das?«

»Das ist die Suppe der Suppe der Suppe der Ente, die mir mein Verwandter mitgebracht hat.«

Die geschärfte Wahrnehmungsfähigkeit, die der Sufi erlangt, befähigt ihn manchmal, Dinge zu erfahren, die für andere Menschen nicht wahrnehmbar sind. Dessen nicht bewußt, verraten Mitglieder anderer Schulen gewöhnlich ihren Mangel an Wahrnehmungsfähigkeit, indem sie Dinge sagen oder tun, die so offensichtlich das Resultat spiritueller Unreife sind, daß der Sufi sie lesen kann wie ein Buch. Unter solchen Umständen macht sich ein Sufi nur selten die Mühe, überhaupt irgend etwas zu sagen. Die geschärfte Wahrnehmung zeigt sich in einer anderen Nasrudin-Geschichte:

Nasrudin kam zum Haus eines wohlhabenden Mannes, um für wohltätige Zwecke zu sammeln. Der Hausdiener sagte: »Mein Herr ist ausgegangen.«

»Na gut«, entgegnete der Mulla, »auch wenn er keinen Beitrag leisten konnte, so will ich Dir doch einen guten Rat für ihn überlassen. Sag Deinem Herrn, das nächste Mal, wenn er ausginge, solle er nicht sein Gesicht am Fenster vergessen – es könnte ihm gestohlen werden.«

Viele Menschen, die nach Erleuchtung suchen, wissen nicht, wo sie suchen sollen. So ist es nicht verwunderlich, daß sie oft irgendeinem Kult anhängen, sich auf alle möglichen Theorien stürzen, überzeugt davon, daß sie fähig sind, das Echte vom Falschen zu scheiden.

Nasrudin verdeutlicht das in vielen seiner Geschichten. In einem Fall findet ihn ein Nachbar auf den Knien herumrutschen und nach etwas suchen.

»Was habt Ihr verloren, Mulla?« – »Meinen Schlüssel«, sagte Nasrudin.

Eine Weile suchen sie beide zusammen; dann sagt der andere: »Wo ist er Euch denn heruntergefallen?«

»Zu Hause.«

»Ja um Himmels willen, warum sucht Ihr dann hier?«

»Na, hier ist doch mehr Licht!«

Dies ist eine der berühmtesten Nasrudin-Geschichten. Viele Sufis zitieren sie, wenn sie über Menschen sprechen, die nach exotischen Quellen der Erleuchtung suchen. Sie gehörte auch zum Repertoir des ›metaphysischen Clowns‹ von München, Karl Valentin, der die Szene oft auf der Bühne darstellte.

Der Mechanismus der Rationalisierung ist eines der wirksamsten Hindernisse für eine Vertiefung der Wahrnehmungsfähigkeit. Die Anstöße, die ein Sufi gibt, mögen oft verpuffen, da der andere sie nicht recht verarbeiten kann.

Ein Nachbar kam zu Nasrudin, um sich dessen Wäscheleine auszuborgen.

»Tut mir leid, aber ich trockne gerade Mehl daran.«

»Aber wie kann man den Mehl an einer Wäscheleine trocknen?«

»Oh, wenn du sie nicht verleihen willst, ist das weniger schwierig als Du denkst.«

Hier stellt Nasrudin den ausweichenden Teil des Geistes dar, der einfach nicht akzeptieren will, daß es andere Wege gibt, sich der Wahrheit zu nähern, als die konventionellen Denkstrukturen.

Während seiner Entwicklung unterliegt das menschliche Bewußtsein einem dauernden Wandel, und so gibt es Grenzen für die Brauchbarkeit einer ganz bestimmten Methode. Diese Eigenart der sufischen Praxis wird in den auf Wiederhohlung aufbauenden Systemen nicht erkannt. Diese Systeme konditionieren das Bewußtsein, sie schaffen eine Atmosphäre, die die Verwirklichung oder die Nähe der Verwirklichung nur vortäuscht, aber nicht wirklich dazu führt. Nasrudin ist die Hauptperson einer Geschichte, die darauf hinweisen will:

Der Mulla fiel einmal beinahe in einen Wassertümpel. Ein Mann, der gerade vorüberkam, bewahrte ihn im letzten Moment davor. Jedesmal nun, wenn Nasrudin dem Mann begegnete, erinnerte der ihn daran, wie er ihn damals vor dem Naßwerden gerettet hatte. Endlich wurde dem Mulla das zuviel; er führte seinen Freund an den Tümpel, sprang hinein, tauchte bis zum Hals unter und schrie: »*Jetzt* bin ich so naß, wie ich gewesen wäre, wenn ich Dich nie getroffen hätte! Und nun laß mich bloß in Frieden.«

Ein Nasrudin-Witz, der (z.B. durch Übersetzung) von seiner technischen Terminologie abgelöst wird, kann trotzdem wegen seines humoristischen Wertes geschätzt werden. In einem solchen Fall gehen jedoch viele der Anstöße verloren.

Ein Beispiel ist der Witz über das Salz und die Wolle:

Nasrudin will eine Ladung Salz auf den Markt bringen. Sein Esel watet durch einen Fluß und das Salz löst sich auf. Am anderen Ufer angekommen, trabt der Esel fröhlich weiter, denn seine Last ist nun verringert. Nasrudin aber ist ärgerlich. Am nächsten Markttag läd er die Lastkörbe voller Wolle. Als der Esel durch die Furt watet, ertrinkt er fast wegen des zusätzlichen Gewichtes der vollgesogenen Wolle.

»Na bitte«, sagt Nasrudin triumphierend, »das wird dich lehren zu denken, daß du jedesmal etwas gewinnst, wenn du durchs Wasser watest!«

Das Original der Geschichte benutzt zwei sufische Begriffe, nämlich Salz und Wolle. »Salz« *(milh)* ist dem Wort für »gut sein, Weisheit« gleichlautend. Der Esel ist ein Symbol des Menschen. Der Einzelne fühlt sich besser, verringert seine Last, wenn er etwas von seiner Bürde der allgemeinen Güte abschüttelt. Am Ende jedoch verliert er sein Futter, denn Nasrudin konnte das Salz nicht gegen Futter einhandeln. Das Wort »Wolle« ist natürlich ein anderes Wort für »Sufi«. Beim zweiten Gang zum Markt nahm, ganz nach der Absicht seines Lehrers Nasrudin, die Bürde des Esels durch die aufgeladene Wolle zu. Für die Zeitdauer des Weges zum Markt ist die Last zwar größer, aber das Endergebnis ist besser: Nasrudin kann die schwerere feuchte Wolle zu einem besseren Preis verkaufen als die trockene Wolle.

Ein anderer Witz, der sich auch im *Don Quijote* von Cervantes wiederfindet

(Kapitel 5), bleibt ein Witz, auch wenn der sufische Ausdruck »Furcht« hier nur übersetzt, nicht aber erklärt ist:

»Ich werde Dich aufhängen lassen«, sagt ein grausamer und unwissender König zu Nasrudin, »wenn Du mir nicht beweist, daß Du wirklich die außergewöhnliche Wahrnehmungsfähigkeit besitzt, deren man Dich rühmt.« Nasrudin entgegnet sofort, er sähe einen goldenen Vogel am Himmel und Dämone in der Erde. »Erstaunlich«, sagt der König, »wie machst Du das bloß?« – »Furcht«, entgegnet der Mulla, »ist alles, was man dazu braucht.«

»Furcht« steht im sufischen Vokabular für eine Aktivierung des Bewußtseins, die zu außersinnlichen Wahrnehmungen führen kann. Dies ist ein Gebiet, auf dem der formale Intellekt nicht gebraucht wird und statt dessen andere Fähigkeiten des Bewußtseins zum Zuge kommen.

Und doch gelingt es Nasrudin auf einzigartige Weise, gerade das Maschenwerk der Intellektualität für seine eigenen Zwecke zu benutzen. Ein Echo dieser bewußten Absicht findet sich in der *Legende des Nasrudin*. Dort wird erzählt, daß Hussein, der Begründer des Systems, seinen erwählten Gesandten Nasrudin aus den Klauen des »Alten Schurken« entführt habe. Der »Alte Schurke« ist das unausgereifte Denksystem, in dem fast alle von uns leben.

»Hussein« verbindet sich im Arabischen mit der Vorstellung der Tugend. »Hussein« bedeutet »Stark, schwer zugängig«.

Als Hussein schon die ganze Welt nach einem Lehrer abgesucht hatte, der seine Botschaft durch die Generationen weitertragen sollte und er der Verzweiflung nahe war, stieß er auf eine aufgeregte Menschenmenge. Der Alte Schurke schalt gerade einen seiner Schüler, weil er Witze erzählt hatte. »Nasrudin«, donnerte der Schurke, »wegen Deines ungehörigen Verhaltens verdamme ich Dich zu weltweiter Lächerlichkeit. Fortan sollen überall, wo man eine Deiner absurden Geschichten erzählt, gleich sechs weitere vorgetragen werden, so daß Du für alle klar als lächerliche Gestalt erkennbar bist«.

Man glaubt, der mystische Effekt von sieben Nasrudin-Geschichten, die man hintereinander ergründet, sei genug, um einen Menschen auf die Erleuchtung vorzubereiten.

Hussein, der die Szene belauscht hatte, erkannte, daß aus jeder Situation ihr eigenes Heilmittel erwächst. Hier hatte er eine Gelegenheit, die Missetaten des Alten Schurken ins rechte Licht zu rücken. Er würde die Wahrheit gerade durch Nasrudin bewahren lassen.

Er rief Nasrudin in einem Traum zu sich und übertrug ihm einen Teil seiner *baraka*, jener sufischen Kraft, die die rein wörtliche Bedeutung einer Aussage durchtränkt. So wurden alle Geschichten über Nasrudin zum Werk einer »unabhängigen« Kunst. Sie konnten als Witz verstanden werden und sie hatten eine metaphysische Bedeutung. Sie waren unendlich komplex und hatten Anteil am Wesen der Ganzheit und Vollkommenheit, die dem menschlichen Bewußtsein durch die Machenschaften des Alten Schurken geraubt worden waren.

Aus der Sicht eines unentwickelten Menschen hat *baraka* viele »magische« Eigenschaften – im wesentlichen ist sie jedoch nur die Einheit, der Nährboden, die Substanz der objektiven Wahrheit. Eine ihrer Eigenschaften ist, daß jedermann, der mit *baraka* ausgestattet ist, oder jedes Objekt, das damit in Berührung kommt, einen Anteil davon bewahrt, ganz gleich wie stark es durch Einwirkung unerleuchteter Menschen verändert wird. Deshalb bringt die bloße Nacherzählung eines Nasrudin-Streiches ein wenig *baraka* mit sich; darüber nachzusinnen, bringt noch mehr. »Durch diese Methode wurden die Lehren des Nasrudin aus der Linie des Hussein für ewig in ein Vehikel eingeschmolzen, das niemals zu völliger Unwirksamkeit verstümmelt werden kann. Genau wie alles Wasser dem Wesen nach Wasser bleibt, so gibt es in jeder Nasrudin-Erfahrung ein nicht reduzierbares Minimum an *baraka,* das reagiert, wenn es angerührt wird, und wächst, wenn man es beansprucht.« Dieses Minimum ist die Wahrheit und durch die Wahrheit das wahre Bewußtsein.

Nasrudin ist der Spiegel, in dem man sich selbst sieht. Anders aber als bei einem gewöhnlichen Spiegel, fällt in diesen um so mehr vom Bild des wahren Nasrudin, je länger man hineinsieht. Man vergleicht diesen Spiegel auch mit dem berühmten »Becher des Jamschid« des persischen Helden; in diesen Becher, der das gesamte Universum widerspiegelt, schaut der Sufi.

Da der Sufismus nicht auf künstlichem Verhalten, den äußerlichen Details von Verhaltensmustern aufbaut, sondern auf dem allumfassenden Detail, muß man die Nasrudin-Geschichten ebenso erfahren wie darüber nachdenken. So wird die Erfahrung einer jeden Geschichte zur »Heimkehr« des Mystikers beitragen. Eines der ersten Anzeichen der Entwicklung zur »Heimkehr« ist das Auftreten erhöhter Wahrnehmungsfähigkeit beim Sufi. Sie wird ihn zum Beispiel befähigen, eine Situation intuitiv zu begreifen und nicht durch formale Gehirntätigkeit. Seine daraus resultierenden Handlungen mögen deshalb Beobachter verblüffen, die auf der gewöhnlichen Ebene des Bewußtseins erfahren; die Ergebnisse werden trotzdem richtig sein.

Eine Nasrudin-Geschichte zeigt, wie der Sufi durch einen besonderen Mechanismus (für den Uneingeweihten die »falsche Methode«) zu richtigen Ergebnissen kommt. Sie erklärt manches der scheinbaren Absonderlichkeiten der Sufis:

Vor Nasrudin, der das Amt des Friedensrichters bekleidete, erschienen zwei Männer. Der eine beklagte sich: »Dieser Mann hat mir ins Ohr gebissen – ich verlange Schmerzensgeld.« Der andere behauptete: »Er hat sich selbst gebissen.« Nasrudin ordnete eine Verhandlungspause an und zog sich in seine Gemächer zurück. Dort verbrachte er eine halbe Stunde mit dem Versuch, sich selbst ins Ohr zu beißen. Alles, was er erreichte, war, daß er bei dem Versuch vornüber fiel und sich an der Stirn eine Beule schlug. Er kehrte in den Gerichtssaal zurück.

»Man untersuche den gebissenen Mann«, beschied er. »Hat er eine Beule auf der Stirn, so hat er sich selbst gebissen, und die Klage ist abgewiesen. Wenn nicht, dann hat es der andere getan, und der Gebissene erhält drei Silberstücke Schmerzensgeld.«

Durch eine scheinbar unlogische Methode war Nasrudin zum richtigen Urteilsspruch gekommen.

In diesem Fall kommt der Mulla ungeachtet der offensichtlichen Logik der Situation zum richtigen Ergebnis. In einer anderen Geschichte übernimmt er selbst die Rolle des Tölpels – den »Pfad des Tadels« nennt der Sufi das – und demonstriert so in extremer Form das gewöhnliche menschliche Denken.

Jemand forderte Nasrudin auf, zu raten, was er in der Hand halte.

»Gib mir einen Hinweis«, sagt der Mulla.

»Ich gebe Dir gleich ein paar«, sagte der Spaßvogel. »Es hat die Form eines Eis, ist so groß wie ein Ei, sieht aus, schmeckt und riecht wie ein Ei. Das Innere ist gelb und weiß; es ist flüssig, aber wenn man es kocht, wird es fest. Es wurde zudem von einer Henne gelegt und ...«

»Ich habs!« unterbrach ihn der Mulla. »Es ist eine Art Kuchen!«

Ich habe in London einmal ein ähnliches Experiment gemacht. In drei Tabakläden hintereinander fragte ich nach »Papierzylindern, die mit Tabakteilchen gefüllt sind, ungefähr acht Zentimeter lang, in Schachteln abgepackt, die wahrscheinlich bedruckt sind.« Keiner der Verkäufer, die den ganzen Tag lang Zigaretten verkauften, konnte sich vorstellen, was ich wollte. Zwei schickten mich woanders hin – der eine zu seinem Großhändler, der andere zu einem Geschäft, das auf exotische Importware für Raucher spezialisiert war.

Das Wort »Zigarette« mag als Auslöser nötig sein, wenn man tabakgefüllte Papierzylinder bezeichnen will. Die Auslöser-Methode, die von Assoziationen abhängig ist, läßt sich jedoch dort nicht gebrauchen, wo es um den Gebrauch der Wahrnehmungsfähigkeit geht. Es ist halt ein Fehler, wenn man versucht, eine Form des Denkens – wie hervorragend sie auch an angemessenem Ort funktionieren mag – auf einen anderen Zusammenhang zu übertragen und sie dort anzuwenden.

Rumi erzählt eine Geschichte, die der Nasrudin-Geschichte über das Ei ähnelt, jedoch einen anderen wichtigen Gesichtspunkt betont.

Der Sohn eines Königs war für einige Zeit in der Obhut mystischer Lehrer gewesen. Nun teilten seine Erzieher dem König mit, daß sie ihm nichts mehr beibringen könnten. Um ihn zu prüfen, fragte ihn der König, was er in seiner Faust verborgen halte. »Es ist rund, aus Metall und gelb«, sagte der Junge, »es muß ein Sieb sein.« Der Sufismus legt auf eine ausgeglichene Entwicklung der inneren Wahrnehmungsfähigkeit und der gewöhnlichen menschlichen Verhaltensweisen Wert.

Die Sufis leugnen die Vermutung, man sei schon deshalb wahrnehmungsfähig, weil man lebt. Ein Mensch mag klinisch leben, aber was seine Wahrnehmungsfähigkeit angeht tot sein. Logik und Philosophie werden ihm nicht helfen, wahrnehmungsfähiger zu werden. Ein Aspekt der folgenden Geschichte weist darauf hin:

Der Mulla dachte laut vor sich hin. »Woher kann ich eigentlich wissen, ob ich tot bin oder lebe?«
»Sei doch nicht solch ein Narr«, sagte seine Frau. »Wenn Du tot wärest, dann wären Deine Glieder kalt.«
Kurze Zeit später ging Nasrudin in den Wald, um Holz zu schlagen. Es war mitten im Winter. Plötzlich merkte er, daß seine Hände und Füße kalt waren.
»Kein Zweifel, ich bin tot«, dachte er. »Ich muß sofort aufhören zu arbeiten; Leichen arbeiten schließlich nicht.«
Und da Leichen auch nicht herumlaufen, legte er sich auf die Erde. Bald erschien ein Rudel Wölfe und begann Nasrudins Esel anzugreifen, der an einem Baum gebunden war.
»So ist's recht, macht nur so weiter, nutzt einen armen toten Mann aus«, sagte Nasrudin aus seiner horizontalen Lage. »Aber ich sage euch, wenn ich leben würde, dürftet ihr euch nicht solche Freiheiten mit meinem Esel herausnehmen!«
Die Vorbereitung des sufischen Bewußtseins ist noch nicht ausreichend, solange der Mensch noch nicht weiß, daß er die Dinge selbst tun muß und meint, andere könnten sie ihm abnehmen. Nasrudin nimmt den noch nicht Erleuchteten unter die Lupe:
Eines Tages ging Nasrudin in den Laden eines Mannes, der allen möglichen Kram verkaufte.
»Haben Sie Leder?«
»Ja.«
»Und Nägel?«
»Ja.«
»Und Farbe?«
»Ja.«
»Warum machen Sie sich dann nicht selbst ein Paar Schuhe?«
Die Geschichte betont die Rolle des mystischen Lehrers, der im Sufismus so wichtig ist. Er zeigt dem angehenden Suchenden den Ausgangspunkt, von dem aus er selbst etwas für sich tun kann – dieses »etwas« ist die »Selbst-Arbeit« unter Anleitung, die das herausragende Merkmal des sufischen Systems ist.
Der Weg des Sufi läßt sich nicht mit ungeeigneten Begleitern gehen. Nasrudin zeigt das in der Geschichte von der Einladung zu falscher Zeit:
Der Mulla hatte bis spät in die Nacht mit seinen Freunden im Teehaus geredet. Als sie endlich aufbrachen, stellten sie alle fest, daß sie hungrig waren.
»Kommt alle mit, Ihr könnt bei mir zuhause essen,« sagte Nasrudin, ohne an die Folgen zu denken.
Als die Gesellschaft fast schon bei seinem Haus angelangt war, fiel ihm ein, daß er doch seine Frau vorwarnen sollte. »Wartet hier, ich gehe ihr schnell Bescheid sagen«, bat er die anderen. Aber seine Frau sagte: »Wir haben nichts zu essen im Haus. Wie kannst Du nur all diese Leute einladen!«

Nasrudin ging ins Obergeschoß seines Hauses, um sich zu verstecken. Schließlich brachte der Hunger seine Gäste dazu, doch zum Haus zu kommen und anzuklopfen.
Nasrudins Frau antwortete: »Der Mulla ist nicht zu Hause!«
»Aber wir haben ihn doch durch die Haustür hineingehen sehen«, riefen sie.
Für einen Augenblick wußte die Frau nicht, was sie sagen sollte.
Nasrudin, der den Wortwechsel von einem Fenster des Obergeschosses aus verfolgt hatte, konnte vor Besorgnis nicht mehr an sich halten. Er lehnte sich hinaus und rief: »Ich könnte ja schließlich zur Hintertür wieder hinausgegangen sein, nicht wahr?«
Etliche der Nasrudin-Geschichten heben hervor, daß der verbreitete Glaube, der Mensch habe ein stabiles Bewußtsein, falsch ist. Inneren und äußeren Anstößen ausgeliefert, wird das Bewußtsein fast jedes Menschen entsprechend seiner Stimmung und seinem Gesundheitszustand variieren. Während man diese Tatsache im täglichen Leben natürlich anerkennt, gesteht man sie in der formalen Metaphysik oder Philosophie nicht voll ein. Bestenfalls erwartet man vom einzelnen, daß er in sich selbst einen Bezugsrahmen von Ergebenheit und Beherrschtheit errichtet, von dem man erhofft, daß er die Erleuchtung oder Erfüllung herbeiführt. Im Sufismus muß jedoch letztlich das gesamte Bewußtsein umgewandelt werden, von der Erkenntnis ausgehend, daß der unerleuchtete Mensch wenig mehr ist als Rohmaterial. Er hat keine feststehende Natur, keine Einheitlichkeit des Bewußtseins. In sich allerdings trägt er eine »Essenz«. Diese ist jedoch nicht an sein gesamtes Sein gebunden, nicht einmal an seine Persönlichkeit. Niemand weiß schließlich automatisch, *wer* er wirklich ist, auch wenn er sich in dem gegenteiligen Glauben wiegt. So auch Nasrudin:
Der Mulla betrat eines Tages einen Laden.
Der Besitzer trat vor, um ihn zu bedienen.
»Immer der Reihe nach«, sagte Nasrudin; »haben Sie mich Ihren Laden betreten sehen?«
»Natürlich.«
»Haben Sie mich je zuvor gesehen?«
»Noch nie in meinem Leben.«
»Wie können Sie *mich* dann erkennen?«
So gut diese Geschichte als reiner Witz auch sein mag, wer in ihr nur das Bild eines dümmlichen Menschen und keine tiefere Bedeutung entdeckt, wird kaum zu den Menschen gehören, die sich ihre inspirierende Kraft zunutze machen können. Man kann aus einer Nasrudin-Geschichte nur wenig mehr herausholen, als man hineingibt. Ein Mensch, der sie nur für einen Witz hält, wird noch gehörig an sich selbst arbeiten müssen. Er wird in dem Gespräch über den Mond karikiert:
»Was machen sie eigentlich mit dem Mond, wenn er alt ist«, fragte ein dümmlicher Mensch den Mulla.

Die Antwort gab der Frage nichts nach: »Sie zerschneiden jeden alten Mond und machen vierzig Sterne daraus.«

Viele der Nasrudin-Geschichten heben die Tatsache hervor, daß Menschen, die nach mystischer Erfahrung suchen, oft erwarten, daß diese ihren eigenen Vorstellungen entspricht, und damit eine solche Erfahrung von vorneherein ausschließen. Niemand darf hoffen, Erleuchtung zu erlangen, wenn er glaubt, er wüßte schon, was Erleuchtung ist, und meint, sie sei auf einem genau abgesteckten Weg erreichbar, den er beim Aufbruch schon überblicken kann. Darum geht es in der Geschichte über die Frau und den Zucker:

Als Nasrudin Friedensrichter war, brachte eine Frau ihren Sohn zu ihm. »Dieser Junge«, sagte sie, »ißt zu viel Zucker. Ich kann es mir nicht leisten, ihm ständig so viel zu geben. Ich bitte Euch deshalb, ihm offiziell zu verbieten, so viel zu essen; mir will er nicht gehorchen.«

Nasrudin sagte ihr, sie solle in sieben Tagen wiederkommen.

Als sie wiederkam, verschob er seine Entscheidung um eine weitere Woche.

»Jetzt«, sagte er dann zu dem Jungen, »verbiete ich dir, mehr als soundsoviel Zucker pro Tag zu essen.«

Die Frau fragte ihn daraufhin, warum er so lange Zeit gebraucht hatte, um eine so einfache Anordnung treffen zu können.

»Sehen Sie, meine Dame, ich mußte erst herausfinden, ob ich selbst meinen Verbrauch an Zucker einschränken kann, bevor ich es jemand anderem befehle.«

Das Ersuchen der Frau basierte – ganz im Stil des höchst mechanischen menschlichen Denkens – einfach auf gewissen Vermutungen. Die erste Vermutung war, daß man durch einfache Verordnungen Gerechtigkeit üben kann; die zweite, daß ein Mensch tatsächlich so wenig Zucker essen kann, wie sie es von ihrem Sohn verlangte; und die dritte, daß jemand einem anderen etwas vermitteln kann, von dem er selbst nicht betroffen ist.

Diese Geschichte ist nicht einfach eine Paraphrase der Forderung: »Tue was ich dir sage, und nicht was ich tue.« Weit davon entfernt, eine ethische Belehrung zu sein, formuliert sie eine unumgängliche Notwendigkeit.

Die sufische Lehre kann nur von einem Sufi vermittelt werden, nicht von einem Theoretiker oder einem intellektuellen Fürsprecher. Der Sufismus, bei dem es um den Einklang mit der wahren Wirklichkeit geht, läßt sich niemals ganz zu dem machen, was wir für die Wirklichkeit halten, was aber eher eine grobe, kurzfristig gültige Faustregel ist. Wir neigen zum Beispiel dazu, die Dinge einseitig zu sehen. Wir nehmen auch ohne die geringste Berechtigung an, daß sich ein Ereignis wie in einem Vakuum abspielt. Tatsächlich jedoch sind alle Ereignisse mit allen anderen Ereignissen verknüpft. Nur wenn wir bereit sind, uns als in den Gesamtorganismus des Lebens eingebettet zu erfahren, können wir mit einer mystischen Erfahrung etwas anfangen. Betrachten wir irgendeine unserer eigenen Handlungen oder die irgendeines anderen Menschen, so wird sich herausstellen, daß sie von einem aus einer Unzahl möglicher Stimuli veranlaßt wurde; und auch, daß sie niemals eine isolierte Handlung ist – sie hat Konsequenzen, von denen wir viele nicht erwartet hätten und auch sicherlich nicht hätten vorausplanen können.

Eine weitere Nasrudin-Geschichte verdeutlicht die Zirkularität der Wirklichkeit und die gewöhnlich unsichtbaren Wechselwirkungen, zu denen es kommt:

Nasrudin wanderte eines Tages eine verlassene Straße entlang. Die Nacht brach gerade herein, als er einen Trupp Reiter erspähte, der ihm entgegenkam. Seine Phantasie begann zu spielen: er befürchtete, die Reiter könnten ihn ausrauben oder in die Armee zwangsverpflichten. Seine Angst wurde so groß, daß er über eine Mauer sprang und sich auf einem Friedhof wiederfand. Die anderen Reisenden jedoch, der von Nasrudin unterstellten Absichten völlig unverdächtig, wurden neugierig und folgten ihm.

Als sie ihn fanden, lag er regungslos am Boden. Einer der Reiter fragte: »Können wir Ihnen helfen – warum befinden Sie sich in dieser mißlichen Lage?«

Nasrudin erkannte, daß er sich geirrt hatte, und entgegnete: »Das ist schwerer zu erklären, als Sie annehmen. Sehen Sie, *ich* bin hier *Ihretwegen* – und Sie, *Sie* sind *meinetwegen* hier.«

Nur der Mystiker, der nach der tatsächlichen Erfahrung der gegenseitigen Abhängigkeit scheinbar verschiedener oder unzusammenhängender Dinge in die Alltagswelt »zurückkehrt«, kann das Leben wirklich in diesem Sinne auffassen. Für den Sufi ist jede metaphysische Methode, die diesen Faktor nicht enthält, eine rein konstruierte (äußerliche) Methode und nicht das Ergebnis dessen, was er als mystische Erfahrung bezeichnet. Die bloße Existenz einer solchen Methode verhindert, daß sie ihr gestecktes Ziel erreicht.

Damit soll nun nicht gesagt sein, daß der Sufi infolge seiner Erfahrungen der Wirklichkeit des oberflächlichen Lebens entfremdet wird. Er hat jedoch eine zusätzliche Dimension des Seins, in der er parallel zu den niederen Erkenntnisbereichen des gewöhnlichen Menschen operiert. Der Mulla faßt das kurz und bündig in folgender Geschichte zusammen.

»Ich kann im Dunkeln sehen.«

»Das mag ja sein, Mulla. Aber wenn es wahr ist, warum lauft Ihr dann manchmal nachts mit einer Kerze herum?«

»Damit die anderen Leute mich nicht umrennen.«

Das Licht, das der Sufi trägt, mag also nur seine Anpassung an die Fähigkeiten der Menschen sein, in deren Mitte er nach seiner »Rückkehr« aus einer Dimension höherer Wahrnehmungsfähigkeit leben muß.

Nach seiner Umwandlung ist der Sufi ein bewußter Teil der lebendigen Wirklichkeit allen Seins. Das heißt, daß er die Dinge, die ihm selbst oder anderen geschehen, nicht mehr auf die eng begrenzte Art des Theologen oder Philosophen ansehen kann. Der Mulla wurde einmal gefragt, was denn Schicksal sei. Er sagte: »Was Du ›Schicksal‹ nennst, ist bloß eine Annahme. Du nimmst an, daß etwas Gutes oder Schlechtes geschehen wird. Das tatsächliche Ergebnis nennst Du dann ›Schicksal‹.« Die Frage: »Sind Sie ein Fatalist?« kann man einem Sufi nicht stellen, denn er akzeptiert die bedeutungslose Vorstellung eines ›Schicksals‹, die in der Frage enthalten ist, erst gar nicht.

Da der Sufi die vielen Verästelungen in der Tiefe eines Geschehnisses wahrnimmt, ist seine Einstellung zu einzelnen Ereignissen umfassend und nicht isoliert. Er kann nicht von künstlich isolierten Informationen ausgehend verallgemeinern. »›Niemand kann dieses Pferd reiten‹, sagte der König zu mir«, berichtet der Mulla, »aber ich bin in den Sattel gestiegen.« – »Und, was ist passiert?« – »Ich konnte es auch nicht in Bewegung setzen.« Diese Geschichte zeigt, daß eine scheinbar folgerichtige Gegebenheit sich verändert, wenn man ihre Grenzen innerhalb ihrer Dimension ausweitet.

Das sogenannte Problem der Kommunikation, dem man heute so viel Aufmerksamkeit widmet, geht von Vermutungen aus, die für den Sufi unannehmbar sind. Der gewöhnliche Mensch sagt: »Wie kann ich mich einem anderen Menschen über die allereinfachsten Dinge hinaus mitteilen?« Für den Sufi »kann die Mitteilung von Dingen, die mitgeteilt werden sollen, nicht verhindert werden. Man braucht gar nicht erst nach einem geeigneten Mittel zu suchen.«

In einer der Geschichten spielen Nasrudin und ein Yogi die Rolle der gewöhnlichen Menschen, die sich in der Tat nichts mitzuteilen haben:

An der Tür eines ungewöhnlich aussehenden Gebäudes sah Nasrudin eines Tages einen meditierenden Yogi sitzen. Der Mulla nahm sich vor, von dieser eindrucksvollen Gestalt etwas zu lernen, und begann ein Gespräch, indem er den anderen fragte, wer er sei und was er täte.

»Ich bin ein Yogi«, sagte der Angesprochene, »und ich verbringe meine Zeit damit, mich um die Harmonie mit allen lebenden Wesen zu bemühen.«

»Wie interessant«, sagte Nasrudin, »mir hat nämlich einmal ein Fisch das Leben gerettet.«

Der Yogi bat Nasrudin, sich ihm anzuschließen. Sein ganzes Leben lang habe er sich um eine Harmonisierung mit der Welt der Tiere bemüht, aber er habe niemals so engen Umgang mit ihnen pflegen können wie der Mulla.

Als sie einige Tage zusammen meditiert hatten, bat der Yogi den Mulla, ihm mehr über seine wunderbare Erfahrung mit dem Fisch zu erzählen, »wo wir uns jetzt doch besser kennen«.

»Jetzt, da ich Dich besser kenne«, sagte Nasrudin, »zweifle ich allerdings, ob Du Dir das, was ich berichten kann, zunutze machen kannst.«

Der Yogi gab jedoch keine Ruhe. »Nun gut«, sagte Nasrudin. »Es stimmt schon, daß mir der Fisch das Leben rettete. Ich war zu der Zeit kurz vor dem Verhungern, und der Fisch reichte mir für drei Tage.«

Der Sufi würde es nicht wagen, mit gewissen Fähigkeiten des Bewußtseins herumzuspielen, wie das in der sogenannten ›experimentellen Mystik‹ üblich ist. Allerdings ist der Sufismus das Ergebnis einer Reihe folgerichtiger Experi-

mente vor ungezählten Jahrhunderten, und er beschäftigt sich mit Phänomenen, die für den Empiriker noch immer unfaßbar sind:
Nasrudin streute Brotkrumen um sein Haus herum aus.
»Was machts Du da?« fragte ihn jemand.
»Ich halte Tiger fern.«
»Aber in dieser Gegend gibt es doch gar keine Tiger.«
»Genau! Wirkt phantastisch, was?«
Eine der zahlreichen Nasrudin-Geschichten, die wir im *Don Quijote* des Cervantes wiederfinden (diese in Kapitel 14), warnt vor den Gefahren eines starren Intellektualismus:
»Es gibt keine Frage, die sich nicht mit Hilfe meiner Lehrmeinung beantworten ließe«, behauptete ein Mönch, der gerade das Teehaus betreten hatte, in dem Nasrudin mit seinen Freunden saß.
»Na, so etwas«, entgegnete der Mulla, »erst neulich hat mich nämlich ein Gelehrter mit einer unbeantwortbaren Frage herausgefordert.«
»Wie schade, daß ich nicht dabei war. Nennt mir die Frage, und ich werde sie Euch beantworten.«
»Nun gut, er sagte: ›Warum versuchst Du des Nachts in mein Haus einzudringen?‹«
Die sufische Wahrnehmungsfähigkeit für Schönheit geht mit einer Kraft der Durchdringung einher, die weit über den Horizont gewöhnlicher Kunstformen hinausgeht. Eines Tages nahm ein Schüler Nasrudin mit, um ihm eine besonders schöne Seelandschaft zu zeigen, die er noch nicht kannte.
»Herrlich!« rief er aus, »bloß, bloß ...«
»Bloß was, Mulla?«
»Wenn man da doch bloß kein Wasser reingefüllt hätte!«
Um die mystische Verwirklichung zu erreichen, muß der Sufi begreifen, daß unser Bewußtsein nicht so arbeitet, wie wir uns das vorstellen. Zudem kann es sein, daß zwei Menschen sich gegenseitig nur verwirren:
Eines Tages bat der Mulla seine Frau, eine große Menge *halwa* (eine schwere Süßspeise) zu machen, und gab ihr alle Zutaten. Er aß fast alles auf.
Mitten in der Nacht weckte Nasrudin seine Frau.
»Ich hatte gerade einen äußerst wichtigen Gedanken.«
»Erzähl!«
»Bring mir erst den Rest des *halwa,* dann werde ich Dir davon erzählen.«
Sie brachte die Speise und fragte ihn erneut.
Der Mulla verspeiste erst einmal das restliche *halwa.*
»Der Gedanke«, sagte er dann, »war: ›Gehe niemals schlafen, ohne das *halwa,* das an diesem Tag gemacht wurde, restlos aufzuessen.‹«
Nasrudin ermöglicht es dem suchenden Sufi, zu erkennen, daß die formalen Vorstellungen, die man gewöhnlich von Raum und Zeit hat, nicht unbedingt auch auf dem weiteren Gebiet der wahren Wirklichkeit gültig sind. Menschen zum Beispiel, die glauben, daß sie jetzt für vergangene Taten belohnt werden

und in Zukunft die Früchte zukünftiger Handlungen ernten werden, können keine Sufis sein. Der Zeitbegriff des Sufi beruht auf Wechselwirkung – ist ein Kontinuum.

Die klassische Geschichte vom Badehaus karikiert dies auf eine Weise, die uns etwas von der zugrundeliegenden Vorstellung ahnen läßt:

Nasrudin besuchte ein türkisches Bad. Da er in Lumpen gekleidet war, behandelten ihn die Diener von obenherab und gaben ihm ein schäbiges Handtuch und einen winzigen Rest Seife. Beim Verlassen des Badehauses drückte er den verblüfften Bademeistern eine Goldmünze in die Hand. Am nächsten Tag erschien er wieder, prächtig gekleidet, und wurde natürlich mit größter Aufmerksamkeit und Hochachtung behandelt.

Nach dem Bade überreichte er den Badewärtern die kleinste Kupfermünze, die es gab.

»Dies«, sagte er, »ist für Euere Bedienung beim *letzten*mal. Die Goldmünze war für Eure Behandlung bei *diesem* Mal«.

Die Überreste des Schablonendenkens sowie eine deutliche geistige Unreife lassen viele Menschen versuchen, sich nur unter von ihnen selbst gestellten Bedingungen Zugang zur Mystik zu verschaffen. Das erste, was dem Schüler beigebracht wird, ist, daß er zwar eine Ahnung von dem haben mag, was er braucht, und daß er erkennen mag, daß er es nur durch Schulung und die Arbeit unter einem Meister erlangen kann; aber darüber hinaus kann er keine Bedingungen stellen. Die folgende Nasrudin-Geschichte soll diese Wahrheit vermitteln:

Eine Frau brachte ihren kleinen Sohn in die Schule des Mulla. »Bitte jagt ihm doch ein wenig Angst ein«, sagte sie, »ich weiß nicht, wie ich ihn sonst bändigen soll.«

Nasrudin verdrehte die Augen, begann zu ächzen und schnauben, sprang im Zimmer herum und trommelte mit den Fäusten auf den Tisch, bis die Frau vor Schrecken in Ohnmacht fiel. Dann rannte er aus dem Zimmer.

Als er zurückkehrte, hatte die Frau das Bewußtsein wiedererlangt und beschwerte sich: »Ich bat Euch, den Knaben das Fürchten zu lehren, nicht mich!«

»Meine Dame«, entgegnete der Mulla, »die Gefahr bevorzugt niemanden. Wie Ihr seht, habe ich mich sogar selbst erschreckt. Wenn Gefahr droht, dann bedroht sie alle gleich.«

Der sufische Lehrer kann seinem Schüler auch nicht nur eine kleine Menge Sufismus liefern. Sufismus ist eine Ganzheit, und er bringt immer alle Implikationen der Ganzheit mit sich. Es gibt da keine Zerstückelung des Bewußtseins, wie sie der Unerleuchtete unter dem Namen »Konzentration« in seinem eigenen Vorgehen anwenden mag.

Nasrudin macht sich oft über die Dilettanten lustig, die immer hoffen zu lernen, wie man ein tiefes Geheimnis des Lebens stiehlt, ohne dafür bezahlen zu müssen:

Es sah so aus, als würde das Schiff jeden Moment sinken, und die Passagiere lagen auf den Knien, beteten und bereuten ihre Sünden und gelobten, alle möglichen Dinge zu tun, wenn sie nur gerettet würden. Allein Nasrudin war ungerührt.

Plötzlich auf dem Höhepunkt der Panik sprang er auf und rief: »Sachte, sachte Freunde! Versprecht nicht zu viel – ihr könnt die Alten bleiben. Ich glaube, ich sehe Land!«

Immer wieder hämmert uns Nasrudin den wesentlichen Punkt ein, daß man nicht durch eine Umordnung der gewohnten Vorstellungen zur mystischen Erfahrung und Erleuchtung gelangt, sondern nur über eine Erkenntnis der Grenzen des gewöhnlichen Denkens, das nur weltlichen Zwecken dienen kann. Die Geschicklichkeit, mit der er das tut, übertrifft alle anderen bestehenden Lehrmethoden.

Eines Tages betrat Nasrudin ein Teehaus und verkündete: »Der Mond ist nützlicher als die Sonne.«

Man fragte ihn, warum.

»Weil wir in der Nacht das Licht nötiger brauchen.«

Die Beherrschung des »Gebieterischen Ich«, um die der Sufi kämpft, läßt sich nicht einfach durch eine Kontrolle der eigenen Leidenschaften erreichen. Man versteht sie als eine Zähmung des ungebändigten Bewußtseins, das glaubt, es könne sich von allem (einschließlich der Mystik) das nehmen, was es braucht, und es zu seinen eigenen Zwecken zurechtbiegen. Die Tendenz, Materialien jeglicher Herkunft zum eigenen Nutzen zu verwenden, ist im Rahmen der in Teilbereichen vollständigen Welt des gewöhnlichen Lebens verständlich, aber sie läßt sich nicht in die größere Welt der wahren Erfüllung hinübertragen.

In der Geschichte vom diebischen Vogel trägt Nasrudin gerade ein Stück Leber und das Rezept für eine Leberpastete nach Hause. Plötzlich stößt ein Raubvogel herab und reißt ihm das Fleisch aus der Hand. Nasrudin ruft dem davonfliegenden Vogel nach: »Dummer Vogel! Gut, die Leber hast du, aber was machst du ohne das Rezept?«

Aus der Sicht des Raubvogels ist die Leber natürlich genug, um seine Bedürfnisse zu befriedigen. Das Ergebnis mag ein satter Vogel sein, aber er bekommt nur das, was er glaubt zu brauchen, nicht was hätte sein können.

Da die anderen Menschen den Sufi nicht immer verstehen, werden sie versuchen, ihn zu dem zu machen, was sie für richtig halten. In einer anderen Nasrudin-Geschichte über einen Vogel (sie erscheint auch in dem poetischen Meisterwerk des Rumi, dem *Mathnawi*) findet der Mulla einen königlichen Falken auf seinem Fenstersims hocken. Er hat noch nie so eine komische »Taube« gesehen. Nachdem er seinen aristokratischen Schnabel geradegeschnitten und seine Krallen gestutzt hat, läßt er ihn mit den Worten frei: »*Jetzt* siehst du schon eher nach einem Vogel aus. Irgend jemand muß dich vernachlässigt haben.«

Die künstliche Unterteilung von Leben, Denken und Handeln, die bei den gewöhnlichen menschlichen Unternehmungen so unerläßlich ist, hat im Sufismus keinen Platz. Nasrudin will uns zeigen, daß diese Sicht eine Voraussetzung zum Verständnis des Lebens als einer Ganzheit ist. »In Milch gelöster Zucker durchdringt die gesamte Milch.«

Nasrudin und ein Freund wanderten eine staubige Straße entlang und wurden sehr durstig. Sie machten bei einem Teehaus halt und stellten fest, daß sie zusammen gerade noch genug Geld hatten, um ein Glas Milch zu kaufen. Der Freund sagte: »Trink Du Deine Hälfte zuerst, ich habe noch eine Prise Zucker, die ich in meinen Anteil hineintun will.«

»Gib ihn jetzt hinein, Bruder, so daß wir beide etwas davon haben«, sagte der Mulla.

»Nein, es ist nicht genug, um ein ganzes Glas zu süßen.«

Nasrudin ging in die Küche und kam mit einem Salzstreuer zurück. »Gute Nachricht, Freund. Ich trinke *meine* Hälfte mit Salz. Und es ist genug für das ganze Glas da.«

Auch wenn wir in der praktischen, aber nichtsdestoweniger künstlichen Welt, die wir uns aufgebaut haben, annehmen, alles ginge ›immer der Reihe nach‹ und es müsse für alles ein A bis Z geben, so sind diese Annahmen in der anders ausgerichteten metaphysischen Welt doch von wenig Nutzen. Der Suchende im Sufismus wird zu ein und derselben Zeit verschiedene Dinge auf ihren jeweiligen Ebenen der Wahrnehmung und Potentialität lernen. Dies ist ein weiterer Unterschied zwischen dem Sufismus und jenen Systemen, die auf der Annahme beruhen, daß man in einem Augenblick nur eine Sache lernen könne.

Ein Derwisch-Lehrer geht auf diese vielfältige Beziehung zwischen Nasrudin und dem Suchenden ein. Die Geschichte, so sagt er, ist auf eine Art wie ein Pfirsich. Sie besitzt Schönheit, Nährwert und verborgene Tiefen – den Kern.

Ein Mensch kann vom Äußeren emotional angeregt werden; er mag über den Witz lachen oder sich an der Schönheit erfreuen. Aber das ist nur, als hätte man sich den Pfirsich ausgeliehen. Alles, was man wirklich aufnimmt, ist Form und Farbe, vielleicht noch den Duft, die Größe und die Beschaffenheit der Oberfläche.

»Du kannst den Pfirsich jedoch essen und Dir so einen weiteren Genuß verschaffen – seine Tiefe verstehen. Du kannst den Stein wegwerfen – oder ihn aufbrechen und einen köstlichen Kern darin finden. Er ist die verborgene Tiefe. Er hat seine eigene Farbe, Größe, Form, Tiefe, seinen Geschmack und seine Funktion. Du kannst die Schalen dieser Nuß sammeln und mit ihnen ein Feuer nähren. Und auch wenn die Holzasche von keinem weiteren Nutzen ist, so ist der eßbare Anteil doch ein Teil von Dir geworden.«

Sobald der Suchende ein gewisses Maß an Einsicht in die wahren Zusammenhänge allen Geschehens gewinnt, hört er auf, Fragen zu stellen, deren Beantwortung ihm einst unerläßlich schien, um sich einen Überblick verschaffen zu können. Außerdem erkennt er, daß eine Situation durch Ereignisse verwandelt werden kann, die dafür scheinbar unwichtig sind. Die Geschichte über die Decke macht das deutlich:

Nasrudin und seine Frau wachten eines Nachts auf, weil sich zwei Männer lautstark unter ihrem Fenster stritten. Sie schickte den Mulla nachzusehen, was denn los sei. Er warf sich seine Decke um die Schultern und ging nach unten. Als er sich aber den Männern näherte, entriß ihm einer die Decke – es war seine einzige –, und beide rannten davon.

»Worum haben sie sich denn gestritten«, fragte seine Frau, als der Mulla ins Schlafzimmer zurückkam.

»Offensichtlich ging es um meine Decke. Als sie die hatten, sind sie verschwunden.«

Ein Nachbar kam zu Nasrudin und wollte sich seinen Esel ausleihen.

»Ich habe ihn bereits verliehen«, sagte der Mulla.

In diesem Moment hörte man den Esel im Stall schreien.

»Da hinten höre ich ihn doch schreien.«

»Also wem glaubst Du nun«, erwiderte Nasrudin, »mir oder einem Esel?«

Die Erfahrung dieser Dimension der Wirklichkeit ermöglicht es dem Sufi, Selbstsucht und die Anwendung des Mechanismus der Rationalisierung zu vermeiden – jener Denkmethode, die einen Teil des Bewußtseins einkerkert. Nasrudin demonstriert diesen Punkt mit aller Deutlichkeit, indem er für einen Moment die Rolle des typischen menschlichen Wesens spielt:

Ein Bauer kam zum Mulla und sagte: »Dein Stier hat meine Kuh auf die Hörner genommen. Habe ich Anspruch auf Schadenersatz?«

»Nein«, sagte der Mulla sofort, »der Stier ist nicht für seine Handlungen verantwortlich.«

»Äh, Verzeihung«, sagte der schlaue Dörfler, »ich habe es ganz verdreht dargestellt. Was ich meinte ist, daß *Deine* Kuh von *meinem* Stier aufgespießt wurde. Aber die Situation ist ja die gleiche.«

»Da bin ich nicht so sicher«, sagte Nasrudin, »ich werde lieber mal in meinen Gesetzbüchern nachschlagen, um zu sehen, ob es einen Präzedenzfall dafür gibt.«

Da das gesamte intellektuelle menschliche Denken in den Begriffen äußerlicher Vernünftelei Ausdruck findet, kehrt Nasrudin als der Sufi-Lehrer immer wieder dazu zurück, die Falschheit der verbreiteten Einschätzung der Dinge aufzuzeigen. Versuche, die mystische Erfahrung mit Wort oder Schrift auszudrücken, hatten nie Erfolg, denn »die, die wissen, brauchen das nicht, und die, die nicht wissen, kommen nicht ohne eine Brücke dorthin«. Zwei recht wichtige Geschichten werden im Zusammenhang der sufischen Schulung benutzt, um das Bewußtsein auf Erfahrungen außerhalb der üblichen Denkschablonen vorzubereiten.

In der ersten Geschichte wird Nasrudin von einem angehenden Schüler besucht. Der Mann kommt nach vielen Mühen bei der Hütte auf einem Berg an, in der der Mulla sitzt. Da er weiß, daß jede einzige Handlung des erleuchteten

Sufi bedeutungsvoll ist, fragt der Ankömmling Nasrudin, warum er sich in die Hände puste. »Um sie in dieser Kält ein bißchen zu wärmen, natürlich.«
Kurz danach schöpfte Nasrudin zwei Schalen Suppe ein und pustet auf seine eigene. »Warum tut Ihr das, Meister?« fragt der Schüler. »Um sie zu kühlen, natürlich«, entgegnet der Lehrer.
Hier verläßt der Schüler Nasrudin, da er einem Mann nicht länger trauen kann, der die gleiche Methode benutzt, um zu zwei ganz verschiedenen Ergebnissen zu kommen – zu Wärme und zu Kälte.
Eine Sache mit ihren eigenen Mitteln zu untersuchen – den Geist mit den Mitteln des Geistes, die Schöpfung, wie sie dem geschaffenen, aber unentwikkelten Wesen erscheint – das ist nicht möglich. Ein Theoretisieren, das auf solch subjektiven Methoden beruht, mag kurzfristig oder für ganz bestimmte Zwecke nützlich sein. Für den Sufi stellen solche Theorien jedoch nicht die Wahrheit dar. Wenn er offensichtlich auch in bloßen Worten keine Alternative anzubieten hat, kann er doch – und das tut er auch – diese Vorgehensweise übertreiben oder karikieren, um sie zu entlarven. Ist dies einmal geschehen, so steht die Tür zu einer Suche nach einem alternativen System der Einschätzung der Beziehungen zwischen den Phänomenen offen.
»Von Tag zu Tag«, sagt Nasrudin zu seiner Frau, »bin ich erstaunter darüber, wie wirkungsvoll diese Welt aufgebaut ist – und zwar im allgemeinen zum Nutzen der Menschheit.«
»Was meinst Du damit?«
»Na, sieh Dir zum Beispiel die Kamele an. Warum, glaubst Du, haben sie keine Flügel?«
»Ich habe keine Ahnung.«
»Nun, dann stell Dir doch mal vor: wenn Kamele Flügel hätten, dann würden sie vielleicht auf unseren Dächern nisten, unseren Frieden stören, indem sie da oben herumtollen und uns ihr Wiedergekäutes auf den Kopf spucken.«
Die Rolle des Sufi-Lehrers wird in der Geschichte über die Predigt verdeutlicht. Sie zeigt (unter anderem, wie das in allen Nasrudin-Geschichten der Fall ist), daß man mit völlig unwissenden Menschen gar nicht erst anfangen kann. Weiterhin, daß man die, die wissen, nicht zu lehren braucht, und schließlich, daß eine Gemeinde, in der es einige erleuchtete Menschen gibt, keinen Lehrer benötigt.
Nasrudin wurde eingeladen, vor der Gemeinde eines nahe gelegenen Dorfes einen Lehrvortrag zu halten. Er stieg aufs Podium und begann:
»Liebe Gemeinde, wißt Ihr, worüber ich jetzt sprechen werde?«
Ein paar Halbstarke, die nur ihren Spaß haben wollten, brüllten: »Nein!«
»Wenn das so ist«, sagte der Mulla würdevoll, »werde ich von dem Versuch, eine so unwissende Gemeinde zu unterweisen, Abstand nehmen.«
Nachdem die Dorfältesten von den Störenfrieden das Versprechen erhalten hatten, daß sie ihre Bemerkungen unterlassen würden, baten sie in der folgenden Woche Nasrudin, noch einmal zu ihnen zu sprechen.

»Liebe Gemeinde!« begann er wieder, »wißt Ihr, worüber ich jetzt sprechen werde?«
Einige Leute, die nicht wußten, wie sie reagieren sollten, da der Mulla sie herausfordernd anstarrte, murmelten »Ja.«
»Wenn das so ist«, erwiderte Nasrudin, »dann brauch ich ja nichts mehr zu sagen.« Und er verließ den Saal.
Nachdem ihn erneut eine Abordnung der Dorfbewohner besucht und ihn angefleht hatte, es doch noch einmal zu versuchen, stellte er sich also ein drittes Mal vor die Versammlung.
»Liebe Gemeinde! Wißt Ihr, worüber ich jetzt sprechen werde?«
Da er auf eine Antwort zu warten schien, riefen die Dörfler: »Einige von uns wissen es, und andere wissen es nicht.«
»Wenn das so ist«, sagte Nasrudin schon im Gehen, »dann sollen die, die wissen, es denen erzählen, die nicht wissen.«
Im Sufismus kann man nicht an einem vorherbestimmten Punkt anfangen zu »arbeiten«. Man muß es dem Lehrer zugestehen, daß er den nach Erleuchtung Suchenden so führt, wie er es für richtig hält. Einst wandte sich ein junger Mann an Nasrudin und wollte wissen, wie lange man wohl brauche, um ein Sufi zu werden.
Er nahm den jungen Mann mit ins Dorf. »Bevor ich Deine Frage beantworte, möchte ich, daß Du mich zu einem Musiklehrer begleitest, bei dem ich mich über Unterricht im Lautenspiel erkundigen möchte.«
Im Haus des Musikers angekommen, erkundigte sich Nasrudin über die Höhe des Lehrgeldes.
»Drei Silberstücke für den ersten Monat. Danach dann ein Silberstück pro Monat.«
»Ausgezeichnet«, rief der Mulla, »in einem Monat komme ich wieder!«
Der sechste Sinn, den der Sufi erwirbt und den der Theoretiker für eine Art völliger Hellsichtigkeit, ein fast göttliches Allwissen hält, ist keineswegs so etwas. Wie alle anderen Sinne hat auch er seine Grenzen. Seine Funktion ist nicht, den Wahren Menschen allwissend zu machen, sondern ermöglicht ihm, seine Aufgabe – ein reicheres Leben mit größerer Wahrnehmungsfähigkeit – zu erfüllen. Er leidet nicht mehr unter dem Gefühl der Unsicherheit und Unausgefülltheit, das den anderen Menschen nur allzu vertraut ist. Die Geschichte über die Knaben und den Baum deutet einiges davon an:
Ein paar spielende Knaben wollten Nasrudin seine Sandalen entführen.
Als er die Straße entlangkam, scharten sie sich um ihn und sagten: »Mulla, auf diesen Baum kann niemand klettern!«
»Aber natürlich kann man das«, sagte Nasrudin, »ich werde euch zeigen, wie man es macht.«
Er wollte seine Sandalen schon auf dem Boden stehen lassen, aber eine innere Stimme warnte ihn, und so steckte er sie unter seinen Gürtel, bevor er zu klettern begann.

Die Knaben waren enttäuscht. »Wozu nimmst Du denn Deine Sandalen mit?« riefen sie zu ihm hinauf.
»Wenn noch nie jemand auf diesen Baum geklettert ist, wie soll ich dann wissen, ob es da oben keine Straße gibt?« entgegnete der Mulla.
Gebraucht der Sufi seine Intuition, so kann er seine Handlungen nicht allgemeinverständlich erklären.
Der sechste Sinn ermöglicht es dem Menschen, der *baraka* besitzt, scheinbar gewisse Geschehnisse herbeizuführen. Diese Fähigkeit erlangt der Sufi durch andere Mittel als den Gebrauch formaler Verstandestätigkeit:
»Allah wird Dich entschädigen«, sagte Nasrudin zu einem Mann, der beraubt worden war.
»Ich wüßte nicht, wie das wohl funktionieren soll«, sagte der Mann.
Da führte Nasrudin ihn sogleich in eine nahe Moschee und sagte, er solle in einer Ecke warten. Dann begann er zu weinen und zu klagen und flehte Allah an, dem Mann seine zwanzig Silberstücke wieder zukommen zu lassen. Er schlug einen solchen Lärm, daß die in der Moschee Versammelten eine Kollekte machten und dem Mann die Summe aushändigten.
»Du magst die Kräfte nicht verstehen, die in dieser Welt wirken«, sagte Nasrudin; »aber vielleicht wirst Du verstehen, was in Allahs Haus geschehen ist.«
Am Wirken der Realität teilzuhaben ist etwas ganz anderes als beobachtete Tatsachen intellektuell auszuwalzen. Um dies zu demonstrieren, brachte Nasrudin eines Tages einen Ochsen, ein schwerfälliges Arbeitstier, zu einem Pferderennen, bei dem alle gemeldeten Tiere zugelassen wurden.
Jedermann lachte, denn schließlich weiß man ja, daß ein Ochse nicht besonders schnell laufen kann.
»Unsinn«, sagte Nasrudin, »wenn man ihm nur die Gelegenheit gibt, wird er sicherlich sehr schnell laufen. Ihr hättet ihn mal als Kalb sehen sollen, wie er da gerannt ist. Gut, er hat zwar keine Übung und keine Gelegenheit zum Rennen gehabt, aber jetzt ist er voll ausgewachsen. Warum sollte er da nicht noch schneller rennen?«
Die Geschichte bestreitet auch die gängige Meinung, daß ein Ding – oder ein Mensch –, nur weil es alt ist, deshalb auch besser sein müsse als etwas Junges. Als bewußte und lebendige Aktivität ist der Sufismus nicht an die Vergangenheit und an ehrwürdige Traditionen gebunden. Jeder Sufi, der heute lebt, repräsentiert jeden Sufi der in der Vergangenheit gelebt hat oder jemals leben wird. Es existiert immer die gleiche Menge *baraka*, und eine undenkbar alte Tradition erhöht ihren Zauber nicht, der immer konstant bleibt.
Eine weitere Ebene dieser Geschichte weist darauf hin, daß der Schüler (das Kalb) sich zu einem Wesen mit einer offensichtlich anderen Funktion (dem Ochsen) entwickeln kann, als der, die man erwartet hätte. Die Uhr läßt sich nicht zurückdrehen. Wer sich auf spekulative Theorie verläßt, der kann sich nicht auf den Sufismus einlassen.
Die Abwesenheit der intuitiven Fähigkeit im Menschen schafft gewöhnlich

eine fast hoffnungslose Situation; viele Nasrudin-Geschichten weisen auf diese Tatsache hin.

In der Geschichte über den Sack Reis spielt Nasrudin die Rolle des unsensiblen, gewöhnlichen Derwisch. Eines Tages hatte er eine Meinungsverschiedenheit mit dem Prior des Klosters, in dem er sich gerade aufhielt. Kurz darauf vermißte man einen Sack Reis. Nach Anordnung des Priors mußten sich alle in einer Reihe im Hof aufstellen. Dann verkündete er, der Mann, der den Reis gestohlen habe, müsse einige Körner Reis in seinem Bart haben.

»Das ist ein alter Trick, um den Schuldigen sich unwillkürlich an den Bart fassen zu lassen«, dachte der wahre Dieb und stand unbeweglich.

Nasrudin jedoch dachte: »Der Prior will sich an mir rächen; er muß mir irgendwie ein paar Reiskörner in den Bart geschmuggelt haben!« – und so versuchte er, sie so unauffällig wie möglich aus seinem Bart zu wischen.

Als seine Finger durch seinen Bart fuhren, merkte er plötzlich, daß die anderen ihn alle ansahen.

»Ich *wußte* doch irgendwie, daß er mich früher oder später in die Falle locken würde«, sagte Nasrudin.

Was manche Menschen für »Vorahnungen« halten, ist manchmal nichts als das Produkt von Neurose und Phantasie.

Die grundsätzlich skeptische Einstellung zu metaphysischen Dingen ist durchaus nicht nur auf den Westen beschränkt. Auch im Osten ist es nichts Ungewöhnliches, daß ein Mensch meint, als Schüler eines mystischen Schulungsweges würde er seiner Autonomie oder irgendwelcher anderen Dinge beraubt. Von solchen Menschen nehmen die Sufis für gewöhnlich keine Notiz. Sie haben noch nicht das Stadium erreicht, in dem sie erkennen, daß sie bereits die Gefangenen einer Tyrannei sind (der des Alten Schurken), die viel schlimmer ist als alles andere, was sich eine mystische Schule für sie ausdenken könnte. In einer Nasrudin-Geschichte kommt das sehr kurz und bündig zum Ausdruck:

»Du, ich höre unten im Haus einen Einbrecher«, flüsterte die Frau des Mulla eines Nachts.

»Pssst! Kein Geräusch«, flüsterte er zurück. »Wir haben nichts, das er stehlen könnte. Aber wenn wir Glück haben, läßt *er* vielleicht etwas zurück.«

Nasrudin, der Einbrecher in viele leere Häuser, läßt immer etwas zurück – wenn die Hausbewohner es erkennen.

Im Sufismus sind praktische Methoden der Unterweisung von größter Wichtigkeit. Zum Teil deshalb, weil der Sufismus ein praktisches Unterfangen ist; zum Teil deshalb, weil der wirkliche Gehalt der Wahrheit bei den meisten Menschen nicht durch den Schleier der diskursiven Fähigkeiten hindurchdringt, auch wenn sie zu allen möglichen Wahrheiten Lippenbekenntnisse ablegen.

Eines Tages reparierte Nasrudin gerade das Dach seines Hauses. Da rief ihn ein Mann auf die Straße hinunter. Er stieg hinab und fragte den Mann, was er wolle. – »Geld.«

»Warum hat Du mir das nicht gesagt, als Du mich gerufen hast.«
»Ich schämte mich zu betteln.«
»Komm mit hinauf aufs Dach.«
Auf dem Dach angelangt, begann Nasrudin wieder Dachziegel zu verlegen. Der Mann hüstelte, und Nasrudin sagte ohne aufzusehen: »Ich habe kein Geld für Dich.«
»Was! Das hättet Ihr mir auch sagen können, ohne mich hier aufs Dach zu schleppen!«
»Wie hättest Du mich dann für das Herabsteigen entschädigen können?«
Der Sufi durchschaut eine ganze Menge Dinge, die dem gewöhnlichen Menschen nicht aufgehen. Eine Allegorie wird zur Erklärung mancher der verblüffenden Verhaltensweisen der sufischen Eingeweihten herangezogen, die auf übersinnlichen Kräften beruhen. Für den Sufi sind diese nicht wunderbarer, als die gewöhnlichen Sinne es für den Laien sind. Wie sie genau funktionieren, läßt sich nicht beschreiben; aber mit einer Allegorie läßt es sich andeuten.
»Die Menschheit schläft«, sagte Nasrudin, als man ihm eines Tages bei Hof vorwarf, er sei eingeschlafen. »Der Schlaf des Weisen ist machtvoll, während die ›Wachheit‹ des gewöhnlichen Menschen so gut wie zu nichts nutze ist.«
Der König war gekränkt.
Am nächsten Tag, nach einem schweren Mahl, schlief Nasrudin wieder ein, und der König ließ ihn in einen Nebenraum tragen. Als der Hofstaat sich zurückziehen wollte, brachte man Nasrudin, der noch immer schlummerte, in die Audienzhalle zurück.
»Ihr habt wieder geschlafen«, sagte der König.
»Ich war so wach wie nötig.«
»So? Na dann erzählt mir doch mal, was geschehen ist, während Ihr nicht in diesem Raum wart.«
Zum Erstaunen aller wiederholte der Mulla eine lange und vertrackte Geschichte, die der König vorgetragen hatte.
»Wie konntet Ihr das wissen, Nasrudin?«
»Ganz einfach«, entgegnete der Mulla. »Der Gesichtsausdruck des Königs verriet mir, daß er die alte Geschichte einmal wieder ezählen würde. Deshalb habe ich für die Dauer der Erzählung geschlafen.«
In der folgenden Geschichte werden Nasrudin und seine Frau als zwei gewöhnliche Menschen vorgestellt, als Mann und Frau, die sich doch nicht gegenseitig verstehen können, weil die gewöhnliche zwischenmenschliche Kommunikation ungenau und unaufrichtig ist. Die Kommunikation zwischen Sufis ist von einer anderen Ordnung. Zudem ist es ein hoffnungsloses Unterfangen, die Plattheit und Falschheit der gewöhnlichen Kommunikation für mystische Zwecke gebrauchen zu wollen. Allerdings kombinieren die Sufis die verschiedenen Methoden der Kommunikation zu einem gänzlich anderen System von Signalen.

Die Frau des Mulla hatte sich über ihn geärgert. Deshalb brachte sie ihm seine Suppe kochend heiß und warnte ihn nicht, daß er sich daran verbrühen könnte.
Aber sie war selbst hungrig, und sobald die Suppe ausgeteilt war, nahm sie selbst einen kräftigen Schluck davon. Vor Schmerz traten ihr Tränen in die Augen, aber sie hoffte noch immer, der Mulla würde sich verbrennen.
»Was ist denn los, Schatz«, fragte Nasrudin.
»Ich dachte nur an meine arme alte Mutter. Als sie noch lebte, hat sie diese Suppe so gern gegessen.«
Nun nahm Nasrudin aus seiner Schale einen Schluck der brühend heißen Suppe.
Tränen kullerten ihm in den Bart.
»Aber Nasrudin, weinst Du?«
»Ja, ich weine bei dem Gedanken, daß Deine alte Mutter, das arme Ding, tot ist – und so ein Miststück wie Dich im Land der Lebenden zurückgelassen hat.«
Vom Standpunkt der Wirklichkeit – also dem sufischen Standpunkt – her gesehen, weisen andere metaphysische Systeme etliche schwere Mängel auf. Einige davon sollten wir in Betracht ziehen. Was ein Mystiker über seine Erfahrungen in Worten mitzuteilen hat, stellt fast immer eine unnötige Verzerrung der Tatsachen dar. Diese Verzerrung kann dazu noch von anderen Menschen eindrucksvoll genug nachgeplappert werden, um tiefschürfend zu erscheinen; sie hat in sich jedoch keine zur Erleuchtung führende Kraft. Für den Sufi geht es in der Mystik nicht darum, irgendwohin zu gehen, Erleuchtung zu erlangen und dann etwas davon mitzuteilen. Mystik ist für ihn ein Unterfangen, das mit seinem gesamten Dasein untrennbar verbunden ist und welches eine Verbindung zwischen der gesamten Menschheit und der zusätzlichen Dimension der Erkenntnis herstellt.
Alle diese Punkte – und einige mehr – werden gleichzeitig in einer Nasrudin-Geschichte verdeutlicht:
Der Mulla war aus der Residenz in sein Heimatdorf zurückgekehrt. Die Dorfbewohner scharten sich um ihn, um zu hören, welche Abenteuer er zu berichten habe.
»Ich will vorerst nicht mehr sagen«, verkündete Nasrudin, »als daß der König zu mir gesprochen hat.«
Ein erregtes Raunen ging durch die Menge. Der König hatte tatsächlich zu einem Einwohner ihres Dorfes gesprochen! Dieser Happen war für die Dörfler mehr als genug. Die Menge zerstreute sich, und jeder ging, die wunderbare Nachricht zu verbreiten. Nur der Einfältigste blieb zurück und fragte den Mulla, was der König denn genau gesagt habe.
»Nun, er sagte – und er sagte das ganz deutlich, damit Du's weißt, so daß jedermann es hören konnte – er sagte: ›Geh mir aus dem Weg!‹«
Der Einfaltspinsel war mehr als zufrieden. Die Brust schwoll ihm vor Stolz.

Hatte er nicht des Königs eigene Worte vernommen und den Mann mit eigenen Augen gesehen, an den sie gerichtet waren?

Diese Nasrudin-Geschichte ist als populäre Legende sehr bekannt und beliebt, und ihre offensichtliche Moral spielt auf jene Menschen an, die sich selbst größer machen wollen, indem sie beiläufig hochgestellte Persönlichkeiten als ihre ›Bekannten‹ erwähnen. Die sufische Bedeutung ist jedoch sehr wichtig für die Vorbereitung des Bewußtseins eines Derwischs auf tiefere Erfahrungen.

Es ist interessant zu beobachten, welche Wirkung die Nasrudin-Geschichten auf die meisten Menschen haben. Jene, die die gewöhnlicheren Emotionen des Lebens vorziehen, halten im allgemeinen an ihrer offensichtlichen Bedeutung fest und bestehen darauf, sie als Witze zu betrachten. Dazu gehören auch die Menschen, die kleine Büchlein mit Sammlungen der leichtverständlichsten Nasrudin-Späße zusammenstellen oder lesen. Sie fühlen sich sichtlich unwohl, wenn man ihnen die metaphysischen oder »unbequemen« Geschichten erzählt.

In einem seiner kürzesten Witze wendet sich Nasrudin an diese Leute:

»Man sagt, Deine Witze seien voller verborgener Bedeutungen, Nasrudin. Stimmt das?«

»Nein.«

»Warum nicht?«

»Weil ich in meinem Leben auch nicht ein einziges Mal die Wahrheit gesagt habe – und es auch niemals werde tun können.«

Der gewöhnliche Mensch mag – von der tiefen Weisheit der eigenen Worte überzeugt – behaupten, daß aller Humor in Wirklichkeit ernst zu nehmen sei; jeder Witz vermittele eine Botschaft auf philosophischer Ebene. Aber diese Botschaft ist nicht die des Nasrudin. Mit zynischem Humor, so mag man annehmen, kann man wie die griechischen Philosophen auf gewisse Absurditäten in unserem Denken und Handeln hinweisen. Aber auch dies ist nicht die Funktion von Nasrudin. Die umfassende Wirkung der Nasrudin-Geschichten geht wesentlich tiefer. Da sie alle in enger Beziehung zueinander stehen und zu der Form der Wirklichkeit, zu der uns die Sufis geleiten wollen, ist der Zyklus Teil des Gesamtzusammenhanges einer bewußten Entwicklung. Dieser Gesamtzusammenhang ließe sich wohl kaum in die Gedankenschnipselchen des gewöhnlichen Humoristen oder die sporadischen satirischen Äußerungen der formalen Denker einbringen.

Wird eine Nasrudin-Geschichte gelesen und verarbeitet, so geschieht etwas. Diese Bewußtheit des Geschehens und des Zusammenhanges ist der Kern des Sufismus.

Als Antwort auf die Frage: »Welcher Methode fehlt das sufische Element?« antwortete Khoja Anis: »Ohne Zusammenhang gibt es keinen Sufismus; ohne Sein und Werden gibt es keinen Sufismus; ohne Wechselwirkung gibt es keinen Sufismus.«

Etwas von der Wahrheit läßt sich in Worten mitteilen. Besser noch, sie läßt sich teilweise durch die Wechselwirkung aus der Aktion der Worte und der Reaktion des Hörers übermitteln. Die sufische Erfahrung kommt jedoch durch einen Mechanismus zustande, der dort ansetzt, wo die Worte aufhören. Hier geht es um das Handeln, die »Arbeit mit« einem Meister.

Nasrudin illustriert dies in seiner berühmten »chinesischen« Geschichte. Er war nach China gegangen und hatte einen Kreis von Schülern um sich gesammelt, die er auf die Erleuchtung vorbereitete. Jene, die Erleuchtung erlangten, blieben vom gleichen Augenblick an seinen Vorlesungen fern.

Eine Gruppe seiner noch wenig entwickelten Anhänger, die nach tieferer Einsicht strebten, reiste von Persien nach China, um dort ihre Schulung unter Nasrudin fortzusetzen.

Nach dem ersten Lehrvortrag, an dem sie teilgenommen hatten, empfing er sie.

»Warum, Mulla, sprecht Ihr über geheime Wörter, die wir ja verstehen, die Chinesen aber nicht? Es sind die Wörter *namidanam* und *hichmalumnist,* die auf persisch einfach nur heißen: ›Ich weiß nicht‹ und ›Niemand weiß‹.«

»Na, was soll ich denn sonst tun – den Leuten vielleicht die Hucke vollügen?«

Die Sufis benutzen spezielle Ausdrücke, um wenigstens annähernd ein Äquivalent für Geheimnisse zu geben, die man nur erfahren, nicht aber verbalisieren kann. Bevor der Suchende bereit ist, zu der Erfahrung durchzubrechen, wird er durch den Gebrauch solcher ›termini technici‹ gerade vor dem Fehler bewahrt, ihrem Gehalt intellektuell nachspüren zu wollen. Der Sufismus, der selbst das Ergebnis einer bewußten Spezialisierung ist, hat erkannt, daß es keine Abkürzung auf dem Weg zur Erleuchtung gibt. Das heißt nicht, daß es sehr lange dauern muß, bis man Erleuchtung erlangt. Es heißt jedoch, daß der Sufi auf dem eingeschlagenen Pfad bleiben muß.

Nasrudin spielt in einer Geschichte die Rolle eines Menschen, der einen Abkürzungsweg zur Erleuchtung sucht:

Es war ein wunderschöner Morgen und der Mulla war auf dem Heimweg. Warum, so dachte er sich, sollte er nicht eine Abkürzung durch das einladende Waldgebiet neben der staubigen Straße nehmen?

»Was für ein Tag, ein Tag, an dem man Glück haben muß!« rief er aus und schlug sich seitlich in die Büsche. Aber im nächsten Moment fand er sich rücklings auf dem Boden einer verborgenen Grube wieder.

»Nur gut, daß ich die Abkürzung genommen habe«, dachte er bei sich, als er so in der Grube lag. »Wenn schon inmitten einer so herrlichen Umgebung solche Gefahren lauern – wer weiß, in welche Katastrophe ich auf der unbequemen und ermüdenden Landstraße hineingeraten wäre?«

Unter ähnlichen Voraussetzungen untersuchte der Mulla eines Tages ein leeres Vogelnest.

»Was tut Ihr da, Mulla?«

»Ich suche nach Eiern.«

»Aber in dem Nest vom letzten Jahr sind doch keine Eier mehr!«
»Da wäre ich nicht so sicher«, entgegnete Nasrudin; »wenn Du ein Vogel wärest und deine Eier schützen wolltest, würdest Du dann vor den Augen aller Leute ein *neues* Nest bauen?«
Auch diese Geschichte über den Mulla taucht im Don Quijote wieder auf. Die Tatsache, daß man diesen Witz mindestens auf zwei verschiedene Weisen verstehen kann, mag den formalistischen Denker abschrecken. Dem Derwisch aber gibt er Gelegenheit, die Zweideutigkeit des Daseins zu begreifen, die durch das konventionelle menschliche Denken verschleiert wird. Das, was für den Intellektuellen die Absurdität dieser Geschichte ist, ist für den intuitiv wahrnehmungsfähigen Menschen gerade ihre Stärke.
Die Sufis treten manchmal durch Signale in Kontakt miteinander. Die Kommunikation kann sich einer Methode bedienen, die einem auf gewöhnliche Weise konditionierten Geist nicht nur unbekannt sondern auch unverständlich sein mag. Das hindert allerdings in Schablonen denkende Menschen nicht daran, zu versuchen, einen Sinn in das hineinzubringen, was ihnen unsinnig erscheint. So kommen sie schließlich zur falschen Interpretation, auch wenn sie ihnen selbst plausibel erscheinen mag:
Ein anderer Mystiker hielt Nasrudin auf der Straße an und deutete auf den Himmel. Er meinte: »Es gibt nur eine Wahrheit, die alles umfaßt.«
Nasrudin war in Begleitung eines Gelehrten, der versuchte, den Sufismus rational zu begreifen. Er dachte sich: »Diese unheimliche Gestalt ist verrückt. Ob Nasrudin wohl irgendwelche Vorsichtsmaßnahmen gegen ihn ergreifen wird?«
Und wahrhaftig, der Mulla wühlte in seinem Tragesack und brachte ein aufgerolltes Seil zutage. Der Gelehrte dachte: »Ausgezeichnet, nun können wir den Wahnsinnigen ergreifen und binden, falls er gewalttätig wird.«
Die wahre Bedeutung von Nasrudins Geste war jedoch: »Der gewöhnliche Mensch versucht jenen ›Himmel‹ mit Methoden zu erreichen, die genauso ungeeignet dazu sind wie dieses Seil.«
Der »Verrückte« lachte und ging weiter. »Gut gemacht«, sagte der Gelehrte, »Sie haben uns vor ihm gerettet.«
Das persische Sprichwort »Eine Frage über den Himmel – die Antwort über ein Seil« geht auf diese Geschichte zurück. Das Sprichwort wird von nichtsufischen Geistlichen oder Intellektuellen oft gerade mit gegenteiliger Absicht zitiert.
Erkenntnis wird nicht ohne Anstrengungen erlangt – eine Tatsache, die im allgemeinen durchaus anerkannt ist. Aber die albernen Methoden, mit denen man solche Bemühungen plant und die Absurdität der Bemühungen selbst versperren jenen Menschen sehr wirkungsvoll den Weg zur Erkenntnis, die versuchen, ein System des Wissens von einem Gebiet auf ein anderes zu übertragen.
Um Joghurt zu machen, fügt man einer größeren Menge Milch ein wenig altes

Joghurt hinzu. Die Wirkung des *bacillus bulgaricus,* der in der Joghurt-Kultur enthalten ist, verwandelt mit der Zeit die ganze Menge in Joghurt.
Einige Freunde sahen Nasrudin eines Tages auf den Knien neben einem Teich kauern; er fügte dem Wasser etwas altes Joghurt hinzu. Einer der Männer fragte: »Was soll das denn werden, Nasrudin?«
»Ich versuche, Joghurt zu machen.«
»Aber so kann man doch kein Joghurt machen!«
»Ja, ich weiß; aber man braucht bloß mal *anzunehmen* ...!«
Fast jedermann wird über die Dummheit des Mulla lächeln. Man sagt ja, daß viele Formen des Humors nur deshalb so vergnüglich sind, weil sie den Menschen die Möglichkeit geben, sich zu sagen, daß sie sich nicht so dämlich anstellen würden wie die Person, über die sie lachen.
Millionen Menschen, die niemals auf die Idee kämen, aus Wasser Joghurt zu machen, würden doch versuchen, esoterisches Wissen mit gleichermaßen unnützen Methoden zu durchdringen.
Eine Geschichte, die dem Mulla Nasrudin zugeschrieben wird, trägt viel dazu bei, zwischen der mystischen Suche an sich und jener Form zu unterscheiden, die auf geringeren ethischen oder formal-religiösen Kriterien beruht:
Ein chinesischer Weiser soll zu Nasrudin gesagt haben: »Jeder Mensch muß sein eigenes Verhalten so beurteilen, wie er das anderer Menschen beurteilt. Du mußt für andere empfinden, was du auch für dich selbst empfindest.«
Dies ist keine Paraphrase des berühmten christlichen ›Wie du willst, daß man dir tue ...‹, wenn es auch um die gleiche Sache geht. Es handelt sich vielmehr um ein Zitat von Kungfutse, der 551 vor Christus geboren wurde.
»Eine recht erstaunliche Bemerkung«, entgegnete der Mulla, »für jeden, der einmal einen Moment überlegt und erkennt, daß das, was ein Mensch für sich selbst wünscht, letzten Endes wahrscheinlich ebensowenig wünschenswert ist wie das, was er sich für seinen Feind, geschweige denn seinen Freund wünscht.«
»Was er für andere im Herzen tragen muß, ist nicht das, was er für sich selbst wünscht. Es ist das, was für ihn sein *sollte*, genauso wie es für alle anderen sein *sollte*. Was das ist, weiß man nur, wenn man die innere Wahrheit kennt.«
Eine andere Version der Antwort Nasrudins sagt kurz und bündig: »Ein Vogel fraß giftige Beeren, und sie schadeten ihm nicht. Eines Tages hatte er eine Menge giftiger Beeren gesammelt, verzichtete aber auf sein Mahl und gab die Früchte seinem Freund, einem Pferd, zu fressen.«
Ein anderer Sufi-Meister, Amini von Samarkand, kommentiert dieses Thema ebenso lakonisch, wie das auch Rumi vor ihm schon getan hat: »Ein Mensch wünschte, von einem anderen Menschen umgebracht zu werden. Natürlich wünschte er das auch allen anderen Menschen, schließlich war er ja ein ›guter‹ Mensch. Der ›gute‹ Mensch ist selbstverständlich der, der anderen wünscht, was er für sich selbst wünscht. Das einzige Problem ist, daß er das, was er sich wünscht, oft am allerwenigsten braucht.«

Hier haben wir wieder die für den Sufismus typische Betonung jener Wirklichkeit, die der Ethik vorausgehen muß. Man darf eine Ethik nicht isoliert davon aufstellen und annehmen, sie habe universale Gültigkeit, wenn schon ganz einfache Überlegungen zeigen, daß dem nicht so ist.

Man sollte die Nasrudin-Geschichten übrigens nicht als ein philosophisches System verstehen, welches die Leute dazu bringen will, ihre eigenen Ansichten fallenzulassen und seine Maximen zu übernehmen. Seinem ganzen Aufbau nach läßt der Sufismus sich nicht predigen. Es geht ihm nicht darum, andere Systeme zu unterminieren und einen Ersatz dafür oder ein plausibleres System anzubieten. Weil die sufische Lehre nur teilweise in Worten Ausdruck findet, kann sie nie mit philosophischen Systemen auf deren eigenem Gebiet wetteifern. Wollte man das versuchen, so versuchte man, den Sufismus mit etwas künstlich Konstruiertem zu vergleichen – und das ist einfach unmöglich.

Nach ihrer eigenen Aussage kann man sich der Metaphysik nicht auf diesem Wege nähern. Der Sufismus benutzt den zusammengesetzten Anstoß, die Methode der »gestreuten« Aussäung. Der angehende Sufi mag von Nasrudin vorbereitet oder teilweise erleuchtet werden. Aber um zu »reifen«, muß er sich schon der praktischen Arbeit widmen und durch die Gesellschaft eines Meisters und anderer Sufis inspiriert werden. Alle anderen Bemühungen werden treffend durch den Spruch charakterisiert: ›Einen Kuß mit persönlichem Boten senden wollen‹. Sicher, was ankommt, ist ein Kuß, aber nicht das, was es sein sollte.

Akzeptiert man also den Sufismus als die Methode, durch die zum Ausdruck kommt, was die religiösen Lehrer forderten, wie kann dann ein Mensch, der ein Sufi werden möchte, eine Quelle der Unterweisung finden – denn einen Lehrer braucht er.

Der echte Meister kann nicht das Entstehen und Wachsen angeblich mystischer Schulen verhindern, welche Schüler annehmen und eine unechte Version erleuchteter Lehren weitertragen. Und noch weniger – das müssen wir ganz objektiv sehen – ist der Neuling in der Lage, zwischen einer falschen und einer echten Schule zu unterscheiden. »Die falsche Münze existiert nur, weil es so etwas wie wahres Gold gibt«, lautet ein Sufi-Ausspruch. Wie aber kann jemand, der darin nicht geübt ist, das Wahre vom Falschen unterscheiden?

Rudimente der Fähigkeit, auf »wahres Gold« anzusprechen, bewahren den Anfänger davor, vollkommen im dunkeln zu tappen. Und der Lehrer, der die dem Schüler innewohnende Fähigkeit erkennt, wird in der Lage sein, sie als einen Kanal für die Übermittlung seiner Signale zu benutzen. Natürlich müssen in den frühen Stadien die vom Lehrer übermittelten Signale so angeordnet sein, daß sie für den groben und wahrscheinlich verzerrenden Wahrnehmungsapparat des Empfängers überhaupt erkennbar sind. Aber die Kombination dieser beiden Elemente ist Fundament genug für einen funktionierenden Aufbau.

In diesem Stadium gibt hauptsächlich der Lehrer den Takt an. Etliche Nasru-

din-Geschichten zeigen, ganz abgesehen von ihrem unterhaltsamen Wert, die anfänglich scheinbar unvollständige Harmonie zwischen Lehrer und Schüler, welche die vorbereitende Phase kennzeichnet:
Eine Gruppe angehender Schüler kam eines Tages zu Nasrudin und bat ihn, einen Lehrvortrag zu halten. »Nun gut«, sagte er, »folgt mir in den Vorlesungsraum!«
Gehorsam folgten die Schüler in einer Reihe dem Mulla, der sich mit dem Rücken nach vorne auf einen Esel setzte und davonritt. Zuerst waren die jungen Leute verwirrt, aber dann erinnerten sie sich daran, daß man auch die winzigste Geste eines Lehrers nicht in Frage stellen soll. Schließlich konnten sie jedoch die spöttischen Bemerkungen der gewöhnlichen Passanten nicht mehr ertragen.
Der Mulla spürte, wie unwohl sie sich fühlten, blieb stehen und starrte sie an. Der Mutigste unter den Schülern nahm sich ein Herz und sprach ihn an. »Mulla, wir verstehen nicht ganz, warum Ihr mit dem Rücken nach vorne auf dem Esel reitet.«
»Ganz einfach«, entgegnete der Mulla. »Seht mal, ginget Ihr vor mir, dann wäre das mir gegenüber respektlos. Würde ich Euch andererseits den Rücken zukehren, so ließ ich es an Respekt Euch gegenüber mangeln. Dies ist der einzig mögliche Kompromiß.«
Jemand, dessen Wahrnehmungsfähigkeit geschärft ist, erkennt in dieser und den anderen Nasrudin-Geschichten mehr als eine Dimension. Erfährt man diese Geschichten auf vielen verschiedenen Ebenen gleichzeitig, so ist das Endergebnis einer solchen Erfahrung die Aktivierung der innewohnenden Fähigkeit zu einer umfassenderen und objektiveren Erkenntnis, als sie durch die gewöhnliche mühsame und unbeholfene Denkmethode möglich gemacht wird. Der Sufi zum Beispiel sieht in dieser Geschichte gleichzeitig Botschaften und Verweise auf andere Sphären des Seins, die ihm nicht nur auf seinem Weg weiterhelfen, sondern ihm auch brauchbare Informationen liefern. In geringem Ausmaß mag der im gewöhnlichen Denken Befangene *(mutatis mutandis)* wohl auch die verschiedenen Perspektiven erfahren, wenn er sie getrennt betrachtet. So kann zum Beispiel Nasrudin die Schüler im Auge behalten, während er verkehrtherum auf dem Esel sitzt. Es kümmert ihn nicht, was die anderen Leute von ihm denken, während die unreifen Schüler sich noch von der öffentlichen (und unwissenden) Meinung beeinflussen lassen. Er mag zwar mit dem Rücken nach vorne sitzen, aber er ist immer noch aufgesessen, während die Schüler laufen. Indem Nasrudin die Konventionen verletzt, ja, sich sogar der Lächerlichkeit preisgibt, zeigt er, daß er sich von den gewöhnlichen Leuten unterscheidet. Zudem kennt er den beschrittenen Weg bereits; er braucht nicht nach vorne zu schauen, um zu sehen, wohin er geht. Er kann außerdem in jener Stellung, die nach normalen Standards äußerst unbequem ist, sehr gut sein Gleichgewicht bewahren. Wieder einmal lehrt er durch sein Handeln und sein Sein, nicht durch Worte.

Solche Überlegungen, auf das Gebiet der Metaphysik übertragen und dort gleichzeitig wahrgenommen, stellen den einheitlichen und doch zusammengesetzten Anstoß der Nasrudin-Geschichte für das Bewußtsein des sich entwickelnden Mystikers dar.

Nasrudins List, die nötig ist, um durch die Maschen des Netzes zu schlüpfen, in das uns der Alte Schurke verstrickt hat, kommt in den Geschichten wieder und wieder zum Vorschein. Seine scheinbare Verrücktheit ist charakteristisch für den Sufi, dessen Handlungen dem Betrachter unerklärlich sein und verrückt erscheinen mögen. Und eine Geschichte nach der anderen betont die Erkenntnis der Sufis, daß man nichts bekommt, ohne dafür zu bezahlen. Diese Bezahlung kann sich in einer der vielen Formen der Opferung darstellen – der Preisgabe von altgewohnten Meinungen, des Opferns von Geld oder gewissen Handlungsweisen. Dieser letzte Punkt ist sehr wichtig, denn das Unterfangen des Sufi ist nur dann möglich, wenn die Gebiete, in die die Reise gehen soll, nicht schon von Elementen besetzt sind, die eine solche Reise verhindern.

Und doch, letzten Endes kommt Nasrudin immer irgendwie davon, ohne einen Pfennig bezahlen zu müssen. Das weist auf die Tatsache hin, daß die Verluste in den frühen Stadien der sufischen Entwicklung zwar wie ein »Bezahlen« aussehen mögen, daß der Suchende in Wirklichkeit aber gar nicht bezahlt. Das heißt, er zahlt nichts, das letztlich von Wert wäre.

Der Sufi hat eine besondere Einstellung zum Geld. Sie hat wenig mit der platten philosophischen oder theologischen Auffassung zu tun, Geld sei die Wurzel allen Übels, oder Glaube und Reichtum schlössen sich gegenseitig aus.

Eines Tages bat Nasrudin einen reichen Mann um etwas Geld.

»Wozu braucht Ihr es denn?«

»Ich will einen Elefanten kaufen.«

»Wenn Ihr kein Geld habt, werdet Ihr nicht in der Lage sein, einen Elefanten zu unterhalten.«

»Ich bat um *Geld,* nicht um Ratschläge!«

Diese Geschichte spielt natürlich auf den Elefanten im Dunkeln an. Nasrudin braucht Geld für das »Werk«. Nasrudin erkennt, daß der Mann nicht in der Lage wäre nachzuvollziehen, wofür er das Geld wirklich ausgeben will; man muß ihm ein plausibles Finanzierungsprojekt vorlegen. Nasrudin benutzt das sufische Wort »Elefant«, um dies zu betonen. Natürlich begreift der reiche Mann nicht, worum es geht.

Nasrudin ist arm; dies ist das gleiche Wort, das benutzt wird, um einen Menschen aus den Reihen der Sufis zu bezeichnen – Fakir. Er kommt zu Geld durch eine Methode und benutzt es auf eine Art und Weise, die für den formal Denkenden unverständlich ist:

Eines Tages warf die Frau des Mulla ihm vor, daß er so arm sei.

»Wenn Du ein Gottesmann bist«, so sagte sie, »solltest Du um Geld beten. Ist das Dein Beruf, dann solltest Du dafür bezahlt werden, so wie jeder andere bezahlt wird.«

»Na gut, ich werde sehen, was sich machen läßt.« Nasrudin ging in den Garten und schrie so laut er konnte: »O Herr, ich habe Dir all die Jahre gedient, ohne jemals finanziellen Nutzen davon zu haben. Nun meint meine Frau, ich sollte bezahlt werden. Darf ich Dich bitten, mir deshalb einhundert Goldstücke von meinem ausstehenden Gehalt zu zahlen – und zwar sofort?«
Ein Geizhals, der im Nachbarhaus wohnte, war zu jener Zeit auf dem Dach seines Hauses gerade damit beschäftigt, sein Geld zu zählen. Er wollte Nasrudin zum Narren halten und warf ihm einen Sack mit genau einhundert Dinaren vor die Füße.
»Habe Dank!« rief Nasrudin und rannte ins Haus.
Er zeigte die Münzen seiner Frau, und sie war tief beeindruckt. »Vergib mir«, sagte sie, »ich habe nie geglaubt, daß Du ein Heiliger bist. Aber jetzt sehe ich, daß es stimmt.«
Während der folgenden ein oder zwei Tage sah der Geizkragen, daß dem Mulla alle möglichen Luxusartikel ins Haus geliefert wurden. Das ging ihm nun doch zu weit, und er sprach an Nasrudins Tür vor.
»Wisse, guter Mann«, sagte der Mulla, »ich bin ein Heiliger! Also, was wünschest Du?«
»Ich will mein Geld zurück. *Ich* habe den Sack mit Goldstücken hinabgeworfen, nicht Gott.«
»Nun, Du magst das *Instrument* gewesen sein; aber ich bekam das Geld nicht etwa, weil ich *Dich* danach gefragt hätte.«
Der Geizhals war außer sich. »Wir gehen sofort zum Friedensrichter, und da werden wir ja sehen, wer recht bekommt!«
Nasrudin stimmte zu. Sie hatten sich kaum auf den Weg gemacht, da sagte Nasrudin zu dem Geizkragen: »Ich bin in Lumpen gekleidet. Wenn ich so neben Dir vor dem Friedensrichter erscheine, mag ihn unser Äußeres zu Deinen Gunsten voreingenommen machen.«
»So, meinst Du«, fauchte der andere, »na bitte, nimm mein Gewand, ich werde Deines tragen.«
Ein paar Schritte weiter sagte Nasrudin: »Du reitest und ich bin zu Fuß. Wenn wir so vor dem Richter erscheinen, mag er dazu neigen, sich Deiner Meinung anzuschließen.«
»Ich weiß sowieso, wer diesen Fall gewinnen wird, egal wie er aussieht. *Du* kannst auf meinem Pferd reiten.«
So stieg Nasrudin auf das Pferd und sein Nachbar ging hinter ihm her.
Als sie vor Gericht aufgerufen wurden, erklärte der Geizkragen dem Richter, was geschehen war.
»Und was habt Ihr zu dieser Anklage zu sagen«, fragte der Richter den Mulla.
»Euer Ehren«, erwiderte Nasrudin, »dieser Mann ist nicht nur ein Geizhals, er leidet auch noch an Wahnvorstellungen. Er bildet sich ein, *er* hätte mir das Geld gegeben. In Wirklichkeit erhielt ich es von einer höheren Instanz. Es *erschien* diesem Mann nur so, als hätte er es mir gegeben.«

»Das mag ja sein, aber könnt Ihr das auch beweisen?«, fragte nun der Richter.
»Oh, nichts einfacher als das. Seine Besessenheit äußert sich auch darin, daß er glaubt, alle möglichen Dinge gehörten ihm, auch wenn das gar nicht stimmt. Fragt ihn doch bloß einmal, wem dieses Gewand gehört ...« Nasrudin hielt inne und faßte sich an das Gewand, das er trug.
»Das ist meins!« rief der Geizkragen.
»Na bitte«, sagte Nasrudin, »fragt ihn auch, wessen Pferd ich ritt, als ich hier zum Gericht kam.«
»Du bist auf *meinem* Pferd geritten!« schrie der Kläger.
»Die Klage ist abgewiesen«, beschied der Richter.
Die Sufis sehen das Geld als einen aktiven Faktor in der Beziehung zwischen den Menschen und zwischen Menschen und ihrer Umgebung an. Da die gewöhnliche Auffassung der Wirklichkeit recht kurzsichtig ist, verwundert es nicht, daß die Menschen ihr Geld üblicherweise auch wenig umsichtig einsetzen. Der Nasrudin-Witz über die Frösche sagt einiges über die verschiedenen Einstellungen zum Geld:
Ein Passant sah, daß Nasrudin Geld in einen Teich warf, und fragte ihn, was er denn da tue.
»Ich ritt auf meinem Esel. Er rutschte aus und glitt das Ufer dieses Teiches hinab. Es sah so aus, als würde er die Balance verlieren und hinabstürzen. Wir hätten beide wohl kaum einen schweren Sturz überlebt. Plötzlich begannen die Frösche im Wasser zu quaken. Das erschreckte den Esel so, daß er sich aufbäumte und wir dadurch zum Stehen kamen.
»Sollten die Frösche nicht dafür belohnt werden, daß sie unser Leben gerettet haben?«
Während man gewöhnlich meint, dieser Witz zeige Nasrudin nur als einen Dummkopf, so spiegeln seine tieferen Schichten doch etwas von der Einstellung des Sufis zum Geld wider. Die Frösche stehen für die Leute, die nicht verstehen, mit dem Geld umzugehen. Nasrudin belohnt sie entsprechend der verbreiteten Meinung, daß auf eine gute Tat auch eine Belohnung folgt. Daß das Quaken der Frösche zufällig war – wenigstens scheinbar –, gehört auch zu den Dingen, die wir berücksichtigen müssen. So konnte man zumindest in einer Hinsicht den Fröschen im Gegensatz zu den gewöhnlichen Menschen keinen Vorwurf machen. Sie dachten wohl kaum daran, daß sie Geld gebrauchen könnten – um es weise oder sonstwie einzusetzen. Diese Geschichte wurde auch im Sinne des »Perlen vor die Säue werfen« benutzt. So von einem Sufi als Antwort auf die Frage, warum er sein Wissen und seine Weisheit nicht allen und jedem zur Verfügung stelle, vor allem natürlich jenen Menschen, die sich ihm gegenüber gütig (so wie die Frösche) oder verständnisvoll (das, was man dafür hält) gezeigt hatten.
Um die größeren Zusammenhänge des sufischen Denkens zu verstehen und um auf Wegen außerhalb des Netzes, das der Alte Schurke über die Menschheit geworfen hat, Fortschritte machen zu können, muß man die Dimensionen

kennenlernen, die Nasrudin uns zugänglich macht. Ist Nasrudin auch wie eine jener chinesischen Schatullen, mit einem Fach in einem Fach in einem Fach, so bietet er uns doch zahlreiche einfache Einstiegsmöglichkeiten in eine neue Art zu denken.

Kennt man sich mit den Nasrudin-Geschichten aus, so vermag man auch viele der unzugänglicheren Türen zu den Texten und Praktiken der Sufis aufzuschließen.

In dem Maße, in dem die Wahrnehmungsfähigkeit zunimmt, wächst auch die Fähigkeit, den Nasrudin-Geschichten ihre nährende Substanz zu entziehen. Sie geben dem Anfänger, was der Sufi einen »Stoß« nennt – einen gezielten Anstoß, der eine ganz bestimmte Wirkung hat und das Bewußtsein auf das Unterfangen des Sufismus vorbereitet.

Als Nahrung angesehen, nennt man diesen Stoß des Nasrudin auch die Kokosnuß. Der Begriff stammt von dem sufischen Sprichwort her: »Ein Affe warf aus einem Baumwipfel eine Kokosnuß nach einem hungrigen Sufi und traf ihn am Bein. Der Sufi nahm die Nuß auf, trank die Milch, aß das Fleisch und machte aus der Nußschale einen Becher.«

In gewisser Weise erfüllen die Geschichten die Funktion des tatsächlichen Stoßes, der in einer der kürzeren Nasrudin-Geschichten vorkommt:

Nasrudin drückte einem Knaben einen Krug in die Hand, befahl ihm vom Brunnen Wasser zu holen und versetzte ihm eine Ohrfeige. »Paß bloß auf, daß Du ihn nicht fallen läßt!« schrie er.

Jemand der die Szene mitangesehen hatte, sagte: »Wie könnt Ihr nur jemanden schlagen, der doch gar nichts falsch gemacht hat?«

»Dir wäre es wohl lieber«, entgegnete Nasrudin, »wenn ich den Jungen erst schlage, *nachdem* er den Krug zerbrochen hat und sowohl Krug als auch Wasser verloren sind? Nach meiner Methode vergißt der Knabe seine Aufgabe nicht, und Krug und Inhalt bleiben auch erhalten.«

Da der Sufismus ein umfassendes Werk ist, muß nicht allein der Suchende lernen, so wie im Fall dieses Knaben. Das Werk, ebenso wie der Krug und das Wasser, hat seine eigenen Regeln außerhalb der weltlichen Methoden von Kunst und Wissenschaft.

Niemand kann sich aufmachen, den Pfad der Sufis zu gehen, solange er nicht die Voraussetzungen dazu besitzt. Versucht er es trotzdem, sind der Irrtumsmöglichkeiten zu viele, als daß er eine Chance hätte, mit dem Wasser zurückzukommen, ohne den Krug zu zerbrechen.

Manchmal haben die Nasrudin-Geschichten auch die Form von Aphorismen. Hier ein paar Beispiele:

Es ist in Wirklichkeit nicht so.

Die Wahrheit ist etwas, das ich nie sage.

Ich beantworte nicht *alle* Fragen; nur jene, die die Alleswisser sich insgeheim selbst fragen.

Läßt dein Esel jemanden deinen Mantel stehlen – stiehl seinen Sattel.

Ein Muster ist ein Muster. Aber niemand würde mein Haus kaufen, dem ich einen Ziegelstein des Hauses zeige.
Die Leute reißen sich darum, meinen langgereiften Essig zu probieren. Aber er wäre nicht vierzig Jahre alt, wenn ich sie ließe, oder?
Um Geld zu sparen, habe ich meinen Esel daran gewöhnt, ohne Futter auszukommen. Unglücklicherweise wurde das Experiment durch seinen Tod unterbrochen. Und gerade kurz bevor er sich daran gewöhnt hatte, gar nichts mehr zu fressen!
Die Leute verkaufen für teures Geld sprechende Papageien. Niemand denkt auch nur für einen Moment daran, wie wertvoll erst ein *denkender* Papagei wäre.

SCHEICH SAADI VON SCHIRAS

Wer auf der Straße schläft, wird entweder
seinen Hut oder seinen Kopf verlieren.
(Nisami, *Schatzkammer der Geheimnisse*)

Der *Gulistan* (Rosengarten) und der *Bustan* (Obstgarten) des Saadi von Schiras sind zwei klassische Texte des Sufismus. Sie stellen Millionen von Lesern in Indien, Persien, Pakistan, Afghanistan und Zentralasien die ethische und moralische Basis. Saadi war zeitweise ein wandernder Derwisch; einmal wurde er von den Kreuzfahrern gefangengenommen und mußte Gruben ausheben, bis man ihn auslöste. Er besuchte die Hochburgen der Wissenschaft im Osten und schrieb Gedichte und Prosa, die unübertroffen blieben. Er wurde in Bagdad an der berühmten Hochschule erzogen, die Nisam, ein Freund des Khayyam und Minister am Hofe des Schahs gegründet hatte. Er war dem Naqshbandi-Orden der Sufis verbunden und er stand in enger Beziehung zu den Scheich Schahabudin Suhrawardi, dem Gründer der Suhrawardi-Schule und auch zu Najmuddin Kubra, dem »Pfeiler seines Zeitalters«, einem der größten Sufis aller Zeiten.

Saadis Einfluß auf die europäische Literatur ist anerkanntermaßen beträchtlich. Er ist einer aus der Gruppe jener, deren Schriften die Grundlage für die *Gesta Romanorum,* jene Quelle vieler westlicher Legenden und Allegorien, bildeten. Gelehrte haben zum Beispiel in der deutschen Literatur viele Einflüsse des Saadi aufgespürt. Übersetzungen seiner Werke entstanden im Westen erstmals im 17. Jahrhundert. Wie das bei den meisten anderen Werken der Sufis auch der Fall ist, wurde die innere Bedeutung des Saadi von seinen literarischen Interpreten jedoch kaum erkannt. Ein typischer Kommentar aus diesen Tagen zeigt das sehr deutlich. Er gibt nicht so sehr über die Meinung des Saadi, als über das Bewußtsein des Kommentators Aufschluß: »Es ist äußerst zweifelhaft, ob er der Veranlagung nach ein Sufi war. In ihm unterdrückt der Didaktiker den Mystiker.«

Allerdings haben die ermahnenden Geschichten, die Verse, die seelenvollen Analogien, die Saadi benutzt, viele verschiedene Funktionen. Auf der gewöhnlichen Ebene tragen sie tatsächlich dazu bei, die hergebrachte Ethik zu festigen. Aber Professor Codrington sieht fast als einziger der westlichen Kommentatoren tiefer:

»Die im *Gulistan* verwendete Art der Analogie ist typisch für die Sufis. Sie wollen ihre Geheimnisse nicht an jene weitergeben, die nicht darauf vorbereitet sind, sie richtig aufzunehmen oder zu interpretieren. So haben sie eine besondere Terminologie entwickelt, in der sie ihre Geheimnisse den Eingeweihten übermitteln. Wo es keine Wörter gibt, um solche Gedanken zu formulieren, werden besondere Sentenzen oder Allegorien verwendet.«

Nicht nur im Westen erwarten die Leute, daß ihnen das esoterische Wissen auf einem silbernen Tablett serviert wird. Saadi weist in einer seiner Geschichten darauf hin.

Mit einigen ergebenen Gefährten reiste Saadi einmal nach Hejas in Arabien. In der Nähe der Beni-Hilal-Oase hob ein Knabe an zu singen, so daß das Kamel eines Lästerers der Mystik zu tanzen begann und dann in die Wüste davonlief. »Ich bemerkte dazu«, so berichtet der Scheich, »›Werter Herr, Ihr bleibt ungerührt, aber dieses Lied hat selbst ein Tier bewegt.‹«

Was Saadi über die Selbstkritik zu sagen hat, bezieht sich nicht nur auf die allgemeine Notwendigkeit, auch nach dem zu handeln, was man lehrt. Auf dem Weg des Sufi braucht man eine gewisse Selbstkritik. Diese kommt zum Zuge, ehe man noch die Ermahnungen eines Lehrers verstehen kann. »Wenn du dich selbst nicht tadeln kannst«, so sagt Saadi, »wie könnte dir dann der Tadel eines anderen willkommen sein.«

Die mechanische Verherrlichung des abgeschiedenen Lebens hält sich so hartnäckig, daß der künftige Schüler des Sufismus erst einmal darüber aufgeklärt werden muß, was Abgeschiedenheit bedeutet. »Gefesselte Füße in der Gegenwart von Freunden, das ist besser, als mit Fremden in einem Garten zu leben«, sagt Saadi. Nur unter ganz bestimmten Umständen ist es nötig, sich aus der Welt zurückzuziehen. Die Anachoreten, die nichts anderes sind als professionelle Besessene, haben so getan, als müsse der Mystiker sein ganzes Leben in der Wüste oder auf einem Berg verbringen. Sie haben einen Faden mit dem ganzen Teppich verwechselt.

Jene, die ungeduldig sind im Lernen, ohne zu wissen, daß sie in ihrem unentwickelten Zustand noch nicht fähig sind, den Sufismus aufzufassen, werden in Geschichten und Gedichten des *Gulistan* immer wieder zurechtgewiesen. »Wie kann der Schlafende den Schläfer wecken«, fragt Saadi in einem den Sufis wohlbekannten Spruch. Es ist durchaus wahr, daß das Handeln eines Menschen mit seiner Rede übereinstimmen sollte, aber natürlich muß der Beobachter selbst auch in der Lage sein, diese Handlungen zu beurteilen. Die meisten Menschen sind es nicht. »Eine Versammlung von Weisen läßt sich mit einem Kleiderbasar vergleichen. Von letzterem kann man nur etwas mitnehmen, wenn man Geld bezahlt; vom anderen kann man nur das nach Hause tragen, wozu man aufnahmefähig ist.«

(Der Sufi Hadrat Ahmed ibn Mahsud bemerkt zu diesem Thema: »Manch ›gelehrter‹ Mann geht an Unwissenheit und einer Gelehrsamkeit, die ihm nicht von Nutzen ist, zugrunde.«)

Die Selbstsucht des angehenden Schülers, der nur seine eigene Entwicklung und sein eigenes Interesse im Auge hat, ist ein anderer Aspekt, der von den Sufis immer wieder hervorgehoben wird. Man muß eine Balance finden zwischen dem Wunsch, etwas für sich selbst verwirklichen zu wollen, und dem Wunsch, es auch für die Gemeinschaft verwirklicht zu sehen. Die enge Verbindung zwischen den Sufis und den Lauteren Brüdern, welche von Außenstehenden kaum bemerkt wurde, kommt in dem zum Ausdruck, was Saadi zu diesem Thema zu sagen hat. Die Brüderschaft war eine Gesellschaft von Gelehrten, die das damals verfügbare Wissen bearbeiteten und es anonym herausgaben. Sie widmeten sich dieser Aufgabe nur, um die Sache der Erziehung zu fördern, und nicht, um ihren eigenen Ruhm zu vergrößern. Man wußte wenig von ihnen, da sie eine Geheimgesellschaft bildeten. Allerdings wurden die Sufi-Lehrer oft nach ihnen gefragt, da man die »Lauterkeit« mit den Sufis in Verbindung brachte. Saadi gibt uns in der 43. Geschichte folgende Auskunft über die Lauteren Brüder:

Jemand befragte einst einen Weisen über die Lauteren Brüder. Er sagte: »Auch der Geringste unter ihnen achtet die Wünsche seiner Gefährten höher als seine eigenen. Es ist, wie die Weisen sagen: ›Ein Mensch, der von sich selbst eingenommen ist, ist weder Bruder noch Gefährte‹.« Der *Gulistan* hat sich einen solchen Namen als ein Buch der moralischen Erbauung gemacht, daß es jedem gebildeten jungen Menschen zur Lektüre gegeben wird. Das hat dazu beigetragen, im Bewußtsein der Leser ein fundamentales sufisches Potential aufzubauen. Man liest Saadi, und liest ihn gerne, weil man seine Gedanken, seine Gedichte und die unterhaltsamen Seiten seiner Werke schätzt. Erst später dann, wenn man ihn mit der Lehre einer sufischen Schule in Verbindung bringt, erschließen sich dem Schüler die inneren Dimensionen der Texte. Er hat bereits etwas, auf dem er aufbauen kann. Solch vorbereitendes Material ist in anderen Kulturen kaum vorhanden.

Geheimnisse, die zu früh enthüllt werden – und es gibt im Sufismus einige, die sich ohne Vermittlung der Gesamtheit der Lehre weitergeben lassen –, können mehr Schaden anrichten als Gutes bewirken. Wenn der Empfänger noch nicht reif genug ist, kann er die Macht mißbrauchen, deren Hüter die Sufis sind. Saadi weist in einer Geschichte darauf hin, die äußerlich nicht mehr ist als die Ausmalung eines abgedroschenen Sprichwortes:

Ein Mann hatte eine häßliche Tochter. Er verheiratete sie mit einem blinden Mann, da niemand sonst sie haben wollte. Ein Arzt erbot sich, das Augenlicht des Blinden wiederherzustellen, aber der Vater erlaubte es nicht. Er fürchtete, daß sein Schwiegersohn sich dann scheiden lassen würde. »Der Ehemann einer häßlichen Frau«, so schließt Saadi, »ist besser blind.«

Großzügigkeit und Freigebigkeit sind zwei wichtige Faktoren, die richtig und energisch eingesetzt dazu beitragen, einen Menschen auf die Verwirklichung der sufischen Lehre vorzubereiten. Wenn es heißt »Du bekommst nichts umsonst«, so steht mehr hinter diesem Ausspruch, als man zuerst annimmt. Die Art und Weise zu geben, die Sache, die gegeben wird, die Wirkung des Gebens auf den einzelnen – das alles sind Faktoren, die den Fortschritt des Sufi bestimmen. Beharrlichkeit und Mut sind mit dem Gedanken der Freigebigkeit eng verbunden. Während der Lehrjahre in anderen Schulungssystemen, in denen Verwirrung herrscht über die wahren Mechanismen der Fortentwicklung, wird der Schüler sich als einen Kämpfenden verstehen. Er bekommt nichts ohne Kampf, so denkt er, und man ermutigt ihn noch dazu, so zu denken.

In einem sehr kurzen Aphorismus trifft Saadi genau den Kern dieses Problems. Ein Weiser wurde einmal gefragt, so berichtet er, ob es besser sei, mutig oder freigebig zu sein. Er antwortete: »Wer freigebig ist, der braucht nicht mutig zu sein.« Dies ist ein besonders wichtiger Aspekt der sufischen Schulung. Es fällt auch auf, daß die Form, in die diese Unterweisung gegossen ist, Saadi zudem die Möglichkeit gibt, durch den Mund des Weisen darauf hinzudeuten, daß eine Entweder-Oder-Frage nicht unbedingt in der gleichen Manier beantwortet zu werden braucht.

In dem Kapitel über die Vorteile der Genügsamkeit versteckt Saadi sufische Lehren in einigen Geschichten, deren Moral scheinbar auf jene Menschen abzielt, die sich nicht an die Umgangsformen halten. Eine Gruppe von Derwischen, die äußersten Hunger litten, wollte von einem schlechten Menschen, der für seine Freigebigkeit bekannt war, Essen annehmen. Saadi ermahnt sie in einem berühmten Gedicht:

Die Reste vom Mahl der Hunde frißt ein Löwe nicht,
Auch wenn er Hungers stirbt auf seinem Lager.
Ergebt Euere Körper ruhig dem Hungertod:
Erbittet nichts von Menschen niederer Gesinnung.

Die Art, in der diese Geschichte vorgetragen wird und ihre Stellung im Text, zeigt dem Sufi, daß Saadi den Derwisch damit warnen will. Er soll in Zeiten der Prüfung, wie sie jedem Menschen begegnen, der sich der sufischen Schulung unterwirft, nicht den Verlockungen anderer Bekenntnisse nachgeben.

Der wahre Sufi trägt etwas in sich, das durch den Kontakt mit geringeren Menschen nicht an Wert verliert. In einer seiner moralischen Geschichten hat Saadi dieses Thema sehr elegant behandelt. Er zeigt hier, wie es mit wahrer Würde bestellt ist:

Ein König jagte einmal mit einigen Höflingen in der Wildnis. Plötzlich wurde es sehr kalt, und der König verkündete, er wolle in der Kate eines Bauern übernachten. Die Höflinge äußerten sich bestürzt über diese Absicht; sie meinten, die Würde des König werde verletzt, wenn er sich unter ein solches Dach begebe. Der Bauer jedoch sagte: »Eure Majestät werden nicht verlieren; aber ich werde durch eine solche Ehre an Würde gewinnen.« Der König verlieh dem Bauern ein Ehrengewand.

FARIDUDDIN ATTAR, DER DROGIST

Ein Affe sah durch das klare Glas einer Flasche eine Kirsche und wollte sie stehlen. Er steckte seine Hand durch den Flaschenhals und schloß die Faust um die Kirsche, aber nun konnte er die Hand nicht mehr zurückziehen. Da tauchte der Jäger auf, der diese Falle gestellt hatte. Der Affe war von der Flasche so behindert, daß er nicht davonlaufen konnte, und so wurde er gefangen. »Wenigstens habe ich noch die Kirsche in der Hand«, dachte er. Aber im gleichen Moment gab ihm der Jäger einen festen Klaps auf den Ellenbogen, die Hand des Affen öffnete sich und fuhr aus der Flasche. So hatte der Jäger nun die Frucht, die Flasche und den Affen.

(Aus dem *Buch vom Amu darja*)

»Etwas aufzugeben, nur weil andere es mißbraucht haben, das wäre wohl der Gipfel der Torheit; die Wahrheit der Sufis läßt sich nicht in Regeln und Bestimmungen fassen, nicht in Formeln und in Rituale – und doch ist sie zu einem Teil in allen diesen Dingen präsent.«

Diese Worte schreibt man Fariduddin dem Drogisten zu, einem großen Erleuchteten und Schriftsteller, der viel zur Verbreitung der sufischen Lehre beigetragen hat. Er starb mehr als ein Jahrhundert vor der Geburt von Chaucer, in dessen Werk sich Anspielungen auf den Sufismus des Attar finden. Und über hundert Jahre nach seinem Tod zeigte die Neugründung des Hosenbandordens solch auffallende Parallelen zu Attars Bruderschaft von Eingeweihten, daß dies wohl kaum ein Zufall sein kann.

Fariduddin wurde in der Nähe des von Omar Khayyam so geliebten Nischapur geboren. Sein Vater vermachte ihm eine Drogerie, was ein Grund für seinen Beinamen und sufischen Rufnamen »Attar« (der Drogist) ist. Über sein Leben werden viele Geschichten erzählt – einige über Wundertaten, andere, die seine Lehre enthalten. Er hat einhundertvierzehn Bücher für die Sufis geschrieben; das wichtigste ist zweifellos das *Paradies der Vögel,* ein Vorläufer von Bunyans *Pilgerreise zur seligen Ewigkeit (Pilgrim's Progress)*. Immer noch ein klassisches Werk sowohl des Sufismus als auch der persischen Literatur, beschreibt das *Parlament* die Erfahrungen des Sufi; es basiert selbst dem Entwurf nach auf früheren Werken zum Thema der Suche des Sufi. Das Buch entfaltet Bedeutungen, die erst mit dem Erwachen des sufischen Bewußtseins wahrnehmbar werden. In dem klassischen Werk *Memoiren der Dichter* erzählt Daulat-Schah die Geschichte von Attars Bekehrung, die von den Sufis benutzt wird, um die Notwendigkeit einer Ausgewogenheit von materiellen und metaphysischen Dingen zu verdeutlichen. Man hält diese Geschichte für allegorisch und nicht für einen Bericht von tatsächlichen Geschehnissen. Attar saß eines Tages zwischen den zahllosen unterschiedlichen Waren in seinem Laden. Da erschien ein wandernder Sufi an der Tür und starrte mit Tränen in den Augen herein. Sofort herrschte Fariduddin ihn an, er solle sich wegscheren. »Für mich ist es nicht schwer zu gehen«, sagte der Reisende, »ich habe nichts zu tragen; nichts als diesen Mantel. Aber Ihr mit all Euren kostbaren Medizinfläschchen und Salbentöpfen – Ihr tätet gut daran, Vorkehrungen zu treffen, damit Ihr Euch selbst auf den Weg machen könnt.«

Dieser Anstoß beeindruckte Attar so tief, daß er seinen Laden und seinen Beruf aufgab und sich für eine Zeit intensiver religiöser Schulung unter der Führung des Meisters Scheich Ruknuddin in eine sufische Ansiedlung zurückzog. Während man im allgemeinen seine Übungen in Ästhetik für besonders wichtig hält, betonte er selbst vor allem die Bedeutung des Körpers. »Der Körper ist nicht von der Seele verschieden, denn er ist ein Teil von ihr. Und beide sind ein Teil des Ganzen«, so sagte er. Seine Lehren sind nicht nur in seinem dichterischen Werk verkörpert, sondern auch in den traditionellen Ritualen, welche die Sufis als einen Teil ihrer Überlieferung verstehen. Hierauf werden wir etwas später zurückkommen, es ist dies die Sphäre, in der Dichtung, Lehre und das »Werk« *(amal)* zusammenkommen.

Unter den Sufis kannte sich Attar mit am besten in den Biographien der früheren Sufis aus. Eines seiner Prosawerke *Erinnerungen der Freunde* (oder *Bericht über die Heiligen*) ist einer Sammlung ihrer Lebensgeschichten gewidmet. Auf seiner Wanderschaft nach Mekka und zu anderen Orten, die er nach seiner Schulung im Kreis des Ruknuddin antrat, beschloß er, diese Sammlung zusammenzustellen.

In hohem Alter erhielt Attar Besuch von dem jungen Jalaluddin Rumi, und er überreichte ihm eines seiner Bücher. Rumi machte die esoterischen Aspekte der sufischen Überlieferung, der Attar nachgegangen war, einem weiteren Interessentenkreis bekannt. Später bezeichnete er Attar als seine eigene Seele: »Attar hat die sieben Städte der Liebe durchforscht, und wir sind erst bei einer einzigen Straße angelangt.«

Attar starb, wie er gelebt hatte, lehrend. Noch seine letzte Handlung zielte darauf ab, einen Menschen dazu zu bringen, für sich selbst zu denken. Als im Jahre 1220 die Barbaren unter Dschingis-Khan nach Persien eindrangen, wurde Attar, inzwischen ein Mann von 110 Jahren, gefangengenommen. Ein Mongole sagte: »Tötet diesen alten Mann nicht; ich biete tausend Silbermünzen als Lösegeld für ihn.« Attar riet dem Mann, der ihn gefangengenommen hatte, dieses Angebot nicht anzunehmen; er würde bei einem anderen einen noch besseren Preis herausholen. Wenig später bot ein anderer Mann nur ein Bündel Stroh für ihn. »Verkauft mich für das Stroh«, sagte Attar, »denn das ist alles, was ich wert bin.« Rasend vor Wut erschlug ihn der Mongole.

Attars romantische Schriften und seine Schriften über die Suche ähneln – wie Garcin de Tassy aufgewiesen hat – dem *Roman de la Rose*. Natürlich gehören sie zu der sufischen Strömung der Lehre in der Form der Romanze, die dem Auftreten dieser Form in Europa vorangeht. Eine Romanze, die spätere Werke dieser Art über ähnliche sufische Themen inspirierte, wurde von Majriti von Córdoba verfaßt. Es ist wahrscheinlich, daß die Romanze Westeuropa eher über Spanien und Südfrankreich erreicht hat als über Syrien, wo sufische Werke dieser Art weit verbreitet waren. Westliche Gelehrte, die annehmen, daß die Gralslegende von den Kreuzfahrern nach Europa gebracht wurde, gründen diese Annahme allein auf syrische Quellen. Es bestand jedoch eine enge Verbindung zwischen Syrien und Andalusien. Die Verschiebung von »Q« zu »G« (Garael Mugaddas für Qarael Muqaddas, ›heiliger Vortrag‹) ist hispanomaurisch, nicht syrisch.

De Tassy stellt fest, daß es im *Roman de la Rose* Übereinstimmungen mit zwei Strömungen der sufischen Literatur gibt – mit der der *Vögel und Blumen* und natürlich mit dem *Parlament der Vögel* des Attar. Die genaue Fassung dieser Texte, welche die in Europa bekannten Versionen des *Roman* angeregt haben, sind natürlich nicht zugänglich; es ist auch mehr als wahrscheinlich, daß die Ursprünge in mündlich überlieferten Fassungen liegen, die mit der sufischen Lehre durch die sufischen Kreise in Spanien verbreitet wurden.

Die indische Romanze *Die Rose von Bakawali* enthält manches, das Licht auf den sufischen Gebrauch dieser äußerst dynamischen Bildsprache wirft. Und ganz abgesehen von den fragmentarischen Hinweisen bei Chaucer und anderen westlichen Schriftstellern wurde das *Parlament* ins Französische übersetzt und 1653 in Lüttich veröffentlicht. Im Jahre 1678 wurde es auch ins Lateinische übersetzt.

Im Orden des Khidhr (das ist der Name für den heiligen Georg und auch für Khidr, den Schutzheiligen der Sufis, den verborgenen Führer, von dem manche sagen, er sei Elias), den es auch heute noch gibt, werden Passagen aus dem *Mantiq ut-Tair* (Parlament der Vögel) zitiert. So hören wir in einem Teil der Initiationszeremonie:

Man fragte das Meer, warum es in Blau, die Farbe der Trauer, gekleidet sei, und warum es so aufgewühlt werde, als ob Feuer es kochen mache. Es antwortete, daß das blaue Kleid von der Trauer der Trennung von dem Geliebten spreche, und »daß es das Feuer der Liebe sei, das es kochen mache«. Gelb, so führen die Worte der Zeremonie weiter aus, ist die Farbe des Goldes – der Alchimie des Wahren Menschen, der so lange geläutert wird, bis er sozusagen Gold ist. Das Gewand der Einweihung besteht aus dem sufischen blauen Umhang mit Kapuze und einem gelben Band. Diese beiden Farben ergeben gemischt das Grün, die Farbe der Initiation und der Natur, der Wahrheit und der Unsterblichkeit. Das *Mantiq* wurde etwa einhundertundsiebzig Jahre vor der Gründung des geheimnisvollen Hosenbandordens geschrieben, den man ursprünglich als den Orden des heiligen Georg bezeichnete.

Der Sufi-Orden, dessen Gründung und Ausbau man Attar zuschreibt und der sicherlich die Tradition seiner Methode der Sammlung fortsetzt, benutzt Übungen, die eine Harmonisierung des Übenden mit der gesamten Schöpfung herstellen und bewahren sollen. Er hat große Ähnlichkeit mit den anderen Orden des Sufismus, den *tarikas*. Die Stadien der Entwicklung eines Sufi, die bei verschiedenen Menschen in verschiedener Reihenfolge auftreten mögen, werden im *Parlament der Vögel* beschrieben.

Die Vögel, sie repräsentieren die Menschheit, werden vom Wiedehopf, dem Sufi, zusammengerufen. Er schlägt vor, sie sollten sich auf die Suche nach ihrem geheimnisvollen König machen. Er heißt Simurgh und lebt im Kaf-Gebirge. Zuerst sind alle Vögel begeistert von der Aussicht, einen König zu haben; bald aber beginnt ein jeder Entschuldigungen vorzubringen, warum gerade er nicht an der Reise zu dem verborgenen König teilnehmen kann. Der Wiedehopf hört sich alle Ausflüchte an und antwortet dann mit einer Geschichte. Sie zeigt, wie unsinnig es ist, das, was man hat oder haben könnte, dem vorzuziehen, was man haben sollte. Das Gedicht ist voller sufischer Bilder und muß in allen Einzelheiten studiert werden, wenn man es wirklich verstehen will. Es berichtet vom Ring des Salomon, spricht vom Wesen des Khidr, des verborgenen Führers, und erzählt Anekdoten über die Weisen des Altertums.

Schließlich erzählt der Wiedehopf den Vögeln, daß sie auf ihrer Suche die Sieben Täler durchqueren müssen. Das erste ist das Tal der Suche, in dem dem Pilger alle möglichen Gefahren begegnen und in dem er von allen Wünschen lassen muß. Dann kommt das Tal der Liebe, jenes grenzenlose Gebiet, in dem der Suchende völlig von der Sehnsucht nach dem Geliebten verzehrt wird. Auf das Tal der Liebe folgt das Tal der Intuitiven Erkenntnis, in dem das Herz in unmittelbarer Erleuchtung die Wahrheit erkennt und Gott erfährt. Im Tal der Loslösung erreicht der Reisende Befreiung von allen Wünschen und jeglicher Abhängigkeit.

In dem Wortwechsel des Wiedehopfs mit der Nachtigall zeigt Attar, wie eitel das Leben der Ekstatiker ist, jener Mystiker, die die Romanze als Selbstzweck betrachten, die sich an Sehnsüchten berauschen und die in ekstatischen Erfahrungen schwelgen, aber gleichzeitig den Kontakt zum menschlichen Leben verloren haben.

Voller Glut der Leidenschaft tritt die Nachtigall auf, ganz außer sich vor Verzückung. Jede ihrer tausend immer wechselnden Triolen spricht von neuen Geheimnissen. Sie ist so redegewandt, daß alle anderen Vögel verstummen.

»Ich kenne die Geheimnisse der Liebe«, sagte sie. »Die ganze Nacht lang schmettere ich mein Liebeslied. Ich selbst lehre die Geheimnisse; mein Lied ist die Klage der Flöte des Mystikers und das, worum die Laute weint. Ich bin es, die die Rose in Bewegung bringt und die das Herz der Liebenden anrührt. Ununterbrochen lehre ich neue Geheimnisse, in jedem Augenblick ein neuer Ton der Traurigkeit, wie die Wellen des Meeres. Wer immer mein Lied hört, ist vor Verzückung von Sinnen, in einem anderen Zustand als dem gewöhnlichen. Bin ich lange von meiner Liebe, der Rose, getrennt, so schluchze ich unaufhörlich ... und wenn die Rose des Sommers in die Welt zurückkehrt,

öffne ich mein Herz der Freude. Wenige kennen meine Geheimnisse – aber die Rose kennt sie. Ich denke an nichts anderes als die Rose; ich ersehne nichts anderes als die tiefrote Rose.
Nach dem Simurgh zu streben liegt mir fern – die Liebe zur Rose ist genug für die Nachtigall. Für mich blüht sie ... könnte die Nachtigall auch nur eine Nacht ohne die Geliebte leben?«
Der Wiedehopf rief aus: »O Du Zaudernde, die Du von der bloßen Form der Dinge eingenommen bist! Gib auf die Freuden der verführerischen Form! Die Liebe zur Oberfläche der Rose hat Dir nur Dornen ins Herz getrieben. Das Herz ist Dein Meister. Wie schön die Rose auch sein mag, ihre Schönheit vergeht in wenigen Tagen. Die Liebe zu etwas so Vergänglichem erfüllt den Wahren Menschen nur mit Abscheu. Das Lächeln der Rose erweckt Dein Verlangen nur, um Dich in endlosen Qualen an sie zu binden. Aber in jedem Frühling lacht sie über Dich, *sie* weint nicht – laß ab von der Rose und vom Roten.«
Ein sufischer Lehrer sagt über diese Passage, daß Attar damit nicht nur den Ekstatiker meint, für den die Mystik mit der Verzückung aufhört. Er meint auch die Entsprechung des Ekstatikers, den Menschen, der oft und unvollkommen liebt und der, auch wenn er dadurch tief beeinflußt wird, durch diese Erfahrungen jedoch nicht so tiefgehend erneuert und verändert wird, daß sein gesamtes Dasein verwandelt wird: »Das ist das Feuer der Liebe, welches läutert, welches anders ist, wann immer es auftritt, welches das Mark versengt und den Kern zur Weißglut bringt. Das Gold löst sich aus dem tauben Gestein, und der Wahre Mensch tritt hervor, derart verwandelt, daß jeder Aspekt seines Lebens veredelt ist. Er ist nicht verändert in dem Sinne, daß er nun ein anderer sei; aber er ist ganz geworden, und so sehen die Menschen ihn als mächtig an. Jede Faser in ihm ist geläutert, in eine höhere Existenzform übergegangen, schwingt zu einer höheren Melodie, sendet einen klareren, durchdringenderen Ton aus, zieht Gleichartiges an in Mann und Frau, wird mehr geliebt und mehr gehaßt; er hat Anteil an der Bestimmung des Menschen, ein Geschick, das unendlich bestätigt und anerkannt wird, er bleibt unberührt von den Dingen, die ihn beeinflußten, während er noch dem bloßen Schatten dessen nachging, von dem er nun die Substanz verwirklicht hat, wie erhaben jene früheren Erfahrungen auch gewesen sein mögen.«
Dieser Lehrer (Adil Alimi) warnt uns jedoch davor zu glauben, daß solche Empfindungen alle Menschen ansprechen werden. »Der Materialist wird nicht daran glauben, der Theologe wird sie angreifen, der Romantiker wird darüber hinwegsehen, der Oberflächliche wird sie meiden, der Ekstatiker wird sie zurückweisen und der Theoretiker und Möchtegern-Sufi wird sie begrüßen, aber mißverstehen.« Aber, so fährt er fort, wir dürfen das *qadam ba qadam* (Schritt für Schritt) nicht vergessen: »Bevor du den fünften Becher trinken kannst, mußt du die ersten vier geleert haben, von denen jeder köstlich ist.«
Er erkennt, daß Dinge, seien sie nun alt oder neu, nicht von Bedeutung sind.

Dinge, die man gelernt hat, sind wertlos. Der Reisende erfährt alles neu. Er begreift zum Beispiel den Unterschied zwischen einer altehrwürdigen Tradition und der Wirklichkeit, deren bloße Reflexion die Tradition ist.
Das fünfte Tal ist das Tal der Einswerdung. Nun begreift der Suchende, daß alles, was ihm als unterschiedliche Dinge oder Vorstellungen erschien, in Wirklichkeit Eines ist. Im Tal des Erstaunens findet der Reisende Verwunderung und auch Liebe. Er versteht das zu Wissende nicht mehr auf die gleiche Art wie früher. Etwas, das Liebe heißt, löst dieses Verstehen ab.
Das siebente und letzte Tal ist das Tal des Todes. Hier begreift der Suchende das Mysterium oder das Paradox, wie ein einzelner »Tropfen mit einem Ozean verschmelzen und doch bedeutungsvoll bleiben kann. Er hat seinen ›Ort‹ gefunden.«
Der Schriftstellername von Fariduddin Attar ist ›Attar‹ der Drogist oder der Parfümeriewarenhändler. Wenn auch die meisten Historiker vermuten, er habe dieses beschreibende Wort angenommen, weil sein Vater eine Drogerie besaß, so sagt uns die Sufi-Tradition, daß ›Attar‹ eine Botschaft für Eingeweihte enthält. Bedienen wir uns der Standardmethode zur Dechiffrierung nach dem Abjad-System, welche fast jedem bekannt ist, der die arabische oder persische Schrift beherrscht, so können wir für die Buchstaben folgende Zahlen einsetzen:

A (yn)	=	70
Ta	=	9
Ta	=	9
Alif	=	1
Ra	=	200

In Übereinstimmung mit der herkömmlichen semitischen Orthographie müssen die Buchstaben angeordnet sein wie oben. Das *Hisab el-Jamal* (standardisierte Neuordnung von Buchstaben und Zahlen) ist die einfachste Form der Anwendung des Abjad-Systems, die in vielen Dichternamen verwendet wird. Nach dieser Methode muß man die Summe der Zahlenwerte der Buchstaben bilden: 70 + 9 + 9 + 1 + 200 ergibt die Summe 289. Um nun eine neue, ›verborgene‹ Drei-Buchstaben-Wurzel zu erhalten, müssen wir (wieder nach der Standardmethode) diese Summe in Hunderter, Zehner und Einer aufspalten. Also:

289 = 200, 80, 9.

Diese drei Zahlen ergeben in Buchstaben umgesetzt:

200 = R; 80 = F; 9 = T.

Nun brauchen wir nur noch in einem Wörterbuch nachzuschlagen, welche Wörter der möglichen Kombination dieser drei Buchstaben entsprechen.
In arabischen Wörterbüchern sind die Wörter immer nach ihren Radikalen

(gewöhnlich sind das Drei-Buchstaben-Wurzeln) angeführt, was uns die Sache leichtmacht.

Für die drei Buchstaben sind nur die folgenden Gruppierungen möglich: RFT, RTF, FRT, FTR und TFR.

Die einzige dreibuchstabige Wurzel, die mit Religion oder esoterischem Wissen zu tun hat, ist die FTR-Wurzel.

»Attar« ist eine Verschlüsselung des Gedankens des FTR; dies ist die Botschaft über seine Lehre, die Fariduddin Attar mit seinem Beinamen übermittelt.

Attar war einer der größten sufischen Lehrer. Bevor wir uns die Bedeutungen der FTR-Wurzel im Arabischen ansehen, wollen wir seine Vorstellungen rekapitulieren. Der Sufismus ist eine Art zu denken, die von Attar und seinen Nachfolgern (einschließlich seines Schülers Rumi) in eine religiöse Form gegossen wurde. Es geht darin um Wachstum und das Thema der organischen Evolution des Menschen. Ihre Realisierung ist eng verbunden mit der Vorstellung der Morgenröte nach der Finsternis, dem Brechen des Brotes nach der Fastenzeit und intensiven körperlichen und geistigen Tuns, das unvorbedacht geschieht, weil es intuitiven Anstößen folgt.

Enthält die FTR-Wurzel also 1. religiöse Assiziationen; 2. Gemeinsamkeiten von Christentum und Islam – denn die Sufis sagen ja, sie seien nicht nur Moslems sondern auch esoterische Christen; 3. die Vorstellung der Geschwindigkeit oder der unvorbedachten Handlung; 4. Demut, Derwischtum; 5. einen starken Anstoß (von Vorstellungen oder Bewegungen, die ja in den Derwisch-Schulen zur Schulung der Sufis benutzt werden); 6. die »Weintraube« – die poetische Analogie der Sufis für innere Erfahrung, und 7. etwas, das sich seinen Weg aus dem Schoß der Natur heraus bahnt?

Jede einzelne dieser Vorstellungen ist in den arabischen Wörtern enthalten, die von der FTR-Wurzel abgeleitet sind. Sie bilden ein Mosaik des sufischen Daseins. Sehen wir uns den Gebrauch dieser Wurzel an:

FaTaR	=	sich einen Weg bahnen, ein Ding spalten, herausfinden, anfangen, etwas erschaffen (Gott)
FuTR	=	ein Pilz (der sich seinen Weg aufwärts bahnt)
FaTaRa	=	das Morgenmahl (im Englischen noch ›breakfast‹) einnehmen, eine Fasten (unter)brechen
TaFaTTaR	=	spalten oder brechen
'IYD elFiTR	=	das Fest des Fastenbrechens
FiTRAT	=	natürliche Veranlagung; religiöses Empfinden; die Religion des Islam (Unterwerfung unter den göttlichen Willen)
FaTIR	=	ungesäuertes Brot; unvorbedachtes oder rasches Tun, Hast
FaTIRA	=	ein kleiner, flacher Kuchen, wie er zum Sakrament gebraucht wird
FATiR	=	der Schöpfer
FuTaiyRi	=	ein wertloser Mensch, leer, stumpf
FuTAR	=	ein stumpfes Ding, wie ein stumpfes Schwert

Attar wird traditionell mit der Überlieferung einer speziellen sufischen Übung in Verbindung gebracht, die man »Halt!« nennt. Es ist die Übung der ›Pause‹, des Stillstandes der Zeit. Bei dieser Übung verlangt der Lehrer in einem bestimmten Augenblick ein völliges Erstarren der Bewegung des Schülers. Während dieses ›Ruhepunktes in der Zeit‹ projiziert der Lehrer sein *baraka* auf den Schüler. Das plötzliche Aussetzen aller körperlichen Aktion soll das Bewußtsein für bestimmte geistige Entwicklungen öffnen, denen durch die Muskelbewegung Kraft entzogen wird.
Und so merkwürdig es klingt, FTR wird nach sufischem Code entschlüsselt zu QMM. Dechiffriert man dieses wieder nach der Abjad-Methode, so ergibt sich das Wort QiFF – die Göttliche Pause. Diese ›Pause‹ ist der Name, den man der »Halt!«-Übung gegeben hat, welche nur von einem Lehrmeister angewendet werden kann.
Daß die zweite Bedeutung der FTR-Wurzel ›Pilz‹ ist, hat zu interessanten Spekulationen geführt. Hauptsächlich auf die Anregung von Mr. R. Gordon Wasson hin hat man festgestellt, daß es in alter Zeit (und an erstaunlich vielen Orten auch heute noch) einen weitverbreiteten ekstatischen Kult gab, der auf dem Essen haluzinogener Pilze basierte.
Hat die FTR-Wurzel Beziehung zu einem Pilz-Kult? In gewissem Sinne ja, aber nicht in dem Sinn, der sich sogleich aufdrängt. FTR ist ein Pilz, aber kein haluzinogener. Es gibt zwei Quellen für diese Annahme. Zuerst einmal ist das arabische Wort für einen haluzinogenen Pilz von dem Radikal GHRB abgeleitet. Wörter, die von der GHRB-Wurzel herkommen, lassen ein Wissen um die seltsamen Wirkungen der haluzinogenen Pilze erkennen, während das bei den FTR-Wörtern nicht der Fall ist:

GHaRaBa	=	davongehen, abreisen, einen Augen-Tumor haben
GHaRaB	=	sein Heimatland verlassen, im Ausland leben
GHuRBan	=	das Untergehen eines Sterns; abwesend oder entfernt sein
GHaRub	=	obskur sein, etwas, das nicht recht verstanden ist, zum Fremden werden
GHaRaB	=	nach Westen gehen
A-GHRaB	=	seltsame oder übertriebene Dinge sagen oder tun; übertrieben lachen; schnell laufen, weit ins Land reisen
ISTa-GHRaB	=	etwas seltsam finden, außergewöhnlich; auch: unmäßig lachen
GHaRB	=	die Schneide eines Schwertes; Tränen; u. a. m.
ESH el GHuRAB	=	Giftpilz (wörtlich: »Brot der Krähe, des Verworrenen, der Finsternis, des Seltsamen«)

Das zweite interessante Indiz, welches vermuten läßt, daß die Sufis mit der FTR-Wurzel eine innere Erfahrung bezeichneten und nicht eine chemisch hervorgerufene, ist eine Passage aus dem Werk eines Meisters, der sehr zutreffend Meister Qalandar (wörtlich: Der ›berauschte Derwisch‹) genannt wird. Er bezieht sich zweifellos auf den Glauben, daß haluzinogene Pilze eine mystische Erfahrung herbeiführen können, streitet dies jedoch ab.

Sehen wir uns zuerst eine wörtliche Übertragung des Textes an:

»*Der Schöpfer aus der Verbreitung der Inbrunst und der Essenz der religiösen Empfindung befahl also den ›Saft der Traube‹ zum Fastenbrechen der Liebenden (der Sufis), und im Brot des Sakraments jener, die nur halb verstehen, hinterließ er ein Symbol. Und auch dies wisse und lerne, daß der erleuchtete Sufi fern ist von dem Brechen und dem Spalt der Täuschung, welche bloße Verzerrung sind, und daß er sich jenem anderen ekstatischen Empfinden (dem der Eingeweihten) angenähert hat; und er ist fern davon, Pilze zu essen, und die Pilze des Wahnsinns sind ihm fern. Und das Fastenbrechen war vom Morgenmahl der Wahrheiten auf dem Weg des Ungebrochenen. Schließlich, nachdem das Ausbreiten (Weinstock) und die Traube gekommen und nachdem ihr Saft zum Wein ward und nach dem Mahl (nach der Fasten), wurde der Wahre Mensch von dem sanften Krummsäbel auf wunderbare Weise geformt. Aber dieses Brot ist nicht von dem, was sie sagen und auch nicht von unterhalb des Baumes. Wahrlich, die Wahrheit der Schöpfung ist gefunden und die Ekstase kennt man nur in dieser Verborgenheit des Brotes der Hungernden und Dürstenden. Sein Trunk ist nach seinem Mahle. Der Schöpfer zeigt sich als der Öffnende.*«

Diese bemerkenswerte Passage hat man für die Faseleien eines Wahnsinnigen gehalten. Scheich Mauji von den Asamia-Sufis interpretiert sie in einem Abschnitt seiner *Durud* (Vorträge):

»*Es gibt eine bestimmte Empfindung, die wahre Inbrunst ist und welche mit der Liebe verbunden ist. Sie hat weit zurückliegende Ursprünge und ist notwendig für die Menschheit. Zeichen davon sind noch in anderen als den sufischen Kreisen erhalten, aber nur noch in symbolischer Form – denn sie haben das Kreuz, wir aber haben Jesus. Der Suchende muß daran denken, daß es ähnliche Empfindungen gibt, welche illusorisch sind und wie Wahnsinn, aber nicht wie die Verrücktheit, von der der Sufi spricht, wenn er sich als verrückt bezeichnet, so wie der Autor sich gewöhnlich selbst benannte (Meister Qalandar). Von dieser Quelle her, dem Ursprung dessen, was wir Wein nennen, von der Traube, vom Weinstock, dem Produkt des Spaltens und Ausbreitens, kommt die wahre Erleuchtung. Nach einer Zeit der Abstinenz von Wein und Brot, der Loslösung von allem Anhaften, zeigt sich diese Kraft, die eine Form des Öffnens ist. Sie ist die Nahrung, die jedoch nichts Eßbares ist im Sinne irgendeines bekannten materiellen Dings ...*«

Der Originaltext, der in mehr oder weniger literarischem Persisch abgefaßt ist, gibt die Erklärung dafür, was der »verrückte Derwisch« bezweckt. Er reitet auf einem einzigen Radikal herum: der FTR-Wurzel. Dieses poetische Mittel könnte eine Übersetzung unmöglich wiedergeben, denn in der Übersetzung bleibt das Radikal nicht erhalten. Im Deutschen haben die Wörter »spalten«, »sakramentales Brot«, »religiöse Erfahrung« und so weiter einen verschiedenen Stamm, und so läßt sich das fast unheimliche Gefühl, das die ständige Wiederholung eines einzigen Klanges erzeugt, nicht erhalten:

Nur ein Beispiel aus dem Original: »Ya baradar, *Fatir* ast *tafattari fitrat* wa dhati *fitrat* ...«
In der ganzen Passage aus einhundertelf Wörtern tauchen von der Drei-Buchstaben-Wurzel abgeleitete Wörter nicht weniger als dreiundzwanzigmal auf! Und viele der Wörter erscheinen in einem wenn auch nicht falschen, so doch sehr ungewöhnlichen Gebrauch (denn es gibt oft ein gebräuchlicheres Wort, das in dem gegebenen Zusammenhang angemessener wäre), so daß es keinen Zweifel daran geben kann, daß eine Botschaft übermittelt werden soll, die darauf hinweist, das chemische Haluzinogene aus Pilzen eine unleugbare, aber trügerische Erfahrung vermitteln.

UNSER MEISTER JALALUDDIN RUMI

> Der ist erleuchtet, dessen Rede und Tun übereinstimmen und der die gewöhnlichen weltlichen Beziehungen verwirft.
> (Dhu'l-Nun, der Ägypter)

Maulana (wörtlich: Unser Meister) Jalaluddin Rumi, der Begründer des Ordens der Wirbelnden Derwische, bestätigt durch sein Leben das östliche Sprichwort: »Afghanistan bringt Giganten hervor, die die ganze Welt beeinflussen«. Er wurde zu Beginn des dreizehnten Jahrhunderts in Baktrien als Kind einer adeligen Familie geboren. Er lebte und lehrte vor der Entstehung des ottomanischen Reiches – es wird berichtet, er habe es abgelehnt, dessen Thron zu besteigen – in Ikonium (Rum) in Kleinasien. Seine Werke sind auf persisch geschrieben und werden von den Persern für ihren poetischen, literarischen und mystischen Inhalt so hoch geachtet, daß man sie den »Koran in der Pahlawi-Sprache« nennt – und das, obwohl sie den nationalen Kult der Perser, den Schiismus, wegen seiner Ausschließlichkeit kritisieren.
Unter den Arabern und den indischen und pakistanischen Moslems gilt Rumi als einer der größten mystischen Meister – auch wenn er behauptet, daß die Lehren des Korans allegorisch seien und sieben verschiedene Bedeutungsebenen hätten. Obwohl man gelegentlich durch die Literatur und das Denken einen Eindruck davon bekommt, läßt sich das Ausmaß von Rumis Einfluß kaum abschätzen. Selbst Dr. Johnson, der ja am besten für seine abfälligen Bemerkungen bekannt ist, sagt von Rumi: »Er verdeutlicht dem Pilger die Geheimnisse des Weges der Einheit und enthüllt die Mysterien des Pfades Ewiger Wahrheit.«
Weniger als hundert Jahre nach seinem Tod im Jahre 1273 war sein Werk so weit bekannt, daß Chaucer sich in einigen seiner Werke darauf beziehen konnte – er hatte ja auch Material aus den Lehren von Rumis spirituellem Vorfahren, Attar dem Drogisten (1150–1229/30), übernommen. Selbst eine recht flüchtige Untersuchung der Anspielungen auf arabisches Material, die sich in Chaucers Werk finden, lassen den sufischen Anstoß von Rumis Schule der Literatur erkennen. Wenn Chaucer sagt: »So wie die Löwen gewarnt sein mögen, wenn man einen jungen Hund bestraft...«, dann ist das eine kaum veränderte Übernahme des *Udhrib el-kalba wa yata' addaba el-fahdu* (»Schlage den Hund, und der Löwe wird sich benehmen«), welches eine der geheimen Losungen der Wirbelnden Derwische ist. Sie macht Gebrauch von einem Wortspiel mit den Wörtern »Hund« und »Löwe«. Obwohl der Satz wie oben geschrieben

wird, wird er als Losungswort mit gleichlautenden Wörtern gesprochen. Statt Hund *(kalb)* zu sagen, sagt der Sufi Herz *(qalb)*, und statt Löwe *(fahd)* sagt er *fahid* (die Unachtsamen). Der Satz heißt jetzt also: »Schlage das Herz (sufische Übungen), und die Unachtsamen (Sinne) betragen sich (richtig).« Dies ist der Slogan, mit dem man die Bewegungen zum »Schlagen des Herzens« einführt, die von den anderen Gesten und Konzentrationsübungen der Mevlevi (Wirbelnden) Derwische unterstützt werden.

Die Beziehungen zwischen den *Canterbury-Erzählungen (Canterbury Tales)* als einer Allegorie der inneren Entwicklung und dem *Parlament der Vögel* von Attar ist ein weiterer interessanter Punkt. Professor Skeat weist darauf hin, daß Chaucer, genau wie Attar, dreißig Teilnehmer für seine Pilgerreise gewählt hat. Dreißig Pilger, die den mystischen Vogel, den Simurgh, suchen, das hat im Persischen durchaus einen Sinn. Si-murgh heißt nämlich »dreißig Vögel« (siehe Anmerkung: »Simurgh«). Im Englischen ist eine solche Transposition nicht möglich. Die Zahl der Pilger, die im Persischen aus Gründen des Reimes notwendig ist, wird bei Chaucer beibehalten, auch wenn ihre doppelte Bedeutung verlorengeht. Die »Geschichte vom Ablaßkrämer« kommt bei Attar vor; die Geschichte vom Birnbaum findet sich im vierten Buch des sufischen Werkes *Mathnawi* von Rumi.

Rumis Einfluß auf den Westen, sowohl was die Übernahme von Textstellen, als auch von allgemeinen Vorstellungen angeht, ist beträchtlich. Da die meisten seiner Werke in den letzten Jahren in westliche Sprachen übersetzt wurden, ist seine Wirkung noch größer geworden. Aber ist er auch, wie Professor Arberry ihn nennt, »sicherlich der größte mystische Dichter der Menschheitsgeschichte«, so kann man doch seine Dichtung selbst, in die so viel von seiner Lehre eingebettet ist, nur richtig würdigen, wenn man sie im persischen Original liest. Die Lehren jedoch, die von den Wirbelnden Derwischen und anderen von Rumi beeinflußten Schulen angewendet werden, sind nicht so schwer verständlich, gesetzt den Fall, daß man die Methode kennt, mit der esoterische Wahrheiten formuliert werden.

Drei Dokumente, mit deren Hilfe man tiefer in das Werk von Rumi eindringen kann, stehen der Außenwelt zur Verfügung. Das *Mathnawi-i-Manawi* (Spirituelle Verse) ist Jalaluddins Meisterwerk. Es besteht aus sechs Büchern, deren Dichtung und Bildsprache im Original so kraftvoll sind, daß ihre Rezitation eine seltsam komplexe Begeisterung im Bewußtsein des Hörers hervorruft.

Rumi hat dreiundvierzig Jahre an diesem Werk geschrieben. Man kann es allerdings wegen seiner besonderen Komplexität der Gedanken, der Form und der Darbietung nicht mit den Mitteln der Poesiekritik behandeln. Wer nur konventionelle Verse darin sucht, sollte es, wie Professor Nicholson bemerkt, gar nicht erst in die Hand nehmen. Dann ginge der Effekt dessen verloren, was tatsächlich eine besondere Kunstform ist. Rumi schuf sie zu dem Zweck, Bedeutungen zu vermitteln, die, wie er selbst sagt, in der gewöhnlichen menschlichen Erfahrung keine Entsprechungen haben. Diese beachtliche

Leistung zu ignorieren wäre dem Versuch gleichzusetzen, den Geschmack ohne die Erdbeermarmelade zu wählen.

Wie bei allen sufischen Werken wird die Wirkung des *Mathnawi* auf den Hörer, je nach den Bedingungen, unter denen man es hört, eine andere sein. Es enthält Witze, Fabeln, Gespräche, Bezüge auf frühere Lehrer und auf Methoden, die zur Ekstase führen – ein großartiges Beispiel für die Methode der Streuung, mit der über viele verschiedene Anstöße ein Bild aufgebaut wird, das die sufische Botschaft in das Bewußtsein einschmelzen soll.

Diese Botschaft ist bei Rumi, wie bei allen anderen sufischen Meistern, ihrem Aufbau nach teilweise den Umweltbedingungen angepaßt, unter denen er arbeitete. So berichtet man, er habe wegen des phlegmatischen Temperaments der Menschen, unter denen er sich fand, die Tänze und wirbelnden Bewegungen für seine Schüler eingeführt. Die sogenannten Abweichungen in der Doktrin und den vorgeschriebenen Handlungsweisen bei verschiedenen sufischen Lehrern sind in Wirklichkeit nichts anderes als die Anwendung dieser Regel.

In seinem Lehrsystem benutzte Rumi Erklärungen und mentalen Drill, Denken und Meditation, Arbeit und Spiel, Aktion und Inaktion. Die körperlich-geistigen Bewegungen der Wirbelnden Derwische, gekoppelt mit der Rohrflöten-Musik, zu der sie ausgeführt werden, sind das Produkt einer besonderen Methode, die darauf abzielt, den Suchenden in Einklang mit der mystischen Strömung zu bringen, damit er von ihr verwandelt werden kann. Alles, was der Unerleuchtete erfaßt, hat einen Gebrauch und eine Bedeutung im speziellen Kontext der sufischen Schulung, und diese mögen so lange unsichtbar bleiben, bis man sie erfährt. »Das Gebet«, so sagt Rumi, »hat eine Form, einen Klang und eine physische Wirklichkeit. Alles, wofür es ein Wort gibt, hat ein physisches Äquivalent. Und für jeden Gedanken gibt es eine Handlung.«

Eine der wahrhaft sufischen Eigenschaften von Rumi ist, daß er zwar kompromißlos die äußerst unpopuläre Meinung vertritt, der gewöhnliche Mensch – habe er auch noch so viel erreicht – sei im mystischen Sinne unreif, andererseits jedoch fast jedem eine Möglichkeit gibt, Fortschritte in Richtung auf die Erfüllung der menschlichen Bestimmung zu machen.

Wie viele Sufis, die in eine theologische Atmosphäre hineingestellt wurden, spricht Rumi zu seinen Zuhörern erst einmal über das Thema Religion. Er betont, daß die Form, in der die gewöhnliche, emotionale Religion von den organisierten Körperschaften verstanden wird, irreführend ist. Der Schleier des Lichtes, die Schranke, die die Selbstgerechten aufrichten, ist gefährlicher als der durch Verderbtheit im Bewußtsein hervorgerufene Schleier der Finsternis. Zu Erkenntnis kommt man nur durch die Liebe und nicht durch eine Erziehung vermittels organisatorischer Methoden.

Für Rumi waren vor allem die frühesten Lehrer der Religionen echt. Ihre Nachfolger, von wenigen Ausnahmen abgesehen, organisierten die Dinge dann derart, daß sie eine Erleuchtung damit praktisch ausschlossen. Diese

Haltung verlangt der Frage der Religion gegenüber eine neue Einstellung. Rumi nimmt den gesamten Komplex aus dem üblichen Zusammenhang heraus. Er ist nicht bereit, das Dogma der Untersuchung und Diskussion zu überlassen. Die Wahre Religion, so sagt er, ist nicht das, was die Leute denken. Wir haben deshalb nichts davon, wenn wir das Dogma untersuchen. In der Welt, sagt Rumi, gibt es keine Äquivalente für die Dinge, die wir den Thron (Gottes), das Buch, die Engel, den Tag des Gerichtes nennen. Man gebraucht Gleichnisse, aber diese können nichts anderes sein als eine ganz grobe Vorstellung von etwas anderem.

In der Sammlung seiner Aussprüche und Lehren mit dem Titel *Darin ist was darin ist (Fihi Ma Fihi)*, einem wichtigen Text für die Arbeit der Sufis, geht Rumi sogar noch weiter. Der Mensch, so sagt er, geht durch drei Stadien. Im ersten verehrt er alles mögliche – Mann, Frau, Geld, Kinder, Erde und Steine. Wenn er dann etwas weiter fortgeschritten ist, verehrt er Gott. Schließlich sagt er nicht mehr, »ich verehre Gott« oder »ich verehre Gott nicht«. Er ist in das letzte Stadium eingetreten.

Um den Weg der Sufis verstehen zu können, muß der Suchende zuerst einmal erkennen, daß er hauptsächlich ein Bündel von ›Konditionierungen‹ ist – wie wir das heute nennen. Es sind fixe Ideen und Vorurteile, manchmal automatische Reaktionen, die uns von anderen eingeimpft wurden. Der Mensch ist nicht so frei, wie er glaubt. Der erste Schritt für den einzelnen zum wirklichen Verstehen ist, davon wegzukommen, daß er denkt er versteht. Aber man hat den Menschen gelehrt, daß er alles mit der gleichen Methode erfassen kann, der Methode der Logik. Diese Lehre hat sein Fundament untergraben.

»Folgst du den Regeln, die man dir anerzogen hat und die du geerbt haben magst, aus keinem anderen Grund als eben diesem, dann verhältst du dich unlogisch.«

Das Verständnis der Religion und dessen, was die großen religiösen Lehrer gelehrt haben, ist ein Teil des Sufismus. Der Sufismus benutzt die Terminologie der gewöhnlichen Religion, aber auf eine ungewöhnliche Weise, die immer den Zorn der angeblich Frommen erregt hat. Allgemein gesprochen symbolisiert jeder religiöse Lehrer für den Sufi in seinem Glauben und besonders durch sein Leben einen Aspekt des Weges, dessen Gesamtheit der Sufismus ist. Jesus ist in dir, sagt Rumi, suche seinen Beistand. Und er sagt auch, suche nicht aus dir selbst, aus deinem eigenen Moses, die Bedürfnisse eines Pharao zu befriedigen.

Rumi formuliert die Art und Weise, auf die die verschiedenen religiösen Wege für den Sufi symbolisiert sind. Der Weg des Jesus war der Kampf gegen die Einsamkeit und die Überwindung der Begehrlichkeit, so sagt Rumi. Der Weg Mohammeds war es, in der Gemeinschaft der gewöhnlichen Menschen zu leben. »Ghe den Weg Mohammeds«, sagt er, »aber wenn du das nicht kannst, dann gehe den christlichen Weg.« Rumi fordert seine Hörer hier keineswegs auf, die eine oder andere dieser Religionen anzunehmen. Er weist nur auf Wege hin, auf denen der Suchende die Erfüllung erreichen kann – aber eine Erfüllung durch das sufische Verständnis dessen, was die Wege von Jesus und Mohammed waren.

So meint der Sufi auch, wenn er von Gott spricht, nicht die Gottheit in einem Sinn, wie sie der vom Theologen erzogene Mensch versteht. Diese Gottheit wird von einigen angenommen, den Frommen, und von anderen zurückgewiesen, den Atheisten. Aber es ist die Zurückweisung oder Übernahme einer Sache, wie sie von den Scholastikern oder der Priesterschaft dargestellt wird. Der Gott der Sufis hat mit dieser Auseinandersetzung nichts zu tun, denn die Gottheit ist für den Sufi eine Sache der persönlichen Erfahrung.

All dies heißt nicht, daß der Sufi versucht, den Gebrauch unserer intellektuellen Fähigkeiten ganz zurückzuweisen. Rumi sagt, der Verstand sei wichtig, aber er habe seine Grenzen. Wenn man sich einen Anzug machen lassen will, geht man zu einem Schneider. Unser Verstand sagt uns, welchen Schneider wir wählen sollen. Danach jedoch muß man den Verstand beiseite lassen. Man muß vollkommenes Vertrauen – Glauben – in den Schneider setzen und darein, daß er seine Arbeit richtig ausführt. Logik, so sagt der Meister, bringt den Patienten dazu, zum Arzt zu gehen. Danach ist er dann ganz in den Händen des Doktors.

Aber dem wohl-gebildeten Materialisten kann man nicht die ganze Wahrheit sagen, auch wenn er behauptet, er wolle hören, was der Mystiker ihm zu erzählen hat. Er würde sie sowieso nicht annehmen. Die Wahrheit gründet genausowenig im Materialismus wie in der Logik. Der Mystiker bewegt sich also auf verschiedenen Ebenen, der Materialist nur auf einer. Das Ergebnis einer Auseinandersetzung zwischen ihnen wäre nur, daß der Sufi dem Materialisten als inkonsequent erschiene. Sagt er heute etwas anderes als gestern, so erscheint er leicht als Lügner. Zumindest jedoch wird die Tatsache, daß beide ganz verschiedene Ziele verfolgen, jede Möglichkeit, zu gegenseitigem Verständnis zu kommen, ausschließen.

»Wer ein Ding nicht versteht«, so bemerkt Rumi, »der behauptet,es sei nutzlos. Die Hand und das Werkzeug sind wie Feuerstein und Stahl. Schlage den Feuerstein mit einem Klumpen Erde – wird das einen Funken ergeben?« Einer der Gründe, warum der Mystiker nicht öffentlich predigt, ist, daß der konditionierte Gläubige oder der Materialist ihn nicht verstehen können:

Ein königlicher Falke ließ sich auf einer Ruine nieder, in der Eulen hausten. Sie waren sicher, daß er gekommen sei, um sie aus ihrem Heim zu vertreiben und selbst davon Besitz zu ergreifen. »Diese Ruine mag euch als prächtiger Palast erscheinen. Ich jedoch ziehe es vor, auf dem Arm eines Königs zu sitzen«, sagte der Falke. »Glaubt ihm nicht«, so schrien einige Eulen, »er will uns etwas vormachen, um unser Heim zu stehlen.«

Der Gebrauch von Fabeln und Bildern wie diesem ist unter den Sufis weit verbreitet – und Rumi ist unter ihnen der Meister im Fabulieren.

Der selbe Gedanke wird vom Meister oft auf die verschiedensten Weisen formuliert, so daß er in das Bewußtsein eindringen kann. Die Sufis sagen, daß eine Vorstellung in das konditionierte (verschleierte) Bewußtsein nur dann vordringen kann, wenn sie so dargestellt wird, daß sie an den abschirmenden Konditionierungen vorbeischlüpfen kann. Da der Nicht-Sufi so wenig mit dem Sufi gemeinsam hat, muß der Sufi von den fundamentalen Elementen Gebrauch machen, die in jedem menschlichen Wesen gegeben sind und die von den verschiedenen Formen der Konditionierung nicht gänzlich abgetötet werden. Es sind genau diese Elemente, die der sufischen Entwicklung zugrunde liegen. Das vorrangigste und beständigste ist die Liebe. Liebe ist der Faktor, der einen Menschen, ja, die gesamte Menschheit zur Erfüllung tragen kann:

»Der Mensch ist unausgefüllt, voller Sehnsüchte, und er ringt darum, durch alle möglichen Unternehmungen und Zielsetzungen Erfüllung zu finden. Aber einzig die Liebe führt zur Erfüllung.«

Aber Liebe ist eine ernste Angelegenheit, etwas, das mit der Erleuchtung Schritt hält. Beide wachsen miteinander. Die volle Kraft des Feuers der Erleuchtung ist zu machtvoll, um sie auf einen Schlag ertragen zu können:

»Die Hitze des Schmelzofens mag zu groß für dich sein, so daß du ihre wärmende Wirkung nicht ausnutzen kannst. Die schwächere Flamme einer Lampe jedoch kann dir die Hitze geben, die du brauchst.«

Hat er erst einmal eine gewisse persönliche Reife erlangt, so glaubt jedermann, er könne den Weg zur Erleuchtung selbst finden. Die Sufis bestreiten das. Wie kann ein Mensch etwas finden, wenn er nicht weiß, was es ist? – so fragen sie.

»Jedermann ist heute Goldgräber«, sagt Rumi, »aber wenn die gewöhnlichen Menschen Gold sehen, wissen sie nicht, was es ist. Vermagst du es nicht zu erkennen, so schließe dich einem Weisen an.«

Der gewöhnliche Mensch, der meint, auf dem Weg zur Erleuchtung zu sein, sieht oft nur eine Reflexion des Goldes. Licht mag von einer Wand zurückgeworfen werden, aber die Wand ist nur eine Zwischenstation für das Licht.

»Bleibe nicht bei einem Ziegel der Wand stehen, sondern suche nach dem ewigen Ursprung.«

»Will man Wasser richtig erhitzen, so braucht man einen Mittler, den Topf, zwischen Wasser und Feuer.«

Wie aber soll der Suchende die Aufgabe angehen, den rechten Weg zu finden? Zuerst einmal sollte er nicht seine Arbeit und das Leben in der Welt zurücklassen. Gib das Arbeiten nicht auf, so lehrt Rumi, denn »zu dem Schatz, den du suchst, gelangst du gerade dadurch«. Das ist einer der Gründe, warum jeder Sufi einen konstruktiven Beruf haben muß. Arbeit, das ist jedoch nicht nur gewöhnliche Lohnarbeit oder gesellschaftlich akzeptierte Kreativität. Sie schließt die Arbeit an sich selbst ein, die Alchimie, durch die der Mensch vervollkommnet wird. »Durch das Vorhandensein eines Wissenden wird Wolle zum Teppich, aus Erde wird ein Palast. Das Vorhandensein eines spirituell entwickelten Menschen führt zu einer vergleichbaren Verwandlung.«

Der Weise ist anfänglich der Führer des Suchenden. Aber so bald wie möglich entläßt der Lehrer den Schüler, der nun selbst zu einem Weisen wird und die Arbeit an sich selbst alleine fortsetzt. Im Sufismus wie überall sonst hat es genug falsche Lehrer gegeben. So finden sich die Sufis in der seltsamen Lage, daß die falschen Lehrer oft echt erscheinen (denn sie machen sich die Mühe, so aufzutreten, wie der Schüler es erwartet), während der echte Sufi oft nicht so aussieht, wie der unentwickelte Suchende sich einen Sufi vorstellt.

Rumi warnt: »Beurteile den Sufi nicht nach dem, was du von ihm siehst, mein Freund. Wie lange wirst du wie ein Kind nur nach Nüssen und Rosinen verlangen?«

Der falsche Lehrer wird sich besonders um den äußeren Anschein bemühen. Er wird es verstehen, den Suchenden glauben zu machen, daß er ein großer Mann ist, daß er ihn versteht und daß er tiefe Geheimnisse zu enthüllen weiß. Der Sufi hat Geheimnisse, aber er muß das Wissen darum im Schüler selbst entwickeln. Sufismus ist etwas, das einem Menschen geschieht, nicht etwas, das man ihm gibt. Der falsche Lehrer wird seine Schüler möglichst eng an sich binden. Er wird ihnen nicht sagen, daß die Schulung, der man sie unterzieht, so bald wie möglich enden muß, damit der Schüler selbst einen Geschmack der Verwirklichung bekommt und als erfüllter Mensch weiterarbeiten kann.

Rumi wendet sich an den Scholastiker, den Theologen, den Anhänger des falschen Lehrers: »Wann wirst du aufhören, die Schöpfkelle zu verehren und zu lieben? Wann wirst du beginnen, das Wasser zu suchen?« Die Leute urteilen gewöhnlich nach Äußerlichkeiten. »Erkenne den Unterschied zwischen der Farbe des Weines und der Farbe des Glases.«

Der Sufi muß all die verschiedenen Methoden der Selbstentwicklung kennen; anderenfalls könnte die Konzentration auf eine einzige zu einer unausgeglichenen Entwicklung führen, die letztlich fehlschlägt. Das Tempo der Entwicklung ist von Person zu Person verschieden. Manche, so sagt Rumi, begreifen alles, wenn sie nur eine einzige Zeile lesen. Andere wissen alles über ein Ereignis, wenn sie es tatsächlich miterlebt haben. Die Erkenntnisfähigkeit entwickelt sich mit dem spirituellen Fortschritt eines Menschen.

Die Meditationsanweisungen Rumis enthalten einige bemerkenswerte Vorstellungen, die den Suchenden zu einem Verständnis der Tatsache führen sollen, daß er vorübergehend den Kontakt zur Gesamtheit der Wirklichkeit verloren hat, auch wenn das gewöhnliche Leben als diese Gesamtheit erscheint. Was wir im gewöhnlichen, unerfüllten Leben sehen, fühlen und erfahren, ist für die Sufis nur ein Teil des Ganzen. Es gibt Dimensionen, die uns nur durch Anstrengung zugänglich werden. So wie der unter der Wasseroberfläche liegende Teil eines Eisberges sind sie da, auch wenn man sie unter gewöhnlichen Bedingungen nicht wahrnimmt. Und genau wie beim Eisberg sind sie wesentlich größer, als man auf den ersten, oberflächlichen Blick vermutet.

Rumi benutzt verschiedene Analogien, um auf diese Tatsache hinzuweisen. Eine der eindrucksvollsten ist seine Theorie des Handelns. Es gibt, so sagt er, ein umfassendes Tun und ein individuelles Tun. In der Welt der üblichen Sinne sind wir gewohnt, nur die individuellen Handlungen zu sehen. Angenommen, eine Anzahl von Menschen stellt ein Zelt her. Einige nähen, andere knüpfen die Seile, wieder andere weben. Sie alle haben Anteil an dem umfassenden Tun, auch wenn der einzelne ganz in seinem individuellen Tun aufgeht. Denken wir an die Herstellung des Zeltes, dann zählt das Tun der gesamten Gruppe.

In gewissen Richtungen, so sagt der Sufi, muß man das Leben als Gesamtheit *und* in seinen Einzelaspekten ansehen. Diese Einstimmung auf den Gesamtplan, das umfassende Tun allen Lebens, ist wesentlich zur Erlangung der Erleuchtung.

Mit wachsender Erfahrung beginnt der Sufi Schritt für Schritt in dieser Weise zu denken. Bevor er eine tatsächliche mystische Erfahrung gemacht hatte, war er entweder ein uninteressierter Spötter, oder aber er hatte eine ganz und gar unzutreffende Vorstellung vom Wesen dieser Erfahrung und besonders vom Lehrer und dem Pfad. Rumi gibt ihm Meditationen, welche die unter Ungeschulten übliche Überentwicklung gewisser Vorstellungen überwinden sollen. Die Menschen erwarten, daß man ihnen einen goldenen Schlüssel überreicht. Einige machen schneller Fortschritte als andere. Ein Mensch, der im Dunkeln wandert, wandert doch. Der Schüler lernt, auch wenn er nicht weiß, daß er lernt, und so mag er schließlich durchaus Feuer fangen. Im Winter, gibt Rumi ihm zu bedenken, sammelt ein Baum Nahrung. Die Leute mögen denken, er sei müßig, denn sie sehen nicht, daß irgend etwas geschieht. Erst im Frühling sehen sie die Knospen. Jetzt erst, so glauben sie, tut er etwas. Es gibt eine Zeit des Aufspeicherns und eine Zeit des Ausschüttens. Das bringt uns zurück zu dem Lehrsatz: »Die Erleuchtung muß Schritt für Schritt kommen – sonst würde man von der Erfahrung überwältigt.«

Die Mittel der Scholastik, welche die Sufis ganz sparsam einsetzen, werden durch esoterische Schulung ersetzt, und diese muß auf die Fähigkeiten des Schülers abgestellt sein. In der Hand des Schusters, so sagt Unser Lehrer, sind die Werkzeuge des Goldschmieds wie Samen, die in den Sand gesät wurden. Und gäbe man dem Landmann die Werkzeuge des Schusters in die Hand, so wäre das, als gebe man dem Hund Heu oder dem Esel Knochen.

Man muß seine Einstellungen gegenüber den Konventionen des Lebens einer Prüfung unterziehen. So sieht der Sufi den inneren Drang des Menschen nicht als einen freudschen Trieb, sondern als ein dem Bewußtsein innewohnendes Werkzeug, das ihm dazu verhelfen kann, die Wirklichkeit zu erfahren. Rumi sagt, daß die Menschen nicht wissen, was sie wirklich wollen. Ihr innerer Drang äußert sich in hundert Sehnsüchten nach Dingen, die sie für ihre Bedürfnisse halten. Aber wie die Erfahrung zeigt, sind dies nicht ihre wahren Wünsche. Auch wenn sie befriedigt werden, ist das Verlangen damit nicht gestillt. Rumi würde Freud als einen Menschen ansehen, der von den sekundären Manifestationen des Großen Verlangens besessen war – nicht als jemanden, der den Ursprung dieses Verlangens erkannt hätte.

Ist ein Mensch so wenig geschult, daß er von seinen eigenen Vorurteilen beeinflußt wird, so kann er kaum hoffen, Fortschritte zu machen. Rumi konzentriert sich besonders auf die Entwicklung von Kontrolle, einer Kontrolle durch Erfahrung, nicht einfach durch theoretische Überlegungen über gut oder böse, richtig oder falsch. Diese gehören in die Kategorie der Begriffe: »Wörter haben an sich keine Bedeutung. Einen Besucher behandelt man gut und sagt ihm ein paar freundliche Worte. Er ist glücklich. Aber sagt man einem anderen Menschen ein paar beleidigende Worte, so wird er verletzt sein. Können ein paar Worte wirklich Glück oder Unglück *bedeuten?* Dies sind sekundäre Faktoren, keine wirklichen. Sie beeinflussen nur schwache Menschen.«

Durch seine Übungen entwickelt der angehende Sufi eine neue Art, die Dinge anzusehen. Er agiert, reagiert, in einer gegebenen Situation auch anders, als er es früher getan hätte. Er begreift die tiefere Bedeutung von Empfehlungen wie: »Nimm die Perle, nicht die Muschel. Nicht in jeder Muschel wirst du eine Perle finden. Der Berg ist um vieles größer als der Rubin.« Was dem gewöhnlichen Menschen fast als Binsenweisheit erscheint, die man eben als weisen Spruch herleiert, wird dem Sufi höchst bedeutungsvoll. Er findet in ihrer Tiefe nämlich den Kontakt mit etwas, das er das »Andere« nennt – den zugrundeliegenden Faktor, den er sucht. Was der gewöhnliche Mensch für einen Stein halten mag, so führt Rumi weiter zu diesem Thema aus, ist für den Wissenden eine Perle.

Nun bekommt der Suchende eine Ahnung von der Unfaßbarkeit der spirituellen Erfahrung. Arbeitet er schöpferisch, so kommt er in eine Phase, in der ihn manchmal Inspiration erfüllt und manchmal nicht. Macht er ekstatische Erfahrungen, so wird er feststellen, daß dieses freudige, sinnerfüllte Gefühl der Vollkommenheit kommt und geht; er kann es nicht kontrollieren. Das Geheimnis wahrt sich selbst: »Konzentriere dich soviel du willst auf die Spiritualität – wenn du ihrer unwürdig bist, so wird sie sich dir verweigern. Schreibe darüber, rühme dich ihr, kommentiere sie, sie wird es ablehnen, dir zu dienen; sie wird fliehen. Aber wenn sie deine Sammlung sieht, dann mag sie in deine Hand kommen wie ein abgerichteter Vogel. So wie der Pfau wird sie sich nicht an unwürdigem Ort niederlassen.« Erst wenn er über dieses Stadium der Entwicklung hinaus ist, kann der Sufi anderen etwas über den Pfad vermitteln. Versucht er es vorher, so »wird der Pfad entfliehen«.

Auch hier ist es wesentlich, auf dem schmalen Mittelweg zwischen den Extremen zu bleiben, sonst mag die ganze Anstrengung vergeblich sein. Das Netz, welches unser Bewußtsein ist, ist fein gesponnen. Es muß sorgfältig aufgespannt werden, damit es seinen Fang auch fängt. Ist man unglücklich, so ist das Netz zerrissen. Ist es zerrissen, so wird es uns nichts nützen. Durch zu große Liebe wie auch durch zu große Zurückweisung wird das Netz zerrissen. »Übe keines von beiden.«

Erwacht das innere Leben eines Menschen, so beginnen auch seine fünf inneren Sinne zu funktionieren. Die Nahrung, von der Rumi spricht, die nichts wirklich Eßbares ist, beginnt eine nährende Wirkung zu haben. In gewisser Weise ähneln die inneren Sinne den physischen, aber »sie sind im Vergleich dazu wie Kupfer im Vergleich zu Gold«.

Da der Mensch eine Vielzahl von Fähigkeiten hat, sind die Sufis in diesem Stadium in mancher Hinsicht entwickelt, in anderer nicht. Gewöhnlich entwickeln sich mehrere innere Anlagen und besondere Fähigkeiten gleichzeitig und harmonisch. Es mag zu Schwankungen der Stimmung kommen, aber sie sind nicht mit denen vergleichbar, die der unentwickelte Mensch erfährt. Stimmung wird ein Teil der wahren Persönlichkeit, und die Grobheit der gewöhnlichen Stimmungen wird abgewechselt durch Aufeinanderfolge und Interaktion höherer Stimmungen, von denen die niederen nur ein Widerschein sind.

Auch die Vorstellung des Sufi von Weisheit und Unwissenheit wandelt sich. Rumi sagt: »Wenn ein Mensch ganz weise wäre und keinerlei Unwissenheit mehr hätte, so würde ihn das vernichten. Deshalb ist Unwissenheit begrüßenswert, denn sie bedeutet die Fortdauer der Existenz. Unwissenheit arbeitet mit Weisheit zusammen, und im Sinne eines Wechsels wie dem von Tag und Nacht ergänzen sie einander.«

Dieses Zusammenwirken von Gegensätzen ist ein weiteres zentrales Thema im Sufismus. Sind die scheinbaren Gegensätze einmal vereint, dann hat der einzelne nicht nur Erfüllung gefunden, sondern auch die Begrenzungen der gewöhnlichen Menschheit transzendiert. Der einzelne erlangt – so weit das, was gemeint ist überhaupt sagbar ist – ungeheuere Macht. Was dies bedeutet und wie es dazu kommt, das ist eine Sache der persönlichen Erfahrung und liegt außerhalb des begrifflich Formulierbaren. An anderer Stelle erinnert Rumi uns daran, was Bücher für den Sufi bedeuten: »Das Buch der Sufis ist nicht die Schwärze der Buchstaben. Es ist das Weiße eines reinen Herzens.«

Nun kommt der Sufi zu einigen der Erkenntnisse, die mit der Entwicklung einer untrüglichen Intuition einhergehen. Er hat ein so entwickeltes Gefühl für das Wissen, daß er beim Lesen eines Buches oft die Tatsachen von der Erfindung trennen kann, die wahre Absicht des Autors von anderen Elementen. Diese Fähigkeit macht vor allem den Nachahmern zu schaffen, die behaupten, Sufis zu sein, vom wahren Sufi aber durchschaut werden. Aber sein Gefühl für den Mittelweg zeigt dem Sufi auch, inwieweit der Nachahmer der Sache des Sufismus dienlich sein kann. Rumi spricht im *Mathnawi* über diese Funktion des Nachahmers, und wenn der Schüler dieses Stadium erreicht hat, dann macht ihn der Lehrer mit Rumis Lehrsatz vertraut: »Der Nachahmer ist wie ein Kanal. Er trinkt selbst nicht, aber er kann dem Dürstenden Wasser zuführen.«

Indem der Schüler auf dem Pfad fortschreitet, erkennt er, wie ungemein komplex und sogar gefährlich er ist, wenn man sich auf ihm nicht an die durch Jahrhunderte entwickelte Methode hält. Durch eine Fabel charakterisiert das *Mathnawi* die Erfahrungen in diesem Stadium. Ein Löwe drang in einen Stall ein, fraß den Ochsen auf, der dort stand, und legte sich an seinen Platz. Der Stall war dunkel, und als der Besitzer des Ochsen hereintrat, tastete er nach seinem Tier. Dabei fuhren seine Hände über den Rücken des Löwen. Der Löwe sagte: »Wäre es hell hier drinnen, so würde er vor Angst sterben. Er betastet mich nur deshalb so, weil er mich für einen Ochsen hält.« Dieses eindrucksvolle Bild könnte demjenigen, der es als eine gewöhnliche Geschichte versteht, nur als eine Paraphrase der Erkenntnis erscheinen, daß man gefährliche Situationen oft mit »mehr Glück als Verstand« übersteht.

Die Erkenntnis der wahren Bedeutung unerklärlicher Geschehnisse in dieser Welt ist eine weitere Folge der sufischen Entwicklung. Warum zum Beispiel hält sich ein Mensch länger in einer bestimmten Phase der mystischen Entwicklung auf als ein anderer, auch wenn beide im großen und ganzen der gleichen Vorgehensweise folgen. Rumi illustriert die Erfahrung einer besonderen Dimension des Lebens, in dem uns die wahren Zusammenhänge meist verborgen sind und wir nur einen unvollkommenen Überblick über die Gesamtlage haben. Zwei Bettler, so erzählt er, klopften an die Tür eines Hauses. Dem einen tat man gleich Genüge – er erhielt ein Stück Brot und ging weiter. Den anderen ließ man auf sein Almosen warten. Warum? Nun, der erste Bettler war nicht besonders beliebt, man gab ihm einen alten Kanten Brot. Den zweiten jedoch ließ man warten, bis man einen frischen Laib für ihn gebacken hatte. Diese Geschichte verdeutlicht ein Thema, das in der Lehre des Sufismus häufig auftaucht: In einem Geschehnis ist oft ein Element enthalten, um das wir nicht wissen. So gründen wir unsere Meinung auf unvollständige Informationen. Kein Wunder, daß der Unentwickelte oft auf eine »Ente« hereinfällt und sie auch noch getreulich weitergibt.

»Du gehörst der Welt der Gestalt«, so singt Rumi in einem Vers, »aber du kommst aus dem Gestaltlosen. Schließe den ersten ›Laden‹ und mache einen anderen auf.«

Das Leben und die gesamte Schöpfung wird auf neue, umfassendere Weise gesehen. Der Arbeitende ist – um ein Bild aus dem *Mathnawi* zu gebrauchen – »in der Werkstatt verborgen«, das Werk verbirgt ihn, als hätte es ein Netz um ihn gesponnen. Die Werkstatt ist der Ort der Erkenntnis. Draußen ist der Ort der Finsternis.

Daß der Sufi größere Einsicht in die Zusammenhänge dieser Welt und des großen Ganzen hat und nicht nur die Einzelteile sieht, gibt ihm große Macht in die Hand. Aber diese Macht kann er nur ausüben, wenn er sich mit dem Rest der Schöpfung verbunden fühlt – mit anderen Sufis zuerst, dann mit der Menschheit und schließlich mit der gesamten Schöpfung. Seine Macht und sein gesamtes Dasein sind in dieses neue Netz von Bezügen verknüpft. Die Leute kommen zu ihm, und er erkennt, daß auch jene, die spotten, wohl doch eher gekommen sind, um zu lernen, als um ihm eins auszuwischen. Er sieht in sehr vielen Geschehnissen eine Art von Frage und Antwort. Besucht jemand einen Weisen, so ist das eine Aufforderung: »Lehre mich!«. Auch Hunger kann ein Ansuchen sein, eine Bitte: »Gib mir Essen!« Enthält man sich des Essens, so ist das eine negative Antwort. Und, so sagt Rumi zum Abschluß dieser Passage, die Antwort auf die Existenz des Narren ist Schweigen.

Der Lehrer vermag einen Teil seiner mystischen Erfahrung an gewisse andere weiterzugeben, an einige seiner Schüler, die durch ihre vorausgegangenen Erfahrungen darauf vorbereitet sind. Dies geschieht manchmal durch die Übung gemeinsamer Sammlung *(tajalli)*, die zu einer echten mystischen Erfahrung führen kann. »Zuerst«, so sagt Rumi, »bekommt ihr die Erleuchtung von den Eingeweihten vermittelt. Dies ist Nachahmung. Wenn sie jedoch häufiger eintritt, wird sie zur Erfahrung der Wahrheit.« Während vieler Stadien der Suche mag es so scheinen, als kümmere der Sufi sich nicht um die Gefühle der anderen oder er habe sonstwie die Übereinstimmung mit der Gesellschaft verloren. Wenn das so ist, dann deshalb, weil er eine Ahnung von der wahren Eigenart einer Situation hinter den offensichtlichen Gegebenheiten hat, von etwas, das die anderen nur bruchstückhaft erfahren. Er handelt auf die bestmögliche Weise, auch wenn er oft nicht weiß, warum er etwas gesagt oder getan hat.

Im *Fihi Ma Fihi* gibt uns Jalaluddin ein Beispiel für eine solche Situation. Ein Betrunkener sah einst den König auf einem vielgepriesenen Pferd vorüberreiten. Er gröhlte irgendeine abfällige Bemerkung über das Pferd. Der König war erzürnt und ließ den Mann später zu sich bringen. »Zu jener Zeit«, so erklärte der Mann, »stand ein Betrunkener auf dem Dach, aber der bin nicht ich. Er ist inzwischen gegangen.« Der König freute sich über diese Antwort und belohnte den Mann. Der Betrunkene ist der Sufi – genauso wie er auch der Nüchterne ist. In seinem Zustand des Einklanges mit der wahren Wirklichkeit hatte der Sufi auf eine Weise gehandelt, die dazu führte, daß er belohnt wurde. Darüber hinaus hatte er die Funktion erfüllt, dem König zu erklären, daß man Menschen nicht immer für ihre Handlungen verantwortlich machen kann, und ihm auch noch Gelgenheit gegeben, eine gute Tat zu tun.

Eine reife Weintraube wird nicht wieder unreif und die Evolution des Menschen läßt sich nicht aufhalten. Sie läßt sich jedoch lenken; und sie kann von solchen Menschen gestört werden, die nichts von wahrer Intuition wissen. So kann die Lehre der Sufis verzerrt werden, und das gleiche kann dem Adepten geschehen, wenn er sich den Augen der weltlich eingestellten Menschen zu offen darbietet. Geht es darum, Außenstehende über sufische Dinge zu unterrichten, so ist Rumi – wie alle anderen sufischen Lehrer – gerne bereit, eine allgemeine Einladung auszusprechen:

> So lange die innere demantene Lampe noch brennt
> Trimme schleunigst den Docht und versorge ihn mit Öl.

Trotzdem stimmt er mit jenen Lehrern überein, die es ablehnen, den Kult mit Hinz und Kunz zu diskutieren. »Bringst du Pferde an einen Ort, wo man kein Gras findet, so werden sie es übelnehmen« – gleich was für ein Ort es ist.

Die Sufis widersetzen sich den rein intellektuellen und scholastischen Philosophen unter anderem deshalb, weil sie glauben, daß die Erziehung eines Geistes zu zwanghaftem und einspurigem Denken schädlich für das Bewußtsein des Betroffenen und aller anderen Menschen ist. Sie streiten aber ebenso heftig gegen jene, die glauben, Intuition oder Askese sei alles, worauf es ankomme. Rumi besteht auf der Wohlausgewogenheit aller Begabungen.

Die Einswerdung von Geist und Intuition, welche zu der Erleuchtung und Entwicklung führt, die der Sufi sucht, basiert auf der Liebe, immer wieder der Liebe. Dieses beständig wiederkehrende Thema Rumis kommt nirgends besser zum Ausdruck als in seinen Schriften – es sei denn, man begibt sich tatsächlich unter das Dach einer sufischen Schule. Während der Intellektualismus mit greifbaren Materialien arbeitet, geht der Sufismus sowohl mit sinnlich wahrnehmbaren als auch mit Dingen der inneren Erfahrung um. Und wo die Wissenschaft und die Scholastik ihr Blickfeld immer mehr einengen und kleinere und kleinere Stückchen in Betracht ziehen, umfaßt der Sufismus weiterhin jede Äußerung der großen zugrundeliegenden Wahrheit, auf welchem Gebiet das auch sein mag.

Natürlich hat der Sufismus eine ganz eigene Terminologie, und Rumis Verse sind reich an mehr oder weniger gebräuchlichen esoterischen Begriffen. So beschreibt er zum Beispiel in seinem dritten großen Buch, dem *Diwan des Sams aus Täbris*, einige Geisteszustände und Handlungsweisen, die während eines geheimen Treffens von Derwischen zutage treten. In überschwengliche Verse eingebettet werden hier einige Lehren über das Dasein des Sufis »in Denken und Handeln« mit Hilfe einer Methode vorgebracht, die eigens zu ihrer Vermittlung entworfen ist:

Schließe dich der Gemeinschaft an, werde einer von ihnen, auf daß du die Freude wahren Lebens siehst. Gehe durch die zerstörten Straßen und sieh die verstörten (Besitzer der »zerstörten Häuser«). Trinke den Becher des Fühlens, auf daß du keine Scham (Selbstbewußtheit) empfindest. Schließe die beiden Augen in deinem Kopf, auf daß du mit dem inneren Auge siehst. Öffne die beiden Arme deines Selbst, so du eine Umarmung suchst. Zerbrich das irdene Idol, auf daß du das Gesicht aller Idole siehst. Warum akzeptierst du beim Kauf der Braut einen so hohen Preis für eine kümmerliche alte Hexe – und warum unterwirfst du dich für drei Laib Brot der Sklaverei des Militärdienstes?

Der Freund *kehrt des nachts zurück; trinke heute abend keinen Schluck – schließe den Mund für Essen, auf daß du die Nahrung des Mundes erlangst. Runde dich selbst in der Gesellschaft um den freundlichen Mundschenk – komm in den Kreis. Wie lange willst du noch (um ihn herum) kreisen. Hier ist ein Angebot: lasse ein Leben zurück und gewinne das Wohlwollen des Schafhirten. Laß alle Gedanken versiegen, nur den Gedanken an den Schöpfer des Denkens nicht – an »Leben« zu denken ist besser als an Brot zu denken. Gottes Erde ist so weit, warum legst du dich in ein Gefängnis schlafen? Gib alles verwickelte Denken auf, auf daß du die verborgene Antwort siehst. Lasse die Rede verstummen, auf daß du die beständige Rede erlangst. Gehe vorüber an ›Leben‹ und ›Welt‹, auf daß du das* Leben der Welt *siehst.*

Auch wenn sich die Wirklichkeit des sufischen Daseins nicht mit den viel engeren Kriterien des diskursiven Denkens beurteilen läßt, mag man dieses Gedicht doch als eine Aufzählung der wichtigsten Faktoren von Rumis Lehrmethode ansehen. Er fordert eine Gemeinschaft, die sich der Aufgabe widmet, die wahre Wirklichkeit, für die die scheinbare Wirklichkeit nur ein Ersatz ist, zu erkennen. Zu dieser Erkenntnis kommt man in der Gemeinschaft mit anderen, indem man sich dem Werk der Gruppe, als auch persönlichem Denken und Tun widmet. Zu den Grundlagen gelangt man nur, wenn man gewisse Denkschablonen auf eine angemessene Größe reduziert. Der Suchende muß einer Umarmung »die Arme öffnen«; er darf nicht erwarten, etwas zu erhalten, während er abwartend verharrt. Die »kümmerliche alte Hexe« ist der gesamte Bereich der weltlichen Erfahrung, der nur Spiegelungen der Letzten Wirklichkeit enthält, die mit dem, was nur wirklich scheint, unvergleichbar ist. Für die »drei Laib Brot« des gewöhnlichen Lebens verkaufen die Leute das, was zu erreichen sie fähig wären.

Der *Freund* kommt des Nachts – das heißt, wenn alle Dinge ruhen und wenn der Mensch nicht vom automatischen Denken benebelt ist. Die besondere Nahrung des Sufi ist nicht das gleiche wie gewöhnliches Essen; sie ist jedoch ein wesentlicher Teil dessen, was ein Mensch aufnimmt. Die Menschheit kreist um die Wirklichkeit, innerhalb eines Systems, das nicht das wahre System ist. Er muß in den Kreis eintreten anstatt seinem Umfang zu folgen. Die wahre Bewußtheit verhält sich zu dem, was wir für Bewußtheit halten, wie hundert Leben zu einem Leben. Gewisse Charakteristika des uns vertrauten Lebens – die räuberischen und selbstsüchtigen, und andere, die unserer Fortentwicklung entgegenstehen – müssen von wohltuenden Faktoren aufgewogen werden.

Denken, aber nicht das Schablonendenken, ist die Methode. Aber das Denken muß das ganze Leben erfassen, nicht nur kleine Ausschnitte davon. Der Mensch ist wie jemand, dem es freistünde, die ganze Welt zu durchreisen, der aber in einem Gefängnis eingeschlafen ist. Die Verwirrung, zu der der falsche Gebrauch des Intellekts führt, verbirgt die Wahrheit. Der Rede, wahrer Rede, muß Stille vorausgehen. Das innere Leben der Welt erlangt man, indem man über die Zerstückelung durch Begriffe wie »Leben« und »Welt« hinwegsieht.

Als Rumi im Jahre 1273 starb, überließ er es seinem Sohn Bahaudin, den Mevlevi-Orden weiter anzuführen. Wie er zu Lebzeiten von Gläubigen aller Bekenntnisse umgeben war, so gaben ihm auch Anhänger aller Glaubensbekenntnisse das letzte Geleit.

Jemand fragte einen Christen, warum er so bitterlich über den Tod eines mohammedanischen Lehrers weine. In seiner Antwort finden wir den sufischen Gedanken der Erneuerung der Lehre und der Überlieferung des spirituellen Wirkens:

»Wir achten ihn als den Moses, den David, den Jesus unseres Zeitalters. Wir sind seine Jünger und seine Schüler.«

Im Leben Rumis finden wir jene Mischung von Überlieferung und persönlicher Erleuchtung, die den Kern des Sufismus ausmacht. Seine Familie stammte von Abu Bakr ab, dem Gefährten Mohammeds, und sein Vater war mit dem König Khwarism Schah verwandt. Jalaluddin wurde im Jahre 1207 in Balkh, einer Hochburg der alten Weisheitslehre, geboren. Die sufische Legende berichtet, sufische Mystiker hätten ihm eine große Zukunft vorausgesagt. Unter dem Einfluß machtvoller Scholastiker wendete sich der König gegen die Sufis und vor allem gegen seinen Verwandten, den Vater Rumis. Ein sufischer Meister wurde auf Befehl des Schahs im Oxus ertränkt. In dieser Verfolgung warf bereits die bevorstehende Invasion der Mongolen, während der der Sufi-Lehrer Najmuddin (der Größte) auf dem Schlachtfeld getötet wurde, ihren Schatten voraus. Meister Najmuddin hatte den Kubravi-Orden gegründet, der viel mit der Entwicklung Rumis zu tun hatte.

Daß Zentralasien von den Horden des Dschingis-Khan praktisch zerstört wurde, führte zur Zerstreuung der Sufis aus Turkestan. Rumis Vater floh mit seinem jungen Sohn nach Nisabur. Dort trafen sie einen anderen großen Lehrer der gleichen sufischen Richtung, den Dichter Attar, der das Kind segnete und es mit der spirituellen Kraft der sufischen *baraka* »beseelte«. Er schenkte dem Knaben eine Kopie seines in Versen geschriebenen *Asrarnama* (Buch der Geheimnisse).

Nach der sufischen Überlieferung wurden die Flüchtlinge von den zeitgenössischen Sufi-Lehrern auf ihre Reisen geschickt. Diese hatten nämlich die spirituelle Begabung des jungen Jalaluddin erkannt und waren um seinen Schutz und seine Entwicklung besorgt. Die Flüchtlinge verließen Nisabur wieder, mit den prophetischen Worten Attars im Ohr: »Dieser Knabe ist der Funke, der das Feuer der göttlichen Begeisterung für diese Welt entfachen wird.« Die Stadt war für sie nicht sicher genug. Auf Attar wartete, wie auf Najmuddin, der Märtyrertod, den er nicht lange danach unter den Händen der Mongolen starb.

Die Gruppe von Sufis mit ihrem noch kindlichen Oberhaupt erreichte Bagdad. Dort hörten sie von der völligen Zerstörung von Balkh und der Ermordung ihrer Einwohner. Einige Jahre lang zogen sie umher, machten die Pilgerfahrt nach Mekka und wendeten sich dann wieder nordwärts, um die sufischen Zentren in Syrien und Kleinasien zu besuchen.

Unter den unbarmherzigen Schlägen der Mongolen zerfiel Kleinasien, und nach einer Blütezeit von weniger als sechshundert Jahren schien die islamische Kultur dem Untergang geweiht.

Rumis Vater schlug sein Hauptquartier schließlich nahe der Stadt Konia auf, die man mit dem Apostel Paulus in Verbindung bringt. Die Stadt war zu jener Zeit in den Händen des seldschukischen Herrscherhauses, und der König lud Jalaluddin ein, sich dort niederzulassen. Der Vater nahm die Stellung eines Dozenten an und fuhr fort, seinen Sohn in die sufischen Geheimnisse einzuführen.

Jalaluddin kam auch in Kontakt mit dem Größten Meister, dem Dichter und Lehrer Ibn El-Arabi von Spanien, der zu dieser Zeit in Bagdad weilte. Der Kontakt wurde von Burhanudin, einem der Lehrer Rumis, hergestellt. Er hatte sich zu den Seldschuken aufgemacht, und als er Rumi begegnete, war dessen Vater gerade gestorben. Burhanudin setzte die Erziehung Rumis fort und reiste mit ihm nach Aleppo und Damaskus.

Erst als er fast vierzig Jahre alt war, begann Rumi in kleinem Kreis zu lehren.[1] Der geheimnisvolle Derwisch »Sonne des Glaubens von Täbris« inspirierte ihn zu einem großen Teil seiner besten Dichtung und auch dazu, seine Lehren in einer Weise zu formulieren, die während des gesamten Bestehens des Mevlevi-Ordens beibehalten wurde. Nach etwa drei Jahren, als seine Arbeit getan war, verschwand der Derwisch wieder, und man hat nie wieder etwas von ihm gehört.

Diese »Gesandten aus der unbekannten Welt« hat der Sohn Rumis mit dem geheimnisvollen Khidr gleichgesetzt, dem Führer und Schutzherrn der Sufis, der immer wieder erscheint, um jedoch aus dem Wahrnehmungskreis der normalen Erkenntnis wieder zu entschwinden, sobald er seine Botschaft übermittelt hat.

Zu jener Zeit wurde Rumi zum Dichter. Für ihn, der als einer der größten Dichter Persiens anerkannt ist, war die Poesie jedoch immer nur ein Nebenprodukt. Er sah sie als bloße Spiegelung der unfaßlichen inneren Wirklichkeit, der Wahrheit, an, die er Liebe nennt. Die größte Liebe, so sagt er, ist schweigend und läßt sich nicht in Worte fassen. Obwohl seine Poesie auf das Bewußtsein anderer Menschen eine Wirkung hatte, die man nur magisch nennen kann, ließ er sich von ihr nie so weit fortreißen, daß er sie mit dem weitaus Größeren, dessen partieller Ausdruck sie war, gleichgesetzt hätte. Gleichzeitig jedoch erkannte er sie als etwas, das eine Brücke zwischen dem, was er »wirklich fühlte«, und dem, was er für andere tun konnte, zu schlagen vermochte.

Im Sinne der sufischen Methode, eine Sache ins rechte Licht zu rücken, selbst auf die Gefahr hin, dabei an geheiligten Idealen zu rütteln, spielt er selbst die Rolle eines Kritikers der Poesie. Die Leute kommen zu ihm, so sagt er, und da er sie liebt, gibt er ihnen etwas, das sie verstehen können: er gibt ihnen Poesie. Aber ist er auch ein noch so großer Dichter, die Poesie ist für die anderen, nicht für ihn selbst – »Was geht mich schließlich die Dichtkunst an?« Mit unverblümter Deutlichkeit, die sich nur ein unter seinen Zeitgenossen so angesehener Dichter wie er erlauben durfte, sagt er, worum es ihm geht: in Anbetracht der wahren Wirklichkeit, so behauptet er kategorisch, habe er keine Zeit für Poesie. Sie ist jedoch die einzige Nahrung, die seine Besucher zu sich nehmen können, »und als guter Gastgeber setzt er sie ihnen vor«.

[1] Sein Schriftstellername »Rumi« ergibt nach der Substitutionsmethode die Zahl 256, die sich wiederum in die drei Buchstaben NUR umsetzen läßt. *Nur* ist das persische und arabische Wort für »Licht«.

Der Sufi darf nie zulassen, daß etwas als Hindernis zwischen seiner Lehre und den Lernenden steht. Deshalb Rumis Betonung der untergeordneten Rolle der Poesie im Rahmen der wahren Suche. Was er mitzuteilen hatte, war jenseits aller Poesie.

Jemanden, der in dem Glauben aufgewachsen ist, es gebe nichts Erhabeneres als den poetischen Ausdruck, mag eine solche Einstellung schockieren. Aber solche Anstöße benutzen die Sufis in ihrem Bemühen, das Bewußtsein von der Verhaftung an zweitrangige Phänomene – »Idole« – zu lösen.

Rumi, der den Lehrstuhl seines Vaters übernahm, verbreitete seine mystischen Lehren nun mit künstlerischen Mitteln. Er kultivierte Musik, Tanz und Dichtung und benutzte sie für die Treffen der Derwische. Sie wurden abwechselnd mit gewissen mentalen und physischen Übungen zum Thema Harmonie gebraucht, die das Bewußtsein für die Erkenntnis seiner größeren Möglichkeiten aufschließen sollten. Das, was Rumi praktizierte, könnte man als die Förderung einer harmonischen Entwicklung durch das Mittel der Harmonie nennen.

Viele ausländische Beobachter, die sich eben mit dem beschäftigten, was sie als Außenstehende erfassen konnten, waren von Rumis Lehre befremdet. Einer von ihnen weist hin auf seine »sehr unorientalische Meinung, die Frau sei nicht ein bloßes Spielzeug, sondern ein Lichtstrahl der Gottheit«.

Ein Gedicht Rumis aus dem *Diwan des Sams aus Täbris* hat unter den Anhängern einer wörtlichen Interpretation ziemliche Verwirrung gestiftet. Es bezieht sich allem Anschein nach auf Rumis Überprüfung der damals praktizierten alten und neuen Religionen und kommt zu dem Schluß, die Wahrheit liege im inneren Bewußtsein des Menschen selbst und nicht in äußeren Organisationen. Dieser Bericht ist insofern wahr, als nach sufischer Auffassung die »Überprüfung« dieser Glaubensbekenntnisse auf besondere Weise geschieht. Der Sufi braucht nicht tatsächlich von Land zu Land zu reisen, um die Religionen der Völker zu untersuchen und von ihnen anzunehmen, was ihm möglich ist. Er liest auch keine theologischen und exegetischen Bücher, um sie dann miteinander zu vergleichen. Seine »Reise« und seine »Überprüfung« anderer Vorstellungen finden in ihm selbst statt. Der Sufi glaubt nämlich wie jedermann, der Erfahrung auf irgendeinem Gebiet hat, daß er ein inneres Gespür hat, welches ihm die Beurteilung des Wahrheitsgehaltes anderer religiöser Systeme erlaubt. Um es genauer zu sagen, es erschiene ihm unsinnig und mühselig, die Überprüfung von etwas Metaphysischem mit den herkömmlichen Untersuchungsmethoden anzugehen. Leute, die ihn fragen: »Haben Sie das Buch über dieses und jenes von Herrn Soundso gelesen?« wären auf der falschen Spur. Für den Sufi ist weder das Buch, noch der Autor interessant, sondern nur die Wirklichkeit, für die jener Mann und jenes Buch stehen. Um einen Menschen oder seine Lehre beurteilen zu können, braucht der Sufi nur eine Probe. Aber diese Probe muß repräsentativ sein. Er muß, mit anderen Worten, mit dem wesentlichen Faktor der fraglichen Lehre in Verbindung treten.

Ein Schüler zum Beispiel, der das System, welchem er folgt, selbst noch nicht klar überschaut, kann dem Sufi nicht so viel über dieses System mitteilen, daß ihm eine Beurteilung möglich wäre.

Dies ist das Gedicht, in dem Rumi über die Herstellung der Verbindung zu verschiedenen Glaubensbekenntnissen spricht und von seiner Reaktion darauf berichtet:

Das Kreuz und die Christen nahm ich von allen Seiten in Augenschein. Er war nicht am Kreuz. Ich ging zum Hindu-Tempel, zu der alten Pagode. An beiden Orten fand ich keine Spur von ihm. Ich ging zu den Höhen von Herat und nach Kandahar, schaute mich um. Er war nicht auf den Höhen und nicht in der Niederung. Entschlossen stieg ich zur Spitze des Kaf-Berges. Dort wohnte nur der Anqa-Vogel. Ich ging zur Kaaba und traf ihn dort nicht. Ich fragte Ibn Sina nach seinem Wesen: er war jenseits der Definitionen des Philosophen Avicenna ... Ich schaute in mein eigenes Herz. An diesem Orte sah ich ihn. Er ist an keinem anderen Ort ...

Dieser »er« (das im Original entweder er, sie oder es sein kann) ist die wahre Wirklichkeit. Der Sufi ist unsterblich und sein Gebrauch von Wörtern wie »Trunkenheit«, »Weintraube« oder »Herz« ist eine solche Vergröberung, daß sie fast schon lächerlich sind. Rumi sagt:

> Bevor es Garten, Weinstock oder Traube gab in dieser Welt
> War unsere Seele bereits trunken vom Wein der Unsterblichkeit.

Die Sufis mögen gezwungen sein, in den frühen Stadien der Unterweisung auf Bilder aus der bekannten Welt zurückzugreifen. Rumi hält sich jedoch streng an die übliche Vorgehensweise der Sufis. Man muß dem Patienten die Krücken wieder wegnehmen, wenn er lernen soll, ohne sie zu gehen. Rumis Ausdrucksweise macht dem Schüler diese Tatsache wesentlich deutlicher, als vieles Schulungsmaterial außerhalb der sufischen Schulen das tut. Wenn gewisse oberflächliche Orden der Gewohnheit verfallen sind, ihre Anhänger mit der Wiederholung von Anstößen zu konditionieren, die nur zu gewissen Zeiten der Entwicklung den Takt angeben sollten, und deren Schüler so zum Festhalten an den Krücken veranlaßt werden, dann ist das nicht Jalaluddin Rumis Fehler.

IBN EL-ARABI, DER GRÖSSTE SCHEICH

Dem Sündigen und dem Verderbten
mag ich böse erscheinen. Dem
Guten allerdings – ihm bin ich
segensreich.

(Misra Khan, Ansari)

Von wenigen Menschen ist ein so tiefgehender metaphysischer Einfluß sowohl auf die mohammedanische als auch auf die christliche Welt ausgegangen wie von Ibn El-Arabi, dem Sufi. Im Arabischen wird er der »Größte Meister« genannt. Er war ein Nachkomme von Hatim El-Tai, der unter Arabern noch immer als der großzügigste Mann berühmt ist, der je gelebt hat, und der auch in FitzGeralds Rubaiyat erwähnt wird – »Laß Hatim Tai nur rufen ›Kommt essen!‹: Hör nicht auf ihn!«

Spanien war schon seit vierhundert Jahren arabisiert, als Ibn El-Arabi von Murcia im Jahre 1164 geboren wurde. Er hat unter anderem den Beinamen »Der Andalusier«, und er war zweifellos einer der größten Spanier. Man sagt im allgemeinen, es gebe keine größere Liebeslyrik als die seine, und kein Sufi hat mit dem inneren Sinn seines Lebens und seines Werkes die orthodoxen Theologen mehr beeindruckt als er.

Zu seinem sufischen Hintergrund berichten die Biographen, sein Vater habe mit dem großen Abdul-Qadir Jilani, dem ›Sultan der Freunde‹ (1077–1166) in Verbindung gestanden. Er soll sich unter dem spirituellen Einfluß von Abdul-Qadir entschlossen haben, seinen Sohn Ibn El-Arabi in die Welt zu setzen, dem der Sultan ungewöhnliche Begabungen voraussagte.

Sein Vater war entschlossen, ihm die bestmögliche Erziehung angedeihen zu lassen. Dazu gab es im maurischen Spanien jener Zeit Gelegenheiten wie sonst wohl nirgends. Ibn El-Arabi ging nach Lissabon und studierte dort Jura und islamische Theologie. Dann, immer noch ein Knabe, ging er nach Sevilla, wo er unter den größten Gelehrten seiner Zeit den Koran und die Überlieferungen studierte. In Cordoba besuchte er die Kurse des großen Scheichs El-Sharrat und tat sich besonders in der Rechtswissenschaft hervor.

Während dieser Zeit zeigte Ibn El-Arabi intellektuelle Fähigkeiten, die denen seiner Studienkameraden weit überlegen waren. Und das will etwas heißen, denn diese kamen aus einer scholastischen Elite, deren intellektuelle Begabung im Mittelalter geradezu sprichwörtlich war. Trotz der strengen Disziplin der akademischen Schulen verbrachte er in seiner Jugend fast seine gesamte Freizeit in Gesellschaft der Sufis und begann Lyrik zu schreiben.

Drei Jahrzehnte lebte er in Sevilla, und seine Lyrik und Redegewandtheit brachten ihm unübertroffenen Ruhm in der hochkultivierten Gesellschaft Spaniens ein, und auch in Marokko, das selbst ein Zentrum kulturellen Lebens war.

In mancher Hinsicht ähnelt El-Arabi dem Perser Al Ghasali (1058–1111). Wie er kam er aus einer Sufi-Familie und sollte das westliche Denken beeinflussen. Und wie Ghasali kannte er sich ausgezeichnet mit der Überlieferung des Islam aus. Aber während Ghasali zuerst einmal die islamische Scholastik meisterte, von ihr unbefriedigt blieb und sich dann auf der Höhe seines Ruhms erst dem Sufismus zuwendete, blieb Ibn El-Arabi durch seinen Umgang und die Lyrik in ständigem Kontakt mit dem sufischen Strom. Ghasali versöhnte Sufismus und Islam und machte den Scholastikern klar, daß der Sufismus nicht Häresie war, sondern den inneren Sinn der Religion darstellt. Ibn El-Arabis Sendung war es, sufische Literatur zu schaffen, die von vielen Menschen gelesen wurde und ihnen so den Geist des Sufismus nahebrachte. Sie machten es Menschen, gleich welchen kulturellen Hintergrunds, möglich, die Sufis durch ihre Daseins- und Ausdrucksweise kennenzulernen.

Wie dieser Prozeß funktionierte, zeigt zum Beispiel ein Kommentar des bekannten Professors R. A. Nicholson, der El-Arabis *Deuter der Sehnsüchte* ins Englische übersetzt hat:

Einige der Gedichte, das ist wahr, sind von gewöhnlicher Liebeslyrik nicht zu unterscheiden, und was einen großen Teil des Textes angeht, war die Reaktion der Zeitgenossen des Autors, die sich weigerten zu glauben, er habe irgendeine esoterische Bedeutung, durchaus verständlich. Andererseits jedoch finden wir viele Passagen, die ganz offensichtlich mystischen Inhalts sind und uns darauf hinweisen, wie der Rest zu verstehen ist. Fehlte es den Skeptikern auch an Scharfblick, so müssen wir ihnen doch dankbar sein, denn sie brachten Ibn El-Arabi dazu, sie zu unterweisen. Sicherlich wären ohne seine Führung selbst die verständnisvollsten Leser an den meisten der versteckten Bedeutungen vorübergegangen, die sein Genie in die Form der arabischen Qasidah (Ode) bettete.

Vielen von Ibn El-Arabis Schriften ist, wenigstens in den Händen von Nicht-Sufis, ein ähnliches Schicksal beschieden. Einiges von dem Material, das er vorlegt, wendet sich an Leser, die sich in der Mythologie auskennen, und ist in mythologische Begriffe gekleidet. Einiges, das an das Christentum anknüpft, dient christlich vorbelasteten Menschen als Einstieg. Andere Gedichte stellen den Weg der Sufis mit dem Mittel der Liebeslyrik dar. Kein einzelner Mensch kann sein gesamtes Werk allein mit scholastischen, religiösen, romantischen oder intellektuellen Mitteln aufschlüsseln. Das erinnert uns an einen anderen Hinweis auf seine Sendung, der in seinem Namen enthalten ist.

Die sufische Überlieferung sagt, Ibn El-Arabis Aufgabe sei es gewesen, die sufische Tradition unter seine Zeitgenossen zu »streuen« (Arabisch: nashr, NSHR) und sie mit den jeweiligen Traditionen der Völker zu verknüpfen. Dieses Verständnis der »Streuung« ist im sufischen Sinn durchaus legitim und mit dem sufischen Denken vereinbar. Da der sufische Ausdruck für das

Streuen (NSHR) zu jener Zeit nicht öffentlich gebraucht wurde, benutzte Ibn El-Arabi ein alternatives Wort. In Spanien war er als Ibn Saraqa, der »Sohn der kleinen Säge«, bekannt. Saraqa, abgeleitet von der Wurzel SRQ, steht jedoch für ein anderes Wort für Säge, das von der NSHR-Wurzel herkommt. Von der NSHR-Wurzel ist nicht nur das Wort für »sägen« abgeleitet; sie kann auch die Bedeutung von »veröffentlichen, verbreiten« annehmen oder auch von »Wiedererweckung«. Muhiyuddid, Ibn El-Arabis privater Rufname, heißt »Wiedererwecker des Glaubens« (Siehe Anmerkung: »NSHR«).

Selbst ein so angesehener Historiker wie Ibn el-Abbar nahm, wie es die meisten Gelehrten unvermeidlich taten, die NSHR-Wurzel wörtlich und schloß, sein Vater müsse ein Zimmermann gewesen sein. Er kann jedoch höchstens im Sinne jener Sufis ein »Zimmermann« gewesen sein, die ihre Treffen äußerlich als Treffen einer Handwerkergilde ausgaben. Das war ein guter Vorwand für das Zusammentreffen einer Anzahl von Menschen, die es vermeiden mußten, als subversive Gruppe angesehen zu werden.

Sieht man sie isoliert, so sind einige der Aussagen Ibn El-Arabis recht verblüffend. In seinem Werk *Facetten der Weisheit* sagt er, Gott erscheine niemals in immaterieller Form. »Der Anblick Gottes in der Frau ist der vollkommenste von allen.« Für den Sufi ist es der Liebeslyrik wie allen anderen Dingen möglich, eine umfassende und einheitliche Erfahrung der Gottheit widerzuspiegeln, während sie gleichzeitig noch andere Funktionen erfüllt. Jede Erfahrung eines Sufi ist tiefgehend und qualitativ unermeßlich. Aber für den gewöhnlichen Menschen hat ein Wort nur *eine* Bedeutung und eine Erfahrung nur wenige einander ebenbürtige umfassende Bedeutungen. Diese Mehrdeutigkeit wird von Nicht-Sufis zwar als Vorstellung anerkannt, im Umgang mit sufischem Material jedoch allzu oft vergessen. Im besten Falle erkennt man im allgemeinen noch, daß man es mit einer Allegorie zu tun hat – was für viele aber bedeutet, daß es nur *eine* alternative Bedeutung gibt.

Jenen Theologen, die sich darauf versteifen, die Allegorien religiöser Erfahrung wörtlich zu verstehen, sagt Ibn El-Arabi unverblümt: »Engel sind die in den Begabungen und Organen des Menschen verborgenen Kräfte.« Es ist das Ziel des Sufi, diese Organe zu aktivieren.

Ungeachtet des Unterschiedes zwischen Ausdruck und Erfahrung übernahm Dante[1] den Inhalt des literarischen Werks von Ibn El-Arabi und kondensierte ihn innerhalb eines für seine Zeit akzeptablen Bezugsrahmens. Dadurch beraubte er die Botschaft Ibn El-Arabis ihrer sufischen Überzeugungskraft und hinterließ nach Meinung von Professor Asín nur ein einbalsamiertes Exempel eines – nach modernem Verständnis – literarischen Raubes. Auch Raymond Lully übernahm literarisches Material von Ibn El-Arabi, aber im Gegensatz zu Dante betonte er zusätzlich die Bedeutung der sufischen Übungen, die zur Vervollständigung der sufischen Erfahrungen notwendig sind.

[1] Miguel Asín Palacios, Islam and the Divine Comedy, New York, 1926.

Ibn El-Arabi machte zweifellos unter der Anleitung der spanischen Sufi-Meisterin Fatima b. Waliyya Erfahrungen mit besonderen psychischen Zuständen, wie sie von den Sufis kultiviert werden. Er spielt bei verschiedenen Gelegenheiten darauf an. Manche Passagen seiner Werke schrieb er in Trance, und ihre Bedeutung ging ihm erst einige Zeit nach der Niederschrift auf. Mit siebenunddreißig Jahren besuchte er Ceuta, wo der berühmte Ibn Sabain (der Berater von Kaiser Friedrich des Heiligen Römischen Reiches Deutscher Nation) seine Schule hatte. Dort hatte er eine seltsame Vision oder einen Traum, den ein berühmter Gelehrter interpretierte. Der Weise sagte dazu: »Unermeßlich ... Wenn dieser Mensch in Ceuta ist, kann er kein anderer sein, als der kürzlich angekommene junge Spanier.«

Die Quelle seiner Inspiration war ein Traumzustand, in dem er jedoch voll bewußt war. Durch Ausübung dieser sufischen Fähigkeit konnte er in den tiefsten Schichten seines Bewußtseins eine Verbindung zur Letzten Wirklichkeit herstellen, der Wirklichkeit, die – wie er erklärte – den Erscheinungen der bekannten Welt zugrunde liegt.

Seine Lehre betonte die Bedeutung der Anwendung solcher Fähigkeiten, von denen die meisten Menschen nichts wissen, und die von der Masse in den Bereich okkulter Vorstellungen von Leichtgläubigen verwiesen werden. »Ein Mensch«, so sagt er, »muß seine Gedanken im Traum kontrollieren. Die Übung dieser Wachheit wird zur Bewußtheit der Dimension eines Zwischenbereiches führen. Sie wird für den einzelnen von großem Nutzen sein. Jedermann sollte sich darum bemühen, eine Fähigkeit von so großem Nutzen zu erlangen.« (Zitiert nach Ibn Schadakin)

Es wäre hoffnungslos, wollte man versuchen, Ibn El-Arabi nur von einem Standpunkt her zu interpretieren. Seine Lehren entstammen inneren Erfahrungen, die in einer Form ausgedrückt werden, welche selbst eine Funktion hat. Seine Lyrik ist oft zweideutig, und wo sie das ist, beabsichtigt er nicht nur, beide Bedeutungen zu übermitteln, sondern auch zu zeigen, daß sie beide gleichermaßen gültig sind. Wo er Ausdrücke benutzt, die vor ihm schon andere gebraucht haben, will er dies nicht als Hinweise auf äußere Einflüsse verstanden wissen. In solchen Fällen spricht er die Menschen in einer Terminologie an, die ihnen von ihrem eigenen kulturellen Hintergrund her vertraut ist. In manchen Gedichten von Ibn El-Arabi verschiebt sich der Sinn – er wird zunächst von einem bestimmten Thema getragen, verschiebt sich dann jedoch auf ein anderes. Damit will er verhindern, daß der Prozeß automatischer Assoziation den Leser davonträgt und die Lektüre zu bloßem ›Lesevergnügen‹ ausartet. Ibn El-Arabi ist ein Lehrer, kein Entertainer.

Für Ibn El-Arabi, wie für alle Sufis, repräsentiert Mohammed den Vollendeten Menschen. Man muß jedoch wissen, was »Mohammed« in diesem Zusammenhang bedeutet. Ibn El-Arabi sagt zu diesem Punkt mehr als die meisten anderen Sufis. Es gibt zwei Formen Mohammeds – den Mann, der in Mekka und Medina gelebt hat, und den ewigen Mohammed. Er spricht von letzterem.

Dieser Mohammed ist identisch mit allen Propheten, einschließlich Jesus. Dieser Gedanke hat Menschen mit christlichem Hintergrund dazu veranlaßt zu behaupten, Ibn El-Arabi oder die Sufis seien geheime Christen. Was die Sufis wirklich sagen wollen ist, daß alle Individuen, die gewisse Funktionen hatten, in bestimmtem Sinn Eins sind. Diese Einheit nennen sie *haqiqat-el-Mohammedia,* die ›Wirklichkeit Mohammeds‹.

Jili erklärt in seinem *Der Vollendete Mensch,* einem Standardwerk des Sufismus, die Inkarnationen dieser Wirklichkeit unter den verschiedenen Völkern. Er versucht den wesentlichen Faktor zu beschreiben, indem er die Vielfalt dessen aufzeigt, was wir ein Individuum nennen. Mohammed, zum Beispiel, heißt der Gepriesene. Ein anderer Name, der nur die Beschreibung einer Funktion ist, ist Vater des El-Qasim. Unter dem Namen Abdullah ist er die Verkörperung der wahren Bedeutung dieses Namens – Diener Gottes. Namen sind Eigenschaften oder Funktionen. Die Verkörperung ist ein sekundärer Faktor: »Man gibt ihm Namen, und in jedem Zeitalter ist sein Name dem Erscheinungsbild angemessen, in welchem er sich diesem Zeitalter offenbart ... Betrachtet man ihn als Mohammed, so ist er Mohammed. Sieht man ihn in einer anderen Form, so wird er mit dem Namen dieser Form benannt.«

Ibn El-Arabi hat die Gelehrten verwirrt, weil der Islam ihn als mit seiner Lehre konform gehend bezeichnet, während er im inneren Leben immer ein Esoteriker blieb. Wie alle Sufis behauptete er, es gebe eine einheitliche, stetige und für jedermann akzeptable Fortentwicklung von der formalen Religion jeder Art zum inneren Verständnis dieser Religion, die schließlich zur persönlichen Erleuchtung führt. Die Theologen konnten diese Doktrin natürlich nicht gelten lassen. Ihre eigene Wichtigkeit basierte ja auf mehr oder weniger statischen Informationen, historischem Material und dem Gebrauch der Verstandeskräfte.

Obwohl Ibn El-Arabi von allen Sufis verehrt wird, eine riesige persönliche Anhängerschaft von Menschen aller Stände und Bekenntnisse hatte und ein beispielhaftes Leben führte, stellte er zweifellos eine Bedrohung für die formalisierte Gesellschaft dar. Wie im Falle Ghasalis waren seine intellektuellen Fähigkeiten denen fast aller seiner Zeitgenossen überlegen. Anstatt sie jedoch dazu zu gebrauchen, sich innerhalb der Scholastik einen Namen zu machen, behauptete er, wie viele andere Sufis, ein Mensch mit besonders ausgebildetem Intellekt habe letztlich die Aufgabe, zu zeigen, daß rationales Denken nur eine Vorstufe für etwas anderes ist. Eine solche Haltung scheint von unglaublicher Überheblichkeit zu zeugen – bis man einmal einen solchen Menschen getroffen und seine Demut erfahren hat.

Viele Menschen sympathisierten mit ihm, wagten jedoch nicht, ihn zu unterstützen, weil sie rein intellektuell arbeiteten, er jedoch esoterisch wirkte. Ein angesehener Geistlicher soll gesagt haben: »Für mich steht außer Frage, daß Muhiyuddin (Ibn El-Arabi) vorsätzlich lügt. Er ist ein Häretiker und ein verstockter Sufi.« Der große Theologe Kamaludin Samlaqani jedoch rief aus:

»Wie unwissend sind doch die Menschen, die dem Scheich Muhiyuddin Ibn El-Arabi widersprechen! Seine hehren Aussprüche und die kostbaren Worte in seinen Schriften übersteigen ihr Erkenntnisvermögen.«

Der berühmte Lehrer Scheich Isedin ibn Abdesalam leitete einst ein Seminar über religiöse Gesetzgebung. Während einer Diskussion ging es darum, den Begriff des heuchlerischen Ketzers näher zu bestimmen. Als besonders eklatantes Beispiel nannte jemand Ibn El-Arabi. Der Lehrer wandte gegen diese Behauptung nichts ein. Als sie später zusammen aßen, fragte ihn Salahuddin, der später Scheich des Islam werden sollte, wer wohl der größte Weise des Zeitalters sei:

»Er sagte: ›Was brauchen Sie das zu wissen, essen Sie weiter.‹ Mir wurde klar, daß er es wußte, und so hörte ich auf zu essen und drängte ihn, mir in Gottes Namen zu verraten, wer es sei. Er lächelte und sagte: ›Es ist der Scheich Muhiyuddin Ibn El-Arabi.‹ Für einen Moment war ich so verblüfft, daß ich kein Wort herausbrauchte. Der Scheich fragte mich, was denn los sei. Ich antwortete: ›Ich bin sehr erstaunt. Gerade heute morgen hat ihn jemand als Ketzer bezeichnet und Ihr habt das nicht bestritten. Jetzt nennt Ihr Muhiyuddin den Magnetischen Pol des Zeitalters, den größten lebenden Menschen, den Lehrer der Welt.‹

Darauf sagte er: ›Ja vorher, in einem Kreis von Gelehrten, Juristen.‹«

Den größten Widerspruch erregte Ibn El-Arabi mit seiner wirklich erstaunlichen Sammlung von Oden – der Liebeslyrik, die unter dem Titel *Deuter der Sehnsüchte* erschien. Diese Lyrik ist so überwältigend, hat so viele mögliche Bedeutungen, ist so voll von phantastischen Bildern, daß sie auf den Leser eine magische Wirkung haben kann. Die Sufis betrachten sie als das Produkt eines Bewußtseins, das die höchste menschenmögliche Entwicklungsstufe erreicht hat. Der Fairneß halber sei jedoch erwähnt, daß D. B. MacDonald die Ergüsse Ibn El-Arabis als »einen seltsamen Mischmasch von Theosophie und metaphysischen Paradoxen, ganz im Stil der Theosophie unserer Tage« ansieht.

Für die Gelehrten ist der *Deuter* deshalb so wichtig, weil es zu ihm einen Kommentar des Autors gibt. Er erklärt darin, wie die Bildsprache des Werkes mit dem orthodoxen Islam zu vereinbaren ist. Um zu verstehen, warum dieser Kommentar zustande kam, muß man die Geschichte des Buches betrachten.

Im Jahre 1202 beschloß El-Arabi, sich auf die Pilgerfahrt nach Mekka zu machen. Nachdem er eine Zeitlang in Nordafrika umhergereist war, gelangte er nach Mekka und traf dort eine Gruppe persischer Einwanderer. Es waren Mystiker, und sie nahmen ihn in ihren Kreis auf, obwohl man ihn in Ägypten der Ketzerei und üblerer Dinge beschuldigt hatte. Er wäre um ein Haar dem Mordanschlag eines Fanatikers zum Opfer gefallen.

Das Oberhaupt dieser persischen Gemeinschaft hieß Mukinuddin. Er hatte eine schöne Tochter namens Nisam, die sehr fromm und in der religiösen Gesetzgebung gebildet war. In Liebesgedichten, die ihr gewidmet sind, formuliert Ibn El-Arabi seine spirituellen Erfahrungen in Mekka und seine symbolische

Beschreibung des Weges der Mystiker. El-Arabi erkannte, daß die menschliche Schönheit mit der göttlichen Wirklichkeit verbunden ist. So konnte er Gedichte schreiben, die sowohl die Vollkommenheit der schönen Frau priesen, als auch – verstand man sie richtig – eine tiefere Wirklichkeit beschrieben. Aber die Fähigkeit, diesen Zusammenhang zu sehen, ging den Anhängern der formalen Religion ab – sie gaben sich schockiert. Die Anhänger des Dichters haben – oft vergeblich – darauf hingewiesen, daß die wahre Wirklichkeit auf verschiedene Weise gleichzeitig Ausdruck finden kann. So führen sie El-Arabis Gebrauch von Mythen und Legenden neben der traditionellen Geschichte an. Er benutzte sie sowohl, um die darin versteckten esoterischen Wahrheiten zu vermitteln, als auch wegen ihres Unterhaltungswertes. Dieses Umgehen mit einer Vielfalt von Bedeutungen ein und desselben Faktors wurde damals genausowenig verstanden wie heute. Der gewöhnliche Mensch vermag höchstens noch einzugestehen, daß »eine schöne Frau ein göttliches Kunstwerk ist«. Er ist jedoch nicht in der Lage, die schöne Frau und die Gottheit in einem zu erkennen. Dies ist, auf einen Satz gebracht, das Problem des sufischen Ausdrucks.

Oberflächlich liest sich Ibn El-Arabis *Deuter* deshalb wie eine Sammlung erotischer Gedichte. Als er nach Aleppo in Syrien kam, an eine Hochburg der religiösen Orthodoxie, mußte er feststellen, daß ihn die Geistlichen des Islam als einen Blender hinstellten. Er wolle, so sagte man, seine erotischen Gedichte rechtfertigen, indem er behauptete, sie hätten einen tieferen Sinn. Daraufhin begann er sofort einen Kommentar zu schreiben, der das Werk aus orthodoxer Sicht interpretierte. Die Gelehrten waren darüber hoch erfreut, hatte er doch mit den Erklärungen zu dem Sinn seines Werkes ihre eigenen Interpretationen des religiösen Rechts untermauert. Für den Sufi jedoch hat der *Deuter* noch eine dritte Bedeutung. Durch die Verwendung der gebräuchlichen Terminologie zeigte Ibn El-Arabi ihm, daß das Oberflächliche durchaus wahr sein mag und daß die menschliche Liebe anzuerkennen ist, daß aber beide Dinge in Wirklichkeit eine innere Wahrheit verhüllen oder ein Ausdruck von ihr sind.

Um diese innere Wahrheit geht es ihm, wenn er zwar allen Formalismus akzeptiert, aber gleichzeitig betont, daß es dahinter und darüber hinaus noch eine andere Wahrheit gibt. Dies ist eines der Gedichte, die jene Frömmler besonders schockiert haben, welche glaubten, ihr Weg sei der einzige, der zur Erlösung der Menschheit führt:

> Mein Herz umfaßt sämtliche Formen:
> Das Mönchskloster, den Tempel der Idole,
> Die Weide der Gazellen und die Kaaba des Gläubigen,
> Die Tafeln der Thora und den Koran.
> Die Liebe ist, wozu ich mich bekenne:
> Wohin seine Kamele sich auch wenden mögen,
> Die Liebe ist und bleibt mir Glaube und Gesetz.

Ein romantisch veranlagter Mensch mag annehmen, der Größte Scheich meine damit die ihm bekannte quantitative Art der Liebe, die er sofort mit diesem Begriff assoziiert. Für den Sufi ist sie jedoch identisch mit dem Sufismus. Was man gewöhnlich unter »Liebe« versteht, ist nur ein Teil davon – ein sehr begrenzter Teil, über den die meisten Menschen unter gewöhnlichen Umständen nicht hinausgehen.

AL GHASALI, DER PERSER

Die Wörter, mit denen man »Zustände« bezeichnet, gelten im Sufismus als bloße Annäherung.
(Kalabadhi)

Zu jener Zeit, als die Normannen ihre Herrschaft in Britannien und Sizilien festigten und der Zustrom sarazenischen Wissens in den Westen über das arabisierte Spanien und Italien zunahm, war das islamische Reich kaum fünfhundert Jahre alt. Die kopflastige Priesterschaft, deren Einfluß durch das Kirchengesetz zwar eingeschränkt wurde, die aber trotzdem ungemein mächtig war, versuchte damals verzweifelt, die philosophische Methode der Griechen mit dem Koran und der Überlieferung der Propheten zu vereinbaren. Diese Dialektiker hatten zwar die Scholastik als Interpretationsmethode für die Religion akzeptiert, aber sie waren nicht in der Lage, die Wahrheit ihrer Glaubensvorstellungen mit intellektuellen Mitteln zu beweisen. Durch die Verbreitung des Wissens war die Gesellschaft schon aus der formalen Dialektik herausgewachsen. Hervorragende ökonomische Bedingungen hatten zur Entstehung einer breiten Schicht von Gebildeten geführt, die nach mehr verlangte als dogmatischen Beteuerungen oder der Behauptung, daß »der Staat recht haben müsse«. Der Islam war der Staat – und es sah so aus, als würde der Islam zerbröckeln. Ein junger Perser aus Meschhed, der Mohammed Al Ghasali (der Spinner) genannt wurde, besuchte zu jener Zeit eine Hochschule in Zentralasien. Er war in früher Jugend verwaist und wurde von den Sufis aufgezogen. Er sollte zwei bemerkenswerte Dinge verwirklichen, die sowohl den Islam als auch das Christentum in einigen Aspekten bis auf den heutigen Tag geformt haben.

Der orthodoxe Islam bekämpfte den Sufismus, weil man annahm, dieser versuche das Gesetz zu mißachten und die persönliche Erfahrung des Wesens der Religion an seine Stelle zu setzen – ein äußerst ketzerischer Gedanke. Aber Mohammed Al Ghasali sollte sich als der einzige Mensch erweisen, der Islam und Intellektualismus miteinander vereinbaren konnte und der »die endgültige Form der Scharia festlegte und ihre Aussagen als das universelle Glaubensbekenntnis des Islam etablierte«, wie Professor Hitti sagt. Dieser Häretiker wurde schließlich als eigentlicher Vater der mohammedanischen Kirche so weitgehend anerkannt, daß selbst die strengsten Orthodoxen ihn noch mit dem höchsten akademischen Titel benennen: Die Autorität des Islam.

Kaum fünfzig Jahre nach ihrer Fertigstellung übten seine Bücher schon einen beträchtlichen Einfluß auf die jüdische und christliche Scholastik aus. Er nahm nicht nur auf bemerkenswerte Weise John Bunyans *Heiligen Krieg* (Holy War) und die *Pilgerreise zur seligen Ewigkeit* (Pilgrims Progress) voraus, sondern er beeinflußte auch Ramon Marti, Thomas von Aquin und Pascal, sowie zahlreiche andere moderne Denker.

Bücher wie *Die Vernichtung der Philosophen*, *Das Elixier der Glückseligkeit* und *Nische des Lichts*, die einen großen Teil seiner Lehre enthalten, werden immer noch eifrig studiert. Abu-Hamid Mohammed Al Ghasali, der im mittelalterlichen Europa unter dem Namen Algasel bekannt war, nahm – wie schon mancher Autor bemerkt hat – einen großen Teil der Fragen auf, welche die christlichen Theologen nur zu gerne an die mohammedanischen Denker weitergaben. Und er gab ihnen die Antworten zurück, zu denen er mit der – wie Professor Hitti sie nennt – »mystisch-psychologischen« Methode der Sufis gekommen war. Die geachtete Stellung, die der Sufismus schließlich als von vielen mohammedanischen Geistlichen anerkannte innere Lehre des Islam einnahm, ist direkt auf das Werk von Ghasali zurückzuführen. Die Gedanken, die Ghasali weitergab und die sowohl den Dominikaner Thomas von Aquin als auch Franz von Assisi beeinflußten, haben im Geist der Autoren über die westliche Mystik bis heute andauernde Verwirrung gestiftet. Für den Sufi zeigen sich die zwei Aspekte des Gedankengutes Ghasalis deutlich einerseits im Werk der intellektuellen Dominikaner als auch andererseits bei den intuitiven Franziskanern. Die beiden Einflüsse wurden voneinander getrennt, da man eine Methode ohne Beachtung der anderen übernahm und sich darauf spezialisierte. Sie sind jedoch so deutlich erkennbar, daß man den sufischen Strom als Quelle der Inspiration nachweisen könnte, auch wenn man nichts von einem sufischen Einfluß auf die christlichen Lehrer wüßte.

Ghasali ging von der sufischen Vorstellung aus, daß alle religiöse und psychologische Aktivität wesenhaft eins ist und den Ausdruck einer ungebrochenen Tradition darstellt, die von gewissen Individuen weiter ausgebaut werden kann. So war es ihm möglich, die mystische *und* die theologische Welt einheitlich im Kontext der beiden Auffassungen darzustellen. Damit konnte er die innere Wirklichkeit von Religion und Philosophie auf eine Weise verdeutlichen, welche die Anhänger aller Glaubensbekenntnisse ansprach. Aber auch wenn sein Werk von den Anhängern der verschiedenen Traditionen hochgeachtet war, wäre es doch falsch, daraus die Schlußfolgerung zu ziehen, er habe versucht, eine Synthese der Religionen herbeizuführen. Dies ist zum Beispiel der Tenor des Werks des christlichen Theologen Dr. August Tholuck, der eingesteht, daß Ghasalis Schriften auch für den Christen annehmbar sind. Was er zu diesem Thema sagt, ist ein ausgezeichnetes Beispiel der »Elefant im Dunkeln«-Mentalität, die einfach nicht an eine einheitliche Quelle für alle echten metaphysischen Lehren glauben kann und deshalb bei jedem neuen Lehrer versuchen muß, die Herkunft der Bestandteile der Lehre nachzuweisen:

»Alles Gute, Edele und Erhabene, das seine große Seele aufgenommen hatte, schrieb er dem Mohammedanismus zu, und er verherrlichte die Lehren des Koran mit so viel Frömmigkeit und Gelehrsamkeit, daß sie meiner Meinung nach in der Form, die er ihnen gab, der Zustimmung der Christen wert sind. Alles was an der Philosophie des Aristoteles oder der sufischen Mystik besonders wertvoll war, übernahm er stillschweigend für die mohammedanische Theologie. Von jeder Schule übernahm er, was Ruhm und Ansehen der Religion vergrößern konnte, und seine tiefe Frömmigkeit und bewundernswerte Aufrichtigkeit verliehen seinen Schriften eine ehrwürdige Majestät.«

Kaum etwas kann die Überzeugung des intellektualisierenden Betrachters erschüttern, daß alles was er untersucht ein Flickenwerk aus anderen Dingen ist. In jener Zeit, als man es nur graubärtigen Geistlichen zutraute, eine prophetische Überlieferung korrekt zu rezitieren, wurde Ghasali im Alter von dreiunddreißig Jahren zum Professor der berühmten Nisamiyya-Akademie ernannt. Seine intellektuelle Begabung blieb im Islam unübertroffen. Für ihn bestand die wahre Aufgabe der Religion nicht einfach darin, Informationen zu vermitteln, sondern darin, die innere Bewußtheit zu entwickeln, eine Konzeption, die für die Scholastiker der damaligen Zeit allzu revolutionär war. Er legte diese Theorie in seinem *Ihya-el-ulum* dar. So wie Rumi, der erst von den Grenzen der Dichtkunst sprach, als er ein großer Dichter geworden war, konnte Ghasali es sich leisten, die Scholastik zu entlarven, nachdem er nicht weniger als dreihunderttausend prophetische Überlieferungen auswendig kannte und zur Autorität des Islam geworden war. Seine intellektuellen Fähigkeiten waren mit geistiger Rastlosigkeit gekoppelt. Wie er es in seinen autobiographischen Schriften selbst sagt, brachte diese ihn seit seiner frühen Jugend dazu, unablässig jedes Dogma und jede Doktrin, der er begegnete, zu prüfen.

Während er noch lehrte, kam Ghasali zu dem Schluß, das kanonische Gesetz (über das er maßgebliche Bücher schrieb) sei eine unzulängliche Basis für das Verständnis der Wirklichkeit, und er glitt in Skeptizismus ab.

So gab er seine Stellung auf, um sich – wie unter Derwischen üblich – für zwölf Jahre auf Wanderschaft zu begeben und Meditation zu üben. Er kehrte zu seinen sufischen Wurzeln zurück, auf der Suche nach den Antworten, die er in der akademischen Welt nicht gefunden hatte.

Er gab zu, daß er ein Egoist sei, der nach Zustimmung und Anerkennung verlangte. Als er erkannte, daß dies ein Hindernis auf dem Weg zur wahren Erkenntnis ist, erniedrigte er sich nicht unvermittelt selbst, indem er den »Weg des Tadels« wählte, der sich vielen Mystikern als Allheilmittel anbietet. Er entschied sich vielmehr dafür, durch eine bewußte Entwicklung zur objektiven Wahrheit zu gelangen.

Ghasali berichtet, wie er mit seinem Gebieterischen Ich kämpfte, als er sich nach dem Abbruch seiner scholastischen Karriere, welche die mohammedanische Theologie vor dem Zerfall bewahrt hatte, für eine Zeitlang von der Welt zurückzog. Er war nach Art der Derwisch auf der Suche nach Erleuchtung schon eine Weile auf Pilgerfahrt im Osten herumgewandert, als er einmal eine Moschee betrat. Der Imam beendete gerade seine Predigt mit den Worten: »Also spricht unser Führer Ghasali.«

Der wandernde Derwisch sagte zu sich: »O Gebieterisches Ich, wie angenehm ist es dir, solches zu hören! Aber ich will mich dieser Schwäche nicht länger hingeben. Ich will diese Stätte verlassen und hingehen, wo niemand von Ghasali spricht.«

Der Theologe, der anerkannte Meister in Sachen der äußerlichen Religion, wußte sehr wohl, daß er zur Erkenntnis dessen, was das Wort »Gott« wohl meinte, nur auf einem inneren Weg gelangen konnte. Der begriffliche Rahmen einer formalisierten Religion konnte ihn dem nicht näherbringen.

»Ich reiste nach Syrien«, so berichtet er, »und blieb dort für zwei Jahre. Es ging mir einzig und allein darum, Einsamkeit zu finden, meine Selbstsucht zu überwinden, die Leidenschaften zu bezwingen, meine Seele zu klären und meinen Charakter zu vervollkommnen.« Er tat dies, da der Sufi nicht zur Erkenntnis kommt, bevor sein Herz nicht darauf vorbereitet ist, »über Gott zu meditieren«, wie er es nennt.

In dieser Zeit kam es allerdings nur zu einem sporadischen Aufblitzen der spirituellen Erfüllung, einem Vorgeschmack – ein Stadium, das die meisten der nicht-sufischen Mystiker schon für das letzte halten, das tatsächlich aber nur der erste Schritt ist.

Ihm war klargeworden, daß »die Sufis nicht Menschen der Rede sondern der inneren Wahrnehmung sind. Ich hatte alles gelernt, was sich durch Lesen lernen läßt. Der Rest war nicht durch Studien oder durch Worte zu erlangen.«

Anstatt sich von seinen ekstatischen Erfahrungen blenden zu lassen und sie für das ein und alles der mystischen Suche zu halten, erkannte Ghasali, daß »das sogenannte Aufgehen in Gott, das man für das *Ziel* der Sufis hält, in Wirklichkeit erst der Anfang ist«.

Er hatte Scholastik und Intellektualismus ausgeschöpft und abgelegt, da er erkannte, daß sie Grenzen haben, und genauso ging es ihm mit jenen Anfangsstadien, die man so oft schon für die letztendliche mystische Erfahrung hält. Er war fähig dazu, weil er erlangte, was er gesucht hatte – eine Form der Wahrnehmung, die ihm wie ein Leitstrahl ein Gefühl der Sicherheit schenkte und ihm ein Mittel gab, mit dem er die letzte Erkenntnis erreichen konnte. »Es ist etwas«, so beschreibt er diese Wahrnehmung, »das so deutlich ist, als hätte man ein Objekt tatsächlich angefaßt.«

In einer Passage seines Werkes *Das Elixier der Glückseligkeit*, in der er Glück und Erfüllung mit einem Prozeß der alchymischen Umwandlung des Bewußtseins in Beziehung setzt, führt Ghasali eine Geschichte von Bayasid, einem der frühen Meister des klassischen Sufismus, an. Er will damit zeigen, daß die *amour propre* (das Gebieterische Ich) zuerst ins rechte Licht gerückt werden muß, bevor der Prozeß der Läuterung beginnen kann:

Einst kam ein Mann zu Bayasid und sagte, er habe dreißig Jahre lang gefastet und gebetet und sei trotzdem einer Erkenntnis Gottes noch nicht nahe gekommen. Bayasid sagte ihm, daß selbst hundert Jahre nicht genug sein würden. Der Mann wollte wissen warum.

»Weil Eure Selbstsucht als Schranke zwischen Euch und der Wahrheit steht.«
»Gebt mir ein Heilmittel.«
»Es gibt ein Heilmittel, aber nicht für Euch.«
Der Mann drang weiter in ihn, und Bayasid stimmte zu, ihm das Mittel zu beschreiben.
»Geht und rasiert Euch Euren Bart ab. Dann zieht Euch bis auf ein Lendentuch nackt aus. Füllt einen Futterbeutel mit Walnüssen und begebt Euch auf den Marktplatz. Dort ruft aus, ›Eine Walnuß für jeden Knaben, der mir einen Schlag versetzt!‹ Danach begebt Euch zum Gerichtshof in eine Versammlung der Rechtsgelehrten.«
»Aber wie sollte ich so etwas tun können! Gebt mir eine andere Methode.«
»Dies ist die einzige Methode«, sagte Bayasid, »aber ich sagte Euch ja bereits, daß es für Euch keine Antwort gibt.«
Wie alle anderen Derwisch-Lehrer behauptete Ghasali, der Sufismus sei die innere Lehre aller Religionen, und er belegte dies mit vielen Zitaten aus der Bibel und den Apokryphen. Eines seiner Frühwerke behandelt kritisch die Entstellung der christlichen Ideale; es hat den Titel *El Qawl el Jamil fil Raddi a la man Ghayar el Injil*. Natürlich hat man deshalb behauptet, er sei vom Christentum beeinflußt gewesen.
Man warf Ghasali oft vor, er predige eine Sache und lehre insgeheim etwas ganz anderes. Das stimmt zweifellos, wenn man die Tatsache anerkennt, daß der aktive Sufismus ein spezialisiertes Unterfangen ist, dem nur eine begrenzte Anzahl von Menschen nachgehen können. Die äußerlichen und doktrinären Aspekte des Islam, die er mit solch untadeliger Orthodoxie darlegte, waren für jene gemeint, die dem inneren Weg der Sufis nicht folgen konnten.
Der Vollendete Mensch (*insani kamil*) scheint mehr als einem System von Regeln zu folgen, da er in verschiedenen Dimensionen gleichzeitig lebt. Ein Mensch zum Beispiel, der einen See durchschwimmt, führt andere Bewegungen aus und reagiert auf andere Wahrnehmungen als der selbe Mensch, wenn er einen Hügel hinabläuft. Aber wenn er läuft, trägt er doch die Fähigkeit zu Schwimmen in sich.
Mit außerordentlichem Mut spricht Ghasali dies im *Mizan el Amal* aus:
Der Vollendete Mensch bewegt sich in drei Glaubenssystemen:
1. dem seiner Umgebung.
2. dem, welches er seinen Schülern unter Berücksichtigung ihrer Erkenntnisfähigkeit weitergibt.
3. dem, welches er aus innerer Erfahrung kennt und von dem nur ein kleiner Kreis von Menschen weiß.
Sein Werk *Mischkat el Anwar* (Nische des Lichts) ist sowohl ein Kommentar zu dem berühmten Licht-Vers des Koran als auch eine Ausformulierung seiner esoterischen Bedeutung (siehe Anmerkung: »Licht-Vers«).
Er führt aus, daß alles eine äußere und eine innere Bedeutung habe. Beide wirken nicht gemeinsam, obwohl sie beide innerhalb ihrer eigenen Dimensionen

durchgängig gültig sind. Es stimmt schon, die allgemeinverbreitete Version des Koran enthält die von den Derwischen überlieferte Interpretation nicht. Aber das liegt nur daran, weil sich der Schlüssel zu diesem außerordentlichen Buch nicht in Worten formulieren läßt. Man gewinnt ihn nur durch persönliche Erfahrung. Dieses Buch kann man nicht verstehen, solange man es nicht erfährt.

Diese Tatsache, die für den Sufismus sehr fundamental ist und von vielen sufischen Autoren betont wird, kann von formalen Denkern leicht mißverstanden werden. So schreibt der Verfasser einer englischen Übersetzung der *Nische*: »All diese Dinge sind nicht-mitteilbare Mysterien, Geheimnisse, von deren Enthüllung der Autor (Ghasali) gerade in dem Moment Abstand nimmt, da man die Auflösung erwartet. Diese Kunst beherrscht er vollkommen – aber für den Leser ist sie mehr als quälend. Wer waren die Adepten, denen er *wirklich* diese faszinierenden Geheimnisse enthüllt hat? Wurden diese Enthüllungen jemals für die oder von den anderen Eingeweihten niedergeschrieben?«

Ghasali bezieht sich auf Geheimnisse, die man nur erfahren, nicht aber niederschreiben kann. Es ist keineswegs seine Absicht, den Leser zu quälen.

Eigentlich hat das Werk Ghasalis vier Teile. Der erste ist das philosophische Material, das er den mohammedanischen Theologen und Intellektuellen an die Hand gab, um den theoretischen Bezugsrahmen der Religion zu bewahren. Dann kommen seine metaphysischen Lehren, die in Werken wie der *Nische* und dem *Elixier* enthalten sind. Weiterhin gibt es jene Bedeutungen, die in verschlüsselter Form in seinen Werken verborgen sind. Und schließlich ist da die Lehre, die aus einem Verständnis der letzten beiden Formen entsteht und die teilweise mündlich überliefert wird und sich teilweise jenen offenbart, welche die Anweisungen seiner mystischen Werke getreulich befolgen und seine Erfahrungen nachvollzogen haben.

Wie alle klassischen Derwische benutzte Ghasali poetische Symbolik und die Verschlüsselung. Sein Beiname, den er selbst gewählt hat, wird gewöhnlich als »Al Ghasali« wiedergegeben. Die Hauptbedeutung davon ist »der Spinner« – das bezeichnet also »jemanden der spinnt, mit einem Material wie Wolle arbeitet«. Wolle ist natürlich das Codewort für Sufi, und so spielt der Name auf die Notwendigkeit des Spinnens, der Bearbeitung des eigenen Materials, also die Arbeit an sich selbst an. Zu dieser Berufsbezeichnung assoziiert man auch Fatima (was »Färber« bedeutet), Mohammeds Tochter. Auf sie führt der Stammbaum aller Nachfahren des Propheten zurück. Man glaubt, daß ihnen in der Erbfolge die innere Lehre des Islam überliefert wurde, welche aufzeigt, wo der Islam sich mit allen echten metaphysischen Überlieferungen verbindet.

Wie sorgfältig diese Dichternamen ausgewählt waren, zeigen die anderen Assoziationen zu diesem Namen. Ghasali steht auch für »Gazelle« (die Gattungsbezeichnung für verschiedene Antilopenarten, wie zum Beispiel das Oryx – welches gleichlautend ist mit dem Wort für »ein Liebender«). Auf das Drei-Buchstaben-Radikal GH-Z-L, von dem die ganze Wortreihe abgeleitet

ist, geht auch das Wort GHaZaL zurück, welches im Arabischen und Persischen der Fachausdruck für eine Form des Liebesgedichtes ist (Ghasele). Zu den weiteren Ableitungen von dieser Wurzel gehört auch das Spinnengewebe (etwas Gesponnenes), was in diesem Fall auf ein durch Glauben herbeigeführtes Geschehen anspielen soll. Das Geschehen war das Spinnen einer Spinnwebe über den Eingang einer Höhle, in der sich Mohammed und sein Gefährte Abu Bakr einmal vor ihren Feinden verbergen mußten.
Der Sufi, der diesen Hintergrund kennt, interpretiert Al Ghasalis Namen deshalb in Übereinstimmung mit dem Prinzip, nach dem er ausgewählt wurde. Für ihn bedeutet er also, daß Ghasali dem Pfad der Liebe folgt, dem des Sufismus (»Wolle«), auf dem es zu arbeiten (in diesem Falle spinnen) gilt. Ghasali hat es seinen Nachfolgern überlassen, diese Hinweise aufzugreifen, die auch eine Anspielung auf die Kontinuität der Überlieferung (Fatima) im Rahmen ihrer Religion enthalten.
Mit verschiedenen Abwandlungen folgt man in den traditionellen sufischen Bruderschaften der Methodologie Ghasalis. Er verteidigte die gezielte Anwendung von Musik, um die Wahrnehmungsfähigkeit in seinem *Ihya* zu steigern – und zu diesem Zweck wird die Musik auch in den Mevlevi- und Chishti-Orden der Derwische verwendet. Das Stück, das man im Westen als den *Bolero* von Ravel kennt, ist in Wirklichkeit eine Bearbeitung eines der zu diesem besonderen Zweck komponierten Stücke. Ghasali weist darauf hin, daß man die Selbstüberhebung erkennen und überwinden muß, um die höheren Fähigkeiten entwickeln zu können. Dies ist ein anderer Teil der sufischen Schulung. Er betont, daß das Bewußtsein umgewandelt und nicht unterdrückt oder verzerrt werden soll.
Der Gebrauch des alchimistischen Wortschatzes durch die Sufis des Mittelalters hat unter den späteren Forschern ziemliche Verwirrung über die wahre Bedeutung der »Alchymie« angerichtet. Manche sagen, sie sei eine getarnte Form der spirituellen Suche. Andere halten dagegen, daß Untersuchungen der Labors der Alchimisten erwiesen haben, daß dort wirkliche Experimente durchgeführt wurden. Und die Werke, die spirituellen Alchimisten zugeschrieben werden, hat man als Abhandlungen zur Chemie verstanden.
Ghasali sagt: »Alchymisches Gold ist besser als Gold, aber die wirklichen Alchimisten sind selten, genauso wie die wirklichen Sufis. Wer nur eine oberflächliche Ahnung vom Sufismus hat, ist einem Gelehrten nicht überlegen.« (*Elixier der Glückseligkeit*)
Zuerst einmal sollte man daran denken, daß ein großer Teil der alchimistischen Tradition des Westens aus arabischen Quellen stammt, und daß die früheste Form der sogenannten Smaragdenen Tafel des Hermes Trismegistos arabisch ist. Zudem war der erste klassische Sufi Jabir Ibn al-Hayyan, mit dem Beinamen ›Der Sufi‹, welcher sich mit Alchimie und Okkultismus beschäftigte. Sein lateinischer Name ist Geber, und er lebte drei Jahrhunderte von Ghasali. Das »Große Werk« ist die Übersetzung eines sufischen Ausdrucks, und die

Doktrin vom Mikrokosmos und Makrokosmos findet sich bereits im Sufismus und wird von Ghasali ausgedeutet. Da der Sufismus keine reine Erfindung ist, die zu einem bestimmten Zeitpunkt zustande kam, ist es unvermeidlich, daß manche Gedanken auch in anderen esoterischen Überlieferungen auftauchen. Wenn man alle diese Punkte nicht gebührend berücksichtigt, wird man die Theorie der Umwandlung vom Groben zum Feinen kaum im rechten Licht sehen können.

Ghasalis *Neubelebung der Religionswissenschaften* wurde im mohammedanischen Spanien öffentlich verbrannt (bevor er zur größten Autorität im Islam geworden war), weil es Aussagen wie die folgende enthielt:

Die göttliche Erkenntnis ist so tief, daß wirklich nur jene, die sie erlangt haben, darum wissen. Ein Kind weiß nicht wirklich um die Errungenschaften eines Erwachsenen. Der gewöhnliche Erwachsene versteht nichts von den Kenntnissen des Gelehrten. Und ganz genauso kann ein Gelehrter die Erfahrungen erleuchteter Heiliger oder Sufis nicht verstehen.

Die *Erneuerung* enthält die wichtigste Darstellung des Liebes-Ideals der Sufis. Sie betont die Übereinstimmung der Menschen untereinander und des Menschen mit der Schöpfung.

In Buch IV zitiert Ghasali den Sufi-Meister Malik ibn Dinar: »Jeder Mensch hält sich zu seinesgleichen, so wie jeder Vogel mit seiner Art fliegt.« (Siehe auch: Al Ghasali: »Das Elixier der Glückseligkeit«, Düsseldorf/Köln 1959, S. 84 – das *Elixier* ist eine Kurzfassung der *Neubelebung*)

Ghasali weist darauf hin, daß die Mischung aus einem Schwein, einem Hund, einem Teufel und einem Heiligen kaum die angemessene Grundlage für einen Geist ist, der die tiefe Erkenntnis von Dingen erlangen will, die schon von der Definition her jener Mischung unfaßlich sind. »Du mußt aufhören, ein Kissen anzuschauen, wenn du eine Lampe ansehen willst.«

Die Methode, mit der die unheilige Mischung geläutert wird, mit der der Spiegel so ausgerichtet wird, daß er richtig reflektiert, muß erkannt und geübt werden. Dies ist die Erkenntnis und die Praxis, die das Ergebnis der sufischen Spezialisierung ist.

Die spezialisierten Techniken des Sufismus, mit denen man die Fähigkeit zu lernen und die Erkenntnis des zu Lernenden erlangt und die Weisheit, zu der diese letztlich führen, sind das Ergebnis der rechten Einstellung. »Es gibt viele Grade der Erkenntnis«, sagt Ghasali. »Der bloß physische Mensch ist wie eine Ameise, die über ein Blatt Papier krabbelt, schwarze Buchstaben bemerkt und ihre Entstehung auf die Schreibfedern und nichts anderes zurückführt.« (*Elixier der Glückseligkeit*)

Was ist das Ergebnis dieser Spezialisierung in bezug auf die gewöhnliche Welt? Ghasali gibt im *Elixier* einige konkrete Beispiele dafür. Manche Menschen beherrschen ihren Körper. »Menschen, die ein gewisses Maß innerer Kraft erreicht haben, beherrschen ihre eigenen Körper und auch die anderer Menschen. Wünschen sie, daß ein Invalider gesundet, so geschieht dies auch...

Durch bloße Willensanstrengung können sie jemanden veranlassen, zu ihnen zu kommen.«

Es gibt drei Eigenschaften, die eine Folge der sufischen Spezialisierung sind und die sich in dem gewöhnlichen Leser verständliche Worte fassen lassen:

1. *die Kraft außersinnlicher Wahrnehmung, die bewußt ausgeübt wird.*
2. *die Kraft, Körper unter Ausschaltung ihrer Schwerkraft zu bewegen.*
3. *Unmittelbare Bewußtheit oder Erkenntnis. Auch das, was man sich normalerweise nur mit Mühe aneignet, fällt dem Sufi durch Erleuchtung oder unmittelbare Einsicht zu.*

Diese Fähigkeiten mögen abwegig oder seltsam erscheinen, und sie sind tatsächlich nur ein Teil eines höheren Zustands des Seins oder der Existenz. Von gewöhnlichen Menschen können sie nur in dieser groben Form wahrgenommen werden. »Diese Wechselwirkung läßt sich nicht auf die gewöhnliche Art erklären, so wie es zum Beispiel auf einer weltlicheren Ebene unmöglich ist, einem Menschen die Wirkung von Poesie zu erklären, der kein Ohr dafür hat, oder jemandem, dem das Sehvermögen abgeht, eine Farbe zu beschreiben.«

Der Mensch, so sagt Ghasali, ist fähig, auf verschiedenen Ebenen zu existieren. Normalerweise weiß er nicht genug über diese Ebenen, um sie unterscheiden zu können. Er befindet sich auf einer von vier Ebenen. »Auf der ersten Ebene ist er wie eine Motte. Er hat Sehvermögen, aber keine Erinnerung. Er wird sich immer wieder an der gleichen Flamme versengen. Auf der zweiten Ebene ist er wie ein Hund. Hat man ihn einmal geschlagen, so wird er beim Anblick eines Stocks davonlaufen. Auf der dritten Ebene ähnelt er einem Pferd oder einem Schaf. Beide fliehen sofort, wenn sie einen Löwen oder einen Wolf – ihre natürlichen Feinde – sehen. Sie ergreifen jedoch nicht vor einem Kamel oder Büffel die Flucht, obwohl beide viel größer sind als ihre natürlichen Feinde.« Auf der vierten Ebene transzendiert der Mensch diese animalischen Begrenzungen völlig. Nun ist er in der Lage, mit einer gewissen Voraussicht zu handeln. In Begriffen der Fortbewegung läßt sich die Beziehung zwischen diesen Stadien folgendermaßen umschreiben:

1. *Wandeln auf dem Land*
2. *Zu Schiff sein*
3. *In einer Kutsche fahren*
4. *Auf dem Wasser wandeln*

Jenseits dieser Stadien gibt es eine Phase, in der, so könnte man sagen, der Mensch aus eigener Kraft durch die Luft zu fliegen vermag.

Die Allgemeinheit verbleibt auf einer der ersten beiden Ebenen. Auf diesen Ebenen haben die Menschen nicht so viel Geduld, wie sie haben sollten. Selbst statisch, verhalten sie sich unweigerlich feindselig gegenüber jenen Menschen, die in Bewegung sind.

In seinem metaphysischen Werk macht sich Ghasali selten die Mühe, die Leute aufzufordern, dem Pfad der Sufis zu folgen. In einer Passage jedoch führt er folgendes Argument an: Wenn, so sagt er, wahr ist, was die Sufis sagen – daß es in diesem Leben eine dringende Aufgabe zu erfüllen gilt, die Bedeutung für unseren künftigen Zustand hat – dann wird es für den künftigen Zustand sehr wichtig sein, danach zu handeln. Gibt es andererseits keine solche Beziehung, dann ist überhaupt nichts wichtig. Ist es deshalb, so fragt er, nicht besser, den sufischen Standpunkt wenigstens einmal zu erwägen? Später wird es dazu zu spät sein.

Im Elixier wendet sich Ghasali der Frage der psychologischen Aspekte der Musik zu. Er beschreibt den Mechanismus, durch den sich Musik und Tanz zum Zweck der Aufpeitschung gebrauchen lassen. Musik kann ein Mittel sein, eine emotionale Wirkung hervorzurufen. Er behauptet jedoch, daß es auch eine unschädliche Funktion der Musik gibt, welche nicht zu den pseudoreligiösen Gefühlen führt, welche man in weniger klarsichtigen Kulten mit dem Mittel der Musik hervorruft.

Der sufische Gebrauch der Musik unterscheidet sich von ihrem emotionalen Gebrauch. Bevor ein Sufi an musikalischen Übungen teilnehmen kann – einschließlich des Anhörens von Musik –, muß sein Lehrer erst einmal feststellen, ob er von der Erfahrung auch den rechten Gebrauch machen kann.

Hier eine Geschichte, die zeigt, wie ein Sufi-Lehrer (Scheich Gurjani) einem Schüler deutlich machte, daß er zum Anhören von Musik im objektiven sufischen Sinn noch nicht bereit war. Auf eine entsprechende Bitte antwortete der Scheich: »Faste eine Woche lang. Dann lasse ein köstliches Mahl für Dich bereiten. Wenn Du dann immer noch die musikalische Bewegung vorziehst, so magst Du an ihr teilnehmen.«

Unter allen anderen Umständen, so sagt Ghasali, ist die Teilnahme an Musik und »Tanz« nicht nur untersagt, sie ist für den Suchenden geradezu schädlich. Die moderne Psychologie hat die besondere Bedeutung von Klängen zur Erhöhung der Bewußtheit noch nicht erkannt.

Die Wirklichkeit des wahren »Zustandes« der sufischen Erfahrung ist für den Außenstehenden kaum faßbar, denn er denkt in Begriffen, die sich auf diesen Zustand nicht anwenden lassen. »Man muß ihm gegenüber Nachsicht üben«, sagt Ghasali, »denn er ist sich des Wesens dieser Zustände nicht bewußt. Er ist wie ein Blinder, der versucht zu verstehen, was es bedeutet, grünes Laub in der Strömung eines Baches zu sehen.«

Alles, was der Außenstehende tun kann, ist, sich die Erfahrung, von der man ihm berichtet, in Begriffen seiner eigenen Erfahrung vorzustellen – sinnlich, orgiastisch, emotional. »Und doch wird ein kluger Mensch die Existenz solcher Zustände nicht verneinen, bloß weil er sie selbst noch nicht erfahren hat. Diese Art, sich eine Meinung zu bilden, zeugt von verheerender Dummheit.«

Die deistische Auffassung der sogenannten mystischen Erfahrung, die nicht zu tieferer Erkenntnis, sondern nur zu einer Art Selbstberauschung führt, ist nicht jene, die Ghasali zu umschreiben versucht. Noch weniger ist er geneigt, die Annahme zu teilen, es gebe so etwas wie das Herabsteigen der Gottheit in den Menschen. Der Bericht über solche Erfahrungen wird verfälscht oder gar ganz sinnentleert, wenn man versucht, sie durch ein Vehikel zu transportieren – durch Worte –, das zu ihrer Vermittlung ungeeignet ist. Ein sufischer Kommentar zum Werk Ghasalis bemerkt, daß Dinge, die umfassende Erfahrungen darstellen, »nicht von einem stammelnden Wortklauber beschrieben werden können, genausowenig wie dieser das Papierbildchen einer Frucht als eßbar oder nahrhaft anerkennen würde«.

Der Intellektuelle oder Oberflächliche, der versucht, etwas mittelbar zu verstehen, es in einen Rahmen zu pressen, über den es weit hinausgeht, ist »wie jemand, der, sobald er sein Gesicht in einem Spiegel sieht, sich vorstellt, der Spiegel habe sein Gesicht irgendwie gefangengenommen«.

Auch in Treffen von Derwischen kann es vorkommen, daß jemand sich in ekstatischen Krämpfen windet oder andere Zeichen unechter Erfahrungen oder Zustände zeigt. Ghasali erinnert daran, wie der große Scheich Junayd einmal einen jungen Mann tadelte, der während eines Treffens der Sufis in solche ekstatischen Konvulsionen verfallen war. »Tu das niemals wieder«, sagte Junayd, »oder Du mußt meinen Kreis verlassen.« Die Sufis meinen, daß derartige äußere Anzeichen eines vermeintlichen inneren Wandels nur Nachahmungen oder rein emotionale Äußerungen sind. Die wahre Erfahrung enthält keine physischen Beimischungen dieser Art – gleich ob man »in Zungen spricht« oder sich am Boden herumwälzt. Der berühmte Mahmud Schabistari sagt in seinem *Verborgenen Garten*: »Kennst Du diese Zustände nicht, so gehe weiter und ergib dich nicht dem unheiligen und unwissenden Abbild... Jedoch nicht jeder lernt die Geheimnisse des Weges kennen.«

Solche Zurschaustellungen haben in gewisser Weise etwas mit dem emotionalen Gebrauch von Wörtern zu tun, der das große Übel und letztlich der Untergang aller formalen Religionen ist. Phrasen über Gott, Glauben oder Religion zu dreschen ist eine rein äußerliche, bestenfalls eine emotionale Angelegenheit. Dies ist einer der Gründe, warum der Sufi den Sufismus nicht im gleichen Kontext wie die formale Religion diskutiert. Es geht hier um verschiedene Ebenen.

Sobald man einmal eine innere Erfahrung hat von dem, was die bekannte Phraseologie der Religion meint, verlieren diese Ausdrucksformen jegliche Bedeutung, denn der Übergang vom Groben zum Feineren hat stattgefunden. Ghasali illustriert diese Tatsache mit einem Ausspruch des Sufi-Meisters Fudayl (gestorben 801), der sagte: »Fragt man dich, ob du Gott liebst, so antworte nichts. Denn wenn du sagst: ›Ich liebe Gott nicht‹, bist du ein Ungläubiger. Sagst du andererseits: ›Ich liebe Gott‹, dann widersprichst du dir mit dieser Handlung selbst.«

Weiß ein Mensch, was religiöse Liebe ist, so wird er sie auf ihre eigene Weise ausdrücken und nicht in der Weise jener, die sie nicht kennen. Ein Mensch wird von Dingen aufgerichtet oder von ihnen niedergeschlagen je nach seinen Fähigkeiten und je nachdem, ob er mit ihnen vertraut ist oder nicht. Ghasali berichtet von einem Mann, der in einem Parfümbasar zusammenbrach. Man versuchte ihn mit süßen Gerüchen wiederzubeleben. Jemand der ihn kannte, sagte: »Ich war ein Müllmann. Dieser Mann ist auch einer. Der Geruch dessen, was ihm vertraut ist, wird ihn wiederbeleben.« Also hielt man ihm irgendeinen übelriechenden Gegenstand unter die Nase, und er kam sofort wieder zu sich. Diese Behauptung ist jenen Menschen ganz und gar zuwider, die versuchen, vertraute Empfindungen einer höheren Ebene des Seins zuzuschreiben, und die glauben, sie erführen das Göttliche oder Mystische in Formen, die doch bloß der groben Ebene angehören. Die grobe Form ist ihrem Kontext angemessen und läßt sich nicht übertragen. Ein Benzinmotor läßt sich nicht mit Butter betreiben, auch wenn Butter an ihrem Ort eine ausgezeichnete Sache ist. Niemand würde sie jedoch ernsthaft als Treibstoff bezeichnen. Wir werden sehen, daß die sufische Theorie einer fortschreitenden Verfeinerung der Materie sich beträchtlich von der anderer Systeme unterscheidet. Die beiden anderen Schulen behaupten entweder, man müsse das Materielle ganz und gar meiden, oder aber man müsse Gebrauch davon machen. Tatsächlich hat jeder Grad der Materialität seine eigene Funktion; und die Materialität erstreckt sich in fortschreitender Verfeinerung bis dorthin, wo sie zu dem wird, was man gewöhnlich als von ihr verschieden betrachtet – zu Geist.

Ghasali betont, wie wichtig es ist, auf verschiedenen Ebenen die vielfältigen Funktionen dessen zu erkennen, was die gleiche Sache zu sein scheint. So zum Beispiel: »Das Auge mag das Große als klein sehen, die Sonne in der Größe eines Suppentellers. ... Unsere Intelligenz versteht, daß die Sonne in Wirklichkeit viele Male größer ist als die Erde. ... Die Fähigkeiten der Vorstellungskraft und der Phantasie bringen oft Meinungen und Urteile hervor, die man für das Produkt der Intelligenz hält. Für den Unbewußten oder Unsensiblen liegt der Fehler also in den niederen mentalen Prozessen.« (*Nische des Lichts*, Erster Teil) Mit den Unsensiblen meint er jene, die sich nicht für vielfältige Anstöße oder Bedeutungen öffnen wollen. Er gibt viele Beispiele für die Auswirkungen dieser Tendenz und sagt dabei in der *Neubelebung* einige interessante Dinge über das Ich.

Das Ich ist in einem Sinne die Persönlichkeit des Menschen, die dazu da ist, mit den äußeren Anstößen umzugehen und sie zur eigenen Befriedigung zu benutzen. Aber es steht auch für die innere oder essentielle Eigenschaft eines Individuums. In dieser Eigenschaft ändert sich sein formaler Name in Übereinstimmung mit seiner Funktion. Gelingt es dieser Essenz, das emotionale Leben angemessen zu regeln und Verwirrung zu vermeiden, so nennt man sie das Friedvolle Ich. Wirkt sie auf dem Gebiet des Gewissens, indem sie Mann oder Frau an gewisse Dinge erinnert, so nennt man sie das Anklägerische Ich. In dieser Angelegenheit hat es fürchterliche Mißverständnisse gegeben, weil man dem essentiellen Ich zum Zweck der Untersuchung und Lehre Namen geben muß. So kann man den Eindruck bekommen, die Namen, die verschiedene Wirkungsweisen in bezug auf die jeweilige Aufgabe bezeichnen, stünden für voneinander verschiedene Dinge oder für eine Sache auf verschiedenen Ebenen der Entwicklung. Es ist durchaus legitim, den Prozeß als eine Stufenabfolge darzustellen, aber diese Unterscheidung macht man nur zu illustrativen Zwecken. Der Sufi, dessen Bewußtsein richtig arbeitet, wird die verschiedenen Phasen der Umwandlung der Essenz auf eine ganz besondere Weise sehen, die in der gewöhnlichen Terminologie keine angemessene Entsprechung hat. Wirkt die Essenz auf eine dem Unentwickelten vertraute Weise, so verleiht sie einem Mechanismus die Kraft, der gerne in primitiven Befriedigungen schwelgt und den man das Gebieterische Ich nennt.

»Gewisse Bedingungen«, so betont Ghasali, »sind leicht zu verstehen, und so bekommt man den Eindruck, daß sich alles andere ebenso leicht verstehen ließe. Aber es gibt Situationen, die nur jene verstehen, welche sie auf eine ganz besondere Art und Weise sehen. Die Unkenntnis dieses Mechanismus führt zu dem verbreiteten Fehler, anzunehmen, daß alle Ereignisse den gleichen Regeln folgen.«

In Übereinstimmung mit anderen sufischen Lehrern geht Ghasali davon aus, daß man die gleiche Aussage je nach den Umständen in verschiedener Form wiederholen muß. Das schon deshalb, weil die sufische Methode verlangt, daß man in verschiedenen Wertsystemen den gleichen Standpunkt beziehen kann. Ein weiterer Grund ist, daß Menschen oft Lippenbekenntnisse zu einem wichtigen Standpunkt ablegen, ohne von seiner Bedeutung wirklich durchdrungen zu sein – ein Phänomen, das man oft in Schülergruppen beobachten kann. Der Standpunkt muß jedoch wirklich als dynamische Kraft im Bewußtsein des Schülers wirken. Da der Schüler daran gewöhnt ist, konditioniert oder gedrillt zu werden, wird er in vielen Fällen einen Standpunkt als Konditionierung annehmen. Das Resultat ist, daß er nur *denkt*, er hätte ihn verstanden, bloß weil er auf den Stimulus einer bestimmten Aussage hin auf vorhersehbare Weise reagiert. Hat eine solche Konditionierung bereits stattgefunden, so muß sie erst einmal durchbrochen werden, bevor der sufische Anstoß wirksam werden kann.

Dieses Problem ist die Quelle der Mißverständnisse über Aussagen wie der »Sohn Gottes« (Jesus zugeschrieben) oder »Ich bin die Wahrheit« (was der sufische Heilige Hallaj gesagt hat – siehe Anmerkung: »Hallaj«). Der Versuch, eine gewisse Beziehung in einer Sprache auszudrücken, die zu diesem Zweck nicht geeignet ist, muß zum Mißverständnis des Ausdrucks führen.

Der einzelne, so sagt Ghasali in der *Neubelebung*, mag durch verschiedene Stadien einer inneren Entwicklung gehen, die man als der Entwicklung des menschlichen Lebens analog betrachten kann. Während seiner schrittweisen Entwicklung nehmen seine Erfahrungen verschiedene Formen an. Der Sufi mag deshalb kein Verlangen nach gewissen physischen Erfahrungen haben, weil in seiner Entwicklung die Fähigkeit zu umfassenderer, besserer Erfahrung an ihre Stelle getreten ist. »So ist zum Beispiel jede Phase des Lebens durch eine neue Freude gekennzeichnet. Kinder lieben es zu spielen und haben keine Vorstellung von den Freuden der Ehe; die Fähigkeit, diese zu genießen, entwickelt sie erst später. Der Erwachsene wird sich wiederum in jüngeren Jahren nicht so sehr an Reichtum und Ehre freuen können, wie das die Menschen mittleren Alters tun. Diese wiederum werden frühere Freuden für viel weniger wichtig ansehen als ihre momentanen. So werden entwickeltere Menschen natürlich die allgemein bekannten Genüsse als unvollkommen, unbedeutend oder sporadisch ansehen, wenn sie sie mit ihren neuen Erfahrungsdimensionen vergleichen.«

Die Abwechslung der Allegorien, welche verhindern soll, daß diese zu reinen Konditionierungsmechanismen werden, ist eine in allen lebendigen sufischen Schulungszentren angewendete Methode. In seinen Werken verändert Ghasali oft die äußere Erscheinung seiner Lehre, während ihr innerer Sinn gleichbleibt. In seinem *Minhaj el-Abidin* behandelt er den Fortschritt der alchymischen Umwandlung des Bewußtseins in sieben »Tälern« der Erfahrung – dem Tal der Erkenntnis, der Umkehr, der Hindernisse, der Schrecken, des Blitzes, der Abgründe und der Lobpreisung. Dies ist der stärker theologisch geprägte Rahmen einer Darstellung der sufischen Botschaft. Er war das Medium, vermittels dessen der fromme Moslem oder Christ des Mittelalters eine Ahnung von der sufischen Lehre bekommen konnte. Es ist interessant zu sehen, wie Bunyan und Chaucer dieses sufische Material verwendet und stark auf seinen Symbolismus zurückgegriffen haben, um das katholische Denken zu untermauern. Östliche Lehrer wie Attar und Rumi haben eine direktere Beziehung zu dem zugrundeliegenden Thema der »Suche« behalten, vielleicht weil sie sowohl praktische als auch theoretische Lehrer mit eigenen Schulen waren.

Nach Ghasali ist das Glück des Menschen in Übereinstimmung mit seinem »Seinszustand« einer Abfolge von Verfeinerungen unterworfen. Diese Lehre, die den gewöhnlichen menschlichen Standpunkt, es gebe eine Standardform des Glücks, nicht akzeptiert, ist eine charakteristische Eigenart der sufischen Überlieferung.

»Im Menschen sind verschiedene Möglichkeiten angelegt, und jede reagiert auf eine besondere Art der Freude. Anfangs ist es die physische. Und so gibt es auch die moralische Fähigkeit, welche ich die Wahre Vernunft nenne, die sich an der Erlangung möglichst umfassenden Wissens erfreut. So gibt es also einen äußerlichen und einen inneren Genuß. Je nach dem Stand der Verfeinerung wird man den einen oder anderen vorziehen.«

»Ein Mensch also, der dazu fähig ist, die Vorstellung einer Vervollkommnung des Seins anzunehmen, wird es vorziehen, über diese zu meditieren. Selbst in diesem Leben ist das Glück eines Menschen, der nach der Wahrheit sucht, unvergleichlich viel größer, als man es sich vorstellen kann.«

OMAR KHAYYAM

> Wahre Hingabe ist sich selbst genug: nach dem Himmel nicht verlangen, die Hölle nicht fürchten.
> (Rabia el-Adawia)

Die Vierzeiler Omar Khayyams, Sohn von Abraham dem Zeltmacher, sind in fast alle Sprachen der Welt übersetzt worden. Nichts in seiner angeblichen Lebensgeschichte als Schulkamerad des großen Assassin, als Freund von Nisam dem Großwesir, als Höfling und Epikureer, ist so unwahrscheinlich wie seine abenteuerliche Übersetzungsgeschichte. Es ist inzwischen ein Gemeinplatz geworden, daß die Übersetzung des *Rubayat* von FitzGerald uns ein getreueres Bild des irischen Dichters als des Persers gibt. Doch ist auch das eine oberflächliche Bewertung, denn Omar steht nicht für sich selbst, sondern für eine Schule sufischer Philosophie. Es ist nicht nur notwendig zu wissen, was Omar wirklich sagte, sondern auch, was er damit meinte.

Interessant ist jedoch die Tatsache, daß FitzGerald, indem er Gedanken mehrerer Sufi-Dichter miteinander verschmolz und unter dem Namen Omars vorstellte, unwissentlich einen sufischen Einfluß in die englische Literatur hineintrug.

Fangen wir einmal mit FitzGeralds Übersetzung an. Im 55. Vierzeiler läßt er Omar gezielt gegen die Sufis sprechen:

Der Weinstock sendet eine feine Wurzel hinab; über sie,
hält sie mein Sein fest, laßt den Sufi spotten;
Aus meinem unedlen Metall läßt sich ein Schlüssel feilen,
Der wird die Tür aufschließen, vor der er heult.

Dies scheint zu bedeuten – wenn es überhaupt irgend etwas bedeutet –, daß Omar in Opposition zum Sufi steht, und daß das, was der Sufi sucht, tatsächlich nicht mit seiner, sondern mit Omars Methode zu finden ist.

Für jeden gewöhnlichen Forschenden wäre es nach der Lektüre dieses Gedichtes nicht mehr wahrscheinlich, daß Omar ein Sufi war.

Die Sufis glauben, daß der Menschheit ein Element eingeboren ist, das – durch Liebe aktiviert – alle Mittel bereitstellt, die nötig sind, um in den Besitz der wahren Wirklichkeit zu kommen, die sie den mystischen Sinn nennen.

Wenden wir uns dem persischen Original zu, das der Übersetzung des 55. Vierzeilers zugrunde liegt, so ist dies, ob wir nun nach spottenden Sufis suchen oder nicht, die Bedeutung, die wir finden:

Als der Ursprüngliche Grund mein Sein bestimmte,
Erhielt ich die erste Lektion der Liebe.
Da war es auch, daß mein unvollendetes Herz zum
Schlüssel gemacht wurde für den Perlenschatz mystischer Bedeutung.

Da ist nicht die Rede von einem Sufi, von Tür, Geheul, Spott, Weinstock oder Wurzel. Die verwendeten Worte sind jedoch Fachausdrücke der Sufis.

Zwar nimmt man allgemein an, Khayyam sei ein Dichter, der in seinem eigenen Land nicht gerade anerkannt war, bis er dort durch die Wertschätzung, die man FitzGeralds Übersetzung im Westen entgegenbrachte, wieder ins Gespräch kam, doch ist auch dies wiederum nur teilweise zutreffend. Khayyam, das ist wahr, wurde nicht der gleiche weltweite Ruhm zuteil wie Saadi, Hafis, Rumi und anderen sufischen Dichtern. Die Sammlung von Gedichten, die unter seinem Namen im Umlauf ist, hatte eine etwas andere Funktion. Man darf bezweifeln, ob jemals Sufis danach gefragt wurden, was sie von Khayyam hielten; und man muß auch einräumen, daß wohl nur wenige daran interessiert gewesen wären, die Sache mit einem Außenseiter zu diskutieren, selbst wenn man sie gefragt hätte.

Viel Fleiß und Sorgfalt ist darauf verwandt worden, festzulegen, welche Vierzeiler aus den vielen Sammlungen Omarischer Verse original beziehungsweise echt sind. Da Omar nicht Lehrer einer Schule der Mystik war, sondern ein einzelner Lehrer und Vorbild einer Schule, ist diese Frage für den Sufi ganz unwichtig. Literaturforscher haben großes Interesse an dem möglichen Einfluß des blinden Dichters Abu el-Ali el-Maari auf Omar gezeigt; im *Luzum*, geschrieben eine Generation vor Khayyam, veröffentliche Maari sehr ähnliche Gedichte, und man sagt von ihnen, sie gemahnten sehr an Khayyam.

Maari schrieb wie Khayyam und Khayyam wie Maari, so würde ein Sufi sagen, weil sie beide aus der Perspektive derselben Schule schrieben. Khayyam kopierte Maari sicherlich genauso, wie zwei Schwimmer einander kopieren, die zusammen schwimmen und getrennt oder gemeinsam beim selben Lehrer gelernt haben.

Zu solchen unentscheidbaren Fragen kommt es, wenn eine Seite (die literarische) nur eine Facette des Werkes beachtet und die andere (die mystische) Intention und Einfluß in einem bestimmten Zusammenhang sieht.

Khayyam ist die Stimme des Sufismus, und die ist für den Sufi zeitlos. In der Dichtung wird sie sich nicht bereitwillig zeitbedingten Theorien fügen. Daß der Ruf von Übersetzungen zu einer Wiederentdeckung der Werke Khayyams in Persien führte, ist richtig – wenn wir es folgendermaßen ergänzen:

»In Persien war Khayyam den Nicht-Sufis bis in die jüngste Zeit hinein weitgehend unbekannt. Durch die Bemühungen westlicher Gelehrter jedoch ist sein Werk dort nun auch von Nicht-Sufis auf breiter Basis zur Kenntnis genommen worden.«

Professor Cowell, der FitzGerald auf Omar aufmerksam machte und ihn die persische Sprache lehrte, kam durch Gespräche mit indischen Kennern des Persischen auf den sufischen Gehalt der Werke Khayyams. Einige spätere Gelehrte entschieden, der Professor habe sich von diesen Leuten irreführen lassen. Manche westliche Experten bestreiten jeden sufischen Gehalt in Khayyams Werk. Reverend Dr. T. H. Weir, ein Dozent für Arabisch (Khayyam schrieb auf persisch), schrieb ein Buch über Omar, in dem er sich dessen sehr sicher war. »Die Wahrheit ist«, sagt er (in: *Omar Khayyam the Poet*), »daß man kein halbes Dutzend Zeilen von Omar lesen kann, ohne zu sehen, daß es da keine Mystik gibt, so wenig wie bei Burns.« Er erzählt uns nicht, auf was für eine Art von Mystik er sich da bezieht, oder wie er sie identifizieren will.

FitzGerald selbst war verwirrt von Omar; manchmal dachte er, er sei ein Sufi, manchmal nicht. Aber er selbst hat dabei eine Menge sufischen Denkens angenommen. Heron-Allen zeigte in einer sehr sorgfältig erarbeiteten Analyse, daß das Material, von dem man annahm, FitzGerald habe es frei erfunden, oft von anderen persischen Dichtern stammt. Diese Autoren waren jene, welche die englische Literatur von Chaucer bis heute am meisten beeinflußt haben: die Sufis Attar, Hafis, Saadi und Jami.

Vielleicht mit Absicht, wahrscheinlich aber zufällig hatte sich FitzGerald von sufischen Lehren aus persischen Grundtexten durchdringen lassen. Diese reiften in ihm, bis sie, gemischt mit Omar, als die englische Version des *Rubaiyat* an die Oberfläche drangen. Hätte FitzGerald etwas von den besonderen Lehrtechniken gewußt, die Khayyam benutzte – den Grundlinien eines Denkens so weit folgen, bis sich seine Seichtheit erweist –, so wäre ihm sicherlich ein Werk von noch größerer Durchschlagskraft gelungen.

Er verfehlte auch Khayyams besondere Betonung des sufischen Stadiums des Verstehens, das nach dem »Rausch« kommt, enthalten in Passagen wie dieser:

Ich kann nicht leben ohne Wein,
Ohne den Zug aus dem Becher kann ich meinen Körper nicht tragen.
Ich bin der Sklave jenes Atemzugs, in dem der Saki spricht
»Nimm noch einen Becher« – und ich kann es nicht.

Dies ist deutlich eine Anspielung auf den Zustand, den man unter der Führung von Sufi-Lehrern erreicht, wenn das, was ekstatische Erfahrung war, sich zu echter Wahrnehmung der versteckten Dimension hinter der metaphorischen Trunkenheit enwickelt.

FitzGeralds Version von Omar Khayyam ist im Englischen nie revidiert oder verbessert worden, denn um sufische Ideen in jeder Generation und im größtmöglichen Ausmaß zu vermitteln, muß ein gewisses Maß an Harmonie zwischen diesen Ideen und ihrer zeitbedingten Formulierung bestehen.

Damit soll nicht gesagt sein, daß jedermann diesen Gehalt bei Omar sehen

kann. Er fesselte Swinburn, Meredith und Millionen von Menschen, die einen Weg des Denkens suchten, welcher außerhalb der Konventionen lag, in denen sie sich gefangen fühlten. Aber andere spürten, daß dies irgendwie eine Bedrohung ihres Wertsystems darstellte. Ein gefeierter Doktor der Theologie, Dr. Hastie, versuchte gar nicht erst, Khayyams Tiefe zu verstehen.
Er fand, FitzGeralds Version sei »von gröbstem Witz und seichtester Gedankenführung, magere und effekthascherische Lieder«. Er habe einen »neu zusammengeflickten Omar« produziert und damit »unglückliche, irregeführte, ungesunde Fanatiker dieses Kults« aufgestachelt. Dieser »Kult« sei »literarischer Schwachsinn und Verblendung, Vernarrtheit und Vergötzung«.
Sah wohl Herr Reverend seine Wertwelt gar von einem bedroht, der letzten Endes doch nur ein »torkelnder Säufer, ein feiger Lump, ein heruntergekommener, bramarbasierender, dummer Aufschneider« war?
Omar ist im Westen vielleicht genauso oft verstanden worden wie im Osten. Beunruhigt, weil so viele mohammedanische Studenten so begeistert von Khayyam in FitzGeralds Übersetzung waren, hat mindestens ein orthodoxer mohammedanischer Theologe eine Warnung ausgesprochen. In *The Explanation of Khayyam* (Molvi Khanzada, Lahore 1929), einem weitverbreiteten Pamphlet, gab er sein Bestes, um das Problem in seine eigene Sicht der Dinge hineinzuzwängen. Zuerst argumentiert er, nicht ganz ohne Grund, daß FitzGeralds Persisch nicht das beste war. Zweitens behauptet er beharrlich, daß Cowells Kenntnis dieser Sprache auch nicht sehr weit reichte (»beide kritzelten verheerend, wie kleine Kinder«). Leute, die Khayyam lesen wollten, sollten zuerst Persisch studieren, nicht Englisch. Die dabei wachsende Vertrautheit mit dem Islam könnte dann eine tragfähige Basis werden, auf der sie sich komplizierteren Gegenständen wie dem Sufismus und schließlich auch Omar Khayyam zuwenden könnten. Und endlich: der Name Khayyam sei Oberbegriff einer Lehrmethode der Sufis, die – aus dem Zusammenhang gerissen, angelesen und ohne Führung durch einen Meister adaptiert – auf jeden Fall irreführend wäre.
Es gab in England einen großen Khayyam-Kult. Seine Anhänger gründeten Clubs, pflanzten Rosen aus Nischabur auf FitzGeralds Grab und versuchten, es ihm in ihren Gedichten gleichzutun. Der literarische Kult breitete sich aus, obwohl bekannt war, daß das älteste erhaltene Manuskript 350 Jahre nach dem Tod seines Autors geschrieben wurde; es ist fast so, als hätten wir all unser Wissen über den heiligen Johannes vom Kreuz aus einem gestern geschriebenen Dokument und müßten uns, um ihn zu beurteilen, auf dieses Dokument und wenig mehr stützen.
Vom Standpunkt des Sufi aus hat Khayyams Dichtung vielerlei Funktionen. Man mag sie allein wegen ihres offenkundigen Inhalts lesen; man mag sie unter bestimmten Umständen rezitieren, um dadurch eine spezifische Bewußtseinserweiterung herbeizuführen; man mag sie »entschlüsseln«, um Material zu erhalten, das bei sufischen Studien nützlich sein kann. Sie ist Teil des sufischen

Erbes und spielt als solcher eine bedeutende Rolle, zu deren Verständnis man nur durch die spezifisch sufische Vorgehensweise gelangt.

Von Khan Jan-Fischan Khan, dem Führer der Hindukusch-Sufis, einem großen Meister des 19. Jahrhunderts, wird berichtet, daß er die Vierzeiler Omar Khayyams in seiner Lehre benutzte. Ein Schüler schildert folgendes:

Drei neue Mitglieder kamen zum Khan. Er empfing sie, trug ihnen auf, zu gehen und Khayyam zu studieren und ihm dann davon zu berichten. Nach einer Woche sprachen sie wieder bei ihm vor. Der erste sagte, die Gedichte hätten ihn denken gemacht, denken, wie er nie zuvor gedacht hatte. Der zweite sagt, er glaube, Khayyam sei ein Ketzer. Der dritte fühlte, daß in Khayyams Werken ein tiefes Geheimnis war, und hoffte, eines Tages fähig zu sein, es zu verstehen.

Der erste wurde als Schüler aufgenommen, den zweiten schickte der Khan zu einem anderen Lehrer, und dem dritten trug er auf, sich für eine weitere Woche in die Studien zu vertiefen.

Ein Schüler fragte den Khan, ob dies eine Methode sei, die Entwicklungsmöglichkeiten des zukünftigen Sufi einzuschätzen. »Durch Intuition wußten wir schon etwas über sie«, sagte der Meister, »aber was ihr als einen Test anseht, ist zum Teil ein Test, zum Teil aber auch schon Bestandteil ihrer Schulung. Weiterhin erfüllt es die Funktion, auch die Beobachter zu schulen. Dies ist Sufismus: eine Mischung, wenn ihr so wollt, aus Studium, Fühlen und der Wechselwirkung zwischen Mensch und Denken.«

Ich habe einmal erlebt, wie ein enthusiastischer deutscher Anhänger Omars einem Sufi-Meister eine komplizierte und wortreiche Analyse Khayyams und seiner Quellen vorlas. Ausgehend von der Behauptung, Omar sei schon fast vierzig Jahre vor Cowell und FitzGerald durch von Hammer entdeckt worden, gelangte er schließlich – zu seiner eigenen Befriedigung – zu dem Nachweis, daß fast alle Arten philosophischer Theorien im *Rubaiyat* enthalten waren. Der weise Mann hörte ihm schweigend zu. Dann erzählte er ihm diese Geschichte:

Ein Gelehrter kam zu einem Sufi-Meister und befragte ihn über die sieben griechischen Philosophen, die vor der Gewaltherrschaft Justinians, der ihre Schulen geschlossen hatte, nach Persien flohen. »Sie waren von den unsrigen«, antwortete der Sufi. Entzückt von dieser Antwort verabschiedete sich der Gelehrte und schrieb eine Abhandlung über den griechischen Ursprung des sufischen Denkens.

Eines Tages traf er einen wandernden Sufi, der sagte: »Der Meister Halimi und der große Rumi führen Jesus als einen Sufi-Lehrer an.« »Vielleicht meint er, daß das griechische Wissen zu den Christen und zu den Sufis gelangt ist«, dachte der Gelehrte und fügte diesen Gedanken in seine Abhandlung ein.

Der Meister, mit dem er zuerst gesprochen hatte, kam auf der Pilgerschaft eines Tages durch seine Heimatstadt. Sie trafen sich, und der Meister sagte: »Und die Häretiker und Tausende, die es nicht wissen, sind von den Unsrigen.« (Siehe Anmerkung: »Verborgene Sufis«)

Mein Freund der Sufi fixierte den deutschen Buchgelehrten. »Wein enthält Wasser, Zucker, die Frucht und Farbe. Durch Mischen dieser Bestandteile wird man keinen Wein erzeugen. Wir sitzen in einem Raum. Angenommen, jemand sagt, daß die Chinesen Räume haben und daher alle Räume den ihren nachgebildet seien. Hier ist ein Teppich; das bedeutet mongolischen Einfluß. Eben kam ein Bediensteter herein – sicher ein römischer Brauch. Oder ein pharaonischer? Weiter, durch das Fenster sehe ich einen Vogel. Wie wissenschaftliche Untersuchungen gezeigt haben, ist es so gut wie sicher, daß auch die Ägypter der Antike Vögel durch ihre Fenster gesehen haben. Was für ein wunderbares Amalgam überkommenen Brauchtums dieser Ort doch ist! Was würden Sie von einem solchen Mann wohl denken?«

Was man gemeinhin Omars Transmigrationstheorie nennt, beurteilt Professor Browne, eine der größten britischen Autoritäten auf dem Gebiet der persischen Literatur und Autor des Standardwerks *Literary History of Persia*, indem er eine der überlieferten Geschichten über den Dichter erzählt. Er sieht sie als einen Beweis für dessen Glauben an die Reinkarnation an.

Begleitet von einer Gruppe seiner Schüler kam Omar eines Tages an einer alten Hochschule in Nischabur vorbei. Ein Zug von Eseln, die mit Ziegeln für die Reparatur des Gebäudes beladen waren, kam gerade durch das Tor. Einer jedoch weigerte sich und wollte nicht weiter. Omar besah sich die Szene, lächelte, näherte sich dem Esel und sprach ihn mit folgendem improvisiertem Gedicht an:

O du, der du gegangen bist und wiedergekehrt,
Dessen Name nicht mehr unter den Namen ist.
Deine Nägel verbanden sich zu Hufen,
Dein Bart ein Schwanz, jetzt am anderen Ende.

Daraufhin passierte der Esel bereitwillig das Tor. Die verdutzten Schüler fragten ihren Meister: »Weiser Mann, was bedeutet dies?«

»Der Geist, der jetzt in diesem Esel ist, war einst im Körper eines Lehrers dieser Hochschule. Als Esel wollte er nicht weiter, erkannt jedoch von einem anderen Lehrer, mußte er eintreten.«

Aber Omar wollte damit nicht (wie Außenstehende gedacht haben) die Möglichkeit andeuten, daß Elemente des menschlichen Wesens sich mit anderen Formen des Lebens verbinden können. Auch nahm er nicht eine sich gerade bietende Gelegenheit wahr, den sterilen Scholastizismus seiner Zeit zu attackieren, und er wollte auch nicht zeigen, daß er Esel durch Verse beeinflussen konnte. Aber wenn er weder vor seinen Schülern angab noch einen Witz riß, noch irgendwelche für den unerleuchteten Zuschauer mysteriösen Aktivitäten ausführte, noch eine Form der Reinkarnation predigte und es ihm auch nicht hauptsächlich darum ging, Verse zu dichten – was tat er dann?

Er tat, was alle Sufi-Lehrer tun: um seinen Schülern weiterzuhelfen, gab er ihnen einen komplexen Anstoß, gab ihnen Gelegenheit, mit ihrem Lehrer gemeinsam eine umfassende Erfahrung zu machen. Dies ist eine Form demonstrativer Kommunikation, welche nur die kennen, die durch das wildbewegte Hin und Her einer Sufi-Schule gegangen sind. In dem Augenblick, wo der forschende Geist diesen Prozeß aufspaltet, in dem Versuch, ihn auf einen einzigen (oder auch doppelten) rationalen Sinn zu reduzieren, verflüchtigt sich der Sinn.

Der Schüler lernt auf diese Art Dinge, die keine andere Methode vermitteln kann. Reproduziert man sie in gedruckter Form und geht dabei so sorglos vor, daß man nicht einmal versucht, auf ihren besonderen Charakter hinzuweisen, so kann die Situation auch dem ernsthaftesten Forscher nur als undurchsichtig erscheinen.

Der Name, den Omar sich selbst gab – Omar Khayyam –, läßt sich mit Hilfe eines numerischen Schlüssels zu *Ghaqi* – Verschwender von Hab und Gut – dechiffrieren. Dieser Name bezeichnet einen Menschen, der sich nicht um die gemeinen Dinge dieser Welt kümmert, weil die Aufmerksamkeit, die sie verlangen, ihn zu sehr zerstreut und davon abhält, die Fähigkeit einer sinnerfüllten Wahrnehmung einer anderen Dimension zu entwickeln.

Eines von Omars sprechendsten Gedichten gegen mechanisches Denken – akademisches und emotionales – mag immer noch und mit vollem Recht als Tadel für seine späteren selbsternannten Kritiker und Exegeten benutzt werden:

O ihr Ignoranten – der Pfad ist weder dies noch jenes!

DIE GEMEIME SPRACHE:
I. DIE KÖHLER

Wie kann das Wesen, das selbst den Geber
des Seins nicht gefunden hat – wie
kann es ein Geber des Seins werden?
(Jami)

Weder der Sufismus in der Übersetzung seiner literarischen Formen noch die Schriften vieler östlicher Dichter können richtig verstanden werden, wenn man nicht die geheime Sprache (die »verborgene Zunge«) kennt, die benutzt wird, um Ideen und Konzepte weiterzugeben. Wörtliche Übersetzung sufischer Worte oder verschlüsselter Begriffe hat im Westen unglaubliche Verwirrung gestiftet, insbesondere bei der Übertragung der »geheimen Überlieferung«. Das Problem entstand in seiner literarischen Gestalt im 12. Jahrhundert, als die allegorischen Alchimisten übersetzt wurden. Es besteht fast ausnahmslos bis in die heutige Zeit fort; immer noch erscheinen sufische Bücher, in denen wörtliche Interpretationen gegeben werden, wo tatsächlich verwickelte poetische Figuren vorliegen, so geschrieben, um nur dem Sufi verständlich zu sein.

Es ist unmöglich, alle von den Sufis benutzten Formen der geheimen Sprache aufzuzählen. Aber wir können einige Fälle aufzeigen, Beispiele, welche die Idee verdeutlichen und auch Licht auf das Rätsel werfen, das im Westen immer noch fortbesteht.

Mit seinem Werk *Schatzkammer der Geheimnisse* ist der berühmte Dichter Nisami einer der vielen, die sich der Geheimschrift der Sufis bedient haben. Sie ist eine Form der Kommunikation unter den Erleuchteten und hat den Vorteil, daß sie das gewöhnliche weltliche Denken mit der größeren Dimension der »anderen Welt« verbindet, von der die gewöhnlichen Menschen abgeschnitten sind. Formulierungen mögen gemäß der Zeit und der Kultur variieren, aber ihr Wesen und die Art und Weise ihres Wirkens bleibt immer gleich.

In der klassischen Zeit des Sufismus basierte diese Sprache auf dem Arabischen, wenn auch Beispiele von vor-islamischem Gebrauch des Systems zu finden sind.

Nisami gibt in einem seiner Gedichte einen Fingerzeig zum Verständnis der Sprache:

Es wird eine Zeit kommen, in der unser Stempel eine neue Münze prägen wird. [Die Rede des Sufi] gehört keiner der bekannten Sprachen an. Unter der Zunge des Dichters liegt der Schlüssel zu dem Schatz. Der Prophet und der Dichter sind der Kern, Schale die anderen.

Die geheime Sprache ist nicht nur ein System von Chiffren, welches verhindern soll, daß Uneingeweihte Dinge verstehen, auf die sie sich nicht richtig einstimmen können. Sie soll auch die Verbindung zu einer größeren Realität herstellen, und so ist sie tatsächlich ungeheuer kompliziert. Sie wird in den Kreisen um die Sufi-Lehrer studiert, und hat man ihre Methoden erst einmal verstanden, dann ist damit zumindest eine Schicht ihrer Wirkungsweise freigelegt. Blicken wir noch einmal auf den Auszug aus Nisamis Werk, so sehen wir, wie der Doppelsinn benutzt wird, um den gewöhnlichen Leser von der Spur abzubringen. Der »Stempel«, der »eine neue Münze prägen wird«, mag für ein zukünftiges Leben oder sogar für die Möglichkeit der Reinkarnation genommen werden. Aber diese Assoziation ist damit nicht intendiert. Folgen wir im persischen Original dem vorausgesetzten Wissen, daß diese Passage ein Hinweis ist, so finden wir, daß der »Schlüssel zu dem Schatz« der Titel des Buches selbst ist (*Schatzkammer der Geheimnisse*). In einem untergeordneten Sinn mag man annehmen, daß ein Schatz des Wisens gemeint ist, aber unser Dichter ist präziser.

Obwohl die geheime Sprache sich in der gewohnten Welt manifestiert, steht sie in besonderer Beziehung zu der nicht bekannten Welt. So ist sie in ihrem literarischen Ausdruck sowohl eine Kunstform als auch Einlaß in jenen Bereich, wo es keine »bekannte Sprache« gibt.

Gehen wir auf eine frühere Stufe des Chiffrierens zurück, so finden wir als das zugrundeliegende System das Abjad-Schema, ein ziemlich einfacher Substitutionscode, oft verbunden mit der Allegorisierung der verschlüsselten Botschaft.

Davon wird in der Literatur viel Gebrauch gemacht. So lesen es viele schon fast als eine Selbstverständlichkeit oder sehen sich zumindest danach um, insbesondere Dichter und Schriftsteller. Das Hebräische und das Arabische benutzen ähnliche numerische Äquivalente für semitische Buchstaben, die jetzt auch auf viele andere Sprachen angewandt werden. Hier die Buchstaben und ihre Äquivalente:

Buchstabe	Zahl	Buchstabe	Zahl	Buchstabe	Zahl
ALIF	1	YA	10	QAF	100
BA	2	KAF	20	R	200
JIM	3	LAM	30	SH	300
DAL	4	MIM	40	T	400
HA	5	NUN	50	TH	500
WAU	6	SIN	60	KH	600
Z	7	AYN	70	DZ	700
HH	8	FA	80	DH	800
TT	9	SD	90	TZ	900
				GH	1000

Während im Arabischen die Buchstaben Äquivalente bis zur Zahl tausend haben, besitzt das hebräische Alphabet nur Äquivalente bis einschließlich vierhundert. Aus mnemotechnischen Gründen prägt man sich dieses Arrangement von Buchstaben als eine Folge von sinnlosen Wörtern ein, die durch diakritische Interpunktion aussprechbar gemacht wurden:

ABJAD HAWAZ HUTY KALMAN SAFAS
QURSHAT THAKHDZ DHATZAGH.

Im Persischen, im Urdu und anderen nichtsemitischen Sprachen haben die Buchstaben in einigen Fällen einen etwas anderen Klang, aber das berührt ihren Gebrauch nicht, ihr numerischer Wert bleibt konstant.

Datumsbezeichnungen, Geburts- und Sterbedaten und Wörter, die den Charakter oder die Zielsetzung einer Person ausdrücken, werden oft aus dem Schema entwickelt. Hirnloses Wiederholen der barbarischen Abjad-›Wörter‹ hat diese an manchen Orten mit unechter *baraka* erfüllt, den Glauben an besondere, ihnen innewohnende Kräfte erzeugt, aber das gehört in die Sphäre magischer Litaneien und ist ohne Bedeutung.

Hier ein Beispiel, wie man das Schema benutzen kann. Angenommen, wir wollen einem Buch einen Titel geben, der zeigen soll, daß es einen gewissen verborgenen Inhalt hat, vielleicht Aufzeichnungen von geheimen Vorgängen. Wir könnten es *Quelle der Aufzeichnungen* nennen, arabisch *Umm el Qissa*. Sehen wir uns die Wörter, die wir gewählt haben, und ihre Bedeutungen an:

UMM = Mutter, Matrix, Quelle, Prinzip, Prototyp
EL = von, bzw. der, des

QISSA = Aufzeichnung, Geschichte, Erzählung

Umm el Qissa, so sehen wir jetzt, mag so etwas wie Mutter der Aufzeichnung, Quelle der Geschichte oder Prototyp der Erzählung heißen. Wenn diese Alternativen unsere Zustimmung finden, können wir nun die Buchstaben chiffrieren, indem wir sie durch die numerischen Äquivalente der Abjad-Liste ersetzen. Addieren wir sie, erhalten wir als Summe die Zahl 267.

Jetzt müssen wir einen ausreichend deskriptiven oder poetischen Titel für unser Buch finden, welcher aus Buchstaben besteht, deren numerische Äquivalente sich zu 267 addieren.

Eine Umgruppierung kann uns zu dem Ausdruck *Alf layla wa layla* führen, und das bedeutet *Tausendundeine Nacht*. Der Titel eines Buches oder der Name des Autors wird uns oft einen sehr wichtigen Hinweis darauf geben, was wir an dem Buch besonders beachten müssen und was wir in ihm entdecken können. Im Falle der Arabischen Nächte wollte die Person, die dem Buch diesen Titel gab, mitteilen, daß man in ihm bestimmte Geschichten von grundsätzlicher Bedeutung finden kann. Eine Untersuchung der Geschichten als solche und ihre Decodierung gemäß den Regeln der geheimen Sprache erschließt uns die

Absicht oder den verborgenen Sinn und Zweck dieser Geschichten. Viele von ihnen sind verschlüsselte Lehrgeschichten der Sufis, Beschreibungen psychologischer Prozesse oder chiffrierte Überlieferung dieser oder jener Art. Das mag zwar alles sehr kompliziert erscheinen, aber solche Untersuchungen sind unerläßlich und für jemanden, der mit dieser Art von Material arbeitet, auch nicht schwierig. Wer es tut, ist in den meisten Fällen von seinem eigenen Lehrer in der Methodik unterrichtet worden. Sie ist Teil der literarischen Schulung des Sufi – der Punkt, an dem sich erweist, daß Literatur jenseits ihrer rein literarischen Ebene sehr viel komplexere Erfahrungen vermitteln kann, als man gemeinhin annimmt.

Wir können nun das geheimnisvolle Wort »Sufi« betrachten, das selbst zu Verwirrung und vielen Fragen geführt hat. Entschlüsselt nach unserem Schema, finden wir es folgendermaßen aufgebaut:

S = 90, W = 6, F = 80, Y = 10. Das sind die Konsonanten, die in dem Wort verwendet werden. Die Summe ist 186. Diese Zahl muß nun in Hunderter, Zehner und Einer aufgeteilt werden: 100, 80, 6. Diese sind nun in die zugehörigen Buchstaben zu überführen: 100 = Q, 80 = F, 6 = U. Diese lassen sich nun auf verschiedene Arten zu drei-buchstabigen arabischen Wurzeln arrangieren, von denen jede einen Aspekt des Sufismus anzeigt. Die wichtigste Interpretation ist FUQ; sie bedeutet »oberhalb, transzendierend«. Deshalb wird der Sufismus als Philosophie der Transzendenz bezeichnet.

Die Namen von sufischen Autoren und Lehrern sind mit großer Sorgfalt gewählt worden. Sie stehen für eine Eigenschaft, ein Motto oder eine besondere Betonung, die – so ist die Absicht – in ihre Werke hineingelesen werden soll oder wenigstens in das Werk, in denen sie vorkommen.

Sufis nähern sich daher dem Verständnis der Namen ihrer Lehrer nicht von außen, als seien sie bloße Produkte der Umwelt (Buchara, Arabien usw.) oder Bezeichnungen ihres Berufs (der Drogist, Maler, Spinner). Die Namen müssen erst entschlüsselt werden.

Attar zum Beispiel bedeutet Drogist oder auch Parfümeriewarenhändler. Auf der poetischen Ebene ist ein solcher Name eine hinreichende Beschreibung. Entschlüsseln wir ihn, um seinen tieferen Sinn zu erhalten, kommen wir zu der Zahl 280. Geordnet nach Hundertern und Zehnern ergibt sich 200 und 80. Daraus werden nach der Rückumwandlung in die zugehörigen Buchstaben: R und F. Das Wort, welches das Wesen (dhat) des Namens repräsentiert, ist RF. Das Wörterbuch zeigt uns, daß dieses Wort im Arabischen für die Vorstellung des »Flatterns eines Vogels« steht. Attars Meisterwerk *Das Parlament der Vögel* ist eine Anspielung darauf. Aber es ging ihm, als er die RF-Wurzel wählte, auch noch um deren alternative Bedeutungen: »blitzen (Licht); funkeln; leuchtend (Farbe); vom Wind geschüttelt werden.«

Das Aufblitzen verweist auf die Intuition, das Leuchten auf Lehre durch Projektion und auf den sufischen Gebrauch der Farbe. Das Schütteln, in dieser Wurzel auf Pflanzen im Wind bezogen, bezeichnet die Bewegung in den

Übungen des Derwischs. Attar wählte die Pflanzenallegorie auch deswegen, weil der Sufismus von Natur aus Wachstum und Wandlungsfähigkeit in sich vereinigt und so als ein organisches Ganzes gesehen werden muß. Der Wind, hier aufgefaßt als die Kraft, die Pflanzen bewegt, ist der göttliche Wind, eine ungreifbare Macht, die wir an ihrer Wirkung (z. B. auf die Pflanzen) erkennen.
Sams aus Täbris, der Rumi zu manchen seiner Gedichte inspirierte und eine Zeitlang sein Gefährte war, ist für den Außenstehenden eine geheimnisvolle Gestalt. In der Literatur wird er unter dem Beinamen *sardos* erwähnt, was im Persischen soviel wie »er arbeitet mit dem goldenen Faden« heißt; die Leute haben daraus geschlossen, daß dies sein weltlicher Beruf war. Sein voller Name war Schamsuddin-i-Tabris. Entschlüsseln wir ihn, so finden wir, daß es ein poetischer Name ist, sorgfältig ausgewählt nach der Abjad-Methode. Sein wahrer Name schreibt sich nach der Umwandlung in Zahlen und wieder zurück in Buchstaben: *khit*; das edeutet »Faden, Faser« und ist auch assoziiert mit den Fäden des Altweibersommers und den Staubteilchen, die in den Sonnenstrahlen zu tanzen scheinen. Da der Name »Sams« auch »Sonne« bedeutet, wenn man ihn wörtlich übersetzt, liegt hier offensichtlich ein Wortspiel vor. Seine anderen Namen, wie etwa *parinda* (der Flieger), können auf ähnliche Weise zu bedeutungsvollen Beschreibungen entschlüsselt werden.
Bei Wörtern, die bei der Einführung in den Sufismus eine Rolle spielen, erschließt das Abjad sogar noch tiefere Bedeutungen, die jedem praktizierenden Sufi bekannt sind. Niemand darf Lehrer des Sufismus werden, wenn er nicht selbst durch diese Folge von wesentlichen Erfahrungen gegangen ist. Hat er es getan, so ist er verwandelt, ein gewöhnlicher Mensch jetzt nur noch in einem oberflächlichen Sinn. Er hat jetzt eine neue Funktion, er ist ein »Hirte« geworden. Wie ist er zu dieser Eigenschaft gekommen? Es ist ein Erkennen, das »innere Gewißheit« genannt wird, welches der erleuchtete Sufi, der »Angekommene«, der »Vollendete Mensch«, jetzt besitzt. Dadurch unterscheidet er sich vom gewöhnlichen Menschen, der aus einem Mangel an Stabilität dauernden Schwankungen ausgeliefert ist. Diese Tatsache drückt sich in den Ableitungen des Wortes für Gewißheit aus.
Gewißheit steht für unfehlbare Führung; das Wort dafür ist *yaqina*, welches aus den Elementen YQN gebildet wird. Nach der Umwandlung in die Zahl 160, aufgeteilt in 100 und 60, ergibt sich daraus QSS. Das wörterbuch gibt uns dafür die Bedeutung »das Mark aus einem Knochen nehmen«. Es kann auch »Hirte« bedeuten oder »ein Priester werden«. »Das ganze Mark herauszuholen, der Hirte anderer zu sein, die Ermächtigung und Begabung zur Führerschaft, mit welcher gewöhnlich Menschen ausgestattet sind, die in der mechanischen Religion Priester genannt werden, durch Übung zu vervollkommnen«, – das erachten die Sufis deshalb als Wesen und Ausdruck der Gewißheit. Es mag betont werden, daß ein Sufi eine andere Person nur in dem Ausmaß fördern kann, wie diese Person seine Funktion anerkennt. Als Schäfer kann er sich um die äußeren Bedürfnisse einer Herde kümmern; als Priester besitzt er die

Eigenschaften, die er braucht, um für ihren inneren Fortschritt sorgen zu können. Für den Sufi ist dies die Bedeutung des Wortes Priester: er sollte ein Mensch sein, der eine Gewißheit erreicht hat, die ihm eine umfassendere Dimension eröffnet, und nicht ein Produkt von Studien und einer mechanischen Ordnung. Priester zu sein ist das Ergebnis einer inneren Entwicklung. In keiner der üblichen Religionen gibt es solche Priester.

Im systematischen Gebrauch führt uns die Abjad-Methode noch bedeutend weiter als in einzelnen, isolierten Fällen. Anstelle der numerischen Substitution werden in sufischen Zirkeln Reim und Homonymie verwendet, um den Nicht-Eingeweihten über die Symbolik des Rituals im unklaren zu lassen. Zahlreiche Geheimgesellschaften des Westens sind Seitenlinien von Sufi-Zirkeln und lassen sich leicht auf ihren Ursprung zurückverfolgen, wenn man die Organisation der Sufis kennt, die historischen Bedingungen oder die geheime Sprache. Die Freimaurer sind eine dieser Gesellschaften, die Köhler eine andere.

Im Arabischen (und von da aus ins Persische übernommen) bedeutet das aus der semitischen Wurzel FHM abgeleitete Wort FeHM so viel wie »verstehen, erkennen«. Der Ausdruck »eine Person verstehen machen« und andere sind davon abgeleitet.

Ein Sufi-Zirkel, dessen Mitglieder *fehmia* (die Erkennenden) genannt werden, führt seine philosophische Herkunft auf *Bayasid* von Bistam zurück. Es gibt zwei verschiedene Buchstaben »H« im Arabischen. Ein Wort, welches das zweite h benutzt, wird auch wie FeHM ausgesprochen, bedeutet aber Köhler oder Holzkohlenhändler. Um das Andenken an diese Herkunft im Ritual wachzuhalten, schwärzen sich die Mitglieder dieses Kreises tatsächlich die Gesichter mit Holzkohle. Freimaurer werden in einigen arabischen Wörterbüchern Köhler oder Kohlenmänner genannt.

Eine italienische Geheimgesellschaft, ursprünglich der Absicht, Gutes zu tun und der gegenseitigen Hilfe verpflichtet, wurde *Carbonari* genannt: die Köhler.

Es gibt keinen begründeten Zweifel an der historischen, geographischen und linguistischen Evidenz, daß dieser Name von den »Erkennenden« abgeleitet ist. Nach der sufischen Überlieferung kommt es in einem Zirkel zu einem Kreislauf leerer Wiederholungen und verliert er seine tieferen Eigenschaften, wenn ihm das dynamische Element eines lebenden Lehrers verlorengeht. Was daran auch immer wahr ist, die *Carbonari* sind ein vorzüglicher Studienfall.

Im Gründungsmythos der *Carbonari* wird behauptet, daß König Franz I. (gest. 1547) sich eines Tages bei der Jagd nach Schottland verirrte, das an sein Land grenzte. Köhler fanden ihn, und er freundete sich mit ihnen an. Diese waren jedoch keine gewöhnlichen Menschen, sondern eine Gruppe von Mystikern, deren Lehrer ein uralter Weiser gewesen war. Franz schloß sich ihnen an und wurde ihr Schutzherr. Machen wir uns klar, daß das Land, welches an Frankreich grenzt, nicht Schottland ist, sondern Spanien und zudem das vom Sufismus durchdrungene Spanien,[1] so beginnen wir, eine weitere Verbindungslinie zu den sufischen Kohlenmenschen zu sehen. »Schottland« scheint nicht etwa ein Fehler zu sein, wie man angenommen hat, sondern ein Deckname für Spanien. Diesen Zusammenhang bestätigen auch die Freimaurer mit der Behauptung, daß frühe Logen in Schottland gegründet wurden; sie sprechen von »schottischen Riten«.

Zuerst eine mystische Gesellschaft, wandten die *Carbonari* sich später ethischen und schließlich politischen Zielen zu. Viele Freimaurer schlossen sich ihnen an.[2] Es gibt noch eine Menge anderer Berührungspunkte zwischen den sufischen Zirkeln und den Italienern; auf alten Stichen von Treffen der *Carbonari* finden wir die Mitglieder in der gleichen Weise angeordnet wie bei Sufi-Treffen. Die Kerngruppe der *Carbonari* wurde *baracca*, die »Hütte«, genannt.

Die sufischen Kohlenmenschen jedoch benutzen *baraka* als ein Wort für Treffen; ursprünglich war es ein Signal, welches die Mitglieder zu einem Treffen zusammenrief. Nicht weniger interessant ist auch, daß die sufischen Kohlenmenschen in ländlichen Gegenden in dem Ruf standen, daß sie den Bräuten *baraka* geben (sie segnen) konnten. In England ruft die Braut auch heute noch oft den Schornsteinfeger herbei, um ihm – direkt nach der Trauungszeremonie – einen Kuß ins rußgeschwärzte Gesicht zu geben. El Aswad, der Schwarze Mann, ist sowohl in nordeuropäischen als auch in spanisch-arabischen Darstellungen von Riten der Hexerei (nicht-katholische Riten) in vielen Teilen Europas eine wichtige und geheimnisvolle Gestalt.[3]

Millionen von Worten könnte man über den verdeckten Sinn bei den Sufis machen. Manchmal verbirgt sich dieser Sinn in Ausdrücken, die oberflächlich betrachtet nicht gerade besonders sinnvoll zu sein scheinen, jedoch mit

[1] Spanien erlebte die letzte große Austreibung von Mohammedanrn im Jahre 1609, als eine Million Mauren, die nicht bereit waren, ihrem Glauben abzuschwören, deportiert wurden. Wahrscheinlicher als jede andere Annahme ist, daß es in der Zeit Franz des Ersten in den Wäldern Vereinigungen geflohener Sufis gab, deren Lehrer »uralte Weise« waren.

[2] Man kann daher annehmen, daß geheime Bedeutungen von Ritualen und Ideen, die von Spanien aus in andere Länder eingesickert sind, in vielen unserer heutigen Denksysteme in versteinerter Form, von ihren Ursprüngen losgelöst und im luftleeren Raum schwebend, weiterleben. Interessanterweise ist zu bemerken, daß selbst im heutigen Spanien einige dieser Bedeutungen dem Ungebildeten verständlicher sind als selbst belesenen Nordeuropäern (sofern sie sich nicht mit der arabischen Kultur besonders befaßt haben). Der berühmte Orientalist Professor E. G. Browne berichtet, daß ein zu einem Zitatenschatz für Liebesbriefe degeneriertes arabisches Schriftstück in Spanien noch zu Beginn dieses Jahrhunderts beim einfachen Volk im Gebrauch war. (E. G. Browne: Literary History of Persia, Cambridge University Press 1956, Bd. 1, S. 9.)

[3] Es wird berichtet, daß unter Ludwig XVIII. und Karl X. über zwölftausend in Paris lebende Freimaurer gleichzeitig eingeweihte *Carbonari* waren.

einer für den Uneingeweihten verblüffenden Inbrunst wiederholt werden. Hier ist solch ein Slogan.

»Suche die Wahrheit, und sei es auch in China«, ein Satz, den jeder Sufi auf den Lippen hat, hat mehr als nur eine wörtliche oder sogar figurative Bedeutung. Man entschlüsselt diesen Sinn, indem man den Gebrauch des Wortes »China« analysiert, so wie ihn die geheime Sprache interpretiert.

»China« ist die Chiffre für »Sammlung des Geistes«, eine der sufischen Übungen und wesentliche Vorbedingung der Entwicklung zum Sufi. Der Ausdruck ist schon deshalb von Bedeutung, weil er ein Beispiel für die Übereinstimmung der Interpretation im Arabischen und im Persischen darstellt. Es besteht kein wirklicher Zusammenhang zwischen ihnen; das Wort für »China« wird in den beiden Sprachen sowohl verschieden geschrieben als auch ausgesprochen, und doch steht es hier wie dort für die selbe Vorstellung. Daran wird deutlich, daß dieser Ausdruck für den Sufi von besonderer Wichtigkeit ist.

Dies ist der Weg der Entschlüsselung:

CHINA. Arabisch SYN (Buchstaben: Saad, Ya, Nun). Die äquivalenten Zahlen: 90, 10, 50. Summe: 150. Aufgeteilt in Hunderter, Zehner und Einer: 100, 50 (keine Einer). Rückumwandlung in Buchstaben: 100 = Q, 50 = N. Q und N bilden zusammen das Wort QN, das in der Form QaNN für die Vorstellung »genau prüfen, beobachten« steht und daher als ein Symbol für Sammlung oder Brennpunkt verwendet wird. Die Anweisung lautet nun: »Suche die Wahrheit, und sei es auch in der Sammlung (des Geistes).«

CHINA. Persisch CHYN (Buchstaben: Che, Ya, Nun). Die äquivalenten Buchstaben: 3, 10, 50. Vor der Umsetzung in Zahlen wird der persische Buchstabe Che (CH) zunächst gegen das nächstgelegene Äquivalent im Abjad-Schema ausgetauscht, gegen das J. Als Summe ergibt sich 63. Aufgeteilt in Zehner und Einer: 60, 3. Die entsprechenden Buchstaben sind SIN und JIM. Das Wort, welches wir nun zu ermitteln haben, ist eine Kombination aus S und J. SJ (ausgesprochen SaJJ) bedeutet: »bewerfen, verputzen, etwa mit Lehm.« Bringen wir die Buchstaben in die umgekehrte Reihenfolge (eine zulässige Vertauschung, eine der wenigen, welche die Regel erlaubt), so erhalten wir das Wort JS. Ausgesprochen wird es JaSS, und es bedeutet: »sich nach etwas erkundigen; minutiös untersuchen (verborgene Dinge); ermitteln (Neuigkeiten).« Dies ist die Wurzel des Wortes für »Spionage«, und deshalb nennt man den Sufi auch Spion des Herzens. Für den Sufi ist das Nachforschen, um etwas über verborgene Dinge zu erfahren, poetisch gesprochen gleichbedeutend mit dem Antrieb, den Geist zu konzentrieren.

In ihren offiziellen Dokumenten, und wenn sie von anderen Mitgliedern sprachen, benutzten die *Carbonari* stets den Ausdruck »gute Verwandte«. Dies ist ein interessantes Beispiel einer Übersetzung aus dem Arabischen und gleichzeitig einer Umwandlung semitischer Wurzeln durch Alliteration in eine andere Sprache, in diesem Fall ins Italienische. »Guter Verwandter« ist im Arabischen dasselbe Wort, welches im Koran für die alten Sufis gebraucht wird, die *muqaribin*, die Nahen, »nahe verwandt«. Die erste Silbe des Wortes *Carbonari*, die K-R-B-Lautfolge, ist eine feinsinnige Fortsetzung des semitischen QRB-Radikals, von dem das Wort *muqaribin* abgeleitet ist. Auch in anderen Geheimgesellschaften sind solche oder ähnliche Entsprechungen im Gebrauch, aber die meisten verbirgt man dem Uneingeweihten, denn sie werden immer noch verwendet.

DIE GEMEIME SPRACHE:
II. DIE BAUMEISTER

Löse dich von fixen Ideen und vorgefaßten Meinungen. Und stelle dich deinem Schicksal.
(Scheich Abu-Said Ibn Abi-Khair)

»Sufi-ismus«, sagte Sir Richard Burton, war »der östliche Elternteil der Freimaurerei.« Ob nun Burton ein Freimaurer war oder nicht, zweifellos war er ein Sufi.

Hervorragende Menschen aus vielen Ländern haben die Freimaurerei unterstützt, sie ist geschmäht und verfolgt und manchmal vor den Wagen der Politik gespannt worden, sie degenerierte zum relativ unverbindlichen Vergnügen seriöser Geschäftsleute, wurde vom Rosenkreuzertum durchdrungen und von den Nazis als jüdische Betrügerei angegriffen. Es stünde keinem Freimaurer an, sich auf eine öffentliche Darstellung irgendeines Teils der Symbolik oder der Grundideen der »königlichen Kunst« einzulassen; tatsächlich ist es mehr als wahrscheinlich, daß alle Mitglieder an einen Eid der Verschwiegenheit gebunden waren, der ihnen auferlegte, das geheime Wirken der Bruderschaft vor den Augen aller Uneingeweihter zu bewahren. Ein Nichtmitglied kann daher notwendigerweise nur ein ziemlich einseitiges Bild von der Bewegung haben, denn seine einzige Informationsquelle für (angeblich) freimaurerisches Material, für die innere Dynamik der Bewegung, sind Abtrünnige, die ihr wahrscheinlich feindlich gegenüberstehen.

Beim Studium aller erreichbarer Literatur, von der man annimmt, daß sie Geheimnisse der Freimaurerei enthält, werden sich einige deutliche Konturen abzeichnen. Auf der Basis des Prinzips, daß es keinen Rauch ohne Feuer gibt, wird man wohl mit Recht annehmen können, daß sie eine ausreichende Menge echter Information enthält. Wie dem auch sei, den Sufi interessiert jedenfalls die Tatsache, daß ein großer Teil des Materials, welches beansprucht, freimaurerisch zu sein, schon auf den ersten Blick mit Aspekten sufischer Einführungspraktiken übereinstimmt. Entweder ist die Freimaurerei – wie Burton behauptete – vom Sufismus abgeleitet, oder die Substanz der regelmäßig erscheinenden, überreichlich vorhandenen Exposés, die womöglich mit Freimaurerei gar nichts zu tun haben, offenbart in Wirklichkeit einen von der Freimaurerei verschiedenen sufischen Kult. Im Rahmen dieser Studie bietet sich uns nur eine einzige Perspektive, von der aus wir uns diesem fesselnden Teil der Untersuchung nähern können. Wir werden die Parallelen untersuchen, die zwischen dem bestehen, was von den Verfassern solcher Enthüllungen Freimaurerei genannt wird, und dem, was wir über sufische Schulen wissen.

Eine der besten Methoden, die Übertragung der arabisch-sufischen Tradition in den Westen zu verfolgen, ist die terminologische Analyse. Wenn einem bestimmten Wort im Gebrauch ein esoterischer Sinn unterlegt wird, so lohnt es sich stets, es zu untersuchen und die Parallele zwischen den beiden Systemen aufzuspüren. Das fundamentale Wort, welches in Darstellungen der Freimaurerei am häufigsten gebraucht wird, setzt sich aus den drei hebräischen Buchstaben A, B, L zusammen, die – übertragen in arabische Buchstaben – sich als das Kennwort einer sufischen Gesellschaft erweisen, welche man die »Baumeister« (*al-Banna*) nennt. Das arabische Wort für Maurer ist ebenfalls *al-Banna*. Hier endet die Parallele nicht etwa, sondern sie beginnt gerade erst.

Wie die Troubadoure (TRB, arabische Wurzel) wählten auch die Baumeister (deren Bewegung im 9. Jahrhundert ihre erste Blüte gehabt haben soll) dieses dreibuchstabige Wort mit Sorgfalt; sie durchsuchten das Wörterbuch nach einem Ausdruck, der möglichst viele Aspekte ihrer Oganisation umfaßte. Das Wort, dessen sie sich schließlich bedienten, gibt uns folgende Hinweise auf die Charakteristika dieser Schule:

ABL = Mönch, Kirchendiener usw.; Interpretation esoterischer Prinzipien
ALB = Leute versammeln; eine Gruppe bilden
LaBA = anhalten; an einer Stelle stillstehen
BaLA = etwas geben; wohltätig sein
BAL = Herz, Geist; Aufmerksamkeit; Zustand; Kühnheit; Fürsorge

Selbst ohne die anderen Informationen, die es noch über diese sufische Schule gibt, erlaubt uns diese Zergliederung ihrer Losung schon einen Einblick in ihre Organisation und ihre Absichten. Das erste Wort deutet den esoterischen Aspekt an, das zweite das sich Versammeln, das dritte die Stadien auf dem Pfad des Sufi; im vierten Wort ist das Geben (von Liebe und Barmherzigkeit) enthalten, für sie das Mittel, ihr Wesen auszudrücken, und das fünfte schließlich weist auf verschiedene Aspekte ihrer Tätigkeit und ihrer Schulung hin.

Für die sufischen Baumeister symbolisierten diese drei Buchstaben drei Meditationshaltungen. Der kufische Buchstabe *alif* versinnbildlichte die kniende Position. Dhu'l-Nun Misri, einer der größten sufischen Lehrer, soll dem *alif* diese Gestalt gegeben haben. Im 16. Jahrhundert gelangte es in der Türkei zu großer Bedeutung. Westliche Schriftsteller sagen: »Es erinnert seltsam an die Freimaurer.« Es sieht aus wie ein Winkelmaß, eines der wichtigsten Symbole der Freimaurer. Im Arabischen wiederum ist das Wort für Winkelmaß RBA, welches in seinen alternativen Bedeutungen die Meditation gut umschreibt: Warten und Zucht. Der zweite Buchstabe, *ba*, wird im Arabischen wie ein Boot mit einem Punkt darunter geschrieben und ist ein ziemlich treffendes Abbild seines symbolischen Inhalts – die Richtwaage – die auch von den »Maurern« gebraucht wird. Sie ist sinnbildlicher Ausdruck für »in Demut mit dem Gesicht nach unten auf der Erde liegen« und für »Sammlung«. Der letzte Buchstabe, *lam*, wird mit einem Seil verglichen. Seiner Gestalt nach ähnelt er sehr einem Haken oder einem gebogenen Stück Seil. Dem Baumeister bedeutet er »das Seil, welches alle in Eintracht zusammenbindet«.

Gemäß der sufischen Auffassung gibt es neunundneunzig göttliche Namen oder Attribute. Die zunehmende Wirkung all dieser Namen bringt den vollendeten Menschen hervor. Der hundertste Name ist ein Geheimnis, welches der Suchende erst kennenlernt, wenn er vom Geist aller anderen Namen durchdrungen ist. Mit der Zahl dreiunddreißig bezeichnen die Baumeister das erste Drittel des ganzen Schulungsgangs, an dessen Ende der erste Grad der Erleuchtung erreicht wird. In dem numerischen System des arabischen Alphabets (wo jedem Buchstaben eine Zahl entspricht) steht dreiunddreißig für die Buchstaben: 30 = L; 3 = J. Es gibt in dem System nur diese eine Art, die Zahl aufzuspalten. Nimmt man nun an, daß L und J Buchstaben eines Wortes sind, so bilden sie zusammen das Kenwort für das erste Drittel der Erleuchtung des Sufi. Gibt es im Arabischen ein Wort LJ oder JL? Ja, es gibt tatsächlich beide. LJ bedeutet »Flamme« und steht in der sufischen Tradition für die Erleuchtung, das brennende Verlangen nach Liebe. JL bedeutet »erhaben«. Das Flammenschwert, das als ein Emblem der Freimaurer gilt, wird von den Baumeistern als Ausdruck für die dreiunddreißig Namen verwendet. Und der hundertste Name? Er scheint, so seltsam es aussehen mag, das (jetzt verwässerte) Urbild jenes seltsamen G-artigen Symbols zu sein, den man in dem Stern auf den Insignien der Freimaurer findet. Im Kult der Baumeister ist dieses G der arabische Buchstabe Q, dem es sehr ähnlich sieht.[1] Q steht hier für Geheimnis, das letzte Element. In der arabischen Buchstaben-Ziffern-Notation ist Q der Zahl einhundert äquivalent.

Diese Methode chiffrierter Chiffrierungen, der Gebrauch von Buchstaben und Zahlen, um Botschaften zu übermitteln, die nur der Eingeweihte versteht, ist charakteristisch für Derwisch-Dichter, und da man diesem Verfahren in beiden Systemen zu häufig begegnet, als daß man es noch als ein bloß zufälliges Zusammentreffen ansehen könnte, ist sein Gebrauch bei den Freimaurern und den Sufis identisch. Vertiefen wir die Untersuchung noch um eine weitere Stufe: Wenn wir den Buchstaben Q, die verborgene Macht, dem dreibuchstabigen Wort ALB hinzufügen und das A auslassen, eröffnet sich uns im Arabischen ein weiteres Panorama verborgener Bedeutungen:

Q-ABL = im voraus, zuerst, vorrangig (Primat des Kultes)
Q-ALB = Herz (sufisches Symbol für Kontemplation und innere metaphysische Verbundenheit) (siehe Anmerkung »QALB«)
L-aQB = Titel; ehrwürdig (Kennzeichen des Kultes)

[1]Im umgangssprachlichen Arabisch wird der Q-Laut, insbesondere von Nicht-Arabern, häufig als G wiedergegeben. Diese Tendenz kommt noch deutlicher zum Ausdruck in einigen Ländern, wo zwar arabische Worte verwendet werden, der gutturale Q-Laut aber fehlt.

Und – Zufall oder Absicht – wenn man die Zahlenäquivalente der Buchstaben Q, L, B addiert ergibt sich als Summe 132. Diese Zahl kann man als 32 + 1 = 33 lesen. Wie wir gesehen haben, ist dies für die Baumeister ein Hinweis auf die geheime Lehre. Sie wurde unter sorgfältiger Geheimhaltung von einem Mann übermittelt, dessen Name, aufgeschlüsselt nach derselben Methode, auch zu der Zahl dreiunddreißig führt. Sie buchstabieren ihn so:

$$
\begin{array}{rr}
M = & 40 \\
H = & 8 \\
M = & 40 \\
M = & 40 \\
+\,D = & 4 \\
\hline
= & 132
\end{array}
$$

Dieses Wort, buchstabiert gemäß der arabischen Orthographie, ist das Wort Mohammed. Jetzt haben wir den Punkt erreicht, an dem die Baumeister enthüllen, daß die sufische Überlieferung, die sie praktizieren, Bestandteil der geheimen Lehre Mohammeds war.

Diese Zahl dreiunddreißig wird von den sufischen Baumeistern in ein Pentagramm, manchmal auch in einen aus zwei Dreiecken gebildeten Stern eingeschrieben. In anderen esoterischen Traditionen werden diese beiden übereinandergelegten Dreiecke als Symbole für die Prinzipien des Männlichen und Weiblichen interpretiert, als Luft und Feuer und so weiter. Aber für den sufischen Baumeister ist das untere Dreieck die Gestaltung des Zahlwortes sieben und das obere der Umriß der Zahl acht. Und zusammengenommen umschließen die sechs Seiten der beiden Dreiecke die Zahl sechs. Für sie bedeutet dies die Zahlenfolge 786, und das ist die religiöse Formel *Bismillah ar-Rahman, ar-Rahim*, die durch direkte Substitution auf diese Zahl reduziert werden kann. Der Ausdruck hat dieselbe Bedeutung wie der, den man auf einem sufischen Kruzifix aus dem Irland des 9. Jahrhunderts gefunden hat: Im Namen Allahs, des Gütigen, des Barmherzigen.

Die Kaaba (ein kubischer Tempel) von Mekka wurde im Jahre 608 n. Chr. wiederhergestellt; das war, als Mohammed fünfunddreißig Jahre alt war, fünf Jahre bevor er anfing zu lehren. Dieser Tempel wurde aus einunddreißig Lagen von Stein und Holz erbaut. (Azraqi, zitiert von Wistenfeld in: Creswell: *Early Muslim Architecture*, London 1958, S. I) Die Sufis fügen hinzu: »Zusammen mit Himmel und Erde, dreiunddreißig.«

Es wäre verfehlt, noch weitere Einzelheiten der geheimen Sprache vorzulegen, die sich sowohl bei den Freimaurern als auch bei den organisierten Derwisch-Bruderschaften finden und die für beide Seiten von hoher esoterischer Bedeutung sind. (Ein weiteres Beispiel ist der Dialog in der Anmerkung »Punkte«.) Aber es gibt Begleitumstände, die man erwähnen kann und die von allgemeinem Interesse sind. Nach der Ansicht einiger Historiker kam die Freimaurerei in der Zeit des Aethelstan (etwa 894–939) nach England, jenes Sachsenkönigs, der England in näheren Kontakt mit dem Kontinent brachte. Seine Lebenszeit stimmt fast mit der des berühmten spanischen Sufi Ibn Masarra (883–931) überein, von dessen Illuminatenschule nachweislich ein ungeheurer und anhaltender Einfluß auf das westliche Denken ausging. Im selben Jahrhundert lebte und lehrte Dhu'l-Nun, der Ägypter, jener Sufi, der in dem Ruf stand, den Derwisch-Orden der Baumeister gegründet zu haben. Von Dhu'l-Nun, den alle Sufis verehren, sagt man, er sei von nubischer (»schwarzer«) Abstammung. Dies läßt uns an die Übernahme der Wörter »schwarz« (*fehm*) und »Erkenntnis, Wissen« (*fehm*) durch die Derwisch-Schule der Köhler denken, die mit den *Carbonari* in Verbindung gebracht werden.

»Schwarz« ist außerdem ein anderer Ausdruck für Ägypten, angeblich von der Farbe der Erde hergeleitet. Viele sind der Ansicht, daß die schwarze Kunst nichts weiter bedeutet als »ägyptische Kunst« oder »die Kunst des Erkennens«. Einem ähnlichen Gedankengang folgend,kann man aus den »Schwarzen Jungfrauen« des Mittelalters »Weise Jungfrauen« machen. Die Schwarze Kunst, die Hermetische Kunst und die Geheimnisse Ägyptens sind in der mittelalterlichen Literatur immer wieder verwechselt worden. Dieses Mißverständnis kann nur auftreten, weil Ausländer die Ähnlichkeit zwischen »schwarz« und »weise« im Arabischen nicht kennen.

Der Zusammenhang zwischen Schwarzer Kunst, Alchimie und Rosenkreuzertum hat viele Forscher verblüfft, die meistens annahmen, daß die Europäer des Mittelalters sich mit diesen Dingen nur aus Liebhaberei abgegeben haben, weil sie einfach leichtgläubig waren und immer danach trachteten, Geheimnisse zu durchdringen und geheime Lehren zu entdecken.

Viele, die sich zu diesem Thema geäußert haben, nannten es absurd, zwischen den »Schreinern« (den Mitgliedern des Ordens vom mystischen Schrein) und den Freimaurern eine Beziehung zu sehen.

Aber ein Schreiner muß ein Freimaurer sein. Das Ritual dieses Ordens basiert zweifellos auf einem Mythos und einem Ritual, das mit dem Heiligen Tempel von Mekka in Verbindung steht. Welche Beziehung besteht denn, so wird manchmal gefragt, zwischen dem mohammedanischen Tempel in Mekka und dem Tempel des Salomon und seinem Bau? Da kann in der Tat eine sehr enge Beziehung bestehen (vgl. auch Anmerkung: »Templer«).

Um das Jahr 691 hatten die Sarazenen den Tempel des Salomon an der Stelle wiedererrichtet, die heute als der Felsendom bekannt ist. Es ist dieser Tempel und kein früherer, dessen Diener die Tempelritter waren, welche man der Übernahme sarazenischen Gedankengutes bezichtigte. Es ist kein Zufall, daß die Freimaurer Templertraditionen übernahmen, nachdem dieser Orden sich aufgelöst hatte.

Man sollte auch nicht vergessen, daß die Kaaba (wörtlich: der Kubus) der quadratische Tempel von Mekka ist. Der »schwarze Stein« von Mekka ist in eine der äußeren Ecken der Kaaba eingelassen. Man nennt ihn daher mit Recht den Kaaba-(Kubus-)Stein, leicht zu übersetzen als kubischer Stein. Ein anderer Name ist *Hajarel aswad* (schwarzer Stein). »Schwarz«, so haben wir bereits gesehen, wird als »Kohle« wiedergegeben, und »Stein des Schwarzen« läßt sich in *Hajarel fehm*, »Stein der Weisheit« übertragen oder – in der Übersetzung – in »Stein der Weisen«. Vergleichbar ist diesem Ort nur die geheiligte Stelle in Palästina, die als der Tempel des Salomon bekannt ist.

Die sufische Tradition berichtet von einer Schar früher, klassischer Sufis, Männer, die sich im Tempel von Mekka versammelten, um ihm zu dienen. Als Jerusalem sich den Arabern ergab, war das erste, was die Mohammedaner taten, den Tempel des Salomon zu einer Stätte des Islam zu machen. Daß die sufische Tradition – auch was den Felsendom angeht – fortgesetzt wurde, wird daraus ersichtlich, daß seine spätere innereAusschmückung zum Teil sufische Züge trägt. Die Kirchen der Templer und noch andere Anzeichen verdeutlichen den Einfluß, der von der sarazenischen Gestalt des salomonischen Tempels ausging.

Auf zwei Wegen ist diese Überlieferung in den Westen eingedrungen: ursprünglich durch das sarazenische Spanien, rein oder verschmolzen mit jüdischen Ideen (denn die Juden arbeiteten intensiv mit den arabischen Kabbalisten zusammen), und dann noch einmal durch die Kreuzzüge; Mitglieder der Gesellschaft, die man die Baumeister nennt, mögen sehr wohl ähnliche Rituale bei den Derwischen des Nahen Ostens angetroffen haben.

Und schließlich hat das Dunkelheit-Licht-Motiv, das als Kennzeichen der Freimaurerei betrachtet wird, so deutliche Parallelen bei den Derwischen, daß allein dieser Umstand schon stutzig machen muß. Licht bedeutet für die Derwische Wahrheit, Erleuchtung. Dunkelheit, das sahen wir schon, ist assoziiert mit Weisheit (die im Arabischen homonym sind); auch die Farbe Weiß ist ein Ausdruck für »erkennen«. Um das Wissen vom wahren Sinn von Weisheit und Licht, von Gut und Böse, von der wirklichen »Dunkelheit« des Unwissenden geht es den Derwischen.

Was diesen Punkt angeht, fußen die Sufis ganz auf dem Lichtvers des Koran (Sure 24, 41). Dort steht: Die Handlungen der Ungläubigen »gleichen der Finsternis auf dem hohen Meere. Wogen stürzen auf Wogen und über ihnen stehen Wolken, welche Finsternis auf Finsternis häufen, so daß, wenn einer seine Hand austreckt, er sie nicht sehen kann. Wem Allah nicht Licht gewährt, der wird auch nimmer sich des Lichtes erfreuen«.

Ghasali, der – wie wir wissen – den gesamten scholastischen Westen beeinflußte, hat dieses Thema aufgenommen und im einzelnen ausgeführt. Er schrieb ein Buch über Dunkelheit und Licht, dem er den Titel *Nische des Lichts* gab.

Der Gebrauch des Dunkelheit-Licht-Motivs durch die Derwische findet sich in ihrer gesamten Literatur. Der *Verborgene Garten*, von Schabistari im Jahre 1319 verfaßt, ist ein schönes Beispiel: »Der Pfad des Derwischs ist dunkel in beiden Welten; und doch, es ist das Dunkel, das auf dem Horizont der Wüste den Wanderer erfreut, ihm kündet, daß die Zelte nahe sind... In einem Tag voll Finsternis scheint Licht.«

Johnson Pashas Übersetzung (*The Dialogue of the Gulshan-i-Raz*, Kairo 1903) von Texten aus Quellen der Freimaurer oder der Baumeister ist in der englischen Literatur nicht unbekannt. Pope zum Beispiel (*Dunciad*, Buch IV) könnte eine sufische Allegorie benutzt haben, als er schrieb:

> Vom Dunklen laß gerade soviel sichtbar werden,
> Daß es den tiefen Sinn halb offenbart und halb verhüllt.

Unser Wissen über den Gebrauch von Symbolen bei den Derwischen erlaubt es uns, die geheimnisvolle Botschaft in einem seltsamen, wiederholt auftretenden Zeichen der Freimaurer zu verstehen, das in manchen mittelalterlichen Gebäuden erscheint. Falls die berufsmäßigen »Maurer« des Mittelalters mit den Derwischorden des Westens in Verbindung standen (was bei den östlichen Bauhandwerkern sicherlich der Fall war), so liegt uns hier eine verschlüsselte Nachricht vor.

Das sufische Diagramm, das man das magische Quadrat der Zahl fünfzehn nennt, sieht folgendermaßen aus:

4	9	2
3	5	7
8	1	6

Die Zahlen (eins bis neun) in den Zeilen und Spalten und auch in den Diagonalen addieren sich stets zu fünfzehn. Im Kabbalismus wird dieses Diagramm als Coderahmen benutzt, mit dessen Hilfe man Nachrichten übermittelt. Dazu zeichnet man Linien ein, welche die Zahlen verbinden, die hervorgehoben werden sollen. Das Freimaurerzeichen, von dem die Rede war, sieht etwa so aus:

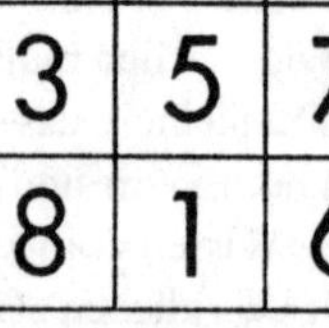

Legt man dieses Zeichen über das Diagramm, so läßt sich ablesen, welche Ziffern zu der Nachricht benutzt wurden. Die Linie berührt alle Zahlenfelder außer dem, welches die acht einnimmt.

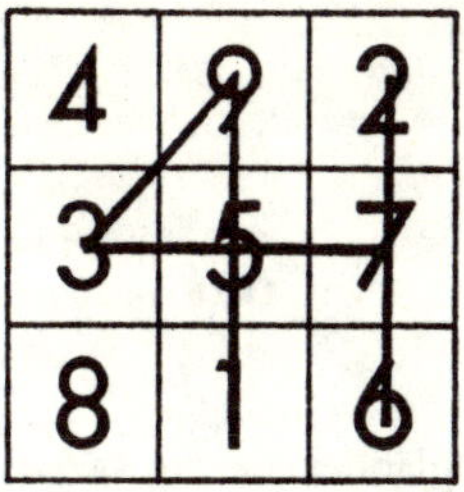

Die Zahl acht ist Symbol des vollkommen ausgewogenen Ausdrucks, des Oktagons; sie repräsentiert unter anderem auch den Würfel. Noch einmal tritt die acht in diesem Diagramm auf: die darübergelegte Figur bedeckt acht von neun Feldern. Das bedeutet hier: »Die Acht (Ausgeglichenheit) ist der Weg zur neun.« Neun steht im Arabischen für den Buchstaben *Ta*, dessen verborgener Sinn »geheimes Wissen« ist.

Die Verbindungslinie erhält noch mehr Bedeutung, wenn man bedenkt, daß dieses wie eine vier mit einem zusätzlichen Balken aussehende Zeichen auch noch eine ungefähre Wiedergabe des arabischen Wortes *huu* ist, der liturgischen Formel der Derwische, die gesungen wird, um ekstatische Zustände zu erreichen.

Es ist ziemlich wahrscheinlich, daß allein dieses Zeichen schon als Beweis für die Verbindung zwischen den Freimaurern und der Alchimie genügt. Es ist sogar in China in Gebrauch gewesen, und Forscher auf dem Gebiet der Alchimie haben es mit der Alchimie der symbolischen Richtung und mit der taoistischen Tradition in Verbindung gebracht. Sollten noch weitere Hinweise nötig sein, so kann man die Tatsache heranziehen, daß das gleiche magische Quadrat von Geber, dem Förderer sowohl der östlichen als auch der westlichen Alchimie, benutzt wird und auch (wie Professor Holmyard bemerkt) von der sufischen Gesellschaft, deren Mitglied Geber war.

Weit davon entfernt, einfach nur wahl- und regellos zusammenhanglose und mysteriöse Überlieferung zusammenzutragen, standen die Alchimisten, Freimaurer, Rosenkreuzer, *Carbonari* und andere höchstwahrscheinlich miteinander in Verbindung, denn Bestandteile der sufischen Symbolik finden sich bei allen in ihrer ursprünglichen (oder frühen) Zielsetzung, der Entwicklung des menschlichen Bewußtseins.

DIE GEHEIME SPRACHE: III. DER STEIN DER WEISEN

Tief im Meer ist Reichtum ohne Maß.
Doch suchst du Sicherheit, dann bleib am Ufer.
(Saadi: Der Rosengarten)

Robert von Chester, ein Engländer, der im sarazenischen Spanien studierte, führte – mit einem Buch, das er 1144 abschloß – die Alchimie in die christliche Welt des Mittelalters ein. Dieses Buch war eine Übersetzung aus dem Arabischen, und er behauptet darin (wie Professor Holmyard in seinem Buch *Alchemy*, London 1957, feststellt) kategorisch, diese Wissenschaft sei zu jener Zeit in der »lateinischen Welt« noch nicht bekannt gewesen.

Seit dieser Zeit gibt es einen ständigen Kampf zwischen den beiden Deutungen der »Kunst«. Wollte sie wörtlich genommen werden oder war sie eine esoterische Lehre, eine Methode zur Entwicklung des Bewußtseins? Fast zwangsläufig haben viele Forscher die Tatsache übersehen, daß man sich sowohl von der rein materiellen als auch von der esoterischen Seite her an ihr versucht hat. So behaupteten einige, Alchimie sei die Vorläuferin der Chemie, nur damit befaßt, den Stein dr Weisen herzustellen; andere vertraten die Ansicht, sie stamme von frühen Versuchen ab, Metallstücke zu vergolden oder mit Silber zu überziehen, um sie dann als reines Gold oder Silber zu verkaufen; wieder andere meinten, sie sei eine erhabene Kunst, der es nur um die Entwicklungsmöglichkeiten des menschlichen Bewußtseins gehe.

Die Tatsachen sind weit weniger kompliziert, als sie jenen erschienen sind, welche die oft nur sekundäre Literatur nicht mit der sufischen Allegorik in Verbindung gebracht haben. Zunächst sollte man einmal festhalten, daß die Leute, die man so wahllos als Alchimisten in einen Topf wirft und deren Werke man als Teil eines übergeordneten Ganzen versteht, tatsächlich sehr verschieden sind und die Absichten und Richtungen ihres Forschens oft einander entgegengesetzt oder zumindest unabhängig voneinander waren.

Goldsmiths Rezepte, die schon sehr früh entstanden sind, beweisen keineswegs, daß die alchimistische Terminologie nicht auch von Mystikern benutzt worden ist. Von zwei Leuten, die beide in dem Ruf standen, das Elixier gefunden zu haben, mag sehr wohl einer ein Scharlatan und der andere ein mystischer Lehrer gewesen sein. Es gibt in der mittelalterlichen Literatur eine große Anzahl von Zeugnissen, die alle auf ständige Bemühungen um eine Form der geistigen Entwicklung hinweisen, welche in alchimistischer Terminologie dargestellt wurden.

Das Mißverständnis wurde auch nicht korrigiert, als der französische Alchimist M.P.E. Berthelot in den Jahren 1888 und 1893 eine große Anzahl verschiedenartiger alchimistischer Dokumente untersuchte. Als ein gewissenhafter Arbeiter fand er heraus, daß die frühesten erreichbaren Werke weniger als 2000 Jahre alt waren. Weiterhin stieß er auf Bücher mit metallurgischen Rezepten für die Bearbeitung und Tönung von Metallen, Lehrbücher reiner Handwerker, deren Texte mit esoterischen Inhalten durchmischt waren. Alchimie, so schloß er (noch bevor die meisten Leser dieser Bücher geboren waren), ist eine Verirrung, eine Degenerierung der Metallurgie und sehr frühen Chemie durch die Griechen und Ägypter.

Berthelot kam bei der Untersuchung des Materials nicht auf den Gedanken, ein Schulungsweg könnte sich die Terminologie der Alchimie zu eigen gemacht haben, um mit ihr eine allegorisierte Botschaft zu übermitteln, deren Ursprung gänzlich außerhalb des Zusammenhangs der Metallbearbeitung liegt.

Die Literatur über die Alchimie, welche man als einheitliches Phänomen zusammenfaßte, ist so umfangreich, daß schon mancher sein ganzes Leben mit dem Versuch verbracht hat, sie zu verstehen. Sie enthält mehr oder weniger offensichtliche Fälschungen im Griechischen, Lateinischen, Arabischen und in späteren westlichen Sprachen. Diese Schriften sind manchmal unzusammenhängend, von Symbolik verschleiert, durchsetzt mit Allegorien und so bizarren Vorstellungen wie Drachen, dem Wechsel der Farben bei der Erzeugung von Gold, flammenden Schwertern, Metallen und Planeten.

Die Annahme, die Bemühungen um Verwandlung seien nur aus dem Mißverstehen von Dokumenten der bloßen Handwerker erwachsen, reicht nicht aus, um den konsistenten Gebrauch einer bestimmten Terminologie durch die Alchimisten zu erklären. Lesen wir die arabischen Wörter, für die die Übersetzer lateinische Äquivalente gewählt haben, so können wir vom Gebrauch der Wörter in dieser Sprache her beurteilen, ob die »Lateiner« tatsächlich Metalle umwandeln wollten oder etwas ganz anderes suchten. Mit anderen Worten, wir können die Chemiker von den Vertretern einer spirituellen Kunst unterscheiden. Dies ist eines der Hilfsmittel, die zum Verständnis der mittelalterlichen Alchimie führen. Wir müssen auf einer frühen Stufe anfangen, nämlich mit Jabir Ibn el-Hayyan, dem Vater der Alchimie, wie wir sie heute kennen. Jabir ist von arabischen wie auch von europäischen Alchimisten als der Schirmherr dieser Kunst seit dem 8. Jahrhundert anerkannt worden. Alles, was uns seit dieser Zeit als Alchimie bekannt ist, enthält die Lehre von den drei Elementen Salz, Schwefel und Quecksilber. Diese müssen in der richtigen Weise gemischt werden, um das Gold der Philosophen zu erzeugen. Viele Alchimisten, man kann fast sagen alle, haben betont, daß diese Substanzen nicht das sind, was man allgemein unter Salz, Schwefel und Quecksilber versteht. Geber, unter welchem Namen Jabir im Westen bekannt war, hat – gemäß Professor Holmyard – die Lehre von Schwefel und Quecksilber eingeführt, die »den Alten anscheinend unbekannt war«.

Die Alchimie, wie sie seit dem 8. Jahrhundert praktiziert wird, ist von Jabir Ibn el-Hayyan geprägt. Wer war er, und was meinte er mit Schwefel und Quecksilber? In den lateinischen und auch in den arabischen Büchern erscheint für Jabir der Beiname El-Sufi, der Sufi. (Alchimie wurde im Mittelalter die sophische Kunst genannt.)

Als seinen Meister, von dem er mit größter Hochachtung spricht, nennt er in seinen Werken den Imam Jafar Sadiq (700 bis 765), jenen großen sufischen Lehrer, dessen Name in fast allen »Linien der Überlieferung« des Sufismus erscheint, die solche Autoritäten wie Rumi und Ghasali als Alchimie bezeichnen. Ghasali nannte sogar eines seiner wichtigsten Bücher *Das Elixier (die Alchimie) der Glückseligkeit*. Ibn El-Arabi sagt, daß die »großen Namen« Gold und Silber genannt werden.

Was ist denn nun dieser Stein der Weisen, der angeblich unedle Metalle in edle verwandeln konnte? Wir brauchen nur gewisse Wörter ins Arabische zurückzuübersetzen und uns anzusehen, wie sie von den Sufis verwendet werden, dann wird sich zeigen, wovon Jabir sprach.

Die Wiedererweckung eines wesentlichen Bestandteils des Menschseins ist das Ziel der Menschheit. Der Mensch ist von seinem Wesen getrennt, und deshalb ist sein Leben unerfüllt und voller Mißklänge. Er muß versuchen, die Asche zu läutern und das Gold zu gewinnen. Das Mittel dazu liegt im Menschen, es ist der Stein der Weisen. Das arabische Wort für Stein steht in Verbindung mit »verborgen, verboten«. Daher wurde der Stein gemäß den üblichen Regeln der Assonanz, die unter Sufis gebräuchlich sind, als ein Symbol verwendet.

Der Stein, dieses verborgene, so machtvolle Ding, wird im Westen auch Asoth genannt. Asoth, wird von Orientalisten auf eines dieser beiden Wörter zurückgeführt: *el-dhat*, was Wesen oder innere Wirklichkeit bedeutet; oder aber *sibaq*, Quecksilber. Für die Sufis ist der Stein *dhat*, das Wesen; es hat so viel Macht, daß es alles, was mit ihm in Berührung kommt, verwandeln kann. Es ist das Wesen des Menschen, das teilhat an dem, was die Menschen das Göttliche nennen. Es ist »Sonnenlicht«, fähig, den Menschen auf eine neue Stufe zu erheben.

Wir können noch viel weiter gehen. Drei Elemente kommen zusammen, um – nach der Bearbeitung (arabisch *amal*) – das *dhat* zu bilden. Diese Elemente sind Schwefel (*kibrit*, homonym mit *kibirat*, »Größe, Adel«), Salz (*milh*, homonym mit *milh*, »Güte, Lernen«) und Quecksilber (*sibaq*, mit der gleichen Wurzel wie »ein Schloß öffnen; etwas aufbrechen«). (Paracelsus, 1493 bis 1541, schreibt: »Quecksilber ist der Geist, Schwefel die Seele, Salz der Körper.«)

Wir können die Alchimie nicht entschlüsseln, solange wir nicht wissen, wie die Wörter gebraucht wurden und wofür sie Äquivalente waren. Ibn El-Arabi selbst enthüllt zwei der Bedeutungen, wenn er sagt, daß Schwefel für das Göttliche steht und Quecksilber für die Natur. Ihr Zusammenwirken im richtigen Mischungsverhältnis erzeugt das Asoth, die veredelte Essenz. Übersetzungen ins Lateinische verloren die klanglichen Assoziationen der sufischen Werke,

aber ihre Ausdeutung setzte sich (zum Vorteil aller Nicht-Araber) in persischen Büchern fort, etwa in Ghasalis *Elixier der Glückseligkeit*.
Man hat auch behauptet, daß die Überlieferung der Lehre in den Händen von Meistern der Antike gelegen habe. Unter denen, die genannt werden, ist – östlichen und westlichen Autoritäten zufolge – Hermes, den die Araber unter dem Namen Idris kennen. Westliche Autoren und Praktiker erkennen die Überlieferung durch Hermes so weitgehend an, daß sie die Alchimie oft die hermetische Kunst nennen und diese Bezeichnung beibehalten haben.
Der spanisch-arabische Historiker Said von Toledo stellt die Herkunft der hermetischen Tradition so dar: »Weise Männer bestätigen, daß alle vorsintflutlichen Wissenschaften ihren Ursprung in dem ersten Hermes haben, der in Sa'id, im oberen Ägypten, lebte. Die Juden nennen ihn Enoch, die Mohammedaner Idris. Er war der erste, der vom Stoff einer höheren Welt sprach und von der Bewegung der Planeten. Er erbaute Tempel für die Anbetung Gottes... er war Dichter und Arzt... noch vor der Flut warnte er, es werde eine Feuer- und Wasserkatastrophe kommen... Nach der Flut wurden die Wissenschaften, auch Alchimie und Magie, in Memphis betrieben, unter dem noch berühmteren Hermes dem Zweiten.« (Asín Palacios: *Ibn Masarra*, S. 13)
Hermes Trismegistos, der möglicherweise drei verschiedene Lehrer repräsentiert, steht nicht nur in dem Ruf, die Alchimie begründet zu haben. Sein Name erscheint unter den alten Meistern dessen, was man jetzt den Sufi-Weg nennt. Mit anderen Worten, sowohl die Sufis als auch die Alchimisten nennen Hermes den Urheber ihrer Zunft. So werden also Jafar Sadiq, der Sufi, Jabir der Sufi und Hermes, der im Ruf steht, ein Sufi zu sein, von Alchimisten des Ostens und des Westens als ihre Meister anerkannt.
Die Methode des Konzentrierens, Destillierens, Reifenlassens und Mischens, beschrieben mit chemischen Begriffen, ist nichts anderes als ein gestaltendes Verbinden von Geist und Körper, um eine menschliche, nicht eine chemische Wirkung zu erzielen. Zweifellos gab es Imitatoren, die nur reine Chemie betrieben, aber ebenso wahr ist, daß es bis vor kurzem (und mancherorts auch jetzt noch) Leute gab, die glaubten, daß alle geistigen Dinge eine physische Parallele haben.
Wer war Jafar Sadiq, der Lehrer und Meister des Jabir? Niemand anderes als der sechste Imam (oder Führer), über Fatima ein Abkomme Mohammeds. Viele glauben, er stehe in der direkten Linie der Überlieferung der von Mohammed weitergegebenen inneren Lehre des Islam, welche man Sufismus nennt.
Jabir Ibn el-Hayyan war lange Zeit eng vertraut mit den Barmeziden, den Wesiren des Harun al Raschid. Diese *barmakis* stammten von den Priestern der afghanischen buddhistischen Heiligtümer ab, und sie sollen über die alte Lehre verfügt haben, die von dort her auf sie überkommen war. Harun al Raschid selbst war stets ein Gefährte der Sufis, und es gibt Zeugnisse davon, daß er Pilgerreisen unternahm, um Sufi-Meister zu treffen und ihnen seine Verehrung zu bezeugen.

Für die These, daß die alchimistische Lehre von Ägypten ausging, ist es unnötig, die Schriften des Thoth als ihren Ursprung anzunehmen. Der sufischen Tradition zufolge war es Dhu'l-Nun, der Ägypter, der die Lehre weitergab, der König oder Gott der Fische, einer der berühmtesten klassischen Sufi-Lehrer.

Wer war Hermes, oder wie hat man sich ihn vorgestellt?

Er war der Gott, der die Seelen der Toten zur Unterwelt trug und Botschaften der Götter übermittelte. Er war die Verbindung zwischen dem Außermenschlichen und der Welt. Wie Merkur, sein Pendant, bewegte er sich mit ungeheurer Schnelligkeit, und wie für die innere Erfahrung waren Zeit und Raum für ihn kein Hindernis. Er ist von athletischem Körperbau, ein voll entwickelter Mensch, und deshalb wird er als das äußere Abbild des »vollendeten Menschen« der Sufis betrachtet. Frühe Skulpturen stellen ihn als einen reifen Mann dar, alt und weise, das angemessene Ergebnis einer rechten Entwicklung. Er erfand die Leier, und wie die Sufis (und andere) konnte er seine Zuhörer durch Musik in einen anderen Zustand versetzen. Einen Riesen schläferte er mit dem Klang seiner Flöte ein, was man als einen Hinweis auf den hypnotischen Charakter des in ihm personifizierten sufischen Typus ansah. Seine Beziehung zu hypnotischen Aktivitäten und zu Mystik und Medizin ist offensichtlich.

Fortbestand und Überlieferung der Lehre ist eng mit der Gestalt des Hermes verknüpft. Sescheta ist seine weibliche Entsprechung; sie wird mit dem Tempelbau in Verbindung gebracht und mit dem Bewahrer der Bücher, in denen die Weisheit der Antike niedergeschrieben war. Wie der suchende Mensch der Sufis und auch die sufische Wahrheit (simurgh) wird dieser als ein Vogel dargestellt. Manchmal stellte man sich ihn als einen Mann mit dem Kopf eines Ibis vor; dieser Vogelkopf war ein Symbol für das Streben und die Errungenschaften des Geistes.

Ein Wort des Thoth erschuf die Welt; der Klang seiner Stimme gab ihr acht Kennzeichen (von denen vier als Götter und vier als Göttinnen symbolisiert wurden). Das achteckige Diagramm des Wortes *huu*, des sufischen Klanges, versinnbildlicht den achtfachen Aufbau der sufischen Lehre.

Welche Gottheiten oder Legenden auch immer mit den Gestalten des Hermes, Merkur und Thoth vermengt worden sind, die Hauptelemente der Vermittlung zwischen dem Menschen und dem Göttlichen, nämlich Weisheit, Musik, Wissenschaft und Medizin, bleiben erhalten.

In seiner dreifachen Gestalt, der ägyptischen, der griechischen und der römischen sind seine wichtigsten Merkmale gleich; seine Verbindung mit einer Form des Wissens, das, aus einer göttlichen Quelle entsprungen, dem Menschen übermittelt wird, bleibt. Dieser Zusammenhang ist zweifellos weitreichender als die spätere alchimistische Interpretation.

Jahrhundertelang verblüfften die Lehren, die man dem Hermes Trismegistos zuschreibt, die Leute; sie waren in eine smaragdene Tafel eingraviert, und die Araber gaben sie weiter als das große innere Prinzip des »Großen Werkes«. Sie waren die Grundlage der Alchimie; man kann sie folgendermaßen übertragen: *Die Wahrheit, Gewißheit, das Wahrste, ohne Unwahrheit. Das Obere ist wie das Untere. Das Untere ist wie das Obere. Zu erlangen ist: das Wunder der Einheit. Alles ist geformt von der Betrachtung der Einheit, und alles kommt – durch Angleichung – aus der Einheit. Ihre Eltern sind Sonne und Mond, der Wind hat sie geboren, die Erde sie genährt. Jedes Wunder ist von ihr, und ihre Macht ist vollkommen. Wirf sie auf die Erde, und Erde wird von Feuer sich trennen. Das Ungreifbare getrennt vom Greifbaren. Durch Weisheit erhebt sie sich langsam von der Erde in den Himmel. Dann steigt sie zur Erde nieder, verbindend das Obere und das Untere. So werdet ihr die Erleuchtung der ganzen Welt haben, und keine Dunkelheit wird mehr sein. Dies ist die Macht aller Stärke: das Ungreifbare fügt sich ihr, das Feste durchdringt sie. Auf diese Weise wurde die Welt erschaffen. Die Zukunft wird herrliche Entwicklungen bringen, und dies ist der Weg. Ich bin Hermes, der dreifältige Weise; ich wurde so genannt, weil ich die drei Elemente aller Weisheit bewahre. Und so endet die Offenbarung des Werkes der Sonne.*

Hier wird das gleiche ausgedrückt wie in einem sufischen Diktum (Einleitung zu: *Wahrnehmung des Jafar Sadiq*): »Der Mensch ist der Mikrokosmos, die Schöpfung ist der Makrokosmos – die Einheit. Alles kommt von dem Einen. Durch Sammlung der Macht der Kontemplation kann alles erreicht werden. Diese Essenz muß vom Körper erst getrennt und dann mit ihm verbunden werden. Dies ist das Werk. Beginne mit dir selbst und ende mit allem. Vor dem Menschen, jenseits des Menschen, Umwandlung.«

Wenn man als gesichert betrachten kann, daß es so etwas wie eine metallurgische Lehre gab, die der Alchimie ähnlich war, und auch, daß es eine esoterische Alchimie ohne chemisches Experimentieren gab, so bleibt doch noch ein Punkt, den die Kommentatoren verfehlt haben. Jabir und seine Nachfolger, von denen zumindest einige Sufis waren, haben tatsächlich chemische Forschungen angestellt. Sie machten Entdeckungen, die anerkanntermaßen die Grundlage der modernen Chemie sind. Für den modernen Verstand bedeutet dies, daß sie mit ihren Versuchen den Stein der Weisen finden wollten und wirklich Metalle umzuwandeln versuchten. Hätten sie die Jahre des Experimentierens auf sich genommen und geduldig die Rückschläge ertragen, die alle Alchimisten erfahren mußten, wenn sie nicht überzeugt gewesen wären, daß es eine theoretische Möglichkeit des Erfolgs gab? Oder haben sie vielleicht – in Gesellschaften, die individuelle religiöse Aktivitäten mißbilligten – solch ernsthafte Experimente nur zum Schein ausgeführt, eine so vollständige Fassade geschaffen, daß sie die Umwandlung wirklich versuchen mußten?

Das gegenwärtige Denken hat zwei Fehler, die verhindern, daß die wirklichen Tatsachen verstanden werden. Der erste: Die Leute neigen dazu, Menschen der Vergangenheit von ihrer eigenen Warte her zu beurteilen. Der zweite: Der außenstehende Theoretiker befindet sich normalerweise in der schwierigen Lage, nie in einer sufischen Schule gewesen zu sein. Unter den Sufis gibt es eine Tradition, die viele Jahrhunderte überlebt hat. Man kann sie mit dem Begriff »Unterfangen« zusammenfassen. Das sufische Unterfangen mag nach modernen Maßstäben unwissenschaftlich sein, doch die Methode wird häufig angewandt. Der Suchende bekommt eine praktisch unlösbare Aufgabe gestellt, um deren Lösung er sich bemühen soll. Sie mag im alchimistischen Bereich liegen oder in einem anderen, wo eine Möglichkeit der Lösung ebenso unwahrscheinlich ist. Zum Zweck der Selbstentwicklung muß er dieses Unterfangen mit vollständiger Hingabe durchführen. Im Prozeß des Planens und Ausführens vollzieht sich seine geistige Entwicklung. Das alchimistische (oder sonstige) Unterfangen mag unmöglich auszuführen sein, aber es ist der Rahmen, in dem sein Durchhaltevermögen und sein Eifer sich zeigen und seine geistige und moralische Entwicklung sich vollzieht. So gesehen ist es zweitrangig, wenn es aber für ihn etwas Bleibendes wird, vielleicht für sein ganzes Leben, dann ist es keineswegs zweitrangig, weil es dann sein ständiger Anker und Bezugsrahmen wird. Es hat etwas von diesem Geist, wenn man in anderen Gesellschaften im Sport, beim Bergsteigen oder in der Körperkultur gewisse Herausforderungen annimmt. Der Berg oder die Entwicklung der Muskeln sind die Fixpunkte, aber sie sind nicht das Element, das durch die Bemühungen tatsächlich umgewandelt wird. Sie sind das Mittel, nicht der Zweck. Das ganze Konzept mag seltsam anmuten, aber es hat letztlich seine eigene Logik. Nicht der Rahmen wird durch die Anstrengungen verändert, sondern der Mensch selbst. Und es ist die Entwicklung des menschlichen Seins, was zählt, nichts sonst.

Ist das sufische Konzept der willentlichen Entwicklung der Menschheit einmal begriffen, so ordnen sich die anderen Elemente von selbst ein. Vielleicht in ähnlichem Geiste wird Latein an manchen Schulen gelehrt, um einen bestimmten Aspekt des Denkens zu entwickeln. Ein Außenstehender oder prosaischer Beobachter mag sagen, das Studium der lateinischen Sprache sei eine der nutzlosesten Beschäftigungen. Alles hängt davon ab, was man unter »nützlich« versteht. Ich hörte kürzlich jemanden sagen, ein Zigarettenraucher sei »ein Apparat für den Verbrauch von Tabak«. Das ist er wohl auch, aber nur von einem bestimmten Blickwinkel her; so wie man auch ein Auto als eine Einrichtung zum Verbrennen von Benzin betrachten kann. Seine anderen Funktionen sind in dieser Feststellung übersehen worden, doch mag man immerhin sagen, daß sie in einem bestimmten, eingeengten Zusammenhang zutrifft.

Es gibt eine sufische Allegorie über die Alchimie, die wegen ihrer Verbindung zum westlichen Denken interessant ist. Ein Vater hat mehrere faule Söhne. Auf dem Sterbebett sagt er ihnen, sie würden seinen Schatz im Feld versteckt finden. Sie graben das Feld um und finden nichts. Da sie nun aber das Feld schon vorbereitet haben, säen sie Weizen und erzielen einen reichen Ertrag. Viele Jahre fahren sie so fort. Zwar finden sie kein Gold, aber sie werden auf diesem Umweg reich und gewöhnen sich an konstruktive Arbeit. Schließlich werden sie ehrenwerte Bauern und vergessen die Suche nach dem Gold.

Als man mit chemischen Mitteln nach Gold suchte, erzielte man andere Ergebnisse als die, welche offenbar angestrebt wurden. Diese Geschichte war mit

Sicherheit im Westen bekannt, denn sie wird von Bacon zitiert und auch von Boerhaave, dem Chemiker des 17. Jahrhunderts, der schon den Vorrang des Arbeitsprozesses vor dem vermuteten Ziel betonte. In seinem *De Augumentis Scientiarium* sagt Bacon: »Alchimie ist wie der Mann, der seinen Söhnen erzählte, er hätte Gold für sie in seinem Weinberg vergraben. Sie gruben, fanden aber kein Gold; doch wendeten sie so die Erde für die Wurzeln des Weins und erzielten eine reiche Ernte.«

Das *Speculum Alchemiae* aus dem 13. Jahrhundert, Bacon zugeschrieben, gibt einen Hinweis auf die evolutionäre Theorie der Alchimie: »Ich muß euch sagen, die Natur beabsichtigt stets die Vollendung des Goldes, sie ringt darum. Doch viele Zufälle, die dazwischentreten, verwandeln das Metall.«

Zahlreiche sufische Kommentatoren der Entwicklungsdichtung Rumis (»Der Mensch erschien zuerst im Bereich der Mineralien«) sagen: »Das menschliche Metall muß verfeinert und gedehnt werden.«

Die Funktion des Steins der Weisen als eine universelle Medizin und Quelle des langen Lebens zeigt einen anderen Aspekt der esoterischen Alchimie, der genau zur Vorgehensweise der Sufis paßt. Die interessante Tatsache ist hier, daß der Stein oder das Elixier in der sufischen Tradition eine geistige Kraft ist, die der Heilkundige in sich selbst anreichert und dann mit geistigen Mitteln auf den Patienten überträgt. Liest man einige westliche Betrachtungen über das Wiederbeleben kranker Patienten durch den Stein unter dieser Voraussetzung, so sieht man, was dieser Stein wirklich war. Nachdem der Geist gesammelt und auf eine bestimmte Art umgewandelt ist (Salz, Quecksilber und Schwefel miteinander vermischt sind), entsteht als Ergebnis der Stein, eine bestimmte Art der Kraft. Nun wird der Stein auf den Patienten übertragen, und er erholt sich. Der geheime (denn er ist im Geist verborgen) Stein (Kraft) ist Quelle und Essenz des Lebens selbst.

Neuere historische Forschungen haben ans Licht gebracht, daß in China schon im fünften vorchristlichen Jahrhundert eine Alchimie praktiziert wurde, die ähnliche Ideen und Symbole verwendete. Chinesische, japanische und westliche Gelehrte behaupten, die erste Entwicklungsstufe der Alchimie in China sei esoterisch gewesen, und erst später sei der metallurgische Aspekt aufgekommen. Es ist möglich, daß jene, die sich mit den Metallen beschäftigten, dieses Thema von den großen Geistern des Taoismus übernommen hatten, nicht anders herum, wie man oft anzunehmen geneigt war. Viele, wenn nicht alle Ideen über die Alchimie als ein geistiger Prozeß sind bereits in den Lehren des chinesischen Weisen Laotse gegenwärtig, der wahrscheinlich im Jahre 604 v. Chr. geboren wurde und der Begründer des Taoismus war.

Wir finden die Elixiertheorie – eines Präparats oder einer Methode, die das ewige Leben verleihen – auch bei den Philosophen Chinas mit der Alchimie verbunden und ebenso in der hinduistischen *Athara Veda*, die mehr als tausend Jahre v. Chr. entstanden ist. Professor Read berichtet, daß insbesondere die chinesischen Philosophen von drei Alchimien sprechen. In der ersten geht es darum, das Leben mit flüssigem Gold zu verlängern; in der zweiten soll beim Goldmachen eine rote, schwefelhaltige Substanz erzeugt und durch die dritte sollen andere Metalle in Gold verwandelt werden (vgl. John Read: *Prelude to Chemistry*, London 1936).

In seinem Buch *A Study of Chinese Alchemy* berichtet O. S. Johnson ausführlich über chinesisches Quellenmaterial über das hohe Alter dieser Kunst und ihre Gleichsetzung mit der Suche nach Unsterblichkeit durch die Bemühung des Menschen um Selbstentwicklung.

Der chinesische Alchimist Lu Tsu (zitiert von William A.P.Martin, in: *The Love of Cathay*, 1901, S.59) beschreibt einen nach Meinung einiger Forscher absichtlich verwirrend dargestellten »chemischen Prozeß« der Umwandlung. Im Lichte dessen, was schon gesagt worden ist, kann man diese Beschreibung direkt auf die mögliche Entwicklung des menschlichen Lebens beziehen. Verwirrend ist sie nur, wenn man nach Laboranweisungen sucht: »Ich muß fleißig mein eigenes Feld bebauen. Es gibt darin einen geistigen Keim, der tausend Jahre leben kann. Seine Blüte ist wie gelbes Gold. Seine Knospe ist nicht groß, aber seine Samen sind wie makelloser Edelstein. Sein Wachstum hängt von der Erde des inneren Palastes ab, aber die Bewässerung muß aus einer höheren Quelle kommen. Nach neun Jahren der Pflege mag man ihn in den Himmel der höheren Geister verpflanzen.«

Übersetzt in die Sprache der Sufis würde dies so lauten: »Durch eigenes Bemühen muß der Mensch das Wachsen seiner entwicklungsfähigen Natur erstreben und sein Bewußtsein festigen. Er hat in sich eine Essenz, anfangs sehr klein, aber funkelnd und kostbar. Die Entwicklung hängt von ihm selbst ab, sie muß aber von einem Lehrer in Gang gesetzt werden. Wird der Geist in der angemessenen Weise veredelt, so wird das Bewußtsein auf eine erhabene Stufe erhoben.«

Für jene, die sich für die Chronologie interessieren, mag dies ein Hinweis darauf sein, daß die Lehre, wie die Sufis sagen, zeitlos ist und bis in die fernste Vergangenheit zurückreicht. In den Hymnen der Arier, die man auf die Zeit um 2000 v.Chr. datiert hat, sind anscheinend Grundsätze formuliert worden, die man heute als sufisch betrachtet, denn es ist dort von bestimmten Praktiken der Läuterung und Weiterentwicklung die Rede. Auch von der Erzeugung von Metallen wird dort gesprochen.

Daß die westlichen Alchimisten wußten, daß sie innere Ziele verfolgten, ist klar ersichtlich aus ihren Ermahnungen und den unzähligen rätselhaften Erläuterungen in ihren Werken. Die alchimistische Allegorik ist keineswegs schwierig zu lesen, wenn man die sufische Symbolik vor Augen behält. Im 17. Jahrhundert, tausend Jahre nach Geber (geb. etwa 721), ihrem Inspirator, führten die europäischen Alchimisten Listen der aufeinanderfolgenden Meister, die an die lange »Ahnenreihe« geistiger Vorfahren unter den Sufis erinnern. Sehr interessant ist daran, daß die Kette der Nachfolgerschaft Menschen nennt, die zwar mit der sufischen und der sarazenischen Tradition in

Verbindung stehen, sich aber sonst unter keinem gemeinsamen Gesichtspunkt zusammenfassen lassen. In den Zeugnissen finden wir die Namen Mohammed, Geber, Hermes, Dante und Roger Bacon.

Neuere Forschungen haben gezeigt, daß Dante sich in seinem Werk, etwa in der *Göttlichen Komödie*, auf sufisches Quellenmaterial bezieht. Die sufische Vaterschaft der Werke Dantes muß jedoch den Alchimisten durchweg bekannt gewesen sein. Raymond Lully, der mallorcanische Mystiker, wird immer wieder als Adept der Alchimie zitiert. Aber aus seinen Werken ersehen wir, daß er seine Übungen tatsächlich von den Sufis übernommen hat, die er auch als solche anführt.

Die illuministischen arabischen und jüdischen Sufis berufen sich auf folgende Abfolge: Hermes (als ein Symbol der ältesten Weisheit, die göttlichen Ursprungs ist), Mohammed (und einige Familienmitglieder und Gefährten), Jabir oder einer der ihm Nahestehenden und von da aus zu den modernen Orden. Die lateinischen Alchimisten des Westens verfolgen die Entwicklung ihrer Lehre von Hermes ausgehend über Geber und die Illuminaten bis zu ihrer Gegenwart. Sie nennen Bacon, Lully und verschiedene andere Praktizierende in Europa.

Die Integration des Geistes und des inneren Bewußtseins durch das Auftreten eines Meisters, der den Schlüssel[1] dazu besitzt, durch die richtige Anwendung der Homonyme für Salz, Schwefel und Quecksilber, um – gemäß den Illuministen – das »Licht« zu erlangen, ist das sufische Konzept der Gewinnung von Einheit aus der Verschiedenartigkeit, und man findet es in der alchimistischen Lehre immer wieder.

Nur seine Verschleierung mit chemischer Phraseologie bewahrt dieses Konzept davor, als außerkirchliche Heilslehre attackiert zu werden. Hier ist ein typisches Beispiel, die Überschrift eines alchimistischen Diagramms, eines Symbols für das »Werk«, 1624 erschienen in der großartigen Sammlung *Viridarium Chymicum*:

Das Ganze Werk der Philosophie. Die früher viele Formen hatten, sind nun in einer zu sehen. Der Anfang ist der Meister [wörtlich: »der Ältere«], und er bringt den Schlüssel. Schwefel mit Salz und Quecksilber wird den Reichtum erbringen.

Diese dunkle Äußerung war symbolisch gemeint und sollte auf die geheime Lehre der Selbstvervollkommnung und der Alchimisierung des Menschen angewandt werden; dies hebt der Autor so deutlich wie er es wagen kann in dem abschließenden Satz hervor, in dem er letztlich vor der rein stofflichen Alchimie warnt:

Siehst du hier nichts, so wirst du nicht weitersuchen können. Mitten im Licht wirst du blind sein.

[1] »Norton [15. Jh.] begründet das Prinzip, daß die Geheimnisse der ›heiligen Alchimie‹ nur auserwählten Neulingen durch einen göttlich inspirierten Meister mündlich mitgeteilt werden; und ›aus einer Million sind kaum drei für die Alchimie bestimmt‹« (J. Read, a. a. O., S. 178.)

Besonders interessant ist, daß die Alchimie für den Westen wie für den Osten keine sterile, monoton wiederholende Tradition war, die sich allein auf eine antike Lehre stützte. Sie wurde ständig durch die Lehren von Menschen erneuert, die Verbindung zum Sufismus hatten. Ganz deutlich wird dies durch die ununterbrochene Folge von Namen, die in diesem Zusammenhang genannt werden. Bei vielen läßt sich eine Beziehung zu einzelnen Sufis oder sufischen Schulen, bzw. der Gebrauch sufischer Terminologie nachweisen. Bacon zum Beispiel las nicht etwa lediglich die Werke, die man Geber zuschreibt. Wie wir aus seinen Zitaten sufischer Lehren wissen, ging er nach Spanien und fand die Quellen, welche die illuministischen Sufis des 12. Jahrhunderts formuliert haben. Lully studierte den Sufismus nicht nur praktisch, sondern er gab sein Wissen auch weiter und bekam dadurch einen Namen, auf den spätere Alchimisten sich ständig beriefen. Auch Paracelsus und andere verfolgten dieselbe Tendenz.

Paracelsus, der den Osten bereiste und seine sufische Schulung in der Türkei erhielt, führte zahlreiche sufische Begriffe ins westliche Denken ein. Sein »Asoth« ist identisch mit dem sufischen *el-dhat* (im Persischen, und daher meist auch in der sufischen Dichtung *as-saut* ausgesprochen). *Paragranum* ist lediglich eine Latinisierung der Wissenschaft vom Wesen der Dinge.

Mit Rücksicht auf die Reformation mußte sich Paracelsus sehr vorsichtig ausdrücken, denn er entwarf ein psychologisches System, das sowohl vom protestantischen als auch vom katholischen Weg abwich. An einer Stelle sagt er: »Lies mit dem Herzen, bis – irgendwann in der Zukunft – die wahre Religion kommen wird.« Auch gebrauchte er die »Wein«-Analogie der Sufis, wenn er vom inneren Wissen sprach. Das brachte ihm den Ruf eines Säufers ein. Nur aus dem Blickwinkel des Sufismus läßt sich diese Passage akzeptieren:

Lasset uns Abschied nehmen von allen Zeremonien, Beschwörungen, Weihungen und allen ähnlichen Verirrungen und unseren Sinn, unseren Willen, unser Vertrauen allein auf den wahren Stein richten … Lassen wir die Selbstsucht fahren, so wird die Tür sich uns öffnen, und was geheimnisvoll ist, wird offenbar sein. (Philosophia Occulta)

Er zitiert sogar Aussprüche der Sufis:

Das Heil wird nicht durch Fasten erlangt noch durch das Tragen bestimmter Kleider, noch durch Geißelung. Das ist Aberglaube und Heuchelei. Gott erschuf alles rein und heilig; nichts ist, was der Mensch erst weihen müßte … (ebenda)

Und trotzdem versuchen viele Okkultisten weiterhin, den alchimistischen und kabbalistischen Ideen zu folgen, die man Paracelsus zuschreibt.

Agrippa von Nettesheim (1486–1535) ist ein weiteres Beispiel für das, was die Sufis einen »Vorläufer« oder »Wegbereiter« (*rah-bin*) nennen. Man hat ihn für einen alchimistischen Magier gehalten, und selbst heute gibt es noch Leute, die versuchen, die Wahrheit durch das magische System zu finden, das man ihm zuschreibt. Er schrieb über die Methode von Raymond Lully, hielt Vorlesungen über Hermes und kannte zweifellos die sufische Interpretation der Alchimie.

Wer ihm folgt und wer ihn für einen Betrüger hält, tut gleichermaßen gut daran, seine Worte noch einmal im Licht des Sufismus zu betrachten. Über die Alchimie sagte er:

Dies ist sie, die wahre und übersinnliche Philosophie der Wunder der Natur. Der Schlüssel dazu ist das Verstehen, denn je höher wir unser Wissen entwickeln, desto erhabener werden die Errungenschaften der Tugend, und wir vollbringen die größten Dinge mit größerer Leichtigkeit.

Der Stein der Alchimisten, Ausdruck der wörtlich genommenen »Kunst«, ist »nichtig und unwirklich«, solange man die Kunst buchstabengetreu ausübt, denn »es ist ein Geist in uns, der sehr wohl vollbringen kann, was immer monströse Mathematiker, gewaltige Magier, herrliche Alchimisten und zaubernde Schwarzkünstler bewirken können«.

Er geht hier so weit, wie nur je ein Sufi gehen kann. Da er unter Menschen lebte, die an eine grobe Form des Übersinnlichen glauben wollten, und da die orthodoxe Religion ein verständliches Interesse daran hatte, Übersinnlichkeit der unglaubwürdigen Sorte zu erhalten, ist es kaum erstaunlich, daß Leute wie Agrippa als in die Irre gegangene, als Magier oder als Wahnsinnige galten.

GEHEIMNISSE IM WESTEN: I. SELTSAME RITEN

In einem Augenblick hebe dich heraus aus Zeit und Raum. Leg die Welt beiseite, und werde Welt in dir.
(Schabistari: *Der verborgene Garten*)

Es ist die Nacht des Samstag, einem Ritual besonders geweiht, das für uns furchteinflößend ist, getreulich ausgeführt von den Anhängern eines bestimmten Kultes.

Zwei Gruppen von elf Leuten, die farbenprächtige Gewänder tragen, führen auf abgegrenztem Raum komplizierte Bewegungen aus. Manchmal reagieren sie dabei auf musikalische Anstöße, die von einem primitiven Instrument ausgehen, gespielt von einem Mann, der offenbar Autorität besitzt und – unterstützt von einigen Assistenten – das Geschehen beaufsichtigt. Eine Gruppe anderer Leute, die sich um den Platz versammeln, welcher dem Ritual vorbehalten ist, gibt Antwort. Manchmal singen sie, manchmal rufen sie, manchmal schweigen sie. Manche spielen Instrumente, die seltsame Töne erzeugen.

Offensichtlich ist viel Sorgfalt an die Planung des geometrisch angelegten Schauplatzes gewendet worden. Farbige Insignien, Fahnen, Wimpel, Dekorationsstücke sind ringsum aufgebaut, wahrscheinlich zu dem Zweck, die emotionale Spannung der einzelnen und der Gruppe noch zu erhöhen. Die Atmosphäre ist unheimlich, zum Teil wegen des abrupten Wechselns der Gefühle. Die Versammelten reagieren so heftig auf die aufpeitschenden Vorgänge in ihrer Mitte, daß man sich manchmal fragt, warum sie nicht in den geheiligten Bezirk taumeln. Freud und Leid zeigt sich bei den Enthusiasten ringsum.

Wir sind Zuschauer eines Fußballspiels bei Flutlicht. Ein Zuschauer, der das Spiel so sieht, weiß offenbar gar nicht, was tatsächlich geschieht und warum. Er erkennt weder die Spieler noch den Schiedsrichter, er begreift nicht den Sinn des Eckballs und der weißen Linien: Hier krümmt sich einer am Boden, ein anderer – schweißüberströmt – schneidet Grimassen. Ein Zuschauer schlägt sich selbst, ein anderer den Nachbarn. Der Totem fliegt hoch in die Luft und wird mit furchtbarem Gebrüll bejubelt... Jetzt sieht man, daß Blut vergossen worden ist.

Andere Formen des Rituals sind von Leuten, denen die der Inszenierung vorausgegangenen Erfahrungen fehlten, ähnlich beurteilt worden. Wichtiger noch: Sehr viele Rituale der einen oder anderen Art haben sich im Lauf der Zeit verändert, wobei die ursprünglichen Absichten und Antriebe verlorengingen. In solchen Fällen werden diese automatisch oder wegen einer äußeren

Ähnlichkeit durch andere Faktoren ersetzt. Das Ritual ist entstellt, mag es auch für jeden seiner Teile gute Gründe geben. Diese Entwicklung nennen wir Verfall des kultischen Verhaltens.

Hier der Bericht eines Außenstehenden von einem Ritual der Derwische, in dem die Ereignisse allein vom Standpunkt des Beobachters aus geschildert werden. Der Autor ist Reverend John Subhan von der methodistischen Episkopalkirche, der bei diesem Ereignis in Indien anwesend war:

Es ist Donnerstag nacht, die für den Sufi besonders geheiligte Nacht. Kommt, laßt uns ein Heiligtum besuchen und selbst sehen, welch seltsame religiöse Riten fast vor unserer eigenen Tür ausgeführt werden!

Wir betreten einen halbdunklen Raum, wo eine Anzahl von Männern versammelt ist. Im gleichen Augenblick gibt ein Mann, welcher der Führer der Versammlung zu sein scheint, ein Zeichen und die Türen werden geschlossen. Alles verstummt, als zwölf Männer sich in der Mitte des Raumes zu zwei parallelen Reihen aufstellen. Der schwache Schimmer einer einsamen Sturmlaterne fällt auf dunkle Gesichter, in denen nur die Augen zu leben scheinen. Der Rest von uns bleibt an den Wänden des Raumes stehen. Gleich wird das Dhikr beginnen.

Wir schrecken zusammen, der Führer klatscht plötzlich in die Hände, während er beginnt, sich hin und her zu wiegen. Er beginnt ganz langsam, und die anderen Männer fallen in seinen Rhythmus ein. Jedesmal, wenn sie sich nach rechts beugen, rufen sie im Chor »Hu ... Hu ... Hu.«

(John A. Subhan: Sufism, Its Saints and Shrines, *Lucknow 1938, S.* 1*)*

Das Ritual der Derwische ist nicht von derselben Art wie ein Fußballspiel – weit davon entfernt. Da es nicht symbolisch ist, sondern es dabei um eine innere Aktivität geht, erbringt eine solche, den Zusammenhang nicht berücksichtigende Beschreibung, wenig Nutzen.

Die Atmosphäre, die durch die sufische Aktivität erzeugt wird, schafft für den Sufi selbst eine Wahrnehmung, hinterläßt eine für ihn erkennbare Spur. Es ist jedoch sinnlos zu sagen, man könne in der gegenwärtigen Gestalt eines Kultes, der sich von seinen Ursprüngen entfernt hat, noch »wahrnehmen«, daß er einmal sufisch gewesen ist. Es müssen Materialien zugänglich gemacht werden in einer Form, die – zumindest bis zu einem gewissen Grade – dem Leser verständlich ist.

Wir müssen also zunächst einmal die Tatsache aufnehmen, daß gewisse westliche Phänomene auf diese Art entstanden sind, und dann nachsehen, welche glaubwürdigen Quellen es gibt, die dies belegen. Zwei Methoden bieten sich an. Die erste ist, östliche Parallelen – sofern es welche gibt – zu betrachten. Die zweite: einzelne Anzeichen suchen, wie etwa spezielle Begriffe und die verborgene Bedeutung. In unserem Fall benutzen wir beide, um etwas Licht zumindest auf einen Aspekt dessen zu werfen, was man »den europäischen Hexenkult« genannt hat.

»Witch« (Hexe) bedeutet, wie heute schon weitgehend bekannt ist, einfach »weise«. Dieses Wort könnte überall auftreten und muß nicht unbedingt aus dem Arabischen übersetzt sein. »Weise« ist ein Name, der im Derwischkult benutzt wird und auch von Anhängern anderer unverwässerter Traditionen. Das spanische Wort für Hexe ist *bruja*, und gerade in Spanien finden wir frühe und ziemlich vollständige Berichte über Rituale und Glauben westeuropäischer Völker, die ähnliche Feste feierten und von der Kirche als Anhänger des schwarzen Kults betrachtet wurden.

Eine Spur führt uns zu den *maskhara*-Derwischen. Man findet sie heute fast nur noch in Zentralasien und gelegentlich in kleinen Enklaven in Indien, und sie gebrauchen das arabische Wort, dessen Radikal BRSH ist.

Die *maskhara*, »die Feiernden«, werden auch *mabrusch* genannt, »mit gezeichneter Haut« oder möglicherweise »berauscht vom Stechapfel«. Das spanische Wort *maja* hat lateinischen Ursprung, während bruja (Aussprache: *brucha*) das Wort ist, mit dem diese Leute im sarazenischen Spanien bezeichnet wurden. Wenn wir einmal vorübergehend annehmen, daß *bruja* ein deskriptiver Begriff war, den eine Gruppe der »Feiernden« angenommen hatte, können wir versuchen, den deskriptiven Gebrauch des Wortes nach den dichterischen Methoden der Araber zu entschlüsseln. Was bedeutet nun *bruja* in der Wurzelform und in den Ableitungen tatsächlich? Nach unserer poetischen Codierungsmethode faßt man eine Anzahl von Wörtern derselben Konsonantengruppe zusammen, um einen Kult zu beschreiben, wie wir es im Falle von »Sufi« schon gesehen haben.

Die Wörterbucheintragungen unter dieser Konsonantengruppe geben uns eine Auswahl von Bedeutungen: eine halluzinogene Substanz, ein Symbol, ein rituelles Zeichen:

BRSH = *Datura stramonium* (Stechapfel), Aussprache BaRSH. Wahlweise, bei lautlicher Ähnlichkeit:

YBRUH = Alraunenwurzel (altsyrisches Lehnwort), Aussprache YaBRUUHH. Beide Pflanzen enthalten Alkaloide. Man sagte von ihnen, sie seien in Ritualen verwendet worden und Hexen hätten sie benutzt, um Visionen und das Gefühl des Fliegens zu erzeugen.

Welches Symbol steht mit den Hexen in Zusammenhang? Der Besen:

M-BRSHa = Bürste, Besen, Rechen (syrischer[1] Dialekt), Aussprache MiBRSHA.

Von dieser Wortgruppe her können wir daher eine Gemeinschaft, die sich selbst mit diesem Buchstabenarrangement in Verbindung bringt, so beschreiben: »In Verbindung mit der Alraune (dem Stechapfel) stehend; sie benutzen das Symbol des Besens, sind an einem Zeichen auf der Haut zu erkennen und tragen bunte Gewänder.« Solche Leute wären – im Arabischen und im mittelalterlichen Spanien – sehr zutreffend mit den Worten *brujo*

[1]Unter den Sarazenen in Spanien gab es sehr viele Syrer. Die normannisch-syrische Begegnung kann schon 844 n. Chr. stattgefunden haben, als Sevilla geplündert wurde.

(männlich) und *bruja* (weiblich) beschrieben, die zu der Zeit *bruscho* und *bruscha* ausgesprochen wurden. Akzeptieren wir die Verbindung zu den »Feiernden«, so können wir noch weiter assoziieren. Ihre Verwendung der Alraune führt zu einem weiteren Homonym, dem umgangssprachlichen *mabrusch*, *mabruscha*, »rasend«, eine Anspielung auf ihr Tanzen. Der traditionelle Hexentanz ist mit zwei europäischen Formen des Tanzes gleichgesetzt oder zumindest verglichen worden, mit dem Tanz der Sarazenen, dem Walzer (der von Asien aus über den Balkan gekommen sein soll), und der *dibka*, der Ringtanz des Mittleren Ostens, den man vom Mittelmeer bis zum Persischen Golf kennt.

Aber es gibt noch eine Reihe anderer Informationen über die Hexerei, welche man diesen von Arkon Daraul zitierten Quellen hinzufügen kann; darin ist vom Tanz der »zweifach Gehörnten« die Rede, und sie geben uns einen Hinweis auf die »barbarischen« Worte, welche die Hexen gebrauchten und die von Mitgliedern der Bruderschaft selbst heute nicht verstanden werden. Hier sind einige davon mit ihren arabischen Äquivalenten:

Das rituelle Messer, geheimnisvoll »Athame« genannt. Abgeleitet von *adhdhame*, Instrument für den Aderlaß. »Athame« ist eine gute Annäherung an den Klang des Wortes *adh-dhame*. Der (Hexen-)Sabbat, wegen der Homonymie mit dem hebräischen Wort verwechselt, erscheint in unserem Text über die spanischen zweifach Gehörnten als tatsächlich aus Az-ZABAT, »das Machtvolle«, entstanden. Eine spätere, sehr phantasievolle Etymologie führt den Hexensabbat auf das französische Wort *s'ebattre* (»ausgelassen sein«) zurück.

Das Wort *coven* (Hexensabbat) wurde schließlich mit der Idee des sich Versammelns (to convene) identifiziert, aber in der Schilderung des Rituals durch ein früheres Mitglied des antiken hispano-semitischen Kultes bedeutet *kafan* das Leichentuch über den Köpfen der tanzenden »Feiernden«. Nachweise dafür gibt es sogar in skandinavischem Quellenmaterial.

Wir können nun einen Schritt weitergehen und kommen zu der »Salbe« der Hexen und woraus sie bestanden haben mag. Weshalb wurde die Salbe ursprünglich benutzt? Das arabische Wort für Salbe ist RHM; es steht auch für »blutsverwandt«. Salbe wurde den Hexen (und Hexern) gegeben, nachdem sie eingeweiht und gezeichnet waren. *Marham*, Salbe, wurde ins Gesicht gerieben, um eine symbolische Form der Blutsverwandtschaft zu begründen. Sprechen wir in semitischen Wurzeln, so wird also die Salbe (RHM) benutzt, um den Zustand der Blutsverwandtschaft (RHM) herzustellen. Bei künftigem Gebrauch konnte einen die Salbe dann zu den Blutsverwandten »transportieren«. RHM stellte also die geistige und pharmakologische Verbindung zum RHM her.

War wohl ein Alkaloid oder sonstiges Wirkprinzip in der Hexensalbe? Ja, höchstwahrscheinlich. Man wird sich daran erinnern, daß die Hexen aus den Körpern (oder einzelnen Körperteilen) von ungetauften Kindern ein Gebräu herstellten. Die Alraunenwurzel hat nun, wie jeder weiß, »menschliche«

Gestalt. Von alters her betrachtet man sie als ein verkleinertes Abbild des Menschen. Ein kleiner Mensch ist ein Kind. Von der Alraune können wir nun kaum verlangen, daß sie ordnungsgemäß getauft ist. Die Ingredienzien der Salbe scheinen von dieser Art der »Ungetauften« zu sein.

Zu oft hat man für die Hexenkunst nach Analogien im Christentum gesucht oder in vorchristlichen heidnischen Kulten. Liest man europäische Werke über die Hexerei, so ist bei den meisten Autoren von solchen Dingen wie der jahrhundertelangen Sarazenenherrschaft in Spanien oder der Übernahme von östlicher Kultur auf jeder Ebene keine Rede. Selbst der Name (die Weisen) könnte eine direkte Übersetzung von *arifin* sein, dem Titel, den Menschen des Ostens annahmen, wenn sie an die Möglichkeit der direkten Kommunikation mit dem Übernatürlichen glaubten.

Moderne Hexen scheinen sich über die Bedeutung der Größe ihres Bannkreises (neun Fuß im Durchmesser) nicht ganz im klaren zu sein und wissen wenig über ihre alte Numerologie. Aber diese Informationen sind anderswo zu haben, selbst was Abmessungen anlangt. Ihre eigene Herkunft ist übrigens das »Land des Sommers«, worunter ihre heutigen Mitglieder den Osten verstehen. Ihr schwarzer Mann (Mohr) und der gehörnte Fetisch (der Teufel, verwechselt mit dem Mond) gehören neueren Ritualen an; vor kurzem hat man versucht, ihren Kult zu rationalisieren, ihn mit Feiertagen und anderen Festen in Verbindung zu bringen und auf eine Verschmelzung mit ekstatischen Kulten zurückzuführen, bei der das arabische Verschlüsselungssystem benutzt wurde, um die Rituale in Begriffe zu fassen.

Wer brachte die Hexerei in den Westen? Für ihre mittelalterliche Form, von der wir am meisten wissen, war es unzweifelhaft der Anisa-Stamm. Wir müssen wieder in die arabische Wüste gehen.

Der mächtige Stamm der Anisa-Beduinen hatte mehr Kämpfer als jeder andere Stamm, und nirgends war der Reichtum an rassereinen Kamelen größer als bei ihnen. Die arabische Literatur verzeichnet die Anisa als einen bei Wüstenkriegen besonders grausamen Stamm. Die Beduinenkriege waren der Stoff, aus dem der ritterliche Ehrenkodex, die Liebes- und Schlachtenepik entstanden. Ganz zu schweigen von dem *dibka*-Tanz und dem Aderlaßmesser. Die von den Stammesbarden entwickelten poetischen Muster sollten die Literatur einer ganzen Reihe von Ländern beeinflussen, nachdem sich der Islam nach Norden, Osten und Westen ausgebreitet hatte. Die Entstehung des beduinischen Lebens liegt in vorislamischer Zeit, in den *Tagen der Araber*; jeder *Tag* ist das Epos einer Schlacht, dessen Ursprung vielleicht vergessen ist, dessen Nebenprodukte jedoch – in der Form von Versen, ritterlichen Verhaltensweisen und militärischen Strategien – ein Teil des Erbes eines Stammes wurden.

Hier finden wir den Märchenbuchbeduinen, den makellosen Krieger; seine Freundlichkeit zu Frauen und Kindern ist sprichwörtlich und bildet das Gegengewicht zu seiner Entschlossenheit, bis zum letzten Blutstropfen um ein möglicherweise schlammiges Rinnsal oder eine Palme zu kämpfen; aber andererseits würde er auch mit einer erhabenen Geste sein letztes Hemd weggeben. Einer der frühesten und blutigsten dieser *Tage* war jener am Ende des 5. Jahrhunderts, der vierzig Jahre dauerte und zwischen zwei Untergruppen der Anisa ausgetragen wurde. Er begann mit dem Diebstahl einer kranken Kamelstute, die einer alten Frau gehörte, und endete – wie die *Tage* häufig endeten – durch einen Akt der Vermittlung. Daraus entstand ein typisches sarazenisches Epos, das die gesamte westliche Literatur beeinflußt hat, das berühmteste Heldenepos Arabiens, *Die Geschichte des el-Sir.*

Die Geschichte führte dieses Volk nach Europa, und mit ihm viel von seiner Kultur. Einer von ihnen war ein Derwisch-Lehrer, tief engagiert für die musikalische, dichterische und die anderen Traditionen seines Stammes.

Alle beduinischen Barden nennen als die Vorfahren der Anisa die Fakire (»demütig im Geiste«). Derwische übernahmen diese Benennung, die in einer ihrer Verfallsformen auf wandernde hinduistische Nachahmer der Yogis angewandt wurde, welche sich selbst schmerzunempfindlich machten und auf spitze Stacheln legten, ohne daß dafür ein klarer Grund zu sehen war, es sei denn, sie wollten bei ihren Zuschauern die Hoffnung wecken, es ihnen gleichtun zu können.

Nahe ihrem angestammten Wohnsitz, der Siedlung Khaibar in Nordwest-Arabien, jener antiken Stadt, die zu Mohammeds Zeit eine Festung war, leben die Fakire auch heute noch. Die Anisa haben viele Legenden; eine von ihnen handelt von der Vermehrung des Stammes und seiner Herden. Diese Legende berichtet von einer demütig bittenden Geste Wails, des Fakirs und Ahnherrn der Anisa, in einer »Nacht besonderer Kräfte« (wahrscheinlich der 27. Tag des Monats Ramadan). Indem er mit einer Hand sich und mit der anderen seine herrliche Kamelstute berührte, betete er darum, daß ihrer beider Samen sich vervielfältigen mögen. Der Erfolg, so hört man, war der, daß das Volk nun ungefähr 37000 Seelen zählt und etwa eine Million Kamele besitzt. Sie verfügen über fruchtbarkeitssteigernde Kräfte. Ihre Überlieferung ist auch in die Glaubensvorstellungen jener Kulte eingeflossen, die von Mitgliedern des Anisastammes bestimmt worden sind.

Heute findet man sie in großer Zahl in der syrischen Wüste; in einem Zeitraum von fast zweihundert Jahren (bis etwa zum Jahr 1600) haben sie sich die Herrschaft über das Land erkämpft. Der Kult der »Feiernden« jedoch geht zumindest auf Abu el-Atahiyya (748– ca. 828) zurück. Als Töpfer und kontemplativer Mensch sehnte er sich nach einem besseren Ausgleich zwischen dem Glanz der Stadt Bagdad zur Zeit des großen Kalifen Harun al Raschid und der Weiterentwicklung der geistigen Möglichkeiten des Menschen.

Er sprach darüber mit dem Kalifen, und dieser setzte ihm eine Jahresrente von 50000 Silberstücken aus.

Er wurde ein Dichter und hinterließ eine Sammlung mystischer Verse, »die ihm den berechtigten Ruf einbrachten, der Vater der arabischen geistlichen Dichtung zu sein«.

Der Kreis seiner Schüler, die Weisen, gedachten seiner nach seinem Tod auf mehrere Arten. Als Hinweis auf seine Herkunft machten sie die Ziege zu einem ihrer Symbole, weil ihr Name mit dem Namen des Stammes sinnverwandt ist (*Ans, Anisa*). Eine Fackel zwischen ihren Hörnern (später in Spanien »der Teufel«) symbolisierte ihnen das Licht der Erleuchtung aus dem Intellekt (Kopf) der »Ziege«, des Lehrers der Anisa. Sein *wasm* (Stammeszeichen) ähnelte sehr einem Pfeil mit breiter Spitze, auch Adlerfuß genannt. Die Anisa werden auch bisweilen mit dem Namen eines Vogels bezeichnet. Dieses Zeichen, den Hexen als Gänsefuß bekannt, wurde das Zeichen ihrer Versammlungsorte. Manche der Nachfolger Atahiyyas, insbesondere junge Frauen, wurden – gemäß dem beduinischen Brauch – mit kleinen Tätowierungen oder ähnlichem gezeichnet. Nach seinem Tod, vor der Mitte des 9. Jahrhunderts, wanderte der Überlieferung nach eine Gruppe seiner Schüler nach Spanien, das zu jener Zeit schon seit über einem Jahrhundert unter arabischer Herrschaft war.

Die Symbole und Gebräuche, die mit der Zugehörigkeit zum Stamm verbunden waren, lebten weiter. Das stimmt mit der Praxis der Derwische überein. Jeder Lehrer gibt seiner Schule ein besonderes Gepräge, und es ändert sich erst, wenn ein neuer Lehrer die Leitung übernimmt. Es geht dabei darum, das Gruppengefühl zu erhalten.[2]

Damit soll nicht gesagt sein, daß es in Europa nicht schon früher einen ganz ähnlichen Kult gegeben hat. Aber es scheint doch zu zeigen, daß die beiden zu etwas verschmolzen, das schließlich die Kirche des Mittelalters erschreckte und für viele seitdem ein pikantes Geheimnis geblieben ist. Selbst die Überlieferung der Hexen ist teilweise der sufischen Liebeslyrik des Mittelalters – insbesondere der des Spaniers Ibn El-Arabi – so ähnlich, daß man zu diesem Punkt kaum noch etwas sagen muß.

Die Quresch sind der vornehmste Stamm Arabiens und die Haschemiten die bedeutendste Sippe. Man kann sie als etwas Besonderes betrachten, denn sie sind die Abkommen des Propheten, und in ihren Adern fließt königliches Blut. Ihnen am nächsten sind jedenfalls die mächtigen Anisa. Heutige Herrscher stammen von ihnen ab: Der König von Saudi Arabien, der Scheich von Kuwait und der Herrscher von Bahrain.

Die Kenntnis dieser Tatsachen eröffnet uns drei Möglichkeiten, die Hexenzusammenkünfte im Westen zu beschreiben und zu beurteilen. Die erste können wir das Überleben der alten (vorchristlichen) Religion nennen; die zweite, Einführung des sarazenischen Kultes; die dritte, eine antichristliche Ent-

[2]Bei den Hexen überlagerten von den Aniza abgeleitete primitive Stammesrituale das sufische Element. Dieser Einfluß auf den Kult war sicherlich die Ursache für seine Rückkehr zu primitivem Stammesdenken.

wicklung. Jede von diesen dreien kann natürlich von außen eingeführte Elemente haben.

Die Verfechter der »alte-Religion«-Theorie haben alles, was sie finden konnten, gewaltsam ihrer These einverleibt. Hörner können nach ihrer Meinung nur für das Überleben eines Jagd- oder Fruchtbarkeitszaubers stehen, der Tanz für dieses, die Tiermaske für jenes. Kirchlicherseits betont man, die Feier sei die Blasphemierung eines Sakraments, das Zeichnen eine Travestie der Taufe und so weiter.

Wie bei den verschiedenen Versionen des Fußballspiels hängt hier die Interpretation von dem Wissen um die tatsächlichen Vorgänge ab, nicht von einer Vermutung, daß irgend etwas, nur weil es zu einer bestimmten Zeit und an einem bestimmten Ort gefunden wurde, deshalb mit unserer Theorie übereinstimmen muß. »Teufel, Hörner, gesottene Säuglinge« ist die eine Version, »Gott und Göttin, Fruchtbarkeitstanz, Geheimhaltung, um die alte Religion zu erhalten« die andere. Die dritte: »Symbol des Anisa-Stammes, sein Lehrer, die Droge.«

»Alte Religion«, was Hexen und andere als einen Hinweis auf den prähistorischen Ursprung des Kults betrachten, ist ein bei den Sufis gebräuchlicher Ausdruck für »der ganz alte Glaube«, »ein Alter«, »uralte Tradition«. Ibn El-Arabi betonte es in seinen Liebesgedichten.

Existierte die antike Tradition tatsächlich in Europa, bevor die Sarazenen im 8. Jahrhundert die wichtigsten Zentren eroberten, so ist sie doch zweifellos so tief von dem poetischen Chiffrensystem, der sufischen Terminologie und der Symbolik arabischer Stämme durchdrungen worden, daß es für diese Tiefe des Einflusses kaum eine Parallele gibt.

Was können uns die Ausdrücke »der alte Glaube« oder »uralte Tradition« noch lehren? Übersetzen wir »alt« oder »uralt« in die dreibuchstabige arabische Wurzel QDM (vgl. *Asrarel Quadim wa'l Quadam*, Die sufischen Geheimnisse der Vergangenheit und Zukunft), so kommen wir zu der poetischen Bedeutung

QDM = der Gedanke des Vorausgehens

Hier einige der vielen Ableitungen dieser Wurzel, die man im arabischen Wörterbuch finden kann:

Qidam (QiDM) = Vorausgehen, Präexistenz
Qidman (QiDMan) = alt, alte Zeiten
Qadam (QaDaM) = hoher Rang, Tapferkeit
Qadam (QaDaM) = menschlicher Fuß, Schritt, Phase der Bewegung
Qadum (QaDUM) = eine Axt
Qadim (QaDiM) = Zukunft
El-QaDiM) = der Uralte (Gott)
Qaddam (QaDDAM) = Oberhaupt, Führer

Dieses Wort steht für Ewigkeit, es drückt aus, daß die Zeit unendlich ist. Ein deutsches Äquivalent mag »Vorausgehen« sein; es repräsentiert sowohl den Sinn des Vorhergehenden (also Vergangenen) als auch des Vorangehens (der Zukunft). Die Axt der wandernden Derwische heißt *qadum*. Es gibt zwei Uralte, den Scheich oder Pir der Sufis und die Gottheit. Die Tatsache, daß hier zwei verschiedene Hervorragende und Uralte unter einem Begriff zusammengefaßt werden – ein menschlicher (der Führer der Gruppe) und ein anderer, höherer (göttlicher) –, ist Ausdruck einer subtilen Vorstellung. Man hat den Sufis oft angelastet, sie hielten ihre Führer für göttlich. Tatsächlich zeigen sie durch den Gebrauch dieses Wortes, daß es zwei Gestalten gibt, die dieser Uralte annehmen kann. Eine davon ist der Lehrer, der bestimmte Züge eines vollkommenen Charakters hat und dem Göttlichen so nahe ist wie nur je ein Mensch sein kann. Sowohl die Sufis als auch die Hexen verdeutlichen in ihren Zeremonien den Sinn des arabischen Wortes *qadam* (Schritt) durch gehumpelte oder gestolperte Schritte. Zwischen der östlichen und der westlichen Version besteht ein wichtiger Unterschied. Im Osten wird das Wort *qadam* (Schritt, Phase) mimisch dargestellt, um ein Stück Kryptographie zu erhalten. Der Sufi tut einen Schritt zur Seite oder stampft mit den Füßen auf, um sich die Bedeutung des arabischen Wurzelwortes ins Gedächtnis zurückzurufen. Wenn er – entweder als Erkennungszeichen oder während einer Zeremonie – einen bestimmten Schritt tut, so will er damit bekräftigen, daß die Überlieferung des dreibuchstabigen Wortes QDM fortgesetzt wird. Die Gestalter des Rituals und des Systems der Kennworte haben dieses Wort in den Ablauf des Geschehens eingearbeitet und damit sein Überleben sichergestellt, zumindest bei denen, die genug Arabisch verstehen.

Als ich die Methoden bestimmter Schritt-Signale erlernte, wurde ich erst einmal fortgeschickt, um alle Elemente des Wortes für »Schritt« zu studieren. Aus diesen Studien, betrieben in der richtigen Abfolge, erwächst die Einsicht, daß das System der »uralte Glaube« ist, daß es in Phasen oder Schritte unterteilt ist, daß es Schritt für Schritt vorgeht, daß es sowohl vor uns liegt als auch von höchstem Alter ist.

Es ist völlig klar, daß eine vergleichbare Umsetzung von Wörtern bei der Übertragung von äußeren Formen in nicht-arabische Sprachen nicht stattgefunden hat. Wenn die Idee eines antiken Glaubens mit vorwärtsgerichteter Tendenz von Hexen (oder wem auch immer) ins Deutsche übertragen würde, so sollte man in diesem Fall ein Wort wie »folgen« verwenden, denn das Nachfolgende ist sowohl etwas, das auf etwas anderes folgt, als auch etwas in der Zukunft Liegendes, etwas zu Erreichendes.

Ein Wechsel von einer Sprache zur anderen, bei dem die alten Anspielungen erhalten bleiben, ist gegen das evolutionäre Denken der Sufis. Und gerade diese Metamorphose macht es so schwierig, die Entwicklung des Sufismus in akademischer Manier zu studieren. Allgemein kann man sagen, daß nur die absterbenden Gestaltungen, die sich nicht mehr entwickeln, zugänglich sind.

GEHEIMNISSE IM WESTEN: II. DIE RITTERLICHE RUNDE

> Wenn du noch »zersplittert« bist,
> und dir Gewißheit fehlt – wie wichtig
> ist es dann, wofür du dich entscheidest?
> (Hakim Sanai: *Der ummauerte Garten der Wahrheit*)

Eine Gruppe von Sufis bildet eine Gemeinschaft, in der es ihnen möglich ist, das Werk der menschlichen Entwicklung zur Selbstverwirklichung fortzusetzen. Das Werk hat wie alles Wirken der Sufis drei Aspekte. Das Individuum selbst muß gewissen persönlichen Grundsätzen gemäß leben, und diese Gemeinschaft macht das mittelalterliche Ideal der Ritterlichkeit zu ihrem äußeren Stil, damit ihre Besonderheit nach außen hin verdeutlichend. Die Existenz und das Erscheinungsbild dieser Elite erfüllt eine zweite Funktion: ihre durchschlagende Wirkung auf die Menschheit im allgemeinen. Das dritte Element, Verehrung des Lehrers, ist in der sufischen »Königs«-Figur, dem Leiter der Gemeinschaft, angelegt.

Als äußere Aufmachung benutzen sie ein blaues Wollgewand mit Kapuze, die gebräuchliche Kleidung der Sufis. Für die Farbsymbolik verwenden sie Gold und Blau als Ausdruck des Wesens von Körper und Geist – die Sonne am Himmel oder »ein Fleckchen Gold im Meer«, wie der sufische Weise Attar es ausdrückt. Die Grundeinheit des Sufismus ist der Kreis, *halka* genannt. In ihren Verinnerlichungsritualen führen sie Übungen und Bewegungen aus, die man im allgemeinen unter der Überschrift »Tanz« zusammenfaßt. Als ihr Kennwort wählen sie ein arabisches Motto, in dem von einem Mundschenk die Rede ist. Dies wird in persischen Schulen in einen gereimten Satz übertragen, der fast den gleichen Klang hat wie das Motto des Hosenbandordens. Ihr Schutzheiliger ist Khidr, der Grüne.

Die *halkas* werden von je dreizehn Leuten gebildet. Für diese Zahl gibt es zwei Gründe. Die Sufis wollen betonen, daß ihre innere Lehre dieselbe ist wie die aller Religionen. Es ist die geheime, verborgene Botschaft jedes Glaubens: das Bedürfnis nach innerer Entwicklung. Die »andere« Religion ist für die Sufis das Christentum; durch einfache Numerologie stellen sie die Identität von Christentum und Islam dar.

Einheit, so erklären die Sufis des Khidr-Ordens mit Hilfe ihrer Symbolik, läßt sich mit »Drei« gleichsetzen, denn das arabische Wort für »Einheit« (*ahad*) – das Attribut Allahs, des Einen – setzt sich im Arabischen aus drei Buchstaben zusammen: AHD. Deshalb ist drei eins, der Unterschied zwischen Christentum und Monotheismus ist nur ein terminologischer.

Aber an welcher Stelle kommt die dreizehn ins Bild? Ganz einfach. In der arabischen Notation hat A den Zahlenwert eins, H entspricht der Acht, und D der Vier. Ihre Summe ist dreizehn, und deshalb ist die Dreizehn für diese Gruppe von Sufis so wichtig. Ihre *halkas* bestehen stets aus dreizehn Personen, denn dreizehn bilden eine Einheit.

Man nimmt an, daß diese Organisation um das Jahr 1200 entstanden ist.

Etwa eineinhalb Jahrhunderte später wurde in England eine geheimnisvolle Organisation ins Leben gerufen. Der König selbst hatte sie angeregt. Ihre Mitglieder wurden in zwei Gruppen von je dreizehn eingeteilt – eine unter Edward III., die andere unter seinem Sohn, dem Prince of Wales. Ihre Farben waren Blau und Gold, ihre Gewänder waren aus Wolle und hatten Kapuzen, ihre Ziele waren offenkundig ritterlich. Ihr Schutzheiliger war St. Georg, der in Syrien, wo sein Kult entstand, mit der geheimnisvollen Khidr-Figur der Sufis gleichgesetzt wird. Die in England entstandene Organisation wurde in der Tat »Orden des heiligen Georg« genannt; übertragen in sufische Ausdrucksweise: *Tarika-i-Hadrat-i-Khidr*, der Orden des heiligen Khidr. Bekannt wurde er als der Hosenbandorden. Das arabische Wort für Hosenband ist identisch mit dem Wort für das mystische Band der Sufis und auch mit »religiöse oder mönchische Askese«. Das Wort für die Grundeinheit der Sufis (*halka*) ist im sufischen Sprachgebrauch austauschbar mit eben dem Radikal, von dem »Hosenband« abgeleitet ist.

Die frühen Zeugnisse des Hosenbandordens sind verlorengegangen; an ihre Stelle sind Spekulationen über seinen Ursprung getreten. Ernsthafte Forscher messen der hübschen Geschichte, der Orden sei entstanden, als jemand einmal das richtige Hosenband verhöhnte, wenig Bedeutung bei, aber sie hat vielleicht doch eine sehr interessante faktische Grundlage. Man erinnere sich daran, daß dieser Vorfall sich während eines Tanzes ereignet haben soll. Sehen wir uns das einmal aus der Perspektive des Sufi an, so taucht eine Frage auf, die sich anderen womöglich noch gar nicht gestellt hat. Was war das für ein Tanz? Die Erklärung sieht aus wie ein Versuch, ein Tanzritual unter den Teppich zu kehren, das irgendwie unterbrochen worden war und gerechtfertigt werden mußte. Die uns überkommene Version macht den Eindruck, ›frisiert‹ zu sein. Weshalb – wenn es das wirklich war – wurde bei einem Tanz ein Hosen- (oder Strumpf-)Band zur Schau gestellt? Entweder weil das Hosenband in sichtbarer Form das »Band« eines Ordens repräsentieren sollte, oder weil »eine Lady ihr Strumpfband verloren hatte«.

Was ist die Losung des Hosenbandordens und hat sie etwa eine Verbindung zum Khidr-Orden? Auf den ersten Blick besteht zwischen dem »ein Schelm, wer Böses dabei denkt« und dem geheimen »Mundschenk«-Ausdruck keine Beziehung[1]. Wir werden auch nie eine sehen, wenn wir die Sache mit kon-

[1] Wer persische Sufi-Dichter im Original oder in Übersetzungen gelesen hat, weiß, daß der Mundschenk für den Sufi das Medium der Erleuchtung ist.

ventionellen Methoden angehen. Gehen wir jedoch dem Klang nach und nicht dem Sinn von Wörtern, so taucht eine seltsame Tatsache auf. Die französische Version des Slogans hat fast den gleichen Klang wie die arabische und die persische.

Eine Gesellschaft, die geheime Sprüche verwendete oder bei ihrem Ritual unterbrochen wurde, hätte sich in der Lage befunden, erklären zu müssen, was solch ein barbarischer Spruch denn bedeutet und weshalb sie einem Hosenband so große Bedeutung beimaß. Es gibt eine Menge von Material, das den Hosenbandorden mit einer anderen Bewegung verbindet; viel von diesem Material ist esoterischer Art und kann hier nicht wiedergegeben werden. Nur so viel sei gesagt: Ein Zweig des Khidr-Ordens trägt den Namen *el-mudawwira* (das runde Bauwerk), eine Anspielung auf den großen Palast von Bagdad. Die ganze Stadt Bagdad wurde im Jahre 762 in geometrischen Proportionen aufgebaut, die auf der Gestalt des Rades basierten. Traditionelle sufische Gruppen, wie im Westen die Freimaurer, bringen ihr eigenes Anliegen mit diesem runden Bauwerk in Verbindung. Ob es wohl bloßer Zufall ist, daß der Hosenbandorden die Tafelrunde wiedereinführen wollte, und daß auch König Philip von Valois sich darum bemühte, eine neue Tafelrunde ins Leben zu rufen?

Bis zur Zeit Edwards VI. wurde der Orden nach dem heiligen Georg, dem Schutzheiligen Englands, benannt, obwohl die Beziehung des Ordens zum Hosenband bis in seine Ursprünge zurückreicht. Es ist gut möglich, daß erst 200 Jahre nach der Gründung der wirkliche Sinn von »Hosenband« so weit geläufig war, daß es nun auch zur Bezeichnung des Ordens dienen konnte. Nach und nach haben Veränderungen des Rituals und der Teilnehmerzahl die ursprünglichen Übereinstimmungen mit dem Sufismus verwischt.

Heute noch ist der Hosenbandorden die wichtigste und ehrwürdigste Institution Englands. Der Gedanke, daß er womöglich ausländischen Ursprungs ist, behagt einigen Leuten gar nicht, aber nur, weil sie sich nicht klarmachen, daß er – wo immer er entstanden sein mag – in England zu größtem Ruhm gelangt ist und die ehrwürdige Rolle der Elite bewahrt hat.

Diejenigen, die versucht haben, den Hosenbandorden mit dem Hexenkult in Verbindung zu bringen, sind vielleicht gar nicht so weit von der Wahrheit entfernt, wie andere glauben. In Großbritannien hat zumindest ein Zweig dieses vielgestaltigen Kults stark unter dem spanisch-sarazenischen Einfluß einer entstellten sufischen Lehre gestanden, in der eine vage Vorstellung von »magischer Kraft« die Idee der *baraka* verdrängt hat.

Es gibt eine stichhaltige Begründung dafür, daß die Elemente Blau, Gold, Königswürde, Khidr (St. Georg) und Schutz der Frauen im sufischen Selbstverständnis eine Einheit bilden. Sie beruhen alle auf einem einzigen Wurzelwort und seinen Ableitungen. Diese Tatsache scheint – obwohl es beim Hosenbandorden keine solche innere Verbindung gibt – darauf hinzuweisen, daß das Wort »Hosenband« (engl. Garter) eine Übersetzung des Wortes für die wesentlichen Eigenschaften der Khidr-Gruppe ist, die sich alle aus der drei-buchstabigen Wurzel KHDR ableiten lassen:

KHaDiR = grün sein (Islam, der Urgrund der Gruppe)
KHuDDiR la fi hi = er war gepriesen in ihm (dem Segensspruch der Gruppe)
KHiDaR, KHiDiR = St. Georg, Elias, der Schutzheilige der Gruppe, Khidr
ELKHuDRat = das Meer (der Ozean des Lebens, in dem der Sufi Wahrheit findet; das Meer, in dem der Sufi eine Welle ist, ein oft verwendetes poetisches Bild; das Blau, in dem das Gold ist)
AKHDaR = argwöhnisch; edle Frau (Rittertum; Hinweis auf den ersten islamischen Ritterorden: Mohammed gründete zu Beginn des 7. Jahrhunderts eine Truppe zum Schutz von Frauen und Karawanen.)
KHaDRa = Stammeshäuptling
ELKHaDRa = der Himmel, Firmament (aus dem das Licht der Sonne strahlt, ein weiteres Sinnbild für das Gold im Blau)
ELaKHaDiR = Gold, Fleisch und Wein (das goldene Element von Himmel und Meer; Fleisch und Wein als der gebräuchliche Ausdruck für das christliche Ritual, das als Symbol der Einheit von Gemeinschaft und individueller Entwicklung gesehen wird. Die kirchlichen Sakramente sind für den Sufi lediglich ein aus dem Zusammenhang des Ganzen gerissener Teilaspekt.)

Das Emblem der Gruppe ist die Palme, abgeleitet aus der Wurzel *khadar*, »eine Palme fällen«. Der Baum selbst steht für *baraka* und andere Grundelemente des Sufismus, abgebildet auf dem Krönungsmantel der Hohenstaufen; man weiß, daß die Könige von Sizilien und der Kaiser des Heiligen Römischen Reiches Kontakte zu Sufis hatten.

Die Zeit Edwards III. von England erlebte sicherlich eine Ausbreitung des Sarazenentums nach Europa. Ein englischer Nationaltanz, der Morris, muß aus dieser Quelle stammen, aber er läßt sich auf viel ältere sufische Bruderschaften zurückführen. Ein Teil des sufischen Rituals ist das Reiten des Stekkenpferdes. Diese Reiter sind nicht nur eine Erinnerung an arabische Spielleute, sondern Vertreter jener humoristischen Poeten, die in grellen Gewändern, langhaarig und mit bemalten Gesichtern bis heute bei den Sufis gewisse metaphysische Lehren darstellen. Manchmal ritten sie ein Steckenpferd, heuchelten Beschränktheit als »Narren Gottes«. Im *Mathnawi* findet sich ein Gespräch Rumis mit solch einem Reiter; dies ist die Verbindung zu den BRSH- (*bruja* = Hexe) Ritern Spaniens.

Das erste sufische Zeugnis einer Lehrreise nach England berichtet von den Reisen des Majmuddin (Stern des Glaubens) Gwath-ed-Dahar Qalandar. Er wurde um 1232 geboren, vielleicht auch früher. Sein Sohn, oder ein anderer Nachfolger (Najmuddin Baba), folgte 1338 den Fußspuren seines Vaters von Indien nach England und China.

Der erste Najmuddin war ein Schüler des berühmten Nisamuddin Awlia von Delhi, der ihn nach Rum (Türkei) schickte, um ihn bei Khidr Rumi studieren zu lassen. Khidr Rumis voller Name war Sayed Khidr Rumi Khapradari (der Mundschenk) von Turkestan. Man erinnert sich, daß der Khidr-Orden (gleichgesetzt mit dem Hosenbandorden) eine Huldigung des Mundschenks als Wahlspruch hat. Dessen Becher hat geheimnisvolle Eigenschaften.

Die Legende erzählt, daß dieser Derwisch eine Deutung des sufischen Zeichens *huu* mitbrachte (das in stilisierter Kalligraphie wie eine Vier aussieht), jenes freimaurerische Zeichen, das man im Westen an gotischen Gebäuden findet. Abgesehen von seiner Funktion im magischen Quadrat der Sufis wird es auch noch von den Qalandars als Diagramm der drei Andachtspositionen (aufrecht, kniend und liegend) gebraucht, die möglicherweise den »Instrumenten« der Freimaurer entsprechen.

Najmuddins Lehrer, Sayed Khidr, war ein Gefährte des Sufi-Lehrers Suhrawardi (vom Pfad der Rose, manchmal mit den Rosenkreuzern in Verbindung gebracht), des Abdul Qadir, Rose von Bagdad, des Vaters von Jalaluddin Rumi (einige seiner Erzählungen finden sich bei Chaucer; er schrieb zur Zeit der angeblichen Englandreise), und auch anderer sehr bedeutender Sufi-Lehrer wie Fariduddin Schakarganj und Schah Madar. Schah Madar lehrte die wesenhafte Einheit aller Religionen, besonders des esoterischen Weges von Christentum und Islam. Er folgte den Lehren des Tayfuri und des Königs oder Herrn der Fische, Dhu'l-Nun (der Ägypter oder der »Schwarze«).

Fariduddin Schakarganj (Vater Farid vom süßen Schatz) kam von der sufischen Chis(h)ti-Schule und war ursprünglich ein afghanischer Adliger. 1265 starb er in Indien; Menschen aller Glaubensrichtungen pilgern zu seinem Grab. Er war Heilkundiger und Musiker. Die Musikanten der Chis(h)ti, die mit Trommel und Pfeife durch Asien wanderten, versammelten das Volk um sich und erzählten sufische Geschichten. Vielleicht hatten sie Verbindung zu den spanischen *chistu* oder jester, die erstaunlich ähnliche Kleidung trugen.

Die sufischen Wanderer, die man Qualandars und Chis(h)ti nennt, haben sicherlich Tänze und rhythmisch-rituelle Elemente nach Europa gebracht, auch die der »Morris-Leute«.

Hugo von Reutlingen zum Beispiel spricht in seiner *Weltchronik* (1349) von einem Lied in F-Dur, das eine wandernde Tanzgruppe vortrug: »Es erinnert uns an den arabischen Tanz der Derwische.«

GEHEIMNISSE IM WESTEN: III. HAUPT DER WEISHEIT

> Tag für Tag lebst du in deinem Garten...
> Die Nachtigall mißachtest du, die Krähe ist dein Freund.
> Doch bleibt von solchem Umgang eine Spur in deiner Seele:
> Glaubst du, daß Feuer erlöschen kann, daß Öl und Wasser sich mischen?
> (*Der Diwan des Bedil*)

Gleichzeitig mit dem Verbot des Templerordens wurde gegen seine Mitglieder die Anklage erhoben, sie beteten einen Kopf an. Dieser Kopf wurde manchmal Baphomet oder Bafomet genannt; man hielt ihn für ein Götzenbild und glaubte, er stehe mit Mohammed (Mahomet) in Zusammenhang. Man beschrieb diesen Kopf, aber es gelang nicht, einen zweifelsfrei identifizierbaren Bafomet aufzufinden.

Westliche Gelehrte, die sich wahrscheinlich auf zeitgenössische östliche Quellen stützen, vermuten seit kurzem, daß der Bafomet nichts mit Mohammed zu tun hat, sondern vielleicht nur eine entstellte Form des arabischen *abufihamat* ist (der im maurischen Spanien etwa wie bufihimat ausgesprochen wird). Das Wort bedeutet »Vater des Erkennens«. Im Arabischen bedeutet »Vater« auch »Quelle, Urgrund« und dergleichen. In sufischer Terminologie bedeutet ras el-fahmat (Haupt der Erkenntnis) die geistige Tätigkeit des Menschen nach seiner Läuterung, das verwandelte Bewußtsein.

Halten wir fest, daß das Wort »Erkenntnis, Wissen« von der arabischen FHM-Wurzel abgeleitet ist, und daß es von dieser Wurzel noch eine weitere Kette von Ableitungen gibt, die wir schon kennen: »schwarz, Kohlenmenschen« und so weiter.

Der Bafomet ist nichts anderes als das Symbol für den Vollendeten Menschen. Der schwarze Kopf, Mohrenkopf oder Türkenkopf, der auf Wappen und in England auf den Schildern ländlicher Wirtschaften erscheint, ist eine bei den Kreuzrittern gebräuchliche Substitution, ein Deckname für diese Art des (FHM)-Wissens.

Der Schild des Hugues de Payen, der zusammen mit Bisol de St. Omer im Jahre 1118 den Templerorden gründete, trug drei schwarze menschliche Köpfe, die Köpfe des Wissens.

Dieser Begriff und insbesondere das Thema des »wunderbaren Kopfes« taucht in der Geschichte des Mittelalters immer wieder auf. Von Papst Silvester II. sagt man, er habe einen Messingkopf geschaffen und viele andere magische Dinge getan. (Es heißt, er habe im Jahre 911 vom sarazenischen Spanien aus die arabischen Zahlen nach Europa gebracht.) Albertus Magnus brauchte dreißig Jahre, um seinen wunderbaren Messingkopf fertigzustellen. Thomas von Aquin, zu dieser Zeit sein Schüler, zerstörte den Kopf, »er sprach zu viel«.

Man sollte auch daran denken, daß die Templer und die Absolventen der magischen Schulen Spaniens etwas gemeinsam hatten (außer daß man sie der Ketzerei, des Gebrauchs magischer Kräfte und der Zugehörigkeit zu geheimen Gesellschaften anklagte): alle beherrschten die arabische Sprache und benutzten sie auch. Diese esoterische Sprache erlaubte es ihnen, sich untereinander zu verständigen, ihre Botschaften zu verschlüsseln und mit Zeichen (wie der »Fledermaus« Mallorcas) zu verdeutlichen.

Dieser künstliche Kopf ist nicht aus Messing, und künstlich nur insofern, als er Produkt des »Werkes« (im sufischen Sinn des Wortes) ist. Letztlich ist er natürlich der Kopf des einzelnen selbst. Zumindest ein Chronist kommt der Wahrheit nahe, wenn er sagt: »Der Kopf war von Fleisch und Blut, wie der eines gewöhnlichen Menschen.« Der normale Leser der Zeugnisse vom »künstlichen Kopf« jedoch wird dabei über die übliche Auffassung von »Künstlichkeit« nicht hinausgelangen, die seine Aufmerksamkeit – wie ein geschickter Zaubertrick – von der eigentlichen Methode »einen Kopf zu machen« ablenkt. Auf die könnte er nur kommen, wenn er wüßte, daß »Kopf« nur eine Chiffre für das Ergebnis eines (häretischen) Formungsprozesses ist.

»Messing« wird im Arabischen SuFR geschrieben und ist mit der Vorstellung »Gelb« verbunden. Der »Messingkopf« wird in Reimen verwendet, weil er mit dem arabischen Wort für »Kopf aus Gold« homonym ist; der goldene Kopf ist ein Ausdruck, mit dem die Sufis einen Menschen bezeichnen, dessen Bewußtsein durch sufische Übungen »in Gold verwandelt« worden ist.

Die drei Köpfe schwarzer Weisheit auf dem Schild des Gründers der Templerbewegung sind auf einem goldenen Hintergrund abgebildet, »Auf Gold drei Mohren, schwarz die Köpfe«.

Der Ausdruck »ich mache einen Kopf«, den Derwische benutzten, um in bestimmten Übungen ihre Verbundenheit mit dem Sufismus zu bekunden, mag sehr wohl auch von Albertus Magnus und Papst Silvester in diesem Sinne gebraucht worden sein; übertragen in einen wörtlichen Sinn, hat man ihn dann als Hinweis auf ein künstlich hergestelltes Ding verstanden.

Albertus Magnus (geb. 1193) kannte sich in der sarazenischen und sufischen Literatur und Philosophie sehr gut aus. Wie Professor Browne sagt, bewegte er sich weit über den Habitus westlicher Orientalisten hinaus, denn »gekleidet wie ein Araber, erläuterte er in Paris die Lehre des Aristoteles von den Werken sufischer Denker her: al-Fabri, Ibn Sina (Avicenna) und Ghasali«.

GEHEIMNISSE IM WESTEN: IV. FRANZ VON ASSISI

Und wenn du hundert Knoten knüpfst –
die Schnur bleibt *eine*.

(Rumi)

Die meisten Menschen wissen, daß der heilige Franz von Assisi das unbeschwerte Leben eines Troubadours führte, bis er nach einer religiösen Wandlung schließlich zum Heiligen wurde und eine geheimnisvolle Macht über Vögel und andere Tiere erlangte. Es ist belegt, daß die Troubadoure sich auf den Einfluß sarazenischer Musikanten und Poeten zurückführen lassen. Vielfach wird auch der Ansicht zugestimmt, die Entstehung und die Entwicklung der mittelalterlichen Mönchsorden sei stark von den in den Westen vorgedrungenen mohammedanischen Derwischorden beeinflußt gewesen. Betrachten wir Franz von Assisi aus dieser Perspektive, so können wir zu neuen Entdeckungen kommen.

Geboren wurde er 1182 als Sohn des Pietro Bernardone, eines Tuchhändlers, und seiner Frau Madonna Pica. Er war Italiener, sprach aber Provençalisch, die Sprache der Troubadoure. Zweifellos spürte er im Geist der Troubadoure etwas Tieferes, als die Oberfläche zeigte. Seine eigenen Dichtungen ähneln an manchen Stellen so sehr der Liebeslyrik Rumis, das man versucht ist, nach Materialien zu suchen, die ihn mit dem sufischen Orden der Wirbelnden Derwische verbinden. Dabei stoßen wir auf die erste einer Reihe von Geschichten, die von westlichen Biographen als unerklärlich angesehen werden.

Die Wirbelnden Derwische erlangen ihr intuitives Wissen zum Teil durch eine besondere Form des Kreiselns, das sie unter der Anleitung eines Lehrers ausführen. Die Schule der Wirbelnden Derwische, der Rumi angehörte, stand zur Zeit des heiligen Franz in Kleinasien in voller Blüte, und auch ihr Gründer lebte noch.

Hier die verwirrende Geschichte von der »Drehung«:

Franz von Assisi wanderte mit Bruder Masseo, einem Schüler, durch die Toscana. Sie erreichten eine Weggabelung; eine Straße führte nach Florenz, eine nach Arezzo und die dritte nach Siena.

Masseo fragte, welchen Weg sie nehmen sollten.

»Den Weg, den Gott uns weist.«

»Und welcher ist das?«

»Wir werden es durch ein Zeichen erfahren. Dreh dich um und um, wie Kinder tun, bis ich dir sage anzuhalten.«

Also drehte sich der arme Masseo um und um, bis ihn der Schwindel niederwarf. Dann stand er auf und blickte den Heiligen flehentlich an; doch der schwieg, und Masseo – seines Gehorsamkeitsgelübdes eingedenk – begann nach besten Kräften, aufs Neue sich zu drehen. Lange mußte er so, abwechselnd sich drehend und hinstürzend, fortfahren, bis daß er glaubte, er habe sein ganzes Leben lang nichts anderes getan. Doch endlich kamen die ersehnten Worte: »Halt an und sage mir, welcher Richtung dein Gesicht sich zuwendet!«

»Siena«, keuchte Masseo, der die Erde wanken fühlte.

»Dann ist Siena unser Ziel«, sagte der heilige Franz, und sie gingen nach Siena.

Franz von Assisi fühlte, daß die Quelle seiner Inspiration im Osten lag; viele Anzeichen deuten darauf hin und belegen auch seine Verbindung zu den Sufis. Als er beim Papst um die Anerkennung seines Ordens ersuchte, erzählte er eine Parabel, welche deutlich macht, daß er an die Wiederherstellung einer verwaisten Tradition dachte. Er benutzte in seiner Parabel arabische Ausdrücke, und was er über einen König und seinen Hof, von einer Frau und ihren Söhnen in der Wüste erzählte, ist nicht christlichen, sondern sarazenischen Ursprungs.

Bonaventura sagt in seinem Bericht über diese Audienz bei Papst Innozenz: »Franz kam bewaffnet mit einer Parabel. ›Es war einmal‹, sagte er, ›ein reicher und mächtiger König; er nahm sich eine wunderschöne, aber arme Frau, die in der Wüste lebte, zur Gemahlin. Sie war seine ganze Freude und gebar ihm drei Söhne, die ihm glichen. Als die Söhne aufgewachsen waren, sagte die Mutter zu ihnen: ›Meine Söhne, schämt euch nicht, ihr seid die Kinder eines Königs.‹ Sie gab ihnen alles Notwendige und schickte sie an den Hof. Der König bewunderte ihre Schönheit, und da er die Ähnlichkeit zwischen ihm und ihnen bemerkte, fragte er: ›Wessen Söhne seid ihr?‹ Und als sie antworteten, sie seien die Söhne einer armen Frau, die in der Wüste wohnte, sprach der König voller Freude: ›Fürchtet euch nicht, ihr seid meine Söhne; und wenn ich Fremde an meiner Tafel speise, wieviel mehr dann euch, meine leiblichen Söhne.‹«

Die überlieferte Ansicht, die Sufis seien die esoterischen Christen aus der Wüste und Kinder einer armen Frau (Hagar, die Frau Abrahams), stimmt gut mit der Ansicht überein, Franz von Assisi habe wahrscheinlich versucht, dem Papst zu erklären, daß der sufische Strom die kontinuierliche Verkörperung des Christentums ist.

Beim ersten Treffen, so wird berichtet, zeigte sich der Papst nicht sonderlich beeindruckt, und der heilige Franz wurde fortgeschickt. Aber der Papst hatte kurz darauf einen seltsamen Traum. Er sah »einen Palmenbaum vor seinen Füßen zu stattlicher Größe heranwachsen, und als er ihn anstarrte und nicht wußte, was die Vision bedeuten sollte, kam eine göttliche Erleuchtung über den Geist des Statthalters Christi, und er sah, daß die Palme der arme Mann war, den er an jenem Tag von sich gewiesen hatte.«

Die Palme ist ein von den Sufis gebrauchtes Symbol. Der heilige Franz hatte dieses Symbol bei der Audienz als Analogie verwendet, und der Traum des Papstes ist sicherlich eine Reaktion darauf. (*Tariqat*, »Palme«, ist die Chiffre für »Sufismus«. Siehe Anmerkung »Tarika«.)

Endlich überzeugt von dem Wert der Mission Franz von Assisis, erlaubte der Papst im frühen 13. Jahrhundert die Gründung des Franziskanerordens. Angeblich aus frommer Demut nannte sich der Orden auch »Die Kleineren Brüder«, aber man mag sich wohl fragen, ob es denn auch einen Orden der »Größeren Brüder« gab. Und wenn ja, was für ein Zusammenhang mag da bestehen?

Zur Zeit des heiligen Franz gab es nur eine Gemeinschaft, die sich so nannte, ein sufischer Orden, den Najmuddin Kubra gegründet hatte. Diese Verbindung ist interessant. Eines der wichtigsten Merkmale dieses Sufi-Lehrers war, daß er große Macht über Tiere hatte. Auf Bildern wird er umgeben von Vögeln dargestellt. Er zähmte einen wilden Hund durch Blicke, auf die gleiche Art, wie der heilige Franz in der bekannten Geschichte einen Wolf mit Blicken besänftigte. Die Wunder Najmuddins waren im ganzen Osten schon sechzig Jahre vor der Geburt Franz von Assisis bekannt.

Um das Jahr 1224 schrieb Franz von Assisi seinen bedeutendsten und zugleich für sein Werk bezeichnendsten Gesang: *Cantico del Sole*, das Lied von der Sonne. Jalaluddin Rumi, das Oberhaupt der Wirbelnden Derwische und der größte Dichter Persiens, schrieb zahlreiche Gedichte, die er der Sonne widmete, Lieder an die Sonne von Täbris. Eine Sammlung seiner Dichtungen nannte er sogar *Sammlung der Sonne von Täbris*. Das Wort Sonne kommt darin immer wieder vor.

Wenn es zuträfe, daß der heilige Franz einen Zugang zu den Ursprüngen der Troubadourdichtung suchte, sollte man annehmen, daß er versuchte, in den Osten zu gelangen. Auch könnte man erwarten, daß er von den Sarazenen, falls er sie erreichte, freundlich aufgenommen wurde; und schließlich wäre auch damit zu rechnen, daß er nach einer solchen Reise sufische Dichtungen schaffen würde. Sehen wir also zu, ob die Geschichte von solchen Ereignissen berichtet und ob die Zeitgenossen sie verstanden.

Als Franz von Assisi dreißig Jahre alt war, beschloß er, in den Osten zu reisen, insbesondere nach Syrien, das an Kleinasien angrenzte, wo die Wirbelnden Derwische zuhause waren. Finanzielle Schwierigkeiten zwangen ihn jedoch, die Reise abzubrechen und nach Italien zurückzukehren. Wieder brach er auf, diesmal nach Marokko. Zusammen mit einem Begleiter durchquerte er das ganze Königreich von Aragon, aber niemand kann sagen, warum, und manche Biographen stehen vor einem Rätsel. Vergessen wir nicht, daß Spanien von sufischem Gedankengut und sufischen Schulen durchdrungen war.

Er erreichte Marokko nicht; eine Krankheit veranlaßte ihn im Frühjahr 1214, nach Italien zurückzukehren.

Als nächstes schloß er sich einem Kreuzzug an und erreichte das belagerte

Damietta. Jenseits des Nils war das Lager des Sultan Malik el-Kamil, und der heilige Franz besuchte ihn. Man nahm ihn dort freundlich auf, und bald vertrat man die Theorie, der Heilige sei dorthin gegangen, um den Sultan zum Christentum zu bekehren. »Der Sultan«, so sagt ein Chronist, »entließ den heiligen Franz nicht nur in Frieden, voll Staunen und Bewunderung über diesen ungewöhnlichen Mann, sondern er versicherte ihn seines Wohlwollens, versprach ihm ein Sicherheitsgeleit, wann immer er kommen oder gehen sollte, gab ihm die uneingeschränkte Erlaubnis, seinen Untertanen zu predigen, und bat ihn dringend, ihn so oft wie möglich wieder zu besuchen.«
Nahm man von dieser Reise an, sie sei zur Bekehrung des Sultans unternommen worden, so heißt es doch von den beiden anderen, sie seien ein »seltsamer Bruch« in seinem Leben. Seltsam sind sie jedoch nur, wenn man sie nicht als die Suche eines Troubadours nach seinen Wurzeln betrachtet. Sein sehnlichster Wunsch, Marokko zu erreichen wird mit Bemerkungen wie dieser vom Tisch gefegt: »Es ist unmöglich festzustellen, welcher Zufall dem heiligen Franz diese Idee eingegeben haben mag.«

Die sarazenischen Armeen und die Höfe ihrer Herrscher waren zu jener Zeit Brennpunkte sufischer Aktivität. Es ist kaum zu bezweifeln, daß Franz von Assisi gerade hier fand, was er suchte. Weit davon entfernt, irgend jemanden im Lager der Moslems bekehrt zu haben, versuchte er – nachdem er über den Nil zurückgekehrt war – als erstes, den Christen einen Angriff auf den Feind auszureden. Nachträgliche Deutung unterschiebt diesem Ereignis den Sinn, der Heilige habe eine Vision des bevorstehenden Unheils für die Christen gehabt. »Wie er vorhergesehen hatte, nahm man seine Warnung mit Geringschätzung auf; aber er behielt recht, denn im darauffolgenden Monat November wurden die Kreuzritter unter großen Verlusten von den Mauern der Stadt zurückgedrängt. Seine Sympathien müssen unter solchen Umständen geteilt gewesen sein, denn er empfand gewiß auch etwas für den Sultan, der ihn mit so großer Freundlichkeit aufgenommen hatte.«

Das »Lied von der Sonne«, gefeiert als das erste wirklich italienische Gedicht, entstand nach der Reise des Heiligen in den Osten, wenn auch seine Biographen unmöglich glauben konnten, daß er (war er doch ein Troubadour) nicht schon früher ähnliche Dichtungen geschaffen hatte:

In seinen jungen Jahren war der heilige Franz der Führer der jungen Troubadoure von Assisi; nach seiner Umwandlung wanderte er durch Feld und Wald und sang – immer noch auf französisch – ganz für sich allein Lieder, die wohl kaum jenen glichen, die er mit seinen fröhlichen Kumpanen in den Straßen der Stadt gesungen hatte. Unmöglich kann man annehmen, daß er nicht schon in all diesen Jahren [vor 1224, als er das »Lied« schrieb], sondern erst im Alter Lobgesänge zur höheren Ehre Gottes geschaffen hat. Aber wir sind sicher, daß diese wunderlichen und noch nicht sehr kunstfertigen Reime den Anfang der wirklich italienischen Dichtung in Italien setzen.

Die Atmosphäre und der äußere Rahmen eines Franziskanerordens gleichen sehr der Organisation der Derwische. Nicht nur ähneln die Geschichten über

Franz von Assisi sehr denen über sufische Lehrer, sondern es finden sich auch bei allen möglichen anderen Punkten Übereinstimmungen. Die besondere Methode dessen, was Franz von Assisi »Heiliges Gebet« nennt, weist auf eine Verwandtschaft mit dem »Sich-Besinnen« der Derwische hin, ganz abgesehen von dem erwähnten »Wirbeln«. Die Kutte des Ordens, der lange Mantel mit Kapuze und weiten Ärmeln, gleicht der Bekleidung der marokkanischen und spanischen Derwische. Wie der Sufi-Lehrer Attar tauschte er sein Kleid mit dem eines Bettelmönchs. Er sah einen Engel mit sechs Flügeln, bei den Sufis eine Allegorie für ein Formel des *bismillah*. Er verbannte die Dornenkreuze, die einige der Mönche seines Ordens zur Selbstkasteiung trugen. Diese Handlung mag allerdings auch anders ausgesehen haben, als berichtet wird. Es kann auch dem zeremoniellen Verwerfen des Kreuzes ähnlich gewesen sein, das bei den Derwischen immer noch üblich ist; dabei spricht man die Worte: »Ihr mögt das Kreuz haben, doch wir haben seinen Sinn.« Dies mag übrigens auch der Ursprung eines Brauchs der Templer sein, für den es Zeugen gibt: die Ritter »traten auf das Kreuz«.

Franz von Assisi weigerte sich, Priester zu werden. Wie die Sufis, eröffnete er auch Laien den Zugang zu seiner Lehre, und ebenfalls wie die Sufis, aber im Gegensatz zur Kirche, wollte er die Bewegung überallhin ausbreiten, jeder sollte Aufnahme finden können. Dies war »das erste Wiedererscheinen eines demokratischen Elements in der Kirche, seit sie ihre endgültige hierarchische Struktur gefunden hatte – die Christenheit nicht mehr als eine Herde von Schafen, die gefüttert werden müssen, oder als Seelen, die man regieren muß«. Das Erstaunlichste an den vom heiligen Franz niedergelegten Regeln war, daß er – wie die Sufis, aber anders als im übrigen Christentum – jedermann dazu aufforderte, nicht zuerst an sein persönliches Heil zu denken. Dies Prinzip wird unter den Sufis immer wieder betont; sie betrachten die Sorge um das persönliche Heil als einen Ausdruck von eitlem Stolz.

Er »begann seine Predigten immer mit dem – wie er sagte – von Gott empfangenen Gruß ›Der Friede Gottes sei mit Euch!‹« Dies ist selbstverständlich ein arabischer Gruß.

Neben den sufischen Ideen, Legenden und Schulungspraktiken behielt Franz von Assisi in seinem Orden aber auch viele christliche Züge bei. Aus dieser Verschmelzung entstand eine Organisation, die nicht ganz ausreifen konnte. Ein Kommentator des 19. Jahrhunderts faßt die unvermeidliche Entwicklung so zusammen:

Wir, mit all dem Wissen sechs weiterer Jahrhunderte, sehen im Rückblick das Heraufdämmern der spanischen Inquisition schon, als noch niemand daran dachte; wir sehen Horden von Bettelmönchen, begünstigt und unverschämt, die hinter der genialen Gestalt des heiligen Franz auftauchen; sehen vielleicht auch, wieviel Böses das Gute durchmischte, wie der Feind aller Wahrheit so listenreich die Saat des Unkrauts unter den Weizen mischte.

GEHEIMNISSE IM WESTEN:
V. DIE GEHEIME LEHRE

> Ich fragte einen Jungen, der eine Kerze trug:
> »Von woher kommt das Licht?«
> Sofort blies er es aus. »Sag mir, wohin es ging –
> dann sage ich dir, woher es kam.«
>
> (Hasan von Basra)

Ob wir den Osten oder den Westen unsere Heimat nennen, auf die eine oder andere Art sind wir alle Erben der Stärken und Schwächen der arabischen Philosophie des Mittelalters. Eines der Hindernisse, die sich dieses Denken selbst in den Weg stellte, war der Versuch, außerhalb seines ureigenen Bereichs wirksam zu werden. Dieser Bereich war natürlich das Sammeln und Vergleichen von Zeugnissen der mohammedanischen Lehre, das Überprüfen ihrer Echtheit und ihre Auslegung.

Diese Techniken und ihre Tradition, selbst eine Weiterentwicklung scholastischer Methoden, welche die Sarazenen aus der griechischen christlichen Theologie abgeleitet hatten, fand sehr schnelle Verbreitung. Sie waren leicht zu lernen, denn man brauchte lediglich Tatsachen übereinander zu stapeln, in der Hoffnung, daß dadurch etwas Vollständiges entstehen würde.

Neben diesem System existierte aber in den sarazenischen Ländern unabhängig davon noch ein weiterer Faktor. Das waren Schulen mit einer besonderen Form des Studiums und der praktischen Tätigkeit, in denen der Lehrer, die Lehre und der Lernende in mindestens einer Hinsicht eine Einheit bildeten. Diese Form der Lehre ist nicht unverändert überliefert worden, denn sie erwies sich als unzugänglich für das sich im Westen rasch ausbreitende neue Organisationsprinzip, die Institutionalisierung. Selbst vor der Vertreibung der Mauren aus Spanien war von dieser Schule kaum mehr bekannt als Übersetzungen ihrer Bücher, und dieses »eingleisige« Wissen wurde – zusammen mit anderen Materialien, die schon früher aus Quellen des östlichen Mittelmeerraums nach Europa eingesickert waren – angenommen. »Die Dose Ananas war importiert worden, und Rezepte wurden zusammengebraut, deren Grundbestandteil die Ananaskonserve war. Das Anbauen und Abpacken der Ananas war etwas anderes, danach wurde kaum einmal gefragt«, so sagt ein moderner Sufi.

Man ließ das ganze Konzept fallen, denn das persönliche Element eines Lehrers mit besonderen Kenntnissen und Fähigkeiten war nicht mit den Erfordernissen einer bleibenden Organisationsform zu vereinbaren. Es überlebte schlecht und recht unter ungebundenen Leuten, die man Okkultisten nannte. Sie predigten eine Lehre, welche für den Institutionalismus nicht ungefährlich war: die Notwendigkeit eines erleuchteten Lehrers, der Dinge wußte, von denen kein Buch berichtete.

Nach dem Fall von Konstantinopel wurden neue griechische Quellen zugänglich, wieder Bücher, also noch mehr »eingleisiges« Wissen, neue Ananas-Fälle. Die Institutionalisierung der Schüler-Lehrer-Beziehung, von der der Fortbestand akademischer oder mönchischer Institutionen abhing, machte es zu einem staunens- oder bewundernswerten Ereignis, wenn aus solch einer Institution einmal eine bedeutende Persönlichkeit hervorging. Es ging gar nicht darum, solche Leute hervorzubringen. Wenn sie entstanden, dann nicht wegen, sondern trotz der Institutionalisierung. Ihr Auftreten war daher unerklärlich, und folglich nannte man sie »Heilige«.

Die intellektuelle Bewegung andererseits spezialisierte sich darauf, immer mehr Intellektuelle und immer mehr Wissen mit Hilfe des Gehirns zu produzieren, das eingesetzt wurde, wie wir heute eine Maschine benutzen; damals jedoch galt der Gebrauch des Gehirns als eine Art heilige Handlung, hauptsächlich deshalb, weil er noch relativ neu war.

Auch den Sarazenen selbst kann man vorwerfen, sie hätten nur die intellektuell zugängliche Seite der Lehre weitergegeben, wenn sie dies auch nur als eine Phase ansahen und nicht als ein Prinzip.

Bis heute haben sich starke Spuren der verschiedenen Arten des Denkens erhalten; es gibt noch den eifrigen Scholastiker, den frommen Kleriker, den abstrakten Pedanten. Dann ist da noch der Mann, dem jegliche Organisation so verhaßt ist, daß er bei ihrer Ablehnung des Guten zuviel tut, nur den unverbildeten Seher des Altertums gelten läßt und glaubt, daß alle menschliche Größe allein auf Inspiration beruht. Die Psychologie und andere neue Wissenschaften seien unzureichend. Man argumentiert auf der Basis neuer fixer Ideen, und vielfach hat sich dies schon zu einer Monotonie entwickelt, die sich nur noch mit religiösem Dogmatismus vergleichen läßt.

Selbst in der formalisierten arabischen (und das bedeutete oft griechischen) Philosophie gab es häufig Lichtblicke, unterschwellige Strömungen einer inneren Lehre, die von den westlichen akademischen Scholastikern natürlich übersehen wurde. Im Osten überlebte die Tradition der persönlichen Lehrer-Schüler-Beziehung, trotz ihrer Überlagerung mit reinem Scholastizismus.

Anerkanntermaßen »blieb die intellektuelle Bewegung, die auf Ibn-Ruschd (12. Jahrhundert) zurückgeht, ein lebendiger Faktor im europäischen Denken, bis die modernen experimentellen Wissenschaften entstanden.« (Philip Hitti: *History of the Arabs*, S. 584) Vom 8. Jahrhundert an hatten die Araber die griechische Philosophie studiert und in ihr eigenes Denken eingefügt. Wie spätere westliche Gelehrte, hielten die meisten von ihnen sich nur an Bücher, in dem Glauben, ein Buch könne die Summe einer Lehre enthalten.

Ibn Ruschd bestand auf dem Recht des Denkers, alles, außer dem Übernatürlichen, dem Geist zu unterwerfen. Er war Mediziner, Kommentator des Aristoteles und Astronom. Er studierte auch Musik, und sein berühmter aristotelischer Kommentar enthält eine Monografie zu diesem Gegenstand; sie wurde, nachdem die Kirche sie von allen unliebsamen Elementen gereinigt hatte, in Paris zum Gegenstand der Lehre. Ibn Ruschd von Córdoba war im Westen als Averroes bekannt, und er übte einen ungeheuren Einfluß auf jüdische Denker aus. Man sagt, er habe wie sein Meister Ibn Tufail zusammen mit dem zugelassenen philosophischen System auch unbemerkt eine sufische Lehre weitergegeben. Ibn Tufail, der (nach seinem Vornamen Abu Bakr) im Westen als Abubacer bekannt ist, war ebenfalls Arzt und Philosoph und schließlich auch Wesir am Hof von Granada. Er schrieb einen bedeutenden Versroman mit dem Titel *Die Geschichte von Hayy ibn-Yaqsan*, der in den Augen westlicher Studiker das Urbild des *Robinson Crusoe* ist. Er basiert auf einer Geschichte des Avicenna (980–1037), dessen Lehre fast ausschließlich philosophischer Art war. Auch er war Arzt, Philosoph und Wissenschaftler auf anderen Gebieten. Sein geistiger Vater war Alfarabi (Alfarabius), ein weiterer großer Philosoph, dessen sufische Ideen man als Neoplatonismus verstanden hat. Alfarabi starb vor über tausend Jahren.

All diese Namen stehen für den Kern des denkerischen Erbes der Moderne. Die kritische Reaktion auf den mittelalterlichen Versuch, ein einheitliches Weltbild zu formulieren, hat uns nach Ansicht vieler Leute nicht viel mehr eingebracht als die Leichtgläubigkeit. Man hat in neuerer Zeit eingesehen, daß der immer nach neuen Entdeckungen suchende Forschergeist sich übernommen hat. Der Wissenschaftler, der seinen Verstand auf immer kleinere Ausschnitte seines Forschungsgebietes konzentrieren muß, sich immer weiter spezialisiert, befindet sich – wie er heutzutage sogar schon zugibt – in der Gefahr, einerseits zu einseitig zu werden, aber auch, wenn er versucht, den Überblick über die wissenschaftliche Entwicklung zu behalten, in der Fülle des Materials unterzugehen. Seine emotionale Entwicklung kann oft mit der intellektuellen nicht Schritt halten. Sufis, die sich wissenschaftlich betätigen, sehen diese Gefahr schon seit langem. Einer von ihnen, Anwar Faris, sagt:

Die einander ergänzenden Übungen der Identifikation und der Loslösung sind bei der Schulung des Selbst sehr wertvoll. Zu starke Identifikation führt zu einer Verkümmerung der Fähigkeit zur Loslösung, und daraus entsteht häufig Fanatismus. Ein Mensch wird von etwas »gefesselt« und kann sich nicht mehr befreien. Als der Weise ibn-Sina (Avicenna) sein Werk über die Mineralien schrieb, studierte er die Welt der Mineralien im besonderen und im allgemeinen. Er vertiefte sich in einzelne Beispiele, löste sich dann von ihnen und versenkte sich in das Ganze. Auch auf anderen Gebieten des Denkens verfuhr er so, und daher gelang ihm der Ausgleich der Gegensätze.

Als Abhilfe gegen die Gefahren der Wissenschaft galt bei den Mauren die Vervollständigung des Menschen. Der »vollständige Mensch« ist der äußere Widerschein des inneren, Vollendeten Menschen. Joseph McCabe (*The Splendour of Moorish Spain*, London 1935) beschreibt die äußere Erscheinung des entwickelten Menschen in Spanien:

...alle außer ein paar literarischen Käuzen sehen jetzt, daß die Hauptlinie des menschlichen Fortschritts darin besteht, das Ganze des Lebens in die Wissenschaft einzubeziehen. Aber vergessen wir nicht, daß dies nur eine Hälfte des arabischen Lebensideals ist. Den meisten arabischen Denkern wäre die Frage, ob denn die Wissenschaft nicht Gefahr liefe, den Menschen hart, berechnend, überintellektuell, kalt und unzugänglich für die Schönheit der Kunst zu machen, sinnlos erschienen. Es war bei ihnen nicht ungewöhnlich, daß die Studenten der Naturwissenschaften gleichzeitig Dichter oder Musiker waren. Einen Antagonismus zwischen dem intellektuellen und dem emotionalen Leben zu konstruieren, zu behaupten, beides ließe sich nicht in einer Person vereinigen, wäre ihnen unsinnig vorgekommen.

Im aufstrebenden Westen konnte sich diese Art zu leben nicht recht durchsetzen, viel weniger noch die sufische Lebensweise. In der Renaissance versuchte man zwar, das evolutionäre Ideal zu verwirklichen, aber was darin eingeschlossen war, die Vorstellung des inneren Wandels, des Ausgleichs, der Erweiterung der Wahrnehmung, blieb unberücksichtigt. Künste, wissenschaftliche Untersuchungen und Theorien wurden stückweise übernommen, nachvollzogen und sogar weiterentwickelt, aber die innere Bedeutung ging verloren, blieb irgendwo liegen; der siegreiche Scholastizismus und sterile Kunstanbetung setzten sich darüber hinweg. Man studierte das Material und gab es in Bruchstücken unter den Überschriften Philosophie, Astronomie und Medizin weiter. Viele der sich entwickelnden Schulen Nordeuropas sahen sich unter dem Druck der Kirche gezwungen, dieses Material von nichtchristlichem Gedankengut zu säubern, und verminderten seinen Wert dadurch noch mehr.

Auch von Sizilien aus, über die »getauften Sultane« der Hohenstaufenlinie, gelangte östliches Gedankengut nach Nordeuropa, aber es war zweifellos in gleicher Weise verarbeitet, ungeachter der Einflüsse sufischer Architektur beim Bau der Hohenstaufenburg und der sufischen Symbole auf dem Krönungsmantel König Rüdigers I.

Wer weiterhin sufisch dachte, so kann man fast sagen, wurde bals als Okkultist gebrandmarkt. Ihre Nachfolger nahmen diese Bezeichnung an, und daraus entstand der entstellte, pathetische Glaube an Überlegenheit, Erleuchtung und persönlichen Sieg durch Okkultismus. Roger Bacon zitiert die *Geheimnisse illuministischer Weisheit*, ein sufisches Buch, geschrieben von Ibn Sabin, der mit Friedrich II. von Hohenstaufen in Korrespondenz stand (vgl. Hitti, a.a.O., S. 587 und 610). Bacons Schicksal war es, daß er trotz seiner offiziell anerkannten Lehre als Okkultist angesehen wurde, denn er hatte Leuten, die den Dogmatismus ablehnten und sich deshalb in der scholastischen Wüste allein gelassen fanden, die Idee der »lebendigen Überlieferung« eingegeben. Die heutigen Nachfolger dieser Menschen akzeptieren die Bezeichnung Okkultist, schweigen dazu und lassen sich nicht beirren – wie jene indischen »Unberührbaren«, die sich sogar selbst als Ausgestoßene bezeichnen.

Der Westen (und das heißt hauptsächlich: die Kirche) nahm, was er zu benötigen glaubte, und schlug vor dem Übrigen – wie es schien endgültig – die Tür zu. Bücher wurden verbrannt, Spanien kehrte zum rechten Glauben zurück. Was vor der Schwelle blieb, war eine seltsame Sammlung von Leuten, Dingen und Ideen, darunter einiges, was dem Sufi zwar vertraut war, andere aber in der Zukunft noch verwirren sollte: die Troubadoure, Kartenspiele, der Harlekin und gewisse esoterische Gesellschaften.

Die Tür hatte Risse, und einiges – sehr wenig – gelangte nach drinnen und nach draußen.

Nach der Invasion Ägyptens durch Napoleon gründete einer seiner Generäle einen Orden der Weisheitssuchenden, der auch die *Sufiyin* – die Sufis – genannt wird.

In einem wohl zutreffend *Mélange* betitelten Buch beschreibt er, wie er unter östlichen Adepten die Quelle des »verwaisten« Geheimwissens des Westens fand. »Hier war der Quell. Und wir waren jahrhundertelang einem breiten, aber schlammigen Fluß gefolgt.«

Weshalb und durch welchen Vorgang der Fluß im Westen immer wieder verschlammt war, lernten die *Sufiyin* schließlich durch ihre eigenen Fehler. Im Kleinen hatten sie einen alten Irrtum wiederholt: sie hatten angenommen, sie brauchten nur die Lehre und die Methode zu importieren, nicht aber den Lehrer.

Schon nach sechs Jahren mußte der Orden das Mißlingen des Versuchs zugeben: »Wir müssen uns auflösen; es hat keinen Sinn, Rituale immer wieder auszuführen, die ohne einen lehrenden Meister nicht den wahren Menschen hervorbringen können. Der Vorgang ist so komplex, daß nur eine souveräne Wahrnehmung dessen, was nötig ist, ihm gerecht werden kann. Der Meister besitzt ein Geheimnis, das er einsetzt, um in anderen, die einmal an seine Stelle treten sollen, den Wandel einzuleiten und ihre Entwicklung zu unterstützen. Ohne ihn kann die Gemeinschaft – mag sie auch die äußeren Formen bewahren – keinen Fortschritt machen.«

Aber Sufi-Meister kann man nicht ernennen oder importieren. Die Auflösungserklärung fährt klagend fort: »Wer könnte den lebenden Erleuchteten herbeizwingen? Er weiß, was nötig ist, und tut es. Uns bleibt nur das Sehnen.«

Wenigstens etwas hatten die *Sophiens* also gelernt. Bruchstücke ihrer Organisation scheinen überlebt zu haben, denn viele Jahre später hörte man, daß es in Indien noch einen Ableger gab.

War es gut, die Tür zuzuschlagen? Es schien so. Denn der Westen hatte nicht nur reichlich Wissenschaft, Kunst und anderes Material zu verdauen, sondern besaß auch die Waffe der Propaganda. Der geopolitische Kampf, verbunden mit der Mentalität der Kreuzfahrer, führte dazu, daß alles Sarazenische, »Heidnische« und Arabische nicht nur als ketzerisch, ungläubig und als Ärgernis abgestempelt wurde, sondern auch als diabolisch und gefährlich. Der Westen setzte diese Tradition fort, die zudem immer wieder durch geschichtliche

Ereignisse verstärkt wurde. Zuerst waren es die spanischen Araber, die an der Grenze Frankreichs zurückgeschlagen werden mußten, dann die Ungläubigen, die das Heilige Land besetzt hielten, dann die Türken, die sich auf die Eroberung von Wien vorbereiteten. Mohammedanismus verklumpte im westlichen Bewußtsein zu einer einzigen Masse des Bösen und Bedrohlichen, das man nur durch Gegenangriff im Zaum halten konnte. Dieser Einstellung gesellte sich noch der missionarische Eifer hinzu, den ganzen Islam zur höheren Ehre der Kirche zu überwinden.

Nur Sonderlinge interessierten sich für östliche Philosophie. Sonderlinge gab es überall. Sollte man Türke werden, die Sitten und Gebräuche annehmen? Ungewaschene Leute, die nicht einmal das Evangelium annahmen, die man unterworfen hatte, was sollte man von denen schon lernen können? Sollen sie doch erst mal ihren eigenen Haushalt aufräumen!

Und doch gab es Leute, die hinter diese temporäre Entwicklung blickten, den scheinbaren Stillstand durchschauten. Aber selbst sie hätten nicht geglaubt, daß die Umstände, in denen sie sich befanden, so vorübergehend waren, wie wir es heute wissen. Der Prozeß, der in Gang kam, hatte früher begonnen als man annehmen sollte. Der sufische Strom war am Werk.

Mystiker dieser Zeit führten ein geheimes Doppelleben; mancher christliche Einsiedler spielte eine zweite Rolle, den Sufi-Lehrer.

Auf Mallorca lebte im Mittelalter der Mystiker Anselm von Turmeda – für Christen ein Heiliger. Aber das war nicht alles. Unter den mohammedanischen Spaniern war er der geheiligte Sufi Abdullah el Tarjuman. Was lehrte er? Sein Buch *Disputation des Esels mit Bruder Anselmo* ist eine zum Teil wörtliche Übersetzung der *Enzyklopädie* der arabischen Brüder der Reinheit. Da dieser Name wörtlich »Diener Gottes« oder »Übersetzer« bedeutet, war es völlig unverdächtig, durch diese Übersetzung sufische Lehren zu verbreiten. Ein moderner spanischer Gelehrter, Angel Gonzalez Palencia, nennt ihn *el estupendo plagiario*, bedenkt aber nicht, daß eine Lehre im Mittelalter nicht als das Eigentum eines einzelnen galt, insbesondere nicht, wenn sie aus einer geheimen Gesellschaft hervorgegangen war, aus einer Gruppe anonymer Weiser. Das Urheberrecht gab es noch nicht.

Eine weitere seltsame Gestalt, die für die lebendige Beziehung zwischen der arabischen Lehre und dem Christentum wichtig war, ist Pater Juan Andres, ein abtrünniger Priester. Von den Jesuiten ausgestoßen,veröffentlichte er 1782 ein bemerkenswertes Buch mit dem Titel *Origen, progresos y estado actual de toda la literatura*, in dem er zu zeigen versuchte, was Europa der spanisch-arabischen Lehre verdankte. Er beschrieb die Verbreitung dieser Lehre und wies darauf hin, daß auch der heilige Thomas aus dieser Quelle geschöpft hatte. Die spanische Dichtung, so sagt er, geht auf den wachsenden arabischen Einfluß in Spanien zurück, wozu auch die provençalischen Romanzen und die der Troubadoure, ebenso wie die italienische Lyrik zählen und schließlich die Romane, die Fabeln und die Musik des arabischsprechenden Alfonso des Weisen.

Woher wußte ein abtrünniger Jesuit all diese Dinge? Zu der Zeit konnten ihm keine Dokumente zugänglich gewesen sein. Und doch entdeckte er auf bisher unerklärte Weise Tatsachen über das arabische – und insbesondere das sufische – Erbe in Europa, die später erst wieder Stück für Stück zusammengesucht werden mußten, hauptsächlich durch Studium von Dokumenten des arabischen Spaniens. Gab es etwa einen Strom verborgener Lehre, eine Ader antiker Überlieferung, die der ausgestoßene Jesuit geöffnet hatte?
Es gab diese Ader tatsächlich. Der östliche Einfluß ist im Mittelalter auf mehreren Ebenen wirksam geworden. Die beiden wichtigsten sind die theologische und die okkultistische Ebene. Raymond Lully, Franz von Assisi, Duns Scotus und Dutzende anderer gaben die theologische Version weiter. Aber wir brauchen uns nur die berühmten Namen okkultistischer Illuminaten Europas anzuschauen, um zu sehen, welcher Art die geheime Lehre war, die sie – wenn auch in entstellter Form – vermittelten.
Lully galt bei den Okkultisten als Alchimist und Erleuchteter. Für den Gläubigen war er ein christlicher Missionar. Seine Schriften aber zeigen, daß er sich mit sufischen Büchern und Übungen befaßte. Roger Bacon, ein weiterer Hierophat des Okkultismus, schrieb über die sufische Erleuchtungslehre. Auch bei Paracelsus, der versuchte, die westliche Medizin zu erneuern, finden sich sufische Ideen. Der Alchimist Geber war einer der berühmtesten Sufis des Irak; man kennt ihn als einen Meister des Okkultismus. Albertus Magnus, Scholastiker und Magier, steht in derselben Tradition; er studierte in arabischen Schulen und inspirierte Thomas von Aquin. Zahlreiche Päpste, von denen man annahm, sie seien Magier oder Übermittler einer geheimen Lehre, hatten auf arabischen Schulen studiert, zum Beispiel Papst Silvester II.
Was hier über einzelne gesagt wird, gilt auch für Organisationen. Trägt der Franziskanerorden das Gepräge seines sufischen Ursprungs, so auch der Rosenkreuzerorden und die Freimaurerbewegung.
Die geheime Lehre erweist sich in den meisten uns zugänglichen ihrer Formen als ein ziemlich einfacher Gegenstand für jeden, der die Geduld hat, herauszufinden, was auf welcher Seite der Tür war.
Es gibt Zeiten im Leben jedes Gelehrten, wo ihn mit aller Dramatik und Erregung neuer Entdeckungen ein plötzlicher Schauer des Erkennens ergreift. Vielleicht hat er anfangs nur eine undeutliche Idee, die sich unterschwellig fortspinnt; geduldig fügt er bisher unbeachtete Bruchstücke zusammen, bis ihm der Zusammenhang plötzlich mit blendender Helle klar wird. Erfinder, Wissenschaftler, Historiker, alle kennen diese Erfahrung. Auch der spanische Arabist (und fromme Christ) Miguel y Palacios erlebte sie, als er auf die Werke einer erleuchteten Schule sufischer Philosophen stieß und erkannte, was der Westen – selbst die höchsten Spitzen der katholischen Welt – ihnen verdankte. Es war im 9. Jahrhundert, als Ibn Masarrah von Córdoba eine auserwählte Schülerschaft lehrte, zu welcher Höhe das menschliche Bewußtsein sich entwickeln kann. Von dieser Zeit an stellte die Lehre das Material für die Allego-

rien Dantes, für die Lehren der Scholastik, für die Werke einiger der Begründer der modernen westlichen Philosophie: Duns Scotus, Roger Bacon, Raymond Lully, St. Johannes vom Kreuz. Salomon ibn Gabirol, ein jüdischer Denker aus Malaga, nahm Masarras Werk als Grundlage für sein Buch *Quell des Lebens*, welches wiederum den Franziskanerorden beeinflußte (vgl. Hitti: *History of the Arabs*, S. 580f.).

Auch Professor Asíns Erstaunen wuchs, als er sich in die kostbaren Manuskripte vertiefte, die seit der Vertreibung der Mauren fast unberührt in Spanien gelegen hatten. Er fand nicht nur die Idee der illuministischen Philosophie, niedergeschrieben in der oft unleserlichen, seltsamen maghrebinischen Schrift, welche die spanischen Sufis vor tausend Jahren benutzten, sondern auch, daß diese Werke vielfach wörtlich von Mystikern und Philosophen zitiert wurden, deren Namen allen Gläubigen Europas wohlbekannt sind. Asín war jedoch nicht der einzige, der diese Entdeckungen machte; Professor Ribera hatte bereits ähnliches festgestellt, zum Beispiel, daß Raymond Lully für sein Meisterwerk *Das Buch vom Liebenden und Geliebten* sufische Quellen angab.

Dies ist um so bemerkenswerter, als die sufischen Illuministen zwar eine der berühmtesten, aber auch eine der verschwiegensten sufischen Schulen ist. Intellektuelle Giganten wie Suhrawardi, Ibn El-Arabi und Ghasali vermieden es strikt, in ihren Veröffentlichungen die entscheidenen Punkte der Lehre zu nennen, welche die tatsächliche Umwandlung des menschlichen Bewußtseins bewirkten oder »Das Elixier der Glückseligkeit« vollendeten, wie Ghasali sagte. Der scheinbare Widerspruch, daß Gnostizismus und Agnostizismus sich irgendwo auf dem Sufi-Weg treffen, verwirrte den Außenstehenden, der Einblick in die Praxis sufischer Schulen zu gewinnen suchte. Auch heute verwirrt diese Tatsache noch manchen.

Aber es gibt keinen Zweifel daran, daß zwischen den Sufis und den Mystikern des christlichen Westens auf der tiefsten Ebene des Geheimen eine Kommunikation bestand, und daß es Einflüsse in beiden Richtungen gegeben hat. Die illuministische Philosophie des Westens hatte auch Auswirkungen im Osten. Persische, türkische und afghanische Mystiker folgten den Lehren der Illuministen. Arkon Daraul (*A History of Secret Societies*, New York 1962) hat gezeigt, daß die Ausbreitung dieser Philosophie, die ein Geheimnis in einem Geheimnis in sich birgt, sich auch heute noch weiter verbreitet. Die Illuminaten Englands, Frankreichs und Deutschlands, zusammengeschlossen als eine geheime Gesellschaft, die *Alumbrados* Spaniens und zahlreiche andere esoterische Zirkel setzen immer noch die Überlieferung der Lehre jener spanischen Illuministen fort.

Bevor wie uns der Absicht der illuministischen Philosophie zuwenden, wollen wir uns erst noch mit dem befassen, was ihre Vertreter über ihre Ursprünge sagten. In dem geheimen Buch *Das Wissen von der Erleuchtung* wird sie als identisch mit der inneren Lehre der antiken Griechen, Perser und Ägypter bezeichnet; sie ist die Wissenschaft vom Licht, die tiefste Wahrheit. Wenn der Mensch ihr folgt und sich ihr öffnet, kann er einen Zustand erreichen, von dem er sonst nur träumen kann.

Über Roger Bacon, der diesen Zusammenhang bekräftigte, verbreitete sich dieser Gedanke über ganz Europa und ließ zahlreiche geheime Schulen entstehen, von denen einige echt waren, andere nicht. Dieses Wissen, so sagte Bacon, war Noah bekannt und Abraham, den Chaldäern, den ägyptischen Meistern, Zarathustra und Hermes ebenso wie den Griechen Pythagoras, Anaxagoras und Sokrates – und den Sufis. Bacon selbst zitiert aus dem zu seiner Zeit etwa einhundert Jahre alten geheimen Buch des Suhrawardi.

Die westlichen Gelehrten, die den Sufismus als Grundlage des jahrhundertelang gerade von orthodoxen Christen bewunderten westlichen Denkens hinstellten, wurden von religiösen Eiferern und anderen heftig angegriffen. Asín antwortete (*Obras Escogidas* I, Madrid 1946) mit aller Deutlichkeit: »In einer kürzlich erschienenen Doktorarbeit – *Über Charakter und Ursprünge der Ideen des Seligen Raymond Lully* (Toulouse 1912) – bezeichnet ihr Autor, Herrn Probost, Mendez y Pelayo, Ribera und mich mit infantiler Unverfrorenheit als Lügner und Romantiker, weil wir behaupten, daß zwischen dem Lullianischen System und dem arabischen Denken eine enge Beziehung besteht. Dieser unwissende junge Mann weiß offenbar nichts von meiner Arbeit *Die Psychologie des Mohiedin Abenarabi*, in der ich *dokumentarisch* demonstriert habe, daß Lully die Allegorie des Lichts übernommen hat.« Selbst damals, noch bevor er seine Arbeit über die Erleuchtungslehre des Sufismus abgeschlossen hatte, war Asín bereit und in der Lage, Dokumente vorzulegen, um seine Behauptung zu belegen.

In den Werken solcher Männer wie Asín schwingt das Pendel zurück, der sufische Einfluß wird anerkannt. Aber die Entdeckung, daß christliche Mystiker sufische Bücher, sufische Methoden und sufische Terminologie verwendet haben, hat natürlich den modernen Scholastizismus dazu veranlaßt, einen Schwall von Erklärungen zu produzieren. Sufismus, so erklärt man jetzt, kann echte mystische Erfahrung hervorbringen, weil die Sufis Jesus verehren. Ferner, der frühe Sufismus sei stark vom Christentum beeinflußt worden. Das impliziert, daß man sufische Ideen nicht zurückzuweisen braucht. Wenn der heilige Johannes vom Kreuz und Lully sie verwenden konnten, dann muß wohl doch was Wahres dran sein. Die Scholastiker haben einen Teil ihres Weges zurückverfolgt und schreiben nun ihre Geschichte neu, um auch unbequeme Tatsachen noch unterzubringen. Der einzige Nachteil dieses Verfahrens besteht darin, daß sie ihre offizielle Lehrmeinung immer wieder umschneidern müssen, wenn neues Material ans Licht kommt. Geistige Klimmzüge. Diejenigen, die nicht so stark der theologischen Linie verbunden sind, beschäftigen sich damit, den Sufismus auf »Übereinstimmungen« in antiken Lehren zurückzuführen.

Kontakte zu Sufis (die, wie man schließlich entdeckte, doch wohl keine Menschenfresser sind) führten zu einer weiteren interessanten Entwicklung im westlichen Denken, ein Prozeß, der noch andauert. Der beste Ausdruck für diese Entwicklung ist »Wiedererkennen«. Nachdem die enge Beziehung zwischen sufischem und europäischem Denken einmal wahrgenommen war, kamen viele an den Punkt, wo sie noch einmal genauer hinschauten. Das sufische Denken gibt dafür zwei Erklärungen: erstens sind die Voraussetzungen des Sufi-Weges in jedem menschlichen Bewußtsein vorhanden (»es gibt nur einen einzigen Richtigen Weg«), und zweitens enthalten alle modernen westlichen Schulungsmethoden die verstreute Saat sufischer Überlieferung.

Ein Teil des Berichts über das Wie und Woher der Überlieferung findet sich in dem Werk *Das Wissen von der Erleuchtung* des Märtyrers Suhrawardi. Er lebte von 1154 bis 1191, wohnte in Aleppo und wurde vom Orden der Orthodoxen ermordet, dessen Druck Saladins Neffe, der Herrscher dieser Gegend, nicht widerstehen konnte. Daher trägt Suhrawardi den Beinamen »der Gemordete«. Sein Werk wurde verbrannt, wo man es finden konnte, aber einige Exemplare sind erhalten geblieben.

Wie die meisten sufischen Bücher entstand es – wie er sagt – als Reaktion auf wiederholtes Bitten; er schrieb es für Freunde und Gefährten. Philosophie hat es immer schon gegeben, und immer ist auch ein wahrer Philosoph in der Welt gewesen. Antike und moderne Philosophen unterscheiden sich nur in der Art, wie sie ihre Ideen darlegen und beweisen. Aristoteles war ein großer Lehrer, aber er hing von seinen Vorgängern ab, Hermes, Äskulap und andere in langer Folge. Man mag sie – nach ihrem Grad der Harmonisierung von Schulung des Intellekts, Spekulation und Glauben – in Klassen einteilen. Der Philosoph, bei dem diese Elemente in einem ausgewogenen Verhältnis zueinander stehen, ist Ausdruck des Göttlichen auf Erden. Aber der intuitive Philosoph steht immer über dem Scholastiker. Es gibt kein Zeitalter, in dem nicht ein großer Theosoph existiert. Der spekulative Philosoph hat kein Anrecht auf Führerschaft. Die Führerschaft muß nicht politische Macht bedeuten; aber wo Weisheit und Macht sich zusammentun, da beginnt ein erleuchtetes Zeitalter. Der Philosoph kann unbekannt bleiben und doch dabei Herr der Welt sein.

Der Philosoph tut gut daran, Intuition und Erfahrung zu verbinden und sich nicht nur auf eines der beiden zu verlassen. Niemand kann vom Sufismus profitieren, wenn er sich nicht erst von den Gewohnheiten der formalen Philosophie befreit. Im Sufismus muß erst die Fähigkeit zu bestimmten Wahrnehmungen entwickelt werden, denn die weitere Entwicklung hängt davon ab. In der Scholastik ist vom System vorherbestimmt, welche Erfahrungen möglich sind; neue Ideen werden aus alten zusammengebaut. Niemand, der die Methode der Sufis nicht befolgt, kann als ein wahrer Philosoph angesehen werden. Die antiken Lehren Ägyptens und Griechenlands stimmen darin mit dem Sufismus überein; auch bei ihnen trat die theoretische Seite mit der Erfahrung in Verbindung, so daß sufische Wahrnehmung sich entwickeln konnte. Die Terminologie der Illuministen zeigt, daß die Theorie die antike Weisheit der Semiten ebenso umfaßt wie die der Perser; alle »vollständigen« Philosophien sind auf der theoretischen wie auf der praktischen Ebene wesenhaft »Eins.«

DAS HÖHERE GESETZ

Drei Anzeichen hat die wahre Großmut: standhaft bleiben ohne starrsinnig zu sein; ein Lob aussprechen, ohne dabei Großmut zu empfinden; geben, ohne die Bitte abzuwarten.

(Maaruf Karkhi)

Eines der interessantesten Erzeugnisse sufischer Literatur des Westens ist das lange Gedicht *Die Kasidah*, das der Forscher Sir Richard Burton, selbst ein Sufi, vor einem Jahrhundert auf seiner Rückreise von Mekka geschrieben hat. Dieses »Lied vom höheren Gesetz«, das in kleiner Auflage erschien, erregte viel Aufmerksamkeit. Selbst Lady Burton, die von der heterodoxen Überzeugung ihres Gatten nicht gerade begeistert war, gibt zu, daß sie es oft gelesen hat, und »nie ohne bittere Tränen, und wenn ich es heute lese, bewegt es mich noch stärker; er nahm es mir oft fort, weil es mich so erschütterte«. Zweifellos ist das Gedicht eine machtvolle Komposition, erfüllt von der sufischen Lehre. Im Vorwort zu *Die Kasidah* bezeichnete Burton sich selbst als »Übersetzer« und schreibt das Werk einem Haji Abdu al-Yasdi zu. Er faßt es so zusammen:

Die Prinzipien, die den Titel »höheres Gesetz« rechtfertigen, sind folgende:

Der Autor versichert, daß Glück und Unglück zu gleichen Teilen und gleichmäßig verteilt in der Welt sind.

Selbstentfaltung, unter Rücksichtnahme auf andere, ist für ihn der alleinige und ausreichende Zweck des menschlichen Lebens.

Er glaubt, daß Zuneigung, Sympathie und die »göttliche Gabe des Mitleids« die höchsten Freuden des Menschen sind.

Er fordert uns auf, das Urteilen zu lassen und »Tatsachen, diesem nichtigsten aller Aberglauben«, mit gebührendem Mißtrauen zu begegnen.

Und endlich: obwohl er destruktiv erscheinen mag, ist er in seinem Wesen dem Wiederaufbau verpflichtet.

»Nur ein Bewunderer Omar Khayyams konnte *Die Kasidah* schreiben«, sagt Justin Huntly McCarthy. Doch Burton, Swinburne und Rossetti lernten Omar erst acht Jahre später durch die Übersetzung FitzGeralds kennen. Die Gemeinsamkeit zwischen den beiden Dichtern ist natürlich, daß sie beide Sufis waren.

Obwohl *Die Kasidah* (»Das Läuten der Kamelglocke«) nur in einer Auflage von wenigen hundert Exemplaren erschien, wurde das Buch durch Lady Burtons Biografie »des größten Orientalisten, den England jemals hatte und übersah«, vielen bekannt; der unterschwellige Einfluß auf diejenigen, die es studierten, muß groß gewesen sein. An Isabel Burton zeigt sich, daß der Kern des sufischen Denkens selbst einen frommen Christen beeinflussen kann, der die Überzeugung des Autors nicht teilt: »Es ist ein Gedicht von außergewöhnlicher Kraft über Natur und Bestimmung des Menschen, anti-christlich und pantheistisch. Kaum jemals ist orientalische Lehre in solcher Reichhaltigkeit auf so kleinem Raum dargestellt worden.«

Burton kommentierte in seiner Versdichtung westliche Denkmethoden, moderne Theorien und Philosophien vom Standpunkt des Sufi aus. Mehr noch, wie Khayyam hat er es unternommen, Fragen zu stellen und keine ein für allemal gültigen Antworten zu geben. Dies ist die Technik des lehrenden Sufi, der Fragen stellt und dann abwartet, ob der Zuhörer die Erklärung sucht oder nicht. Die sufische Botschaft Burtons enthielt etwas für westliche Denker, und es ist sogar bemerkt worden, daß sie das Wesen seines Lebens war. Ein Begeisterter beschrieb sein Leben so: »Die große *raison d'être* seines Lebens ist für mich jenes *Läuten der Kamelglocke*. Im ersten Taumel der Begeisterung ist es schwer, etwas zu beurteilen, aber es scheint mir würdig zu sein, unter den größten Gedichten dieser Welt genannt zu werden, und vor den meisten von diesen.«

Es ist ein langes Gedicht, und Burtons Kommentar zu Haji, dem er die Vaterschaft dieses Gedichts zuschreibt, ist sogar noch länger. Er folgt in diesem Kommentar der Methode der Sufi-Lehrer, und gerade dieser Teil des Werks zeigt am deutlichsten, daß er unter Anleitung durch einen Meister eine sufische Schulung durchlaufen hat. Man kann wohl kaum bezweifeln, daß er sufische Lehre in den Westen übertragen wollte. In diesem Sinn muß man ihn im Zusammenhang mit dem ununterbrochenen Prozeß der Wechselwirkung zwischen Ost und West sehen.

Im Sufismus erkannte er das Heilmittel für die fehlgeleitete Gläubigkeit des Menschen. Er »wird erweisen, daß alle (Glaubensbekenntnisse) richtig sind, und alle falsch; er wird sie miteinander aussöhnen; er wird auch vergangene Überzeugungen einbeziehen; er wird für die Gegenwart einstehen; als eine unaufhörliche und ununterbrochene Entwicklung trägt er die Zukunft schon in sich.« Doch »verneint und trennt er nicht, sondern bejaht und verbindet«. Wie alle Sufis nähert sich Burton seinem Gegenstand von verschiedenen Seiten her, wendet sich dann plötzlich von ihm ab und überläßt es dem Leser, das Bild zu vervollständigen.

Das Werk, durch das ein Mensch zum Sufi wird, ist Schülerschaft und Selbst-Tätigkeit im richtigen Verhältnis.

Burton schrieb in einer Zeit, als Wissenschaft und Vernunft den Rausch der Selbstentdeckung erlebten. Er betont, daß »es Dinge gibt, welche die menschliche Vernunft, der gereifte Instinkt, in seinem unentwickelten Zustand nicht meistern kann; aber die Vernunft ist sich selbst Gesetz. Deshalb brauchen wir nicht zu glauben, oder zu versuchen, etwas zu glauben, was zum Verstand im Gegensatz oder im Widerspruch steht.«

Die Kasidah beginnt mit der Wüste, der Dunkelheit, den Pilgern auf dem Weg nach Mekka:

> Die Stunde naht; der schwindende Mond erscheint, die spätere
> Nacht zu regieren;
> Von Sternenglanz gekrönt, thront er in einem Hof von
> fahlem Licht.

Während der Nacht durchleben die Reisenden wechselnde Gefühlszustände; Burton verläßt die Karawane der Pilger, die Gemeinschaft der noch nicht entwickelten Menschen. Er nimmt einen anderen Weg, den Pfad des Sufi:

> Adieu nun, Freunde meiner Jugend! mit Glück sehn wir uns
> einmal wieder;
> Doch die wir jetzt sind, werden nie sich wieder treffen; die
> Jahre machen andere aus uns; ...
> Geht, tretet aus meinem Leben, wie das Läuten der Kamelglocke
> erstirbt.

Nun spricht das Gedicht von den endlosen Fragen, die die Menschheit stellt, und von ihren Ängsten. Er führt Hafis (den »Barden der Liebe und des Weins«) und Omar Khayyam an: »Er stieß die dürre alte Vernunft aus seinem Bett, vermählte sich der schlanken Weinrebe.« Dann zeigt er auf typisch sufische Art, daß sich hinter diesem Bild etwas verbirgt: »...ein Narr, wer ihm ein Wort nur glaubt!«
Auch für den Sufi, so meint Burton, hat jeder, der eine Seele besitzt, das Recht, Fragen darüber zu stellen. Aber dieses Fragen kann auch selbstsüchtig sein, und dies ist der Gedanke, der sich manchmal hinter dem scheinbaren Pessimismus des Sufi verbirgt:

> Und dies ist alles; ein wenig weinen und dann sterben, dazu
> sind wir geboren!
> So singt borniert der Barde, der immer noch sich abmüht
> mit einem Wörtchen: »Ich«.

Essen und trinken und es sich gutgehen lassen, sagt Burton, ist gut und schön, aber um sich vom lieben Vieh zu unterscheiden, muß der Mensch – hier und jetzt – noch etwas mehr tun. Der Asket, ein Fanatiker, für den das Hier und Jetzt nicht zählt, entgegnet Burton, das Leben sei nun mal ein Jammertal und er glaube fest an ein zukünftiges besseres Leben. Er hält sich für weiser als Moses (der sich um künftigen Lohn und künftige Strafe nicht kümmerte), denn er kennt die Zukunft – er redet von Zukunft, aber er weiß nichts von Vergangenheit, und Gegenwart ist für ihn nur ein Traum. Unser Sufi mag ihn gar nicht.

Was weißt du, Mensch, vom Leben? und doch, auf deinem ganzen
Weg vom Schoß zum Grab
Schwatzt du vom künftigen Leben, von Himmel und Hölle mußt
eifrig du faseln.

Das Gefühl der eigenen Wichtigkeit, so sagt der Sufi, ist zwar in mancher Hinsicht notwendig, aber es muß sein richtiges Maß haben, sonst verfehlt der Mensch sein Leben (wenn es auch für andere, gleichartige Menschen nicht so aussehen mag):

Die Welt ist alt, und du bist jung; die Welt ist groß, und du
bist klein;
Laß ab, du flüchtiges Atom, vom Wahn, das Weltenall
zu sein!

Im folgenden Abschnitt ist von den Widersprüchen der Spekulation über das Leben die Rede; Grundthema ist das Leiden des Menschen. Burton nennt Beispiele aus dem Hinduismus, dem Buddhismus und dem alten Ägypten, in denen der Schöpfer als eine Vergrößerung des Menschen, als Töpfer, als Weber erscheint; Projektionen menschlicher Gefühle. Das Vorgehen und Vorhaben der Gottheit ist mit menschlichen Begriffen nicht zu erfassen:

Laß, Mensch, das Trauern, Weinen, Klagen; genieße den
kurzen Sonnenschein;
Wir tanzen am eisigen Rande des Todes, doch schmälert das
des Tanzes Freude?

Eine unbeständige, endliche Kreatur kann nicht die unendliche Tiefe der Macht mit »einer Elle Garn« ausmessen. Die Haltung des Sufi dazu kommt dem Angostizismus sehr nahe, dessen man ihn auch oft bezichtigt hat. Nur hier, auf diesem schmalen Grat zwischen Glaube und Unglaube, ist die Wahrheit zu finden, nicht aber bei den institutionalisierten Religionen, die »aufstiegen und herrschten und kämpften und fielen, wie über die Welt hin das Läuten der Kamelglocke anschwillt und verklingt«.

Gut und Böse im üblichen Sinne gibt es nicht, so versichert Burton, aber er läßt den sufischen Zusatz aus, daß nur das innere Bewußtsein des Sufi verstehen kann, was dies bedeutet. Er spricht hier nur zum Sufi. Gut ist für den Menschen, was ihm gefällt; böse, was ihm Leid verursacht. Das ändert sich mit Zeit und Ort, von Volk zu Volk. Jedes Laster ist einmal Tugend genannt worden, alles Gute war schon Sünde und Verbrechen. Gut und Böse sind miteinander verflochten. Nur Khizr (der vollendete Sufi) sieht, wo eines aufhört und das andere anfängt.

Auch für die Wahrheit gilt: Sie ist nicht, was wir dafür halten; auch sie wech-

selt mit den äußeren Gegebenheiten. In seinem Kommentar zu »Hajis« Gedicht erklärt Burton: »Wirklichkeitsgetreue Wahrnehmung schafft objektive, universal gültige Wahrheit; das Denken und Empfinden aber, die Tätigkeit der moralischen Region ..., erzeugt nur subjektive Wahrheit, persönlich und individuell.«
Die objektive Wahrheit ist das Ziel des Sufi; Burton will offensichtlich den Wunsch, diese Wahrheit zu finden, in seiner Leserschaft erwecken.
Aber mit den üblichen Methoden wird man sie nicht finden:

> Ja, Wahrheit *ist*, doch ist nicht Hier; Dort muß der Mensch
> sie suchen.
> Wo aber, weißt *du* nicht, noch *ich*, noch wird es Mutter Erde
> je enthüllen.

Es gibt nur eine Art, um Wahrheit zu kämpfen: nicht kämpfen. Dieses sufische Paradox enthalten die nächsten Zeilen:

> Zu denken, daß Wahrheit sein kann, ist genug; kommt, laßt
> Euch nieder wo die Rose blüht;
> Denn nichts vom Wissen weiß, wer nicht auch *nicht* zu wissen
> weiß.

Von hier aus blickt Burton noch einmal auf den Wahrheitsgehalt der verschiedenen Glaubensbekenntnisse: »Wahrheit ist der zerschlagene Spiegel, verstreut in Myriaden Scherben; und jeder glaubt, in seinem Splitter sei das Ganze.« Die Art von Glauben, die der nicht erneuerte Mensch für wahren Glauben hält, ist oft so starr und unbeweglich, weil sie nur das ist, was wir heute Konditionierung nennen. Das Glaubensbekenntnis eines Menschen ist ein Zufall der Geburt, ein Produkt der Umgebung, in die er hineingeboren wird. Sein wahrer Feind ist die Unkenntnis seiner Unwissenheit.
Burton schaut in die Zukunft, denn er findet bei den Menschen seiner Zeit kein Echo. Er hat seine Botschaft überbracht, und eines Tages, wenn Weisheit bei den Menschen sein wird, mag wohl »der Nachhall einer längst verstummten Stimme den Klang des Widerhalls erwecken«.

> Geh nun deinen Weg mit heiterem Auge, erzähle getrost deine
> kleine Geschichte:
> Vom Flüstern des Wüstenwindes, vom Läuten der Kamelglocke.

Ein Gegenstück zu der vor sechzig Jahren erschienenen *Kasidah* ist die Übersetzung und Adaptierung der *Gaben des Wissens* durch Wilberforce Clarke. Dieses Werk machte klar, daß die Philosophie der Derwische nicht das war, wofür man sie zu jener Zeit im Westen hielt. Damit wurde eine Basis geschaffen für weiteres Studium – wenn auch nicht der sufischen Praktiken, so doch des sufischen Denkens. Burton hatte vom sufischen Denken zu den geistigen Unterströmungen des Westens eine Brücke geschlagen, die es dem denkenden Europäer ermöglichte, sich wesentliche sufische Gedanken zu eigen zu machen. Ein ebenso wichtiges Werk hinterließ Sir Fairfax L. Cartwright mit seinem Buch *Die mystische Rose aus dem Garten des Königs (Mystic Rose from the Garden of the King)*, in dem – verkleidet in eine pseudo-orientalische Romanze – wirkliche sufische Erfahrung beschrieben wird.

Einzelne sufische Praktiken sind im Westen schon angewendet worden, aber kaum jemals das vollständige System des »Werkes«; Vorurteile und Unterschiede des Denkens gaben dem Sufismus bis in die jüngste Zeit kaum eine Chance, im Westen »naturalisiert« zu werden. Man kann daher erwarten, daß hier nur wenige sufische Originalwerke zu finden sind. Östliche Texte sind durchweg in poetischer oder religiöser Sprache geschrieben, während der Teil der Lehre, der Entwicklung bewirkt, im Meister verkörpert ist, dessen Hauptfunktion darin besteht, als menschliches Vorbild unter seinen Schülern zu leben. *Die mystische Rose aus dem Garten des Königs* ist ein Erfahrungsbericht aus solch einer sufischen Schule.

Cartwright – er stand im diplomatischen Dienst – veröffentlichte sein Buch 1899; 1925 erschien eine zweite Auflage. Äußerlich wie ein Phantasieprodukt wirkend, enthält das Buch – für alle, die es verstehen können – zwei wichtige Quellen sufischer Erfahrung. Der Teil, in dem Geschichten erzählt werden, dient der Absicht, für Augenblicke den Schleier zwischen dem gewöhnlichen Denken und der inneren Befragung des Bewußtseins zu lüften. Im anderen Teil finden sich Darstellungen einer Reihe innerer Erfahrungen; sie beschreiben, wie ein Mensch die neue Dimension, die es zu erreichen gilt, wahrnimmt, bevor er den Punkt erreicht, wo er diese Wahrnehmung umsetzen kann.

Auch Sir Fairfax schreibt in der ersten Auflage die Autorschaft seines Buches einem Orientalen zu: »Scheich Haji Ibrahim von Kerbela«. Er verwendete östliche Bildsprache und östliches Kolorit, weil sie sich für die Objektivierung und Vermittlung sufischen Denkens besonders eignen. Die fremdartige Umgebung und Bilderwelt ermöglicht (ähnlich wie die Fabel am Anfang dieses Buches) dem Leser, sich von seinen Assoziationsmustern zu befreien und für die Realität, die der Autor vermitteln möchte, aufgeschlossener zu sein. So kann er Ideen aufnehmen, die er in westlicher Formulierung zurückweisen würde.

Dieses Buch ist kein Ersatz für sufische Erfahrung, aber das Material, das es anbietet, eignet sich für den westlichen Geist, wenn er sich um eine Denkweise bemüht, für die es im Westen keine Grundlage gibt.

Allen, die den Sufismus oder auch Mystik im allgemeinen mit Ekstase gleichsetzen, sagt Cartwright:

Der verzagte Mensch sucht Trost im Rausch, aber der Rausch kann durch guten und schlechten Wein erzeugt sein; der gute Wein wird ihn in körperliche Ekstase versetzen, wird ihn seine Verzagtheit vergessen lassen; der schlechte Wein verschlimmert seinen Zustand nur. So ist es auch mit dem »Wein« des Sufi; ist er rein, so wird er den Schüler, der davon trinkt, in die Region des vollendeten Innewerdens der Wahrheit erheben; ist er aber verderbt und unrein, so wirft er die Seele hinter den Punkt zurück, den sie schon erreicht hatte.

Die Allegorie der Alchimie, eine überlieferte sufische Geschichte vom großen Werk der Umwandlung, erhält in diesem Buch eine neue Gestalt. Es ist »Die Geschichte vom Sand«:

Ein munter sprudelnder Bach erreichte die Wüste und fand, daß er sie nicht überqueren konnte; seine Wasser versickerten zu schnell in dem feinen Sand. Laut sagte er: »Es ist meine Bestimmung, diese Wüste zu überqueren, aber ich sehe nicht, wie.«

Dies ist die Situation des Schülers, der einen Meister benötigt, aber keinem vertrauen kann; die bemitleidenswerte Situation des Menschen.

In der verhüllten Sprache der Natur antwortet die Wüste: »Der Wind geht über die Wüste hin, das ist auch Dein Weg.«

»Aber so oft ich es versuche, trocknet der Sand mich fort. Und selbst, wenn ich Anlauf nehme, schaffe ich nur ein kurzes Wegstück.«

»Der Wind stürmt nicht gegen den Sand der Wüste an.«

»Aber der Wind kann fliegen, und ich nicht.«

»Du denkst in die falsche Richtung. Erlaube dem Wind, Dich über den Sand zu tragen.«

»Aber wie soll das gehen?«

»Geh auf im Wind.«

Das gefiel dem Bach gar nicht. Er fürchtete, auf diese Weise seine Individualität zu verlieren.

Würde er denn dann überhaupt noch existieren?

Dies, sagte der Sand, sei eine Form der Logik, die mit der Realität nichts zu tun habe. »Der Wind nimmt die Feuchtigkeit auf, trägt sie über die Wüste und läßt sie dort zur Erde niederregnen. Und der Regen wird wieder ein Bach.«

»Aber woher weiß ich, daß das auch wahr ist?«

»Es ist so, und Du mußt es glauben, sonst wird der Sand Dich weiterhin aufsaugen, bis Du nach ein paar Millionen Jahren ein Sumpf wirst.«

»Aber wenn das so ist, werde ich derselbe sein wie jetzt ... drüben?«

»Jedenfalls kannst Du nicht genauso bleiben, wie Du jetzt bist. Aber Du hast gar keine Wahl; das scheint Dir nur so. Der Wind wird von Dir nehmen, was ungreifbar ist, Dein Wesen. Wenn Du in den Bergen jenseits des Sandes wieder ein Bach wirst, mag wohl der Mensch Dich dort anders nennen, aber Du wirst wissen, daß Du im Innersten derselbe bist. Du magst dich heute als einen Bach dieser oder jener Art bezeichnen, doch weißt Du nicht, welcher Teil von Dir Dein Wesen ist.«

So erhob sich der Bach in die geöffneten Arme des Windes, der ihn langsam und behutsam aufnahm, über die Wüste trug und auf den Berggipfeln eines fernen Landes sanft und sicher wieder absetzte. »Jetzt«, sagte der Bach, »weiß ich wirklich, wer ich bin.«

Eine Frage aber beschäftigte ihn noch: »Warum konnte ich das nicht selbst herausfinden; warum hat der Sand es mir sagen müssen? Was wäre geschehen, wenn ich ihm nicht zugehört hätte?«

Wispernd kam die Antwort, es war die Stimme eines Sandkorns: »Nur der Sand weiß; er hat es sich ereignen sehen, und er erstreckt sich vom Fluß bis in die Berge. Er ist die Verbindung, und er erfüllt seine Aufgabe wie jedes Ding. Der Weg, den der Strom des Lebens auf seiner Reise nimmt, ist in den Sand geschrieben.«

DAS BUCH DER DERWISCHE

Kennst Du diese Zustände nicht, so geh weiter;
auch schließe Dich nicht dem Ungläubigen an
in unwissender Nachahmung...doch alle erfahren nicht
das Geheimnis des Weges.
(Schabistari, *Der verborgene Garten*)

Wenn es ein grundlegendes Textbuch des Derwischordens gibt, so ist es das Awarif el-Maarif – »Die Gaben des (tiefen) Wissens« – das im 13. Jahrhundert entstand und von Mitgliedern aller Orden studiert wurde. Sein Autor, Scheich Schahabudin Suhrawardi (1145–ca. 1235) wachte über den Prozeß des Zusammenwachsens von Theorie, Ritual und Praxis, der gerade in dieser Zeit stattfand, richtete Schulen ein, die in enger Verbindung mit persischen und indischen Höfen standen, und war das Oberhaupt der Sufis von Bagdad.
Ins Englische übersetzt von Wilberforce Clarke, enthält das Buch die Grundzüge des Denkens und Handelns der Derwische. Clarke war selbst ein Derwisch, wahrscheinlich Mitglied des Suhrawardi-Ordens.
Insgesamt kann man seine Arbeit wohl als einen Versuch betrachten, das Gedankengut der Derwische in England bekannt zu machen, wo man sie für verrückte Fanatiker hielt. Clarke gelang es durch Neuarrangierung des Textes und durch die Hinzufügung von Zitaten aus anderen Texten, die *Gaben* für den europäischen Leser verständlich zu machen: Sufismus als eine teilweise organisierte Bewegung innerhalb des Islam.
Der Islam, so berichtete er, verbietet das Mönchtum. Die Leute, die später als Derwische bekannt wurden, legten im Jahr 623 einen Brüderlichkeits- und Treueeid ab. Als Namen wählten sie sich das Wort Sufi, das unter anderem Wolle (*suf*) und fromm (*sufiy*) bedeutet. Sie waren die Kerngruppe der mohammedanischen Sufis, der Bund der Fünfundvierzig aus Mekka und einer gleichen Anzahl aus Medina.
Unter dem ersten und vierten Kalifen (Abu Bakr und Ali) wurden Schulungsversammlungen abgehalten. Den ersten strengen Orden gründete Uways im Jahr 657. Die ersten eigenen Gebäude der Bewegung entstanden im 8. Jahrhundert in Syrien. Soweit die äußere Entwicklung des islamischen Sufismus.
Die dazu parallellaufende innere Entwicklung, die sufische Lehre, betrachtet den Sufismus als ein Kontinuum und benutzt die Wein-Allegorie, um die allmähliche Entfaltung des Sufismus zu zeigen, bis er schließlich mehr oder weniger öffentlich wurde und sich dann – im 17. Jahrhundert – wieder ganz auf sich selbst zurückzog:

Die Saat des Sufismus
wurde in der Zeit Adams gesät,
keimte in der Zeit Noahs,
entfaltet sich in der Zeit Abrahams,
begann zu reifen in der Zeit des Moses,
erreichte volle Reife in der Zeit des Jesus
und brachte in der Zeit Mohammeds den reinen Wein hervor.

»Spuren der sufischen Lehre«, so sagt Clarke, »gibt es in jedem Land, in den Theorien der alten Griechen, in den modernen europäischen Philosophien, in den Träumen des Unwissenden und des Wissenden, im behaglichen Schatten der inneren Ruhe und in der Öde der Wüste.« Doch fehlt an den meisten Orten die wichtigste Vorbedingung der Erleuchtung, der Lehrer. Doch »ihn zu entdecken ist unmöglich«; der Lehrer findet den Schüler, nicht der Schüler den Lehrer. »Falsche Lehrer und betrogene Sucher laufen vergeblich einem Phantom nach; und müde kehren sie zurück, gefoppt von ihren eigenen Trugbildern.«

Wer Sufi werden will, dem stellt sich das Problem, seinen zukünftigen Lehrer zu erkennen, denn seine Sinne sind noch zu grob dazu. »Wer kann Vollkommenheit erkennen, außer dem Vollkommenen? Wer kennt den Wert des Diamanten, außer dem Juwelier?« Manche Derwisch-Orden sind an diesem Problem gescheitert. Mohammed sagt: »Fromme Narren haben mein Rückgrat gebrochen.«

Dem Lehrer geht es darum, die wahren Bedürfnisse des Schülers zu erfüllen; seine minderwertigen Eigenschaften sollen sich verwandeln, er soll das wahre Verstehen lernen.

Damit die Methoden, mit denen falsche innere Zustände überwunden werden, überhaupt angewendet werden können, darf der Derwisch der Versuchung nicht ausweichen, d.h., er soll das Böse nicht meiden, indem er es flieht. Er nimmt den äußeren Rahmen der Religion an, versucht, sich von ihrer Lehre durchdringen zu lassen, und sichert sich so dagegen, seinen Weg zu verlieren. Gleichzeitig weiß er aber, daß »das Paradies, die Hölle und alle Dogmen der Religion Allegorien sind, deren inneren Sinn er allein kennt«. Dies nennt er das Bekenntnis »des Menschen von Herz, die innere Person«. Das Böse existiert für ihn nur als Nicht-Sein. Wenn das Sein vollständig verwirklicht ist, ist der Negation, dem sogenannten Bösen, jede Grundlage entzogen.

Durch göttliche Erleuchtung erfährt der Mensch die Welt als Illusion (das heißt, es gibt eine höhere Wirklichkeit, von der die Welt nur ein grob entstelltes Abbild ist); daher nennt er die Welt böse und versucht, das Nicht-Sein abzuschütteln.

Niemand kann den Sufismus verstehen, der nicht in seine Bilderwelt und in die kaum faßbare Tiefe seines in Allegorie gekleideten Fühlens eingetaucht ist. Zunächst erklärt Clarke nun einige technische Begriffe, wählt Punkte aus, deren Verständnis dem westlichen Leser besonders schwerfallen muß. Bei der Erklärung der Wein-Allegorie sagt er, daß der Sufi nicht unbedingt Ekstase und Verzückung meint, wenn er von Trunkenheit spricht. Der geistige Zustand des Sufi ist jeder oberflächlichen Logik feind; er meint mit der Weinmetapher nur die konsequente Paralyse dessen, was man gemeinhin Denken nennt. Die automatischen Denkprozesse (die assoziativen Denkfunktionen) sind nur im scholastischen, mechanischen Denken zu gebrauchen.

Der erste Schritt zum Leben des Derwischs ist, einen Lehrer zu finden. Dessen Funktion ist es, aus dem Bewußtsein des Schülers den »Rost zu entfernen«, damit ihm die ewigen (objektiven) Tatsachen zugänglich werden. Gedanken der modernen Psychologie vorwegnehmend, wird in den *Gaben* betont, daß der Meister keine subjektiven Gründe dafür haben darf, Führer zu werden. Der wahre Führer wird Bewerber so lange nicht als Schüler annehmen, bis er sicher ist, daß er keine solchen selbstischen Antriebe hat.

Er muß in der Lage sein, die Fähigkeiten des Schülers einzuschätzen, um ihn gemäß seiner Möglichkeiten fordern zu können. Findet er nur wenig vor, wird er zu stärkeren Mitteln, etwa zur Ermahnung greifen müssen. Er trägt ihm auf, sich bestimmte Geisteshaltungen anzueignen, damit er sich besser auf die notwendigen Dinge konzentrieren kann. Hat der Scheich nicht diese Gabe der Wahrnehmung, so kann er kein Führer sein.

Er darf kein Interesse am Eigentum des Schülers haben. Materielle Güter darf er von ihm nur annehmen, wenn sie für das Wohl der Gemeinschaft benötigt werden. Will der Schüler sein Eigentum hergeben, mag der Lehrer es annehmen, denn er tauscht es dem Lernenden gegen die innere Stille, die er so notwendig braucht. Hängt der Schüler aber noch an seinem Eigentum, so wird er nicht gewaltsam davon getrennt.

Der Scheich ermuntert den Schüler zur Aufrichtigkeit und versucht, seinen Geist aus hinderlichen Verstrickungen zu lösen. Ein wichtiger Teil davon ist, freigebig zu sein und materielle Güter zu verteilen. Der Schüler soll lieber Armut als Reichtum wählen, wenn auch für den Sufi Armut und Reichtum letztlich gleichwertig sind.

Der Scheich muß dem Schüler mit Freundlichkeit und Mitgefühl begegnen; er erleichtert ihm die Kargheit des Lebens in der Schule, so weit es die Erfordernisse des »Werkes« zulassen. Zu starke Zurückgezogenheit am Anfang kann verhindern, daß der Schüler sich in das Gefüge der Gesamtaktivität eingliedert.

Die Wirkung dessen, was der Scheich sagt, auf den Schüler ist sehr wichtig. Es ist wie ein Same, den er einsetzt; nur aus einem guten Samen kann eine gute Frucht werden. Der Scheich spricht nicht ohne objektiven Grund zum Schüler. »Objektiv ist, was für den Hörer dasselbe bedeutet wie für den Sprechenden.«

Ratschläge – insbesondere wenn sie kritisch sind – erhält der Schüler in verkleideter oder allegorischer Form.

Die innere Entwicklung des Schülers behält der Scheich für sich. Der Schüler soll keine Erwartungen haben, und der Scheich wird ihm erklären, daß eine rationale Vorwegnahme gewisser Bewußtseinszustände den Zugang zu ihnen versperrt.
Der Schüler muß den Scheich tief verehren, darin liegt seine ganze Hoffnung. Andererseits darf aber der Scheich keine Verehrung erwarten. Er respektiert stets die Rechte des Schülers.
Der lehrende Scheich verbringt nicht viel Zeit zusammen mit der Gemeinschaft. Er hat seine eigenen besonderen Übungen und nimmt sich Zeit, in der er sich zurückzieht. Er muß Zurückgezogenheit von allen Menschen üben.
Das große Vorrecht, von einem Scheich geführt zu werden, verlangt vom Schüler, daß er sich seinem Lehrer gegenüber richtig verhält. Er hat fünfzehn Verhaltensregeln zu befolgen:

Er muß seinem Führer, der die Schüler lehrt, leitet und läutert, vollständig vertrauen.
Er muß aufmerksam auf seinen Lehrer achten und ihm getreulich folgen.
Er gehorcht dem Scheich.
Er versagt sich äußeren und inneren Widerstand.
Er bringt seinen Willen mit dem des Lehrers in Einklang.
Er folgt den Gedanken des Scheichs.
Er berichtet seine Träume, damit der Scheich sein Denken beurteilen kann.
Er ist gespannt auf die Worte des Lehrers.
Er spricht mit gedämpfter Stimme zum Scheich.
Er erlaubt seiner Selbstsucht nicht, sich auszudehnen. Er redet seinen Lehrer mit O Sayed *(Prinz) an oder mit* O Maula *(Meister).*
Er spricht seinen Lehrer nur an, wenn es dessen Zeit erlaubt.
Er darf nicht von Zuständen des Geistes und von Erfahrungen sprechen, die nicht seine eigenen sind, noch darf er dem Lehrer viel von seinem eigenen Zustand berichten.
Über die Wunder des Lehrers, die ihm bekannt werden, muß er Stillschweigen bewahren.
Er muß dem Scheich seine eigenen Erfahrungen enthüllen.
Er spricht auf eine Weise zum Scheich, die dieser verstehen kann.

Oft ist eine Versammlung von Derwischen ohne Lehrer. In diesem Fall können sie nicht mehr tun, als sich auf das Eintreffen eines Lehrers vorzubereiten. Sie üben sich in Vertrauen, Geduld und Kontemplation. Sie nehmen gemeinsam die Mahlzeiten ein, um äußerlich und innerlich miteinander verbunden zu bleiben. Sie müssen sich nicht nur ständig darum bemühen, in Übereinstimmung miteinander zu sein, sondern auch, sich auf der selben Ebene zu befinden. Es kann bei ihnen keinen Führer und keine hierarchische Organisation geben.
Das Reisen (physisch und metaphorisch) kann für den Derwisch sehr wichtig sein. Es gibt Scheichs, die nicht länger als vierzig Tage an einem Ort bleiben. »Erst beim Gerben einer roten Haut erscheint die Reinheit und Zartheit des

Gewebes. So gerbt auch die Reise den Wandernden, und erst wenn die natürliche Verderbtheit und die angeborene Härte verschwunden sind, erscheint die läuternde Weichheit der Hingabe, und Starrsinn verwandelt sich in Vertrauen.« Manche Derwische wandern überhaupt nicht und manche, die keinen Lehrer haben, ständig.

Zum »Tanz« der Derwische, Gegenstand vieler Mißverständnisse, gehören Zuhören und Bewegung. Der wirkliche Derwisch ist eigentlich kein Musiker, er spielt keine Instrumente. Musizieren ist nur bei besonderen Gelegenheiten und nur, wenn es dem spirituellen Führer notwendig erscheint, zugelassen oder sogar empfohlen. Musik und Bewegung können große Nachteile haben und das »Werk« sogar ganz zunichte machen, wenn die innere Wahrnehmung ihres Zwecks fehlt. Besonders schädlich ist jede Bewegung, wenn Musik im Rahmen der Schulung gehört wird.

Der Umhang, den der Derwisch sich selbst aus Flicken näht, hat große symbolische Bedeutung. Die Verleihung des Mantels bedeutet Weitergabe der *baraka* von einer Person zur anderen. Die Nachfolge in der Meisterschaft wird auch als Vererbung des Mantels bezeichnet.

Die Wahl eines Nachfolgers vollzieht sich so:

»Wenn der Meister in seinem Schüler die Anzeichen der Heiligkeit und Vortrefflichkeit sieht und ihn zu seinem Nachfolger machen möchte, kleidet er ihn in das Gewand der Heiligkeit und in die Ehre seiner Gunst. Damit setzt er das Bestehen des Ordens und den Gehorsam seiner Anhänger fort.«

Die Überlieferung teilt die Derwische in drei Klassen ein. Angehörige der ersten Gruppe nehmen den Mantel, den der Scheich für sie bestimmt; Derwische der zweiten Art tragen keine besondere Kleidung, weil sie einer Arbeit nachgehen, und die Mitglieder der dritten Gruppe wählen sich ihr Gewand selbst, und dies ist ein notwendiger und objektiver Akt der Wahl. Das übrige von Clarke vorgelegte Material kann man als theoretisch, vermischt mit esoterischer Lehre, betrachten. Noch komplizierter wird der Gegenstand dadurch, daß viele der Entwicklungsstufen und Erfahrungen von zahlreichen Faktoren abhängen. Da der Sufismus nicht auf einem einfachen oder statischen Verfahren beruht, kann der Versuch, einzelne Phasen durch die Darstellung zu fixieren, zu schwerwiegenden Vereinfachungen und Entstellungen führen. Daher sollte man dieses Material hauptsächlich als Illustration verstehen, wenn es auch nicht ohne innere Bewegung ist.

Das Wissen ist gegliedert und abgestuft; jeder Phase der Reise gehört eine bestimmte Form des Wissens zu. Die herkömmliche Annahme, Wissen gliedere sich in zwei Formen – Information und Erfahrung –, wird von Sufis nicht anerkannt.

Es gibt gewöhnliches Wissen im Gegensatz zum inneren oder tiefen Wissen. Die erste Art ist durch Frömmigkeit charakterisiert, die zweite durch Wahrnehmung der Auswirkungen des göttlichen Wirkens. Eine dritte Art des Wissens – die des Theologen – befaßt sich mit Ge- und Verboten.

Diesen drei Arten des Wissens entsprechen drei Arten von Weisen. Der erste ist der Weise Gottes, er besitzt alle drei. Der zweite besitzt das Wissen von der nächsten Welt. Der dritte Weise ist von dieser Welt; er kennt nur die äußeren Formen der Frömmigkeit.

Das wahre Wissen ist eine Art Nahrung.

Tiefes Wissen (*maarifat*) setzt sich aus drei untergeordneten Formen des Wissens zusammen. Die erste ist das Wissen um die Wirkung eines jeden Wortes und Hilfsmittels; die zweite das Erkennen jedes dieser Mittel im »Werk«; die dritte das Erkennen dieser Mittel durch das Denken. Der Mensch, der – ohne den gewöhnlichen Verstand dabei zu benutzen – augenblicklich den Sinn eines Geschehens oder einer Handlung versteht, ist der *arif*, der Weise, der ans Ziel gelangte Sufi, der Gereifte.

Die mystische Erfahrung, die in anderen Systemen als der letzte Zweck der geistigen Suche verstanden wird, ist für den Derwisch nur das Vorspiel zu der wahren Vereinigung mit der objektiven Wirklichkeit. Der Weg zu ihr, und die Weise, wie sie aufgenommen wird, entscheidet darüber, ob sie einen echten Fortschritt mit sich bringt.

Dieser Zusammenhang unterscheidet den Sufismus von jeder anderen sogenannten Mystik, sei sie nun durch Drogen oder andere ekstatogene Methoden induziert.

Die »Stufe« (*makam*) ist ein Grad bleibenden Wissens von der Wahrheit. Der mystische Zustand (Ekstase, *hal*) kann ein Mittel sein, *makam* zu erzeugen. »*Hal* ist ein Geschenk, *makam* eine Errungenschaft.«

Den Scheichs von Khorasan zufolge ist »der mystische Zustand das Erbe der Taten. Wie ein Blitz erscheint und verlöscht er«. Man spricht nicht darüber; der mystische Zustand verwandelt das Bewußtsein und erzeugt Genügsamkeit (*riza*). Man muß sich aber vor der Idee eines stetigen Fortschritts oder einer chronologischen Entwicklung in diesen Stadien hüten. Junaid warnt: »Von einem *hal* mag man zu einem höheren fortschreiten. Dort gewinnt man neues Wissen, mit dem man das erste *hal* ergänzen kann.« Jeder mystische Zustand erlangt also erst vom nächsten her seine Vollständigkeit und Gültigkeit, und nur wenn man dieser Methode folgt, kann es einen ständigen Fortschritt geben.

Ohne sie aber bleibt das *hal* eine sporadische Erscheinung, entwickelt sich nicht, ist nutzlos.

Der Sufi verehrt nichts außer Gott, dem Einzigen, dem Einen. Gleichzeitig ist aber Gott für den Sufi mit Worten nicht zu beschreiben. Über die Existenz Gottes oder seinen Ort läßt sich nicht streiten, denn er ist mit keinem dem Menschen verfügbaren Kriterium zu erfassen.

Dieses Wissen erwächst aus der »Gewißheit« (*yakina*), die ihren ganz eigenen – nicht intellektuellen – Modus operandi hat. Der Sufismus besitzt eine eigene Wissenschaft, mit der er diese Frage angeht, eine Wissenschaft, die auf Praxis beruht, nicht auf Spekulation.

Wo es um Dinge geht, die »von der nächsten Welt« sind, wird in den *Gaben* immer wieder betont, wie gefährlich es ist, anzunehmen, daß diese Form des Seins etwas ist, das wir mit unserer groben Wahrnehmung erfassen können. Der Versuch, die Beziehung zwischen dieser und der nächsten Welt mit dem Verstand zu ergründen, wird zu nichts führen; wo der Verstand seine Grenzen überschreitet, irrt er.

Die Unwissenden besitzen zwei Kräfte, die sie gegen die Wissenden ins Feld führen: die Kraft der Mächtigen, die töten, strafen, Schaden zufügen, und die der Gelehrten, Betrug, Heuchelei und Ketzerei.

»Festigkeit« ist ein Begriff, der mit »standhaft bleiben« zusammenhängt: der Gegenwart Gottes eingedenk sein, wissen, daß er zuschaut. Dadurch gewinnt man die Bewußtheit seiner selbst, dessen, was man ist und was man tut.

Wer in diesem Zustand ist, sagt: »Das Gestern ist tot; das Morgen noch nicht geboren; das Heute liegt im Todeskampf.«

Eine der speziell sufischen Wissenschaften wird Wissenschaft vom Zustand (*ilm-i-hal*) genannt. Sie ist die wichtigste sufische Wissenschaft, denn sie ist die Methode, mit der das *hal* in seinen Abstufungen beobachtet und angewendet werden kann. Sie behandelt auch die Wechselbeziehung der geistigen Zustände untereinander und ihr Verhältnis zu den äußeren Ereignissen.

Es gibt drei Phasen dieser Wissenschaft, die mit der Sonnen-Allegorie beschrieben werden. Die erste ist, Führung durch die Wärme der Sonne zu suchen; die Sonne wirklich zu sehen ist die zweite, und in der letzten Phase löst sich das Licht der Augen in dem der Sonne.

Es gibt drei Stufen der Gewißheit:

Das Wissen der Gewißheit, worin es gewußt, bestätigt und evident ist; die Essenz der Gewißheit, offenkundig und bezeugt; die Wahrheit (Wirklichkeit) der Gewißheit, die Identität von Zeuge und Bezeugtem.

Ein weiterer sehr wichtiger Aspekt ist die Lehre vom Wesen und seiner Beziehung zur Person und zum Selbst. Man unterscheidet – nur aus Gründen der Verdeutlichung – zwei Arten des Wesens:

Die erste ist das Wesen (*dhat*) und die Wahrheit (*hakikat*) eines Dinges. Wahrheit bedeutet hier: die objektive Realität, der innere Sinn. Die Menschen nehmen meistens nur den äußeren Nutzen eines Dinges wahr und fragen nicht danach, ob es einen letzten Sinn, eine tiefere Funktion hat.

Das andere ist das Wesen des Menschen, auch das rationale Wesen (der menschliche Geist) oder »das Leuchten« genannt. Sie ist die *baraka*, die Gesamtheit der unwägbaren Eigenschaften eines Individuums.

Das Wesen wahrzunehmen, erfordert höchste Feinfühligkeit. Anklänge an die innere Erkenntnis des Wesens finden sich im religiösen Leben, in der Erkenntnis Gottes. Daran wird deutlich, daß die Lehre der Derwische nicht auf einer Vorstellung von Gott basiert, sondern auf der Erfahrung des Wesens. Es gibt in diesem Zusammenhang einen Satz, der deutlich macht, daß der religiöse Kontext, in dem das Denken der Derwische steht, nur eine untergeordnete Funktion hat: »Wer sein wesenhaftes Selbst kennt, kennt seinen Gott.« Weil sie die Religion nur zu praktischen Zwecken nutzen, werden die Sufis oft als Heiden betrachtet.

Bei der Erkenntnis des Wesens scheidet sich der Derwisch vom bloßen Theoretiker. Dessen »ich will es denkend ergründen« hält er entgegen: »Ich werde mich darauf vorbereiten, es wahrzunehmen, ohne begrenztes, behinderndes Denken.«

Es gibt für den Derwisc Aehn »Schleier« oder »tadelnswerte Eigenschaften«, die bei den meisten Menschen den sinnvollen Gebrauch des Geistes verhindern:

1. *Begierde*. Sie beruht auf der Unkenntnis dessen, was sein sollte, und auf falschen Annahmen darüber, was für das Individuum gut ist. Dies ist das Stadium des »Ich will einen Lolli!«. Das einzig wirksame Gegenmittel ist Genügsamkeit.
2. *Trennung*. Dies ist eine Art der Heuchelei, wobei die Person Rationalisierungen benutzt, um Gedanken und Handlungen zu rechtfertigen, die egozentrisch sind und nicht auf die »letzte Realität« gerichtet. Das Gegenmittel ist die Aufrichtigkeit.
3. *Heuchelei*. Ihre Anzeichen sind Hochmut, Besitzerstolz, Pseudo-Unabhängigkeit und Gewaltsamkeit. Man überwindet sie nur durch Unterwerfung, Demut und die Armut des Fakirs.
4. *Verlangen nach Lob und Liebe*. Narzißmus, der objektive Selbsteinschätzung verhindert. Das kann bis zum Selbsthaß führen, da ein ausgleichender Faktor fehlt.
5. *Illusion*. Sich selbst fast göttliche Bedeutung beimessen. Nur das Erkennen der Herrlichkeit Gottes kann hier helfen.
6. *Geiz*. Er erzeugt Neid, die schlimmste aller Eigenschaften. Nur die Macht der Gewißheit (*yakina*) kann den Menschen von ihm befreien.
7. *Habgier*. Durch sie wird der Mensch wie eine Motte, die unbelehrbar immer wieder zur Kerzenflamme hinfliegt. Nur Genügsamkeit und Frömmigkeit helfen dagegen.
8. *Verantwortungslosigkeit*. Das Verlangen, etwas Erdachtes unbedingt zu erreichen. Dieses Verlangen steht nie still, und nur Geduld kann es überwinden.
9. *Vorschnelles Ermüden*. Es fehlt die Beständigket der Absicht. Die Leute sehen nicht, daß es Ziele gibt, die ihre gegenwärtigen ersetzen werden. Bestimmte Übungen helfen, diese Tendenz abzubauen.
10. *Nachlässigkeit*. Tiefe Trägheit hindert den Menschen daran, wahrzunehmen, was eine bestimmte Situation erfordert oder eine Individuum benötigt. Die »Ärzte des Wesens«, die Derwische, kennen das Heilmittel, durch das ein Mensch wachsam werden kann.

Man wird bemerken, daß auch die moderne Psychologie einige dieser Dinge zum Gegenstand hat. Aber sie leitet ihre Patienten nur dazu an, Denkmuster anzunehmen, die sie für normal hält. Nach Meinung der Derwische sind die zu behandelnden Zustände auf eine Unausgeglichenheit des Bewußtseins zurückzuführen, das unbeholfen nach Ausgleich und Entwicklung tastet. Es ist daher nicht möglich, einfach nur ein Gleichgewicht wiederherzustellen, ohne dabei gleichzeitig eine dynamische Entwicklung in Gang zu setzen. Die Psychologen bemühen sich nur darum, ein verbogenes Rad einigermaßen ruhig laufen zu lassen; der Derwisch will das Rad zum Laufen bringen, um eine Ladung damit fortbewegen zu können.

Liest man das Kapitel »Die tiefe Erkenntnis des Geistes« im Licht der sufischen Terminologie, so sieht man, wie die Entwicklung des menschlichen Bewußtseins mit der religiösen Symbolik übereinstimmt. Wörter wie »Engel«, »Adam und Eva«, »Gnade«, werden hier so eingesetzt, daß sie die sufische Interpretation der religiösen Überlieferung verdeutlichen; sie zeigen die tatsächlichen Vorgänge hinter den Symbolen, hinter dem, was man überall als Geschichte oder Legende oder als übernatürliche Phänomene ansieht.

Eva entstand aus einer Rippe des Adam. Was auch der wirkliche Hintergrund dieser Geschichte sein mag, für den Derwisch ist dieses Ereignis ein zeitloser Vorgang mystischer Natur: »In jedem Menschen wiederholt sich – in der Vereinigung von Geist und Wesen – die Geschichte von Adam und Eva.« Was man »Herz« nennt, ist die Vereinigung von Adam und Eva, von Seele und Wesen. Das männliche Element stammt aus der universellen Seele, das weibliche aus dem universellen Wesen. Indem der Mann (Adam) mit diesem Wesen in Verbindung tritt, bringt er Eva hervor, die deshalb das innere Wissen vom Wahren Wesen darstellt, wie es die Menschheit aus inneren Quellen schöpft. Für solche psychologischen Auslegungen, die auf tatsächlicher Erfahrung beruhen, wurden die Derwische von orthodoxen Theologen oft als Renegaten angesehen, die die wörtliche Interpretation der Heiligen Schriften geringschätzten. Aber der Sufi fragt nicht nach der historishen Realität von Geschichten. Sie sind nur ein Transportmittel; er sieht ihren wirklichen Inhalt.

»Adam kennt alle Namen.«

Alles Geschaffene entsteht durch die Wechselwirkung der beiden Prinzipien Wesen und Seele: »Durch aktives Tun und passives Tun, durch Kraft und Schwäche, erscheint das Männliche und das Weibliche.«

Die Lehre vom Sammeln und Verstreuen (*jam'* und *tafrika*) handelt von der Beziehung zwischen dem Leben in der Welt und dem Leben in anderen Dimensionen. Der Wissende, der vollendete Sufi, ist in der Welt, aber nicht von der Welt. Er lebt in Einklang mit dem Kontinuum des Seins, dessen sichtbarer Teil nur ein kleiner Ausschnitt des Ganzen ist. Er ist in Übereinstimmung mit dem Körperlichen und dem Unkörperlichen. Er versteht die Umstände, die zu dem Glauben geführt haben, daß die Welt eine Schöpfung ist und daß dahinter ein Absolutes steht.

»Glanz und Verborgenheit« sind zusammengehörige Begriffe, die das Erkennen Gottes durch den Menschen beziehungsweise den Mangel dieses Erkennens bezeichnen. »Glanz« bedeutet das Durchbrechen der Sonne von Gottes Wirklichkeit durch die Wolken des Menschlichen. Die Wolken sind das, was sein objektives Sein verhüllt.

Doch das Gleißen der Erleuchtung kann kein Mensch ertragen, wenn er nicht die nötigen Vorbereitungen durchlaufen hat. Bestenfalls wird er in Ekstase geraten, die ihn lähmt und unfähig macht, den Durchbruch ganz zu erleben und ihn zu nutzen.

»Verzückung« ist das Vorspiel zur (wahren) »Existenz«. In der Verzückung (*wajd*) taucht der Mensch in ein Gefühl ein, das allen Gefühlen, die er schon kennt, entgegengesetzt ist. Sie bereitet ihn auch auf eine Form der Erkenntnis vor, die er bisher nicht kannte. In diesen Zustand gerät ein Mensch, wenn er noch den sinnlichen Eigenschaften der Dinge verhaftet ist und noch keinen tieferen Einblick in ihr Wesen hat. Erst wenn er dies erreicht, gelangt er in den Zustand der Wahren Existenz (*wujud*).

»Zeitraum« und »Augenblick« sind Schlüsselbegriffe für den Vorgang, durch einen Moment der Wahrnehmung, durch augenblickliches Erkennen höhere Stufen des Seins zu erreichen. In diesem Zusammenhang steht die Übung, einen Augenblick einzufrieren, die gewöhnlichen assoziativen Prozesse zeitweilig anzuhalten. Eine andere Übung ist die Unterbrechung der Kontinuität von Zeit und Raum, um die wahre »Zeit« wirksam werden zu lassen. Den vollendeten Sufi kann man auch Meister der Zeit nennen, Meister des Beginnens und Anhaltens, der Veränderung des Erkennens. Ein solcher Mensch ist der Herrschaft des *hal* entronnen, dem mystischen Zustand verzückter aber verschwommener Freude.

Der Begriff Augenblick wird auch für den »Atem« gebraucht. Dieser bezeichnet die physische Atemübung und verdeutlicht auch, daß es im Sufismus nicht um regellose Bewegung geht, sondern um Entwicklung, die als eine Bewegung verstanden wird, der wie dem Atem ein bestimmter Rhythmus eignet. »Der Augenblick ist der Zustand an einem Ort des ›Anhaltens‹. Der Atem ist ein Zustand ohne ›Anhalten‹. ›Zeit‹ ist für den Anfänger, Atem für den Vollender.«

»Anwesenheit« und »Abwesenheit« (*schuhud* und *ghaybat*) sind Begriffe, die Zustände des Sufi bezeichnen, welche dem gewöhnlichen Verstand verschlossen bleiben. Nach den Maßstäben der außersinnlichen Welt mag der Derwisch anwesend sein, während er zugleich nach den Kriterien der gewohnten Welt abwesend ist. Man kann diese anwesende Abwesenheit mit der Gravitationskraft vergleichen.

Schibli ging einst Junaid, einen anderen großen Weisen, besuchen. Dessen Frau wollte sich züchtig hinter einem Wandschirm verbergen, aber Junaid sagte: »Bleib wo Du bist – Schibli ist abwesend.« In dem Moment begann Schibli zu weinen. Junaid sagte: »Nun mußt Du Dich entfernen, denn Schibli ist zurückgekehrt.« Abwesend oder verborgen zu sein, das heißt, daß der Derwisch in einer anderen Dimension wirkt und abwesend zu sein scheint.

Diese Abwesenheit ist nicht das gleiche wie Geistesabwesenheit, welche keineswegs ein förderlicher Zustand ist. Junaids Frau konnte nicht sehen, daß Schibli abwesend war, nur Junaid selbst nahm es wahr. So leugnet der gewöhnliche Mensch meist, daß ein solcher Zustand auch nur möglich ist, denn er entzieht sich seiner Einsicht. Für ihn ist ein solcher Zustand nicht nur abwesend, er ist ihm verborgen, so wie der wahre Schibli ihm verborgen ist.

Anwesenheit ist natürlich nur eine Form der Abwesenheit – je nach dem Standpunkt, von dem man es betrachtet: »Anwesend in Gott zu sein heißt, für die Menschen abwesend sein.« Einige Derwische bewegen sich ständig zwischen diesen beiden Polen, manchmal langsam, manchmal augenblicklich. Nach der vollständigen Umwandlung gibt es keine Dualität mehr. Dann ist der Derwisch ständig im Zustand der Anwesenheit und ist keiner der beiden Welten mehr verborgen.

Zur Methode der Derwische gehören auch Übungen, die zu *tajrid* (Loslösung von allem Äußeren) und *tafrid* (innerem Alleinsein) führen sollen. Die ausgeglichene Vereinigung der beiden Fähigkeiten erreicht man »äußerlich durch Verzicht auf die Verlockungen dieser Welt und innerlich durch Zurückweisung aller Belohnungen in dieser oder der nächsten Welt.«

Die Fixierung der gewöhnlichen Religionen auf eine »nächste Welt« ist für den Derwisch ein primitiver Zustand, der überwunden werden muß, wenn die Zeit der tatsächlichen Arbeit (*amal*) anbricht.

Das Verhältnis der Begriffe Auslöschung (*mahw*) und Bekräftigung (*isbat*) zueinander ist oft mißverstanden worden. Man hat nicht gesehen, daß jede Auslöschung eine Bekräftigung ist. Das Auslöschen von hinderlichen oder negativen Eigenschaften bedeutet im gleichen Maße eine Bekräftigung der entsprechenden förderlichen oder positiven Kräfte. So sagte man von den Derwischen oft, sie verneinten den Intellekt, während sie es tatsächlich nur ablehnten, sich mit Theorie oder Exegese zu befassen und die Kräfte ihres Geistes lieber dem »Werk« widmeten.

»Wandel« (*talwin*) und »Ruhe« (*tamkin*) beziehen sich auf Haltungen des Geistes und des Körpers und auch auf innere Zustände. Ruhe ist der Ausdruck, mit dem die Dauer der Manifestation der Wahrheit bezeichnet wird. In diesem Zustand erfährt der Derwisch eine dauernde Seelenruhe, die es ihm ermöglicht, die Wahre Wirklichkeit zu erkennen, zu sehen was *ist* – was man gewöhnlich die »Wahrheit« nennt.

Wandel ist die Übung und auch der Zustand der Seelenruhe im Vollziehen von Übungen wie Anwesenheit und Abwesenheit und anderen erwähnten Übungen.

Liebe ist das große Thema, das sich durch die ganze sufische Dichtung und auch die Lehren der einzelnen Meister zieht. Liebe ist letztlich der Schöpfer der Zustände, die man als die »Gaben« bezeichnet. Der Sufi unterscheidet zwei Formen der Liebe, die gewöhnliche und die wirkliche Liebe. Die gewöhnliche Liebe verleitet den Menschen dazu, andere falsch einzuschätzen und sich selber etwas vorzumachen. Sie ist unbeständig und anfällig für alle Formen der Ablenkung. Eine Geschichte illustriert dies: Ein Mann traf einmal eine wunderschöne Frau. Er gestand ihr seine Liebe. Sie sagte: »Dort neben mir sitzt eine, deren Schönheit ist noch vollkommener als meine; sie ist meine Schwester.« Der Mann schaute nach der anderen Frau. Da sagte die erste Frau: »Du Heuchler! Als ich Dich von weitem sah, dachte ich, Du seist ein weiser Mann. Als Du näher kamst, hielt ich Dich für einen Liebenden. Nun weiß ich, daß Du keines von beiden bist.«

Ein Mensch, der so liebt, sieht nur die äußere Schönheit der Dinge, während der wirklich Liebende die Schönheit des Wesens (*dhat*), nicht der Form sieht. Die eine Liebe verschönert die Existenz, während die andere sie läutert. Die gewöhnliche Liebe wechselt leicht von einem Objekt zum anderen, wenn es ihr begehrenswert erscheint; die wirkliche Liebe kennt nur ein Objekt, von dem sie sich nie wieder trennt: das Wesen. Wer so liebt, für den ist die kleinste Einzelheit dessen, was er liebt, von großer Bedeutung, während er seine eigene Bedeutung für das Geliebte als sehr gering einschätzt. In diesem Licht betrachtet, sind die Gefühle in der gewöhnlichen Liebe nur ein Ausdruck der Ichbezogenheit.

Clarke hat manches von dem Material des Originals in der Übersetzung nicht wiedergegeben, da sich im Englischen die typische Vielgestaltigkeit und Vieldeutigkeit der sufischen Ausdrucksweise nicht nachvollziehen läßt.

Ein Fakir zum Beispiel ist jemand, der arm ist. Er muß nicht unbedingt ein *zahid* sein, ein genügsamer Mann, der arm sein kann, aber nicht arm sein muß. Ein Fakir mag einmal genügsam sein und ein andermal nicht. Und ebenso muß auch ein genügsamer Mensch nicht unbedingt ein Fakir sein, ein Mensch von selbstgewählter geistiger Armut und Demut. Ein Fakir hat den Glauben an die Bedeutung von Hab und Gut abgelegt; er erfüllt damit schon eine der wichtigsten Voraussetzungen für den »Pfad«. Er mag auch schon alle Vorstellungen von Entwicklungsstufen, von inneren Zuständen und von der Bedeutung der Taten abgelegt haben. Doch kann er dies nicht durch eine willkürliche Entscheidung erreichen, sondern nur, wenn er in seiner Entwicklung in ein Stadium gelangt ist, wo es sich als natürlich ergibt. Der Sufi steht über dem Fakir, denn er begehrt nichts, während der Fakir von Anfang an nach der Fakirschaft strebt. Er kann ein Sufi werden, doch das bedeutet gleichzeitig die Aufhebung seiner Fakirschaft.

Bleibt auch die Bedeutung sufischer Begriffe immer im Fluß, so kann doch die Betrachtung der sufischen Lehre im Ganzen und des Gebrauchs von Namen einen Eindruck von der Arbeitsweise des Systems geben.

Für die Begriffe »Derwisch«, »Sufi« und »Fakir« finden sich in europäischen Lexika meist Definitionen wie diese: *Derwisch*: Mitglied einer der zahlreichen mohammedanischen Bruderschaften... *Sufi*: Ein pantheistischer mohammedanischer Mystiker... *Fakir*: Ein religiöser (bes. mohammedanischer) Bettler, Asket...

Am besten läßt sich der Sinn der Etikette »Derwisch«, »Fakir«, »Sufi« in kurzen Beschreibungen wiedergeben: »ein guter, einfacher Mensch, der sich der Wahrheit geweiht hat«; »einer der in Demut darum kämpft, sich zu vervollkommnen«; »einer, der dem Sufi-Weg folgt (einer, der auf dem Sufi-Weg fortgeschritten ist)«.

Ein persisches Wörterbuch sagt poetisch (wenn auch scheinbar weniger präzise): »Was ist ein Sufi? Ein Sufi ist ein Sufi.« Man versucht hier gar nicht erst, etwas nicht zu Definierendes zu definieren.

Schahabudin Suhrawardis Werk »Die Gaben des tiefen Wissens« eignet sich dazu, auch außerhalb des Umkreises, in dem es entstand verbreitet zu werden, denn Sufismus wird darin dargestellt als ein Mittel, um eine Lehre zu verdichten, die dann durch den Menschen weitergetragen werden kann – auch in neue Umgebungen hinein, die darauf vorbereitet sind, sie aufzunehmen. Schon vor aber auch nach Clarke ist dies mit wechselndem Erfolg in Europa versucht worden. Meistens ist es darauf hinaus gelaufen, die Aufmerksamkeit auf die Wurzeln der Lehre im Osten zurückzulenken, wo sie immer noch in reiner Form vorliegt. Viele Sufis haben im Westen gelebt und gewirkt, aber erst in neuerer Zeit gibt es im Westen die Voraussetzungen für die Einrichtung einer Schule für die Übertragung der sufischen Lehre.

Wilberforce Clarkes Übersetzung der *Gaben* muß sicherlich als einer der Ecksteine dieser Entwicklung genannt werden.

DIE DERWISCH-ORDEN

Was dem oberflächlichen Denken in dem Erleuchteten als Heuchelei erscheint, ist in Wahrheit besser als das, was es bei dem Anfänger für Lauterkeit hält.
(Hadrat Bayasid el-Bistami)

Fast jeder Sufi ist in seinem Leben irgendwann einmal Mitglied eines von westlichen Gelehrten so genannten »Ordens«. Zwischen den religiösen Orden des Christentums und den Organisationen des Ostens bestehen jedoch wesentliche Unterschiede.

Für den Sufi ist der Orden kein sich selbst reproduzierendes System mit fixierter Hierarchie und unabänderlichen Prämissen. Da der Sufismus von Natur aus evolutionär ist, kann eine sufische Organisation niemals eine so dauerhafte und starre Form annehmen. Es gibt aber sufische Schulen, die unter der Leitung eines Meisters stehen und das Bedürfnis des Menschen nach Vollendung verwirklichen helfen sollen. Diese Schulen ziehen auch viele Nicht-Mohammedaner an, wenn auch sufische Schulen seit dem Entstehen des Islam immer unter der Leitung von Leuten aus der mohammedanischen Tradition gestanden haben.

Zwar gibt es in sufischen Orden bestimmte Formen der Kleidung und des Rituals, aber diese Formen sind nicht unveränderlich, und der Lehrer entscheidet, wie weit sich ein Schüler – seinem Entwicklungsstand entsprechend – an die Form halten muß. Die Entwicklung des Sufi-Weges folgte einer inneren Notwendigkeit und ist nicht Produkt einer äußerlichen organisatorischen Form.

Viele der Schulen wirken ganz im verborgenen. Als Hujwiri, einer der größten Sufis (gest. 1063), ein Buch schrieb (»Die Offenbarung des Verhüllten«), in dem er interne Einzelheiten aus den sufischen Orden des 11. Jahrhunderts darstellte, nahmen manche Leute an, er habe dieses Material selbst erfunden.

Entgegen solchen Spekulationen war jedoch dieses Werk ein sinnvoller und notwendiger Ausdruck der Entwicklung, welche die Derwisch-Bewegung zu jener Zeit nahm.

Geboren in Ghasna (Afghanistan), unter den Sufis als »der Erwählte« bekannt, fiel Ali el-Hujwiri die Aufgabe zu, bestimmte Tatsachen über den Sufismus und seine Organisation bekannt zu machen, um die Lehre in Indien zu verbreiten (er wurde dort Data Ganj Bakhsch, der großzügige Derwisch, genannt). Er war nicht der erste Sufi, der sich in Indien niederließ; aber seine Aufgabe war es, dort durch sein Leben und Wirken zu demonstrieren, daß der Sufismus mit den Prinzipien des Islam übereinstimmte. Seine Bedeutung kann nicht hoch genug eingeschätzt werden.

Auch für die damalige Welt des Islam war Hujwiris Buch ein sehr wichtiges Werk. Abgefaßt in der überall gebräuchlichen islamischen Terminologie, konnten selbst fromme Mohammedaner es lesen und so in die sufische Art des Denkens eingeführt werden.

Ist das Buch auch so gestaltet, daß es für Menschen verständlich ist, die über den Islam Zugang zum Sufismus suchen, so verbirgt sich doch unter dieser Ebene des Verständnisses noch eine tiefere Sinnebene, die nur für den Sufi erreichbar ist. Dort geht es um den Gebrauch und die Bedeutung der geheimen Sprache, die benutzt wird, um die besondere sufische Schulungsmethode zu vermitteln.

Alles was darüber zur Zeit gesagt werden kann, ist in dem Kapitel über das Flickenkleid enthalten. Das Tragen des Flickenmantels ist ein sufischer Brauch, das Zeichen des Sufi auf dem Pfad. Man mag ihn die Uniform des wandernden Derwisch nennen, und er ist nun seit fast 1400 Jahren in allen Teilen Asiens und Europas zu sehen. Selbst Mohammed und einige seiner Gefährten nahmen dieses Gewand an und zeigten damit ihre Verbundenheit mit dem Sufi-Weg.

Viele sufische Lehrer haben sich zu diesem Thema geäußert: über die Methode des Nähens, über die Größe der Flicken, darüber, wer das Gewand tragen und wer es verleihen kann und so weiter.

Oberflächlich gelesen kann Hujwiris Kapitel über das Flickenkleid allenfalls einen Theologen zufriedenstellen. Es geht um die Beziehung zwischen Flikken und Armut, um den Fleiß, den es erfordert, die Flicken richtig zusammenzunähen, um die äußerliche Betonung der Askese durch die Flicken. Man könnte denken, das Ganze sei nur eine fromme Sammlung von Ideen und praktischen Hinweisen. Aber so ist es nicht.

Wer den Text liest, muß zunächst einmal wissen, daß man den Begriff des Originals nicht einfach durchweg mit »Flicken« übersetzen kann. Er muß zunächst alle Vorstellungen ausfindig machen, die im Arabischen mit dem Wort verbunden sind, sie sich einprägen und dann auf eine bestimmte Weise auf den Text anwenden. So wird er feststellen können, ob mit dem Wort gerade »Flicken« oder »Gehen« oder »göttlicher Narr« oder noch etwas anderes gemeint ist.

Die arabische Wurzel, von der »Flicken« abgeleitet ist, umfaßt eine wichtige Gruppe von Bedeutungen:

1. Unsinnig (*raqua'*). So erscheint dem gewöhnlichen Menschen das Sprechen und Handeln des Sufi, das auf seinem besonderen Wissen beruht. Das Narrenkleid des Possenreißers ist ein guter Ausdruck dieses Sinns. »Narr« (*arqa'a*) im sufischen Sinn, ist ebenfalls von der selben Wurzel abgeleitet.

2. Dem Wein verfallen sein (*raqaa'*). Sufis weisen mit der Wein-Analogie auf bestimmte mystische Erfahrungen hin.
3. Unbekümmert (*artaqa'*). Der Sufi scheint sich nicht um Dinge zu kümmern, die der gewöhnliche Mensch für sehr wichtig hält, die aber, objektiv betrachtet, eine ganz andere Bedeutung haben können.
4. Siebenter Himmel (*raqa'*). Eine Anspielung darauf, daß der Sufismus himmlisch beziehungsweise göttlich ist.
5. Schachbrett (*ruqa'at*). Das Schwarz und Weiß des Wechsels von Licht und Dunkelheit; das karierte Bodenmuster bestimmter Versammlungsorte der Derwische.
6. Flickenkleid (*muraqqa'*). Neben dem letztgenannten Wort das einzige, das man als Symbol für die ganze Wurzel und alle ihre sufischen Bedeutungen gebrauchen kann.
7. Ein Kleidungsstück flicken; schnell gehen; etwas kurz und treffend ausdrücken; mit einem Pfeil ein Ziel treffen sind Bedeutungen des aus der selben Wurzel abgeleiteten Wortes *raqa'a*.
8. Instandsetzen (einen Brunnen). Symbol der Verbesserung des Brunnens menschlicher Erkenntnis durch die Sufis.

Hujwiri erhielt von seinem Meister den Auftrag, nach Lahore zu wandern und sich dort niederzulassen. Dieser Gedanke gefiel ihm gar nicht, aber da er als Schüler seinem Meister gegenüber zum Gehorsam verpflichtet war, brach er nach Indien auf. Und gerade als er in Lahore ankam, sah er, wie man den Körper des Scheichs Hasan Sanjani zu Grabe trug. Hujwiri bemerkte nun, daß er aus diesem Grund geschickt worden war: Er sollte sein Nachfolger werden. In den Annalen der Derwisch-Orden sind zahlreiche ähnliche Begebenheiten verzeichnet.

Hujwiri gründete keinen Orden, aber er ist bis heute ein Lehrer für alle; er gehört zu den Lehrern, deren *baraka* zu jeder Zeit die ganze Bewegung der Derwische durchdrungen hat. Man glaubt, daß seine Führerschaft in der Welt weiterbesteht, denn er hatte einen solchen Grad von Vollkommenheit erreicht, daß der Tod sie nicht auflösen konnte.

Ein Sufi-Orden kann in der Form einer Klostergemeinschaft organisiert sein. Andererseits kann das Kloster oder die Schule der Sufis ein Verbund von Menschen und Aktivitäten sein, der sich über ein riesiges Gebiet erstreckt und für den Außenstehenden unsichtbar ist. So gibt es Orden, deren Mitglieder zum Teil in Indien, in Afrika und in Indonesien leben. Sie alle bilden den Gesamtorganismus der Schule. Für den Sufi ist es leicht, den Zusammenhang eines so weit verstreuten Ordens zu sehen, da er es für möglich hält, mit Menschen zu kommunizieren, die nicht physisch anwesend sind.

Handwerksgilden, studentische und militärische Vereinigungen können Zweige von Sufi-Orden sein. In unseren Tagen ist der Zusammenschluß in einem konventionellen Kloster selten geworden. Das sufische Kloster, das äußerlich in vieler Hinsicht dem christlichen, hinduistischen oder buddhistischen gleicht, war nicht das Produkt esoterischer Notwendigkeit, sondern ökonomischer und politischer Umstände. Die Sufis sagen: »Das Kloster besteht im Herzen des Menschen.«

Wo die feudale Lebensweise noch existiert, gibt es weiterhin sufische Klöster, die von der Landwirtschaft abhängig sind. In städtischer Umgebung werden die sufischen Zentren durch Einnahmen aus ihnen zur Verfügung gestellten Geschäften unterhalten oder durch Abgaben der Mitglieder. So ist zum Beispiel ein arabischer Verlag eine sufische Organisation; in manchen Gegenden sind alle Industrie- und Landarbeiter Sufis; in anderen Ländern werden gewissen Berufszweige von den Sufis dominiert. Unter welchem Gesichtspunkt sich die sufischen »Orden« auch zusammenschließen, sie alle sind Gemeinschaften von Menschen, deren Ziel die Annahme, der Gebrauch und die Überlieferung des Sufismus ist. Es geht ihnen darum, den erleuchteten Menschen hervorzubringen, und nicht den äußeren Rahmen einer Organisation und die mechanische »Beförderung« innerhalb einer Rangabstufung aufrechtzuerhalten. Die Sufis haben keine Bischöfe.

Dies heißt nicht, daß die Sufis keine eindeutige Hierarchie kennen. Ein Sufi identifiziert den anderen jedoch nicht durch Rangabzeichen. Hat ein einzelner eine bestimmte Stufe der Entwicklung erreicht, so kann dies nach Meinung der Sufis – ganz abgesehen von der nötigen Bestätigung durch einen Meister – von anderen Menschen auf einer ähnlichen Entwicklungsstufe erkannt werden.

Die Mitglieder eines Ordens müssen sich vor allem den Prinzipien des Ordens und der Person des Lehrers verpflichtet fühlen. Bevor ein Mensch in den Orden aufgenommen wird, stellt man ihn jedoch auf die Probe. Dabei stellt sich heraus, ob er geeignet ist oder nicht. Wer sich aus Schwäche einer Organisation oder einem Lehrer anschließen will, wird abgewiesen. Jedem, der nur am guten Ruf der Sufis teilhaben will oder magische Kräfte sucht, ergeht es ebenso. Die Aufgaben, die man dem Anfänger, welcher sich erst noch bewähren muß, zuteilt, sollen seine Eignung erweisen und ihm klarmachen, daß er den Sufi-Weg um seiner selbst willen suchen muß.

Sehr oft tut der Lehrer alles mögliche, um den Kandidaten abzuschrecken; er redet ihm sein Vorhaben nicht aus, sondern er spielt ihm eine Rolle vor, die ihn selbst in ein schlechtes Licht rückt. Er ist der Überzeugung, daß der sufische »Anstoß« nur auf diese Weise zum Wesen des Schülers durchdringen kann. Wenn der Geist des Schülers noch nicht in der Lage ist, den Sufismus zu erfassen, wird der Lehrer nicht versuchen, ihn zu überzeugen; er muß auf einer tieferen Ebene mit ihm in Verbindung treten. Menschen, die sich auf begrifflicher Ebene von der Bedeutung des Sufismus überzeugen ließen, wären nicht geeignete Anwärter für die Schulung. Viele Berichte über das absurde oder ungehörige Verhalten von Sufis gehen auf Handlungsweisen zurück, hinter denen eine solche Absicht stand.

Viele der Hauptorden haben Spitznamen erhalten. Die Rifa'i nennt man die

»Heulenden Derwische«, die Qalandari die »Rasierten«, die Chis(h)ti die »Musiker«, die Mevlevi die »Tanzenden« und die Naqshbandi die »Schweigenden«.

Die Orden sind gewöhnlich nach dem Urheber der Technik benannt, auf die sie sich spezialisiert haben. Rumi zum Beispiel hat seine »Tänze« auf die Methode, bei seinen Schülern die sufische Erfahrung zu fördern, abgestellt, die er für die beste hielt. Er berücksichtigte dabei Mentalität und Temperament der Menschen von Konia, wo er wirkte. Man hat versucht, dieses System in einen anderen kulturellen Kontext zu übertragen, mit dem Erfolg, daß die ursprüngliche Wirkung der Bewegungen verschwand und man eine bloße Nachahmung zurückbehielt.

Die als »Tanz« bezeichneten rhythmischen und arhythmischen Bewegungen sind in vielen Orden gebräuchlich, und immer entsprechen sie den Bedürfnissen der einzelnen und der Gruppe. Deshalb können solche Bewegungen nie stereotyp sein, und sie sind auch nicht das, was man anderswo Tanz oder Gymnastik nennt. Sie folgen einem bestimmten Ablauf, den nur ein Meister aufgrund seiner Erfahrungen und Erkenntnisse festlegen kann.

Auch die christlichen und jüdischen religiösen Tänze, sowie die primitiver Völkerstämme, die letztlich zum Spektakel oder zur Magie degenerierten, basieren wahrscheinlich auf diesem Wissen.

Die Derwisch-Orden sind Organisationen, die mit einem Minimum an Reglementierung auskommen. Wie bei jeder anderen Gemeinschaft, die sich zu einem bestimmten Zweck zusammengefunden hat, werden die Regeln überflüssig, sobald das Ziel erreicht ist.

Die von den Orden verwendeten schematischen Diagramme in der Form ineinandergreifender Kreise zeigen, auf welche der Schulen der klassischen Meister die Überlieferung des Ordens zurückgeht. Diese Schulen waren vom engsten Kreis der Gefährten Mohammeds inspiriert. Eines dieser Diagramme zeigt in der Mitte einen Kreis mit Abu Bakr, Ali und Abdul-Asis von Mekka. Darumherum stehen sieben kleinere Kreise mit den Namen je eines großen Meisters. Die sieben Hauptschulungsmethoden oder Wege des Sufismus gehen von diesen Lehrern aus.

Alle Derwisch-Orden führen ihre spirituelle Überlieferung (*baraka*) auf einen oder mehrere dieser Lehrer zurück. Die gesamte *baraka* der klassischen Meister durchdringt alle Orden. Der Kreis der ineinandergreifenden Kreise ist ein Sinnbild dieses Zusammenhangs. Rumi sagt: »Siehst du zwei Sufis zusammen, so siehst du zwei und auch zwanzigtausend.«

Wie alle Meister übereinstimmend sagen, ist der Zweck eines Ordens, Umstände zu schaffen, die es dem Mitglied ermöglichen, sein inneres Sein in der gleichen Art zu verwirklichen wie die frühen Meister.

Bildet sich ein Orden um eine Gruppe von Wörtern, die einige seiner Aktivitäten oder Charakteristika verdeutlichen, so liegt der Grund dafür auf der Hand. Alle Mitglieder wissen jedoch, daß die Form keine mystische Bedeutung hat, sondern willkürlich gewählt ist. Deshalb ist es ihnen nicht möglich, sich emotional an die Embleme des Ordens zu binden. So konzentriert sich die Aufmerksamkeit ganz auf die Kette der Überlieferung (die Individuen, mit deren Substanz man in Verbindung tritt). Da der Vollendete Mensch (*insani-i-Kamil*) sowohl Individuum ist, als auch an dem allumfassenden Einen teilhat, darf der Sufi nie dem individuellen Aspekt eines Lehrers verhaftet bleiben. Er weiß vom Beginn des Weges an, daß seine inneren Kräfte immer wieder von einem Objekt abgelöst und auf ein anderes gelenkt werden. Der Schüler muß sich zuerst ganz auf den Lehrer einstellen. Hat er sich so weit wie in diesem Verhältnis möglich entwickelt, bringt ihn der Lehrer mit der Substanz des Ordensbegründers in Verbindung. Von dort aus lenkt er sein Bewußtsein auf das Wesen (den »Fuß«) Mohammeds, des Urhebers der Lehre in ihrer zeitgenössischen Form. Von Mohammed schreitet das Bewußtsein schließlich zu Vereinigung mit Gott fort. Es gibt andere Methoden, deren Anwendung vom Charakter der Schule und vor allem den Eigenschaften des Lernenden abhängig ist. Bei einigen Übungen muß der Schüler im Bewußtsein verschiedener anderer Lehrer aufgehen, zu denen auch Jesus gehört, den die Sufis als einen der ihren betrachten.

So pilgert man unter anderem deshalb zu den Gräbern und Wirkungsstätten großer Lehrer, um mit dieser Substanz in Verbindung zu treten. Die Sufis glauben also, daß der Mensch auf dem Weg zur Vollendung eine Kraft (Substanz) sammelt, die selbst einen weniger entwickelten Menschen umzuwandeln vermag. Der Suchende kann sich diese Kraft nur zunutze machen, wenn seine Motive rein sind und er ohne Selbstsucht ist. Diese Kraft folgt ihren eigenen Gesetzen, und ihre Wirkung ist für den Suchenden nicht vorhersehbar, sondern nur der Lehrer, der diesen Weg schon gegangen ist, kann ihre Wirkung auf den Schüler abschätzen.

Im Verlauf der Schulung unter einem Meister werden zuerst die Konditionierungen, das automatische Denken des Schülers durchbrochen. Darauf folgt der Prozeß, den man die »Aktivierung der *lataif*« nennt. Das Wort *latifa* (Plural: *lataif*) ist schwer zu übersetzen; es wurde als »Punkt der Reinheit«, »Ort der Erleuchtung« oder »Wirklichkeitszentrum« wiedergegeben. (Siehe Anmerkung: »Lataif«.) Um die *lataif* aktivieren zu können, ordnet man sie bestimmten Körperstellen zu, die als Zentren ihrer Kraft oder *baraka* angesehen werden. Sie werden theoretisch als Organe verstanden, die bestimmte spirituelle Wahrnehmungsfähigkeiten erschließen.

Die arabische Wurzel ist LTF. Zu den Wörtern, die von dieser Wurzel abgeleitet sind, gehören außer *latifa* die Wörter für Sanftheit, Freundlichkeit, Geschenk oder Wohlwollen, Feinheit. Der Schüler muß fünf *lataif* erwecken, über fünf der sieben subtilen Verbindungszentren Erleuchtung erlangen. Unter der Anleitung des Lehrers konzentriert er sich dazu auf bestimmte Körperstellen, die den einzelnen *lataif* zugeordnet sind. Die Aktivierung dieser Zentren bringt praktisch einen neuen Menschen hervor. Sie steht jedoch

im Zusammenhang einer umfassenden Entwicklung, aus dem sie nicht herausgelöst werden kann.
Die fünf Zentren werden Herz, Geist, Geheim, Wunderbar und Tief Verborgen genannt. Ein anderes Zentrum, das strenggenommen kein *latifa* ist, sondern ein Komplex von Einzel-Ichs, wird »Selbst« genannt. Es ist die Gesamtheit dessen, was der unentwickelte Mensch für seine Persönlichkeit hält, eine Abfolge schnell wechselnder Stimmungen und Persönlichkeiten, die so rasch ineinander übergehen, daß das Individuum den Eindruck hat, sein Bewußtsein sei kontinuierlich und einheitlich. Das ist keineswegs der Fall.
Das siebente *latifa*, das dem Bewußtseinsstand des wahren Weisen entspricht, des Bewahrers und Überlieferers der Lehre, ist nur nach Entwicklung der anderen Zentren zugänglich.
Die Aktivierung eines dieser Zentren kann isoliert oder auch durch Zufall geschehen. Der einzelne mag dann vorübergehend eine Vertiefung der dem jeweiligen *latifa* zugehörigen intuitiven Erkenntnis erfahren. Ist dies jedoch nicht Teil einer umfassenden Entwicklung, so wird das Bewußtsein vergeblich versuchen, sich diesem überentwickelten Element anzugleichen. Die Folgen können, wie bei allen einseitigen geistigen Entwicklungen, sehr gefährlich sein. Es kann dazu kommen, daß man sich selbst überschätzt, daß unerfreuliche Eigenschaften auftauchen, daß ein solcher Ausbruch bestimmter Fähigkeiten zu einer Verzerrung des Bewußtseins führt. Das gleiche gilt auch für Atemübungen und Tanz-Bewegungen, die nicht in der richtigen Abfolge ausgeführt werden.
Solche unharmonische Entwicklung erzeugt in Menschen die Illusion, sie seien Seher oder Weise. Die dem *latifa* innewohnende Kraft mag die Masse dazu verführen, diesen Menschen zu folgen. Nach Meinung der Sufis gehören viele der falschen spirituellen Lehrer zu diesem Menschenschlag. Sie mögen selbst durchaus von ihrer Echtheit überzeugt sein, aber nur weil die Tendenz, sich selbst und andere zu betrügen, noch nicht umgewandelt ist. Sie ist vielmehr durch die noch ungelenkte Aktivierung des neuen Organs noch verstärkt und aufgebläht.
Die Körperstellen, auf die man sich zur Aktivierung der *lataif* konzentriert, sind: »Selbst« – unterhalb des Nabels; »Herz« – an der Stelle des physischen Herzens; »Geist« – in der Höhe des Herzens auf der anderen Körperhälfte; das *latifa* des »Geheimen« befindet sich in der Mitte zwischen »Herz« und »Geist«; »Wunderbar« ist auf der Stirn lokalisiert und »Tief Verborgen« im Gehirn. Die Entsprechung zwischen den *lataif* und bestimmten Körperstellen ist nur für den Beginn der Übung von Bedeutung.
Zu den besonderen Wechselwirkungen, die sich aus der Beziehung zu einem Lehrer ergeben, gehört das sogenannte *tajalli* – Ausstrahlung oder Leuchten. *Tajalli* wirkt auf jeden, obwohl nur wenige es wahrnehmen können. Wenn ein Mensch meint, daß er »Glück hat« oder ihm alles» gelingt«, so mag das eine sporadische Äußerung von *tajalli* sein. Da er den wahren Ursprung des Phäno-

mens nicht kennt, benennt er es mit irgendeinem Namen, zum Beispiel »Glück«. Aber die Gründe, die er anführt, sind nur Rationalisierungen. Da er sich der weitaus umfassenderen Bedeutung des *tajalli* und der Weise seines Wirkens nicht bewußt ist, ist diese Kraft praktisch verschwendet; er kann ihre Vorteile nicht nutzen.

Kommt es zu ekstatischen Zuständen, in denen man sich eins fühlt mit der Schöpfung oder einem Schöpfer, einer Art Verzückung oder Rausch, fühlt man sich wie im Paradies, fließen alle Sinne zu einer Einheit zusammen – so kann das Ausdruck der Unfähigkeit sein, *tajalli* aufzunehmen oder damit in Einklang zu sein. Was dem Individuum wie ein Segen vorkommt, ist in Wirklichkeit ein Verströmen von Kraft. Es ist, als bräche plötzlich eine Flut von Licht durch die Augen eines Menschen, der bis dahin blind war. Es ist überwältigend und faszinierend, aber nutzlos, denn es blendet. In einem entwickelteren Stadium ist der Mensch wachsam und beweglich genug, um *tajalli* aufzunehmen.

Manchmal ist, was für *tajalli* gehalten wird, nur ein Vorgeschmack oder eine Widerspiegelung, die fördernd auf das künstlerische Schaffen wirken können, aber für die Sufis bloße Fiktion sind. Sie sind leicht als solche zu erkennen, da mit ihnen keine tiefere Erkenntnis einhergeht; sie sind bloße Abbilder des wahren Zustandes und vermitteln nur ein *Gefühl* von Erkenntnis oder Erfüllung. Dieses *Gefühl* der Verwirklichung verhindert gerade die Erweckung. Besonders wenn sogenannte übernatürliche Fähigkeiten mit solchen falschen *tajalli*-Erfahrungen einhergehen, mag man sie für echte mystische Erfahrungen halten. Ganz abgesehen davon, daß ein Lehrer diese Erfahrungen sofort als unecht erkennt, kann man es selbst auch daran erkennen, daß diese Fähigkeiten letztlich nutzlos sind. So mag zum Beispiel jemand die Gedanken eines anderen lesen können und damit die Grenzen von Zeit und Raum durchbrechen, aber das nützt ihm nichts, wenn damit nicht eine bleibende Ausweitung der intuitiven Erkenntnis einhergeht. Die Wunder der Sufis haben, wie Abdul-Qadir Jilani sagt, nichts mit solchen übernatürlichen Kräften zu tun: »Erlangst du göttliche Erkenntnis, dann verschmilzt du mit der Absicht Gottes ... Dein Wesen läßt nichts anderes zu ... Die Leute schreiben dir Wunder zu, die von dir auszugehen scheinen, aber ihr Urheber ist Gott.« (*Futuh el Ghayb*, Muqala VI)

Bei der Aktivierung der *lataif* führt der wahre Lehrer den Schüler so, daß die Erweckung in Einklang mit dessen Aufnahmefähigkeit geschieht. Gib einem Kind ein Stück Schokolade, so sagt man, und es wird glücklich sein. Gib ihm eine ganze Tafel, und es wird ihm schlecht werden.

In diesem Prozeß muß der Schüler zuerst die vielfältigen Wirkungen des Selbst auf seine Persönlichkeit erkennen; der Lehrer leitet ihn dazu an. Fast gleichzeitig aber ein wenig hinter dieser Entwicklung zurückbleibend, wird der Lehrer ihm helfen, die *latifa* zu aktivieren. Soll dieser Prozeß erfolgreich verlaufen, so kann der Schüler ihn nicht selbst in Gang setzen.

Bevor er mit der Erweckung der *lataif* seine ersten sufischen Erfahrungen machen kann, wird er auf dem Gebiet des »Selbst« an sich arbeiten müssen. Konzentriert er sich zu stark und zu lange auf das Problem des Selbst, so wird es für den Lehrer schwieriger sein, die Aktivierung der *lataif* einzuleiten. Wo dieser Zusammenhang nicht durchschaut wird, kommt man über den Kampf mit dem Selbst nicht hinaus; man bleibt dem Lehrer verhaftet und erreicht nicht die Befreiung der Persönlichkeit. Wenn ein Meister jemanden als Schüler annimmt, so vergewissert er sich sorgfältig, ob dieser Mensch fähig ist, von der Konzentration auf das Selbst zur Freisetzung der *lataif* fortzuschreiten.

In den Schulen der Derwischorden werden die sufischen Lehren gleichzeitig studiert und praktiziert. Es muß dabei ein ausgeglichenes Verhältnis zwischen der intellektuellen Darstellung und dem Verstehen einer Lehre einerseits und ihrer Anwendung andererseits bestehen. Es muß zudem ein Gleichgewicht zwischen verschiedenen Systemen von Vorstellungen geben. Konzentration ist eine nützliche Methode der Übung, aber sie muß durch die unwillkürliche Aufnahme von Anstößen ausgeglichen werden. Wie dies geschieht, ist Teil der ureigenen Schulungsmethode der Derwisch-Orden.

Manche Orden spezialisieren sich auf bestimmte Techniken. Ist ein Schüler in der Schulung eines Ordens so weit wie möglich fortgeschritten, so mag man ihn zu einem anderen Orden schicken, um ihm auch dessen besondere Art der Schulung zugänglich zu machen. Man muß deshalb bei der Schulung mit äußerster Sorgfalt vorgehen, um eine einseitige Entwicklung zu vermeiden. Werden gewisse Fähigkeiten entwickelt, so muß man gleichzeitig Raum lassen für die spätere Entwicklung komplementärer Fähigkeiten in anderen Schulen.

Die harmonische Entwicklung der Gesamtpersönlichkeit und ihrer Wahrnehmungsfähigkeiten ist die Entwicklung des sogenannten Organs der Evolution. Wenn es voll wirksam wird, dann sind die Funktionen von Instinkt, Emotion und Intellekt umgewandelt und arbeiten auf einer neuen Ebene. Dem Derwisch öffnet sich jetzt ein Bereich neuer und immer umfassenderer Erfahrungen. Er sieht unendliche Möglichkeiten und feinverästelte Zusammenhänge und Abläufe in Dingen, die ihm vorher als wenig nützlich und als unbeweglich erschienen. Ein Beispiel hierfür ist die Lehrmeinung des großen Meisters Schibli über den rechten Gebrauch der Musik:

»Das Anhören von Musik erscheint äußerlich als etwas Erschütterndes; innerlich ist es eine Warnung. Wer das ›Zeichen‹ (das Erwachen des Organs der Evolution) kennt, der mag Musik anhören, denn er hört die Warnung. Hat er das Zeichen nicht, so setzt er sich einer Gefahr aus.« Dies bezieht sich auf den sinnlichen Charakter der Musik und auch auf ihre emotionellen und rationalen Momente. Sie sind Gefahren, weil sie zu einem rein sinnlichen Schwelgen in der Musik führen können und damit deren wahre Bedeutung – die Entwicklung des Bewußtseins – verschleiern können.

Dieses Verständnis der Musik ist nicht allein im Westen unbekannt, sondern wird auch von vielen Menschen des Ostens geleugnet. Wegen der besonderen Eigenarten der Musik lehnen es einige Derwisch-Orden, besonders der Naqshbandi-Orden, ab, sie zu gebrauchen.

Der rechte Gebrauch von Dichtung zur Erschließung tieferer Dimensionen und zur Vorbereitung der mystischen Erfahrung ist eine weitere Eigenart der Derwisch-Orden. Alle Orden lassen aus theologischen Gründen das Anhören von Dichtung zu, da der Prophet Mohammed es befürwortete. Er sagte: »Manche Dichtung ist Weisheit«, und »Weisheit ist wie die verlorene Kamelstute des Frommen; wo immer er sie wiederfindet, er hat das erste Anrecht auf sie«. Und er benutzte sogar einen arabischen Vers als Hinweis auf jene letzte Wirklichkeit Gottes, nach der auch der Sufi strebt: »Der wahrste aller arabischen Sprüche ist der Vers des Labid, der sagt: ›Gott allein ist notwendig, alles andere ist dem Wandel unterworfen.‹«

Als man ihn nach seiner Meinung über die Dichtung fragte, antwortete der Prophet: »Was gut an ihr ist, ist gut, schlecht, was schlecht an ihr ist.« Nach diesem Wahlspruch handeln die Sufi-Meister in der Frage des Hörens, Lesens und Schreibens von Dichtung. Dichtung muß, wie Hujwiri sagt, in ihrem Wesen echt und wahr sein. Ist sie unwirklich und unwahrhaft, so wird sie das Bewußtsein des Hörers, Lesers und Verfassers mit ihren Fehlern infizieren. Wie im Falle der Musik hängt es von der Befähigung des Hörers ab, ob er das wahre Wesen der Dichtung versteht und es sich zunutze machen kann.

Auf dem Sufi-Weg gibt es vier »Reisen«. Die erste ist die Verwirklichung des *fana* genannten Zustandes, der manchmal mit dem Wort »Auslöschung« übersetzt wird. Dies ist die Stufe der Einigung des Bewußtseins, der Harmonie mit der objektiven Wirklichkeit. Sie zu erreichen, ist das Ziel der Derwisch-Orden. Niffari, der große ägyptische Lehrer des 10. Jahrhunderts beschreibt die Vier Reisen in seinem Werk *Muwaqif*.

Von der Stufe der »Auslöschung« aus tritt der Sufi die Zweite Reise an. Hier wird er durch die Festigung seiner objektiven Erkenntnis zum Vollendeten Menschen. Diese Stufe hat den Namen *baqa*, Beständigkeit. Jetzt ist er nicht ein »göttlich Berauschter«, sondern hat die Autorität zu lehren. Er trägt den Titel *qutub*, Magnetischer Pol, »Punkt auf den sich alle ausrichten«.

Auf der Dritten Reise wird der Sufi zu einem spirituellen Führer, der jeden Menschen in Übereinstimmung mit dessen Fähigkeiten anleiten kann. Der Lehrer auf der Stufe der »Beständigkeit« kann nur in seinem unmittelbaren kulturellen Umkreis lehren. Auf der Dritten Reise wird er zu einem Lehrer, der für verschiedene Menschen ein verschiedenes Gesicht hat. Er wirkt auf vielen Ebenen. Er kann nicht nur, wie der Lehrer der zweiten Stufe, einen ausgewählten Kreis von Menschen einer bestimmten Religionszugehörigkeit lehren, sondern vermag jedem Menschen zu geben, was dieser braucht.

Auf der Vierten und letzten Reise führt der Vollendete Mensch andere beim Durchgang durch das, was man den physischen Tod nennt, auf eine weitere

Stufe der Entwicklung, die sich der Einsicht des gewöhnlichen Menschen entzieht. Der Derwisch steht also stets in Verbindung mit der kommenden Existenzform; sein Bewußtsein besteht ungebrochen über den physischen Tod hinaus fort.

In einer Gemeinschaft von Derwischen so wie im gewöhnlichen Leben ist die spirituelle Verwirklichung des einzelnen Sufi nur noch für jene erkennbar, die die für einen Derwisch charakteristischen Ausstrahlungen einer höheren Ordnung wahrnehmen können.

Auch Ghasali bezieht sich in seiner *Neubelebung* auf diese vier Stufen. Er geht bei ihrer Beschreibung von ihrer Bedeutung füreinander und für die äußere Welt aus. Die vier Stufen, so sagt er, sind mit einer Walnuß vergleichbar – Walnuß, weil sie im Persischen die »Vier-kernige« genannt wird, was auch die »vier Wesen« oder »vier Gehirne« heißt.

Die Nuß hat eine harte Schale, eine innere Haut, einen Kern und Öl. Die Schale ist eine Zeitlang eine schützende Hülle. Man wirft sie fort, wenn man den Kern herausholt. Die Haut ist schon wertvoller als die Schale, aber doch nicht mit dem Kern zu vergleichen. Um den Kern geht es, wenn man Öl gewinnen möchte, aber auch er enthält Substanzen, die man fortwirft, nachdem das Öl ausgepreßt ist.

Wo immer die Derwisch-Schulen bestehen, in einem östlichenKloster oder in einem westlichen Café, ohne sie gibt es keinen Sufismus, denn in der Umgebung einer Schule werden Materialien wie das Werk des Niffari unter Berücksichtigung der besonderen Bedürfnisse des Schülers und der sozialen Umgebung studiert und erfahren.

Die sufische Entwicklung muß deshalb in jeder Gesellschaft in einer ihr gemäßen Form verwurzelt werden. Sie kann nicht importiert werden. Die Verlockung des geheimnisvollen und farbenprächtigen Ostens hat dem westlichen Bewußtsein über Jahrhunderte die Tatsache verschleiert, daß es bei einer solchen Schulung um die Entwicklung der Menschheit geht und nicht um das Dekor.

DIE SUCHE NACH ERKENNTNIS

Ich fürchte, du wirst Mekka nicht erreichen,
O Nomade! – Denn die Straße, der du folgst,
führt nach Turkestan.

(Scheich Saadi, *Der Rosengarten*,
»Über die Gebräuche der Derwische«)

Eines Tages saß ich in Nordindien im Zirkel eines Sufi-Lehrers, als ein junger Ausländer hereingeführt wurde. Er küßte die Hand des Scheichs und begann zu reden. Dreieinhalb Jahre lang, so sagte er, habe er in Deutschland, Frankreich und England Bücher über die Religionen, über Mystik und Okkultismus studiert. Er war von einer Gesellschaft zur andern gezogen, auf der Suche nach etwas, das ihm den rechten Weg weisen würde. Die formale Religion reizte ihn nicht. Soviel Geld, wie er nur bekommen konnte, hatte er gespart und war in den Osten gereist; von Alexandrien nach Kairo, von Damaskus nach Teheran, durch Afghanistan, Indien und Pakistan war er gewandert. Er war in Burma, in Ceylon und auch in Malaya gewesen. An all diesen Orten hatte er mit spirituellen und religiösen Lehrern gesprochen und sich ausführliche Notizen gemacht.

Zweifellos – er hatte ein riesiges Gebiet durchwandert, physisch und auch in übertragener Bedeutung. Nun wollte er sich diesem Scheich anschließen, weil er etwas Praktisches tun wollte: sich auf Ideen konzentrieren, mit sich selbst weiterkommen. Und seine Bereitschaft, ja sein Verlangen, sich der Disziplin eines Derwisch-Ordens zu unterwerfen, war unübersehbar.

Der Scheich fragte ihn, warum er all die anderen Lehren zurückgewiesen habe. Aus mehreren Gründen, antwortete er, von Fall zu Fall verschiedenen.

»Nenne mir einige«, sagte der Lehrer.

Die großen Religionen, sagte der junge Mann, schienen ihm nicht tief genug zu gehen. Sie richteten all ihr Augenmerk auf Dogmen. Vor allem anderen müßten diese Dogmen anerkannt werden. Zen, wie er es im Westen angetroffen habe, sei ohne Beziehung zur Wirklichkeit. Yoga, wenn es nicht »nur eine Liebhaberei« sein solle, verlange eine grausame Disziplin. Die Kulte, in deren Mittelpunkt die Persönlichkeit eines Mannes stehe, gründeten in der Konzentration auf diesen Mann. Er könne das Prinzip, daß Zeremonie, Symbolik und, wie er es nannte, die Mimikry spiritueller Wahrheiten wahre Wirklichkeit besitzen, nicht akzeptieren.

Bei den Sufis, mit denen er in Kontakt gekommen war, schien es ihm ähnlich zu sein. Einige hatten eine hingebungsvolle Jüngerschaft; manche verwende-

ten rhythmische Bewegungen, von denen er glaubte, daß sie etwas nachahmten. Andere lehrten, indem sie Vorträge hielten, die von Predigten nicht zu unterscheiden waren. Einige Sufis waren ausschließlich damit beschäftigt, sich auf theologische Themen zu konzentrieren.
Ob der Scheich ihm helfen würde?
»Mehr als Du weißt«, sagte der Scheich. »Der Mensch entwickelt sich, auch wenn er es nicht weiß. Das Leben ist eines, obwohl es in manchen seiner Formen träge und unbeweglich erscheint. Solange man lebt, lernt man. Jene, die lernen, mit der bewußten Absicht zu lernen, verringern die Möglichkeit, die Erkenntnis aufzunehmen, die ihnen sonst von selbst zufließt. Ungebildete Männer haben oft eine gewisse Weisheit erlangt, weil sie sich für die Anstöße des Lebens selbst offenhalten. Geh durch die Straßen und betrachte Dinge oder Menschen, und diese Eindrücke werden dich etwas lehren. Wenn Du aktiv *versuchst*, etwas von ihnen zu lernen, so wirst Du zwar bestimmte Dinge lernen, doch das sind vorgeprägte Dinge. Du siehst in das Gesicht eines Menschen. Während Du es ansiehst, erheben sich Fragen in Deinem Bewußtsein, und Dein Bewußtsein ist es, das sie Dir beantwortet. Ist er dunkelhaarig oder blond? Was für ein Mann ist er? Zudem besteht eine beständige Wechselbeziehung zwischen Dir und dem Anderen.
Diese Wechselbeziehung wird beherrscht von Deiner Subjektivität. Damit meine ich, daß Du siehst, was Du sehen willst. Das ist eine automatische Handlung geworden; Du bist wie eine Maschine, doch Du bist auch ein Mensch, freilich nur zu oberflächlicher Sicht erzogen. Du siehst ein Haus. Die allgemeinen und besonderen Merkmale dieses Hauses werden in Deinem Hirn in kleinere Elemente aufgeteilt und abgeschätzt. Aber das geschieht nicht objektiv, sondern nur in Übereinstimmung mit Deinen bisherigen Erfahrungen. Zu diesen Erfahrungen des modernen Menschen gehört auch, was man ihn gelehrt hat. Entsprechend wird das Haus groß sein oder klein, hübsch oder weniger hübsch; wie Dein eigenes oder ein anderes. Was die Einzelheiten angeht, so wird es ein Dach haben gleich dem eines anderen Hauses, oder ungewöhnliche Fenster. Die Maschine dreht sich im Kreise, weil sie nur das normale Wissen vergrößert.« Der Neuankömmling sah wie betäubt aus.
»Was ich Dir begreiflich zu machen versuche«, sagte der Scheich unbarmherzig, »ist, daß Du die Dinge an vorgefaßten Meinungen mißt. Das ist nahezu unvermeidlich für den intellektuellen Menschen. Du bist zu dem Schluß gekommen, daß Du religiöse Symbolik nicht magst. Sehr gut, Du wirst nach einer Religion ohne Symbolik suchen«. Er schwieg eine Weile. »Ist es das, was Du meinst?«
»Was ich meine, ist glaube ich dies«, sagte der Jüngling: »Der Gebrauch, den verschiedene Organisationen von der Symbolik machen, erscheint mir nicht als echt oder notwendig.«
»Heißt das, Du würdest erkennen, wann Symbole in der rechten Art und Weise verwendet werden?« fragte der Lehrer zweifelnd.

»Für mich haben Symbolik und Ritual keine grundlegende Bedeutung«, erwiderte der zukünftige Schüler, »und das ist es, was ich suche: die Grundlagen.«
»Würdest Du etwas Grundlegendes erkennen, wenn Du es sähest?«
»Ich glaube schon.«
»Dann müßte Dir alles, was wir sagen und tun, als pure Ansichtssache erscheinen oder als Tradition oder Oberflächlichkeit; denn wir *benutzen* Symbole. Andere verwenden Gesänge und Bewegungen, Denken und Schweigen, Konzentration und Kontemplation – es gibt ein Dutzend weiterer Möglichkeiten.«
Nach einer Weile sprach der Besucher.
»Glaubt Ihr, daß die Exklusivität des Judentums, die christlichen Rituale, das Fasten im Islam oder der geschorene Kopf der Buddhisten grundlegendere Bedeutung haben?« Unser Gast erwärmte sich jetzt an einem typisch intellektuellen Thema.
»Die Sufis lehren: ›Das Offensichtliche ist die Brücke zur wahren Wirklichkeit‹«, sagte der Scheich. »Das heißt, bezüglich dessen, worüber wir sprechen, daß all diese Dinge eine Bedeutung haben. Die Bedeutung mag verlorengegangen sein, sie mögen zu bloßer Nachahmung, zu sentimentaler oder falsch verstandener Schauspielerei verflacht sein. Auf die rechte Weise ausgeübt aber sind sie mit der wahren Wirklichkeit verbunden.«
»So hat also ursprünglich jedes Ritual eine Bedeutung und eine notwendige Wirkung?«
»Es ist das Wesen des Rituals, der Symbolik und so weiter, daß sie Widerschein einer Wahrheit sind. Sie mögen zusammengebraut, adaptiert, in andere Richtungen abgelenkt worden sein; aber sie repräsentieren eine Wahrheit – die innere Wahrheit dessen, was wir den Sufi-Weg nennen.«
»Aber die das Ritual vollziehen, wissen nicht, was es bedeutet?«
»In einem gewissen Sinn mögen sie die Bedeutung kennen, auf einer Ebene, die tief genug reicht, um das System weiterbestehen zu lassen. Doch zur Erreichung der Wahren Wirklichkeit und der Entwicklung des Selbst sind diese Techniken völlig nutzlos.«
»Wie können wir dann wissen«, sagte der Schüler, »wer sich in der Verwendung der äußeren Zeichen auf dem rechten Weg, dem Weg der Entwicklung, befindet, und wer nicht? Ich verstehe, daß diese oberflächlichen Anzeichen einen möglichen Wert haben, insofern sie zu etwas anderem führen *könnten* und wir ja irgendwo beginnen müssen. Aber ich zum Beispiel könnte nicht sagen, welchem System ich folgen soll.«
»Eben noch hast Du gebeten, in unseren Zirkel aufgenommen zu werden, und nun habe ich Dich glücklich so in Verwirrung gebracht, daß Du zugibst, nicht mehr urteilen zu können. Du *kannst nicht* urteilen. Mit den Werkzeugen des Zimmermanns kann man keine Uhr herstellen. Du hast Dir selbst eine Aufgabe gestellt: spirituelle Wahrheit zu finden. Du hast diese Wahrheit in den falschen Richtungen gesucht und ihre Manifestationen falsch interpre-

tiert. Ist es da überraschend, wenn Du in diesem Zustand verbleibst? Es gibt für Dich, so wie Du gegenwärtig bist, eine Alternative: die übersteigerte Konzentration auf Deine Aufgabe. Die in Dir wachsende Angst und Erregung wird schließlich so stark werden, daß Du nach Erleichterung suchst. Was wird dann geschehen? Gefühle werden den Intellekt überschwemmen; und entweder wirst Du die Religion hassen oder – was wahrscheinlicher ist – Dich zu einem Kult bekehren lassen, der die Verantwortung für Dich übernimmt. Du wirst Dich damit abfinden, indem Du Dir sagst, Du habest gefunden, was Du suchtest.«

»Angenommen, ich ließe einmal gelten, daß meine Gefühle meinen Intellekt überschwemmen können – gibt es denn keine andere Möglichkeit?« Intellektuelle haben es gar nicht gern, wenn man andeutet, ihre Ausbildung könne nicht umfassend genug sein oder ihr Intellekt könne von Gefühlen überschwemmt werden. Die leichte Schroffheit im Ton verriet, daß sich hier der Denker behaupten wollte. Dem Scheich war das nicht entgangen.

»Die Alternative heißt ›Loslösung‹, aber Du wirst sie nicht wählen. Wenn wir uns loslösen, tun wir es auf eine andere Weise als Du. Der Verstand fordert von Dir, Dein Bewußtsein von einer Sache loszulösen und sie intellektuell zu betrachten. Wir aber müssen uns vom Intellekt ebenso wie vom Gefühl loslösen. Wie kannst Du für irgend etwas zugänglich werden, wenn Du den Verstand benutzt, es zu beurteilen? Dein Problem ist, daß das, was Du Intellekt nennst, in Wahrheit nur eine Folge von Vorstellungen ist, die abwechselnd von Deinem Bewußtsein Besitz ergreifen. Wir halten den Intellekt nicht für ausreichend. Für uns ist ›Intellekt‹ ein Komplex mehr oder weniger miteinander vereinbarer Einstellungen; Dir hat man beigebracht, sie als ein einziges Ding anzusehen. Darunter verborgen liegt nach sufischem Verständnis eine Ebene, die nicht vielfältig, sondern einfach, klein, aber lebenswichtig ist. Das ist der wahre Intellekt. Er ist das Organ des Verstehens, das jeder Mensch besitzt. Im Leben der gewöhnlichen Menschen bricht er von Zeit zu Zeit durch, und das hat seltsame und befremdliche Erscheinungen zur Folge, die mit den üblichen Methoden nicht zu erklären sind. Manche nennen sie okkulte Phänomene, andere glauben, hier werden die zeitlichen oder räumlichen Beziehungen transzendiert. Dieses Element im menschlichen Wesen ist der Grund für seine Entwicklung zu einer höheren Form.«

»Und das soll ich einfach glauben?«

»Nein, Du kannst das nicht einfach glauben, selbst wenn Du wolltest. Wenn Du das tätest, würdest Du es bald wieder aufgeben. Selbst wenn Du intellektuell davon überzeugt wärest, man müsse es als Hypothese annehmen, würdest Du es ganz sicher verlieren. Nein – Du mußt es erfahren. Das bedeutet natürlich, daß Du es fühlen mußt, wie Du nichts anderes fühlst. Es wird Dir bewußt werden als eine Wahrheit, die sich qualitativ von all dem unterscheidet, was Du als Wahrheit zu betrachten pflegst. Gerade an diesem Unterschied kannst Du erkennen, daß sie zu dem Bereich gehört, den wir ›das Andere‹ nennen.«

Unserem Besucher fiel es schwer, das zu verdauen, und so kehrte er auf den gewohnten Weg seines Denkens zurück. »Wollt Ihr in mir die Überzeugung wecken, daß da etwas Tieferes ist, und daß ich es fühle? Wenn nicht, dann sehe ich nicht ein, warum wir soviel Zeit darauf verwenden!«

»Du wirst mich sicher für sehr grob halten«, sagte der Scheich freundlich, »aber ich muß Dir sagen, daß die Dinge nicht so sind, wie Du sie siehst. Sieh, Du kommst hierher und sprichst. Ich spreche mit Dir. Als Folge unseres Redens und Denkens geschehen viele Dinge. Für Dich ist lediglich das geschehen :wir haben miteinander gesprochen. Du magst Dich für überzeugt halten oder auch nicht. Für uns hat das ganze Ereignis eine weitaus größere Bedeutung. Als Ergebnis dieses Gesprächs geschieht etwas. Es geschieht, wie Du Dir sicher denken kannst, im Bewußtsein all der Leute hier. Aber noch etwas anderes geht vor sich – mit Dir, mit mir, und anderswo. Etwas, das Du verstehen: wir haben miteinander gesprochen. Du magst Dich für überzeugt halten Ursache und Wirkung, wie man sie normalerweise auffaßt. Ein Mann geht in einen Laden und kauft ein Stück Seife. Dieser Kauf kann viele Dinge zur Folge haben – der Ladenbesitzer hat dadurch mehr Geld, er kann mehr Seife bestellen, und so weiter. Die Worte, die während der geschäftlichen Transaktion gewechselt werden, haben eine Wirkung, die vom jeweiligen Bewußtseinszustand der beiden Parteien abhängt. Wenn der Mann den Laden verläßt, ist ein zusätzlicher Faktor in sein Leben getreten, den es vorher nicht gab – die Seife. Daraus kann sich wiederum verschiedenes ergeben. Für die beiden Hauptpersonen aber ist *wirklich* passiert nur das: ein Stück Seife wurde gekauft und bezahlt. Die Verästelungen dieses Vorgangs sind ihnen nicht bewußt und für sie kaum von Interesse. Nur dann, wenn etwas – von ihrem Standpunkt aus – Beachtenswertes geschieht, denken sie noch einmal darüber nach. ›Stell dir vor‹, sagen sie, ›der Mann, der bei mir Seife gekauft hat, war ein Mörder‹; vielleicht war es auch ein König. Oder er hat mit Falschgeld bezahlt. Jede Handlung, wie auch jedes Wort, hat eine Wirkung und einen bestimmten Platz. Auf dieser Basis beruht das System-ohne-System der Sufis. Und wie Du in unzähligen Geschichten gelesen haben wirst, bewegt sich der Sufi durch das unglaublich verwickelte Geflecht der Handlungen und Geschehnisse in einem Zustand innerer Bewußtheit ihrer Bedeutung.«

»Ich kann verstehen, was Ihr meint«, sagte der Besucher, »aber ich kann es nicht erfahren. Wenn das wahr ist, erklärt es natürlich eine Reihe von Dingen. Manche okkulte Ereignisse, prophetische Erfahrungen, daß mit sehr wenigen Ausnahmen alle die scheitern, welche die Rätsel des Lebens nur mit dem Verstand lösen wollen. Und es könnte auch bedeuten, daß jemand, der sich der komplexen Entwicklungen um ihn herum bewußt ist, sich selbst mit ihnen bis zu einem Grade in Einklang bringen kann, der anderen unerreichbar ist. Aber wer das versuchen will, muß sich seines ganzen früheren Wissens entledigen. Ich könnte das nicht.«

Der Scheich holte nicht zum Gnadenstoß aus – er wollte keinen Sieg im Wortgefecht. »Eines Tages, mein Freund, verletzte sich ein Mann an seinem Bein. Er mußte nun mit einer Krücke gehen. Die Krücke war ihm sehr von Nutzen, sowohl beim Gehen als auch für andere Zwecke. Er brachte seiner ganzen Familie bei, Krücken zu benutzen, und sie wurden ein Bestandteil des täglichen Lebens. Jedermann wollte eine Krücke haben. Manche waren aus Elfenbein geschnitzt, andere mit Gold verziert. Man eröffnete Schulen, um die Menschen im Gebrauch der Krücken zu unterweisen, an den Universitäten wurden Lehrstühle eingerichtet, die sich mit den höheren Aspekten dieser Wissenschaft zu befassen hatten. Wenige, sehr wenige Menschen begannen schließlich, ohne Krücken zu gehen. Man hielt dies allgemein für skandalös und absurd. Und schließlich gab es ja auch viele Verwendungsmöglichkeiten für Krücken. Aber manche von ihnen beharrten auf ihrer Ansicht; sie wurden bestraft. Sie versuchten den Menschen zu zeigen, daß man eine Krücke nur dann benutzt, wenn sie nötig ist. Und daß man sich in vielen der Fälle, wo man jetzt eine Krücke benutzte, auf andere Weise besser behelfen könnte. Wenige hörten ihnen zu. Um den Vorurteilen zu begegnen, begannen einige von denen, die ohne Krücken gehen konnten, sich völlig anders zu verhalten als die etablierte Gesellschaft. Sie blieben wenige.

Als man herausfand, daß – nachdem so viele Generationen die Krücken benutzt hatten – tatsächlich nur noch ein paar Menschen ohne Krücken gehen konnten, hielt die Mehrheit ihre Notwendigkeit für ›*bewiesen*‹. ›Hier‹, sagten sie, ›hier ist ein Mann. Laß ihn ohne Krücken gehen. Siehst du? Er kann es nicht.‹ ›Aber wir gehen ohne Krücken‹, wendeten die ein, die normal gingen. ›Das ist nicht wahr; ihr bildet euch das nur ein‹, sagten die Krüppel – denn zu dieser Zeit wurden sie auch blind; blind, weil sie nicht sehen wollten.«

»Der Vergleich hinkt«, sagte der junge Mann.

»Welcher Vergleich hinkt nicht?« fragte der Scheich. »Begreifst Du nicht, daß unser Gespräch unnötig wäre, wenn ich alles leicht und vollständig mit einer einzigen Geschichte erklären könnte? Nur Teilwahrheiten lassen sich exakt in einem Vergleich fassen. So kann ich Dir zum Beispiel ein genaues Modell kreisrunder Scheiben in die Hand geben, und Du kannst Tausende von Scheiben nach ihm zurechtschneiden. Sie werden einander gleichen wie ein Ei dem anderen. Und doch ist, wie wir alle wissen, jeder Kreis nur annähernd kreisförmig. Vergrößere ihn mehrmals um das Hundertfache, und Du wirst sehen, daß er kein wahrer Kreis mehr ist.«

»Das ist eine physikalische Tatsache; ich weiß, daß alle naturwissenschaftlichen Gesetze nur relative Gültigkeit haben. Aber mehr beansprucht die Wissenschaft gar nicht.«

»Und doch suchst Du die ganze Wahrheit mit relativen Methoden?«

»Ja, und Ihr macht es ebenso! Denn Ihr nanntet die Symbole und so weiter ›Brücken zur Wahren Wirklichkeit‹ – obwohl sie nur unvollkommen sind.«

»Der Unterschied ist, daß Du nur eine einzige Methode der Wahrheitssuche hast. Das ist nicht genug. Wir benutzen viele verschiedene Methoden, und wir wissen, daß es eine Wahrheit gibt, die man mit einem inneren Organ wahrnimmt. Du versuchst Wasser zu kochen, ohne zu wissen, wie man das macht. Wir kochen Wasser, indem wir bestimmte Elemente zusammenbringen – Feuer, einen Kessel, Wasser.«

»Aber was ist mit meinem Intellekt?«

»Wenn Du das Gleichgewicht deiner Persönlichkeit wiedererlangt hast, muß er seine rechte Perspektive, die ihm angemessene Stellung finden.«

Als der Besucher gegangen war, fragte jemand den Weisen: »Wollt Ihr uns diese Unterredung nicht erläutern?«

»Wenn ich sie euch erklärte«, sagte er, »verlöre sie ihre Vollkommenheit«.

Wir alle hatten etwas gelernt, jeder nach seinen Möglichkeiten.

Die sufische Lehre vom Gleichgewicht der Extreme hat mehrere Bedeutungen. Auf das Schüler-sein und die Fähigkeit bezogen, von jemand anderem zu lernen, besagt sie, daß man sich vom unrichtigen Denken befreien muß, bevor man beginnen kann zu lernen. Unser lernwilliger junger Mann aus dem Westen muß noch begreifen, daß er mit seinen Annahmen über die eigenen Erkenntniskräfte scheitern muß, wenn er ein Gebiet betritt, wo er tatsächlich nicht einmal weiß, was das ist, was er dort zu lernen versucht. Was er wirklich weiß, ist nur, daß er irgendwie unzufrieden ist.

Was übrigbleibt, ist eine Sammlung von Vorstellungen über die Ursachen seiner Unzufriedenheit und der Versuch, ein Heilmittel für seine Krankheit zu finden – die er diagnostiziert hat, ohne zuvor seine diagnostischen Fähigkeiten zu prüfen.

Wir haben ein Beispiel aus der Gegenwart gewählt, in dem ein westlicher Mensch eine Rolle spielt; aber diese Art des Denkens kommt nicht nur im Westen vor. Das als charakteristisch für den östlichen Geist angesehene Verlangen, sich dem Willen eines Meisters unbedingt zu unterwerfen – dieses entgegengesetzte Extrem ist ebenso nutzlos. Erst wenn der Suchende ein gewisses Gleichgewicht zwischen diesen beiden Extremen erlangt hat, kann man von ihm sagen, er sei fähig zu lernen.

Beide Typen werden sich ihrer Erkenntnismöglichkeiten vor allem dadurch bewußt, daß sie beobachten, wie sich der Sufi-Lehrer verhält. Er ist ein Vorbild, und was er tut und sagt, bildet eine Brücke zwischen dem relativen Unvermögen des Schülers und dem sufischen Sein. Wenn dem Schüler beim sorgfältigen Studium der sufischen Literatur plötzlich das Prinzip klar wird, aufgrund dessen ein Schüler Erkenntnis gewinnt, so darf er sich mehr als glücklich schätzen.

Er kann es in den sufischen Schriften finden – vorausgesetzt, er ist imstande, sie stets aufs neue zu lesen und sich darin zu schulen, jene sich ständig einstellenden Assoziationen fernzuhalten, mit denen er das sufische (und jedes andere) Gedankengut in bestimmte Schubfächer einordnet oder etikettiert. Im allgemeinen wird er sich eher zu leichter verständlichen Schulen hingezogen fühlen, welche starre Prinzipien formulieren, auf die er sich stützen kann.

DAS BEKENNTNIS ZUR LIEBE

Ein Mann kam zur Tür der Geliebten und klopfte.
Eine Stimme fragte: »Wer ist da?«
»Ich bin es«, antwortete er.
Da sagte die Stimme: »Hier ist nicht genug Platz
für Mich und Dich.«
Und die Tür blieb geschlossen.
Nach einem Jahr der Einsamkeit und Entbehrung
kam der Mann wieder und klopfte.
Von drinnen fragte eine Stimme: »Wer ist da?«
»Du bist es«, sagte der Mann.
Und die Tür wurde ihm geöffnet.

(Jalaluddin Rumi)

Man hat den Sufismus oft das Bekenntnis zur Liebe genannt. Ungeachtet ihrer äußeren Unterschiede halten alle Sufi-Schulen an der wesentlichen Bedeutung dieses Themas fest. Das in den Gedichten der Sufis so oft anzutreffende Gleichnis von der menschlichen Liebe als einem Widerschein der wirklichen Wahrheit ist von nicht-sufischen Interpreten oft wörtlich genommen worden. Wenn Rumi sagt: »Wo du auch bist und wie immer es dir ergeht, strebe stets danach, ein Liebender zu sein«, so meint er damit nicht, daß die Liebe Selbstzweck oder die elementarste der menschlichen Kräfte ist.
Die Entstellung des sufischen Liebes-Ideals im Westen kommt daher, daß die sprachliche Analyse jener Wortgruppen fehlt, mit denen die Sufi-Lehrer zu verstehen geben, wie wenig ihre Vorstellung von der Liebe mit idyllischen Träumereien zu tun hat. Auf dem Wege seiner Ausbreitung von Spanien und Südfrankreich aus ins westliche Europa, und in andere Sprachen übertragen, wodurch sein tatsächlicher Gehalt verlorenging, büßte das Bekenntnis zur Liebe seine wesentlichen Merkmale ein. Um dem westlichen Leser die umfassende Bedeutung dieses sufischen Themas verständlich zu machen, müssen wir uns zunächst der Entwicklung der Troubadoure zuwenden.
Ein Aspekt der Liebeslyrik im sarazenischen Spanien, die Erhöhung der Frau, wurde nach Auskunft der Historiker sehr bald von der katholischen Kirche aufgegriffen und im Sinne der Marienverehrung abgewandelt. Diese Entwicklung wird deutlich in der Sammlung von Gedichten, die Alfonso der Weise aus sarazenischen Quellen zusammengestellt hat. Ein Kenner der Materie verweist auf die *Cantigas de Santa Maria*, um uns diesen historischen Augenblick klarzumachen: »Die Lobpreisung der Jungfrau Maria hat sich logisch entwickelt aus der Verherrlichung der Gutsherrin bei den Troubadouren, indessen stehen die Gedichte der Troubadoure ... in einer engen Beziehung mit dem arabischen Idealismus und der in Spanien entstandenen arabischen Poesie.« (J. B. Trend: *The Legacy of Islam*, Oxford 1931, S. 31.)
Professor Hitti und andere Wissenschaftler sind fest davon überzeugt, daß die Troubadoure auf arabische Ursprünge zurückzuführen sind: »Die Trouba-

doure... glichen den arabischen Sängern nicht nur in Gefühl und Charakter, sondern auch in den besonderen Formen ihres Minnesangs. Bestimmte Titel, die diese provençalischen Sänger ihren Liedern gaben, sind lediglich Übersetzungen arabischer Titel.« (P. Hitti: *History of the Arabs*, New York 1951, S. 600.) Aus dem romanischen Wort für »finden« ist »Troubadour« nur indirekt hergeleitet. Sie waren »Finder« insofern, als dies die bestmögliche Übertragung des ursprünglichen arabischen Begriffs war, der selbst aus einem Wortspiel mit zwei Elementen besteht. Das erste, von den sufischen Minnesängern gebraucht, ist RBB (Viola); Professor Nicholson hat darauf hingewiesen, daß sowohl Khayyam als auch Rumi sich mit diesem Wort bezeichneten. (R. A. Nicholson: *Selections from the Diwan-i-Shams-i-Tabriz*, S. xxxvi f.) Das zweite ist die Wurzel TRB. Es gibt eine dritte, diesen zugeordnete Lautfolge: RB – was, in RaBBat umgewandelt, wörtlich »Herrin, Geliebte, weibliches Idol« bedeutet. Wie ich in diesem Buch wiederholt gezeigt habe, wählten die sufischen Zirkel ihre Namen stets mit größter Umsicht und unter Beachtung der poetischen Finessen ihrer Situation. Wir sollten nicht vergessen, daß das »-ador« im spanischen Wort »trovador« lediglich ein Agentiv-Suffix ist und nichts zur ursprünglichen Bedeutung beiträgt.
Suchen wir im Wörterbuch diejenigen Ableitungen der Wurzeln RB und TRB, welche die Aktivitäten in einer Gruppe von Menschen beschreiben, so finden wir als die wichtigsten die folgenden zehn abgeleiteten Wörter:

1. TaraBaB = duften machen, ein Kind aufziehen
2. RaBBa = sammeln, über Menschen herrschen, Autorität besitzen
3. TaRaBBaB = Meisterschaft beanspruchen
4. RaBB = der Herr, Gott, Meister
5. RaBBat = Herrin, Geliebte, weibliches Idol
6. RiBaB = Bündnis, Freunde, die Zehnten
7. MaRaB = Sammler, Wohnung, Versammlungsort
8. MaRaBBaB = Eingemachtes, Zuckerwerk
9. MuTriB = Musiker, Verfechter des Sufismus, Lehrer, Führer
10. RaBaB = Viola; ein Adjektiv, mit dem Rumi, Khayyam und andere die Sufi-Sänger bezeichnen.

Im Lichte des sufischen Gebrauchs der Wörter betrachtet, haben wir es also nicht mit einem Phänomen des arabischen Minnesangs zu tun, sondern mit den Bemühungen einer Gruppe von Sufi-Lehrern, für die die Liebe nur ein Thema unter mehreren war. Die Verherrlichung der Frau und das Bratschenspiel sind zwar Teilaspekte des Ganzen, jedoch unbedeutende.
Die Lehren der Sufi-Schulen enthalten alle Elemente, die sich in der sufischen Bezeichnung des Troubadours vereinen. Die Sufis kommen an einem Versammlungsort zusammen. Manche leben in Klöstern (RaBAT), woran heute noch spanische Ortsnamen wie *Aôrabida, Rabida, Rapita* oder *Rabeda* erinnern.

Man bezeichnet sie als »Liebende« oder »Meister«, und auch sie selbst nennen sich so. Meister zwar, sind sie doch auch, wie sie immer wieder hervorheben, »Sklaven der Liebe«. Sie spielen die Viola. Und sie verwenden ein bestimmtes Losungswort, das die zwei alliterierenden Wörter für »Zuckerwerk« und »Geliebte« enthält, um zu betonen oder daran zu erinnern, daß der Name der Gruppe etliche verschiedene und doch miteinander verknüpfte Bedeutungen hat. Man könnte die Losung grob übersetzen mit »sei ein Schatz (RB) und reich mir die Marmelade (RB)«. Sie sprechen vom Göttlichen als einem Weib, einem Idol, einer Geliebten. Ibn El-Arabi (der »Größte Meister« der Sufis), Ein Spanier, benutzte diese Metaphorik in einer Weise, daß man ihn der Blasphemie bezichtigte. Die Troubadoure stammen von einr sufischen Bewegung ab, die ursprünglich diesen Namen trug; der Name blieb, auch nachdem die vielfachen sufischen Bedeutungen längst vergessen waren. Die Araber herrschten in Spanien seit dem frühen achten Jahrhundert, und im neunten Jahrhundert wird von blühenden Sufi-Schulen berichtet. Die ersten Gedichte provençalischer Poeten entstanden gegen Ende des elften Jahrhunderts. Nicht nur die Eingeweihten, die um den inneren Zusammenhang wußten, bemerkten die Übereinstimmung zwischen Weltsicht und Lebensgefühl der Troubadoure – wie sehr auch das Sufische darin im Lauf der Zeit verwässert wurde – und den sufischen Ursprüngen. Emerson stellt die Troubadoure auf eine Stufe mit Hafis, dem großen sufischen Dichter der Liebe, und er behauptet, in ihnen sei das wahre Wesen der Poesie verwirklicht: »Lies Hafis und die *trouvères*: alle erlauchten Geister schöpfen aus ihren Werken und schätzen sie als Gegengift gegen Geschwätzigkeit und unechte Poesie.«
Daß es mit den Troubadouren eine tiefere Bewandtnis hatte, als der äußere Anschein verriet, bringt Robert Graves in seinem Buch *The White Goddess* zum Ausdruck. Ohne sich bis dahin mit dem Sufismus beschäftigt zu haben, erkannte er, daß in der Dichtung der Troubadoure ein Prozeß am Werk war, der ihren ursprünglichen Sinn und ihre anfängliche Richtung veränderte: »Spielerische Phantasie hatte an der Entwicklung der griechischen, römischen, palästinischen oder auch der keltischen Mythen nur wenig Anteil – bis die normannisch-französischen *trouvères* sie respektlos zu Ritterromanzen verarbeiteten. In ihnen haben wir eindrucksvolle und historisch durchaus zuverlässige Berichte von alten religiösen Bräuchen und Ereignissen. Allerdings muß man ihre Sprache verstehen und Fehler bei der Transkription, Mißverständnisse, obsolete Rituale sowie wohlbedachte Änderungen in Betracht ziehen, die sie aus moralischen oder politischen Gründen vornahmen.« (Faber and Faber edition, London 1961, S. 13.)
Wollen wir uns darüber orientieren und einen Eindruck von der Atmosphäre jener Zeit gewinnen, als das sufische Denken über die Poesie und Musik ins westliche Geistesleben eindrang und dort, wie noch heute, als Sauerteig wirkte, so lassen wir am besten den französischen Mediaevisten Michelet sprechen.

Die Dunkelheit des scholastischen Christentums, so sagt er, sei der Helle und Wärme des sarazenischen Lebens gewichen. Das Bild, das Michelet entwirft, zeigt uns sehr deutlich das Wirken des sufischen, nicht des »arabischen« Denkens im Westen, und die betreffenden Passagen könnten geradezu aus dieser Absicht geschrieben worden sein – Michelets feiner Spürsinn für verborgene Strömungen gleicht der intuitiven Sicherheit, mit der die Dichter Emerson und Graves sufische Einflüsse bei Hafis und den Troubadouren entdeckten.
So schreibt er zum Beispiel, daß sich Dante und Thomas von Aquin den Satan in zweierlei Gestalt vorstellten: in der traditionell christlichen, »grotesk und gemein ..., wie er in seinen jungen Jahren erschien, als Jesus ihn noch in eine Schweineherde fahren lassen konnte«, und in einer anderen (die dem sufischen Denken entstammt) – als »einen scharfsinnigen Kopf, einen scholastischen Logiker, einen Winkeladvokaten«. Auf diese Gestalt verweisen die Sufis immer wieder: »Den wahren Teufel findest du im scholastischen Sophisten, im haarspalterischen Gelehrten – denn er ist der Feind der Wahrheit.«
Die zweite Tendenz, die Michelet als ein Vermächtnis des Islams an den Westen hervorhebt, ist eine neue Auffassung von Liebe und Mütterlichkeit, von Kunst und Farbe, eine Erneuerung der Lebenskraft überhaupt. Dies zeichnet sich deutlich ab in den Vorstellungen und Aktivitäten der Sufis, nicht in denen der strengen Scholastiker des islamischen Spanien, die zwischen 1106 und 1143 öffentlich die Bücher Ghasalis verbrannten:
»Von Asien her, das man vernichtet zu haben glaubte, steigt eine Morgenröte auf von unvergleichlichem Glanz; ihre Strahlen reichen so weit, daß sie sogar die dichten Nebel des Westens durchdringen. Unwissenheit hatte diese Welt der Natur und der Kunst verdammt, doch nun rückt sie vor, um ihre Eroberer zu erobern in einem sanften Krieg der Liebe und der mütterlichen Verführung. Ihrem Zauber erliegen alle, man schwärmt von ihr und will nichts, was nicht von Asien kommt. Mit vollen Händen kommt Asien zu uns. Die sanfte Weichheit der Stoffe, Tücher und Teppiche, ihre geheimnisvolle Harmonie in Farbe und Mustern, der schimmernde Stahl der damaszierten Klingen – all das läßt uns unserer eigenen Barbarei inne werden. ... Und in dieser Welt, die so nach Sinn hungert, gibt es jemanden, der stark genug ist, all dies aufzunehmen, ohne in Taumel und Trunkenheit zu geraten oder Gefahr zu laufen, seinen Verstand zu verlieren? Gibt es ein Gehirn, das nicht von den Lehren des Hl. Thomas versteinert und erstarrt ist, das noch offen ist für das Leben und seine Wachstumskräfte? Drei Magier (Albertus Magnus, Roger Bacon, Arnold de Villeneuve) versuchen diese Aufgabe zu bewältigen; mit gewaltiger Anstrengung gelangen sie zur inneren Natur, aber diesen energischen großen Geistern fehlt die Gabe, sich dem Volk verständlich zu machen.« (Jules Michelet: *La Sorcière*, Brüssel/Leipzig 1863, S. 107–109.)
Der Sufi-Strom wurde in mancher Hinsicht verworfen. Gerne nahm der Westen den üppigen Luxus auf, die Liebeslyrik und die östliche Lebensfreude. Bestimmte Elemente, die für das Verständnis des Ganzen notwendig sind

und nur von einem Menschen vermittelt werden können, der den Sufi-Weg geht, blieben nahezu unbekannt. Der sufische Führer, verzerrt zu einer geheimnisvollen okkultistischen Gestalt, trieb sich in seltsamen Gegenden herum. Man kannte ihn vom Hörensagen, kaum vom Sehen.

Jahrhunderte später verfaßte der große Gelehrte R.A.Nicholson selbst ein sufisches Gedicht, indem er auf die Quellen des Liebes-Kults zurückgriff, der sich inzwischen im Westen eine eigene Tradition geschaffen hatte:

> Die Liebe allein kann töten, was tot schien,
> Die kalte Schlange der Leidenschaft. Die Liebe allein,
> Von tränenreichem Gebet und glühendem Verlangen gespeist,
> offenbart ein Wissen, das der Schulweisheit gebricht.

(R.A.Nicholson: *Rumi, Poet and Mystic*, London 1956.)

Die lebendige Kraft des in jener Dichtung verborgenen sufischen Denkens war so groß, daß sie den Boden bereitete für einen Großteil der späteren westlichen Literatur. Ein Schriftsteller drückt es so aus: »Ohne die provençalischen Sänger und Troubadoure gäbe es wenig in unserer gegenwärtigen Musik, was diese Bezeichnung wert wäre. Nun gut, wir hätten Trauergesänge und Volkslieder, aber der seltsame und nachdrückliche Ruf nach etwas anderem, etwas, das auf uns wartet und das wir Menschen erfüllen müssen, würde der Dichtung wie der Musik wahrscheinlich fehlen.« (G.Butler: *The Leadership of the Strange Cult of Love*, Bristol 1910, S. 17.)

Die sufische Überlieferung, wie verwässert sie auch immer sein mag, muß als ein grundlegender Bestandteil des modernen Lebens angesehen werden. Das heißt nicht, daß man sich über ihre Ziele im klaren ist, denn im Westen hat man notwendigerweise nur eine unvollkommene Kenntnis der Überlieferung. Philip Hitti ist der Meinung, daß die Überlieferung sufischen Denkens durch die Troubadoure eine neue Epoche in der westlichen Zivilisation begründete: »Das *Rolandslied*, das vortrefflichste Zeugnis der frühen europäischen Literatur, dessen Erscheinen (vor 1080) den Beginn einer neuen – der westeuropäischen – Zivilisation markiert wie die homerischen Gesänge den Beginn des historischen Griechenland, verdankt seine Existenz dem kriegerischen Kontakt mit dem islamischen Spanien.« (P.K.Hitti: *History of the Arabs*, Ed. 1951, S. 562). Der Sufismus hat die Entwicklung der europäischen Musik nachhaltig beeinflußt.[1]

[1]Ebenda: »Adelard von Bath, der in Paris Musik studierte, ... hat vermutlich al-Khwarizinis mathematische Abhandlung *Liber Ysagogarum Alchorism* übersetzt. Als einer der ersten brachte er arabische Musik in die lateinische Welt. ... Bezeichnenderweise taucht zur gleichen Zeit ein neues Prinzip in der christlich-europäischen Musik auf – das Prinzip, daß die Noten einen exakten Zeitwert und definierte Abstände voneinander haben. ... Der Begriff Ochetus (Art des Rhythmus) ist wahrscheinlich nach dem arabischen *iqa'at* (Plural von *iqa*) gebildet. Dies war vermutlich der bedeutendste, wenn auch nicht der einzige Beitrag der Araber zu diesem Wissenszweig.«

Die Verbindung zwischen Liebe und Dichtung, zwischen Dichter und Musiker, sowie diesen und dem Magier im weitesten Sinne zieht sich durch den Sufismus wie durch die von ihm immer wieder angeregte westliche Tradition. Es ist, als wenn die Zwillingsströme der alten Lehre hier zusammenfließen. Der sufische Dichter-Liebende-Magier ist freilich nicht darauf aus, sich im Glanze der von ihm erfahrenen Wahrheit zu verlieren. Er wird von ihr verwandelt und hat nun eine gesellschaftliche Aufgabe: den Strom des Lebens in jene Richtung zu lenken, in der die Menschheit ihre Erfüllung findet. In seinem Kommentar zu Schabistaris Gedicht *Der verborgene Garten* weist Florence Lederer auf diese Mission des Dichters hin: »Doch der Mensch soll nicht bleiben in der göttlichen Vereinigung. Er muß in diese Welt des Unwirklichen zurückkehren, und sich an die gewöhnlichen Gesetze und Vorstellungen der Menschen halten.« (F. Lederer: *The Secret Garden*, London 1920.)
Wie ehedem die westlichen Magier-Poeten hebt Anwari hervor, daß der Dichter und der Liebende identisch sind:

> Wenn ein Liebender ein Dichter ist, bin ich ein Dichter;
> Wenn ein Dichter ein Magier ist, bin ich ein Magier;
> Wenn man den Magier für böse hält, so mag man mich
> für böse halten;
> Und heißt als böse gelten, nicht bei den Weltlichen beliebt
> zu sein, ich bin's zufrieden.
> Liebt doch sehr oft, wer von den Weltlichen gemieden wird,
> die wahre Wirklichkeit.
> Ich sage: ich bin ein Liebender!

In dem Werk *Schlüssel der Afghanen* schreibt ein Sufi-Dichter des 17. Jahrhunderts:
Der Pfeil bedarf des Bogenschützen, und der Dichter des Magiers. Er muß das rechte Maß stets wahren, und was darüber und darunter ist verwerfen. Die Wahrheit ist seine Geliebte. Rittlings sitzt sie auf einem schwarzen Roß, im Schleier der Allegorie. Aus ihren Augen schießen hundert unfehlbare Blicke. Der Dichter wird ihre Finger mit vielfarbigen Edelsteinen schmücken, er wird sie zieren mit dem Wohlgeruch und Duft der Safran-Metapher. Alliterationen werden erklingen wie Fußglöckchen, auf ihrem Busen wird das Geheimnis des verborgenen Reimes liegen. Zusammen mit den Geheimnissen des inneren Sinns, der verbergenden Augen, wird dies ihren Körper zur Vollendung des Geheimnisvollen machen.
Was ist auf dem Weg des Liebes-Themas vom Osten in den Westen verloren gegangen? Vor allem das – nur in der menschlichen Gemeinschaft zu erlangende – Wissen um die umfassende Bedeutung der Liebe und davon, wie sie mit anderen Elementen des Lebens verbunden ist. Vom Standpunkt des Menschen aus, der die Verbindung der Liebe mit dem Grund des Lebens gefunden hat, ist ein Barbar, wer die Liebe schlicht mit dem Göttlichen gleich-

setzt. Verloren ist ferner die verwirrende Komplexität der Kunstwerke sufischer Adepten, ihre Tiefe in der Tiefe. Der Barbar verleibt sich alles ein, was er sieht oder zu fassen bekommt. Einem Farbenblinden erscheinen alle Farben weiß, grau oder schwarz, und das mag seinen Ansprüchen vollkommen gerecht werden. Doch den Bedürfnissen des Sufi genügt das nicht. Die Kompliziertheit östlicher (wie anderer) Kunst soll nicht lediglich Gewandtheit oder Kunstfertigkeit demonstrieren. Sie ist vielmehr eine Analogie der unendlichen Kette von Bedeutungen, die ein einziges Werk vermitteln kann. Die Vielfalt der Bedeutungen soll hinführen zur Wahrnehmung der inneren Wirklichkeit, und diese Wahrnehmung ist es, vermöge derer wir erst an der größeren Evolution teilhaben können, die die Bestimmung der Menschheit ist.

In einer Serie chinesischer Schachteln, in deren jeder eine weitere steckt, werden die meisten Leute nur eine besondere künstlerische oder handwerkliche Leistung sehen. Der Sufi, der den Schlüssel zur »ewigen Abfolge« gefunden hat, weiß, daß dies eine Analogie ist und kein Spielzeug, das den gewöhnlichen Menschen verwirren oder entzücken soll. Dies gilt auch für das Liebes-Thema. Mit dem Gleichnis der Liebe kann er sich jenen verständlich machen, die noch am Beginn des Weges stehen.

Diejenigen, die trunken am Wegesrand liegen bleiben, gehen ihn nichts an. Diejenigen, die den Weg weitergehen wollen, müssen ihn und seine Werke studieren.

MAGIE UND WUNDER

> Das Ritual dessen, der den Schah (die Wahrheit) gesehen hat, ist erhaben über Zorn und Güte, Glauben und Unglauben...
>
> (*Mathnawi*, IV)

Vor sechshundert Jahren erzählte ein Dichter namens Abdul-Hadi, sein Vater habe ihm eines Tages folgendes gesagt: »Du kamst auf die Welt durch ein Gebet des großen Bahaudin Naqshband von Buchara, dessen Wundertaten unzählbar sind.« Daraufhin ergriff ihn ein solches Verlangen danach, diesen Sufi-Meister kennenzulernen, daß er sich, sobald es seine Angelegenheiten erlaubten, auf den Weg von Syrien nach Zentralasien machte. Er fand Bahaudin (gest. 1389), das Oberhaupt des Naqshbandi-Ordens, im Kreise seiner Schüler sitzend und erklärte ihm, die Neugierde auf seine Wundertaten habe ihn hergetrieben.

Bahaudin sprach: »Es gibt eine Speise, die anders ist als die übliche. Das ist die Speise der Eindrücke [naqsh-ha], die von überall her aus seiner Umgebung unablässig in den Menschen eindringen. Nur die Auserwählten kennen das Wesen dieser Eindrücke und können sie steuern. Verstehst Du?«

Abdul-Hadi sah keinen Zusammenhang; er schwieg.

»Was dies bedeutet, ist eines der Geheimnisse der Sufis. Der Meister macht die Speise, die eine ›andere‹ Nahrung ist, dem Novizen zugänglich, und hilft ihm so in seiner Entwicklung. Das liegt jenseits der verstehbaren Gesetze des Geschehens. Nun zu dem, was Du Wundertaten nennst. Jeder hier hat Wunder gesehen. Wichtig ist jedoch, welche Funktion sie haben. Wunder können ein Teil jener Speise sein, die eine besondere Speise ist, und in bestimmter Weise auf den Geist und sogar den Körper einwirken. In diesem Fall wird die Erfahrung eines Wunders ihre eigentliche Aufgabe für den Geist erfüllen. Wenn ein Wunder nur die Phantasie beeindruckt, wie beim unreifen Geist, so fördert es unkritische Leichtgläubigkeit oder die Erregbarkeit des Gemüts. Vielleicht weckt es das Verlangen nach weiteren Wundern oder danach, sie zu verstehen, vielleicht macht es den, der das Wunder offenbar gewirkt hat, zum Gegenstand unangemessener Verehrung oder erzeugt gar Angst vor ihm.«

Niemand außer dem erfahrenen Sufi könne die wahre Bedeutung eines Wunders erkennen. Dies sei schon bei den sichtbaren, wenn auch unerklärlichen Wundern so, wieviel mehr dann bei jenen, die unsichtbar blieben. Ununterbrochen geschähen Wunder, die die Menschen nicht wahrnehmen, weil sie undramatisch sind. So kann ein Mann zum Beispiel gegen alle Wahrscheinlichkeit in einer raschen Abfolge von Ereignissen geistige oder materielle Güter gewinnen oder verlieren. Man spricht hier gerne von einem zufälligen Zusammentreffen verschiedener Ereignisse. Tatsächlich sind alle Wunder in diesem Sinn Zufälle – eine Folge von Ereignissen, die in einer bestimmten Beziehung zueinander stehen.

»Wunder«, sagte Naqshband, »haben eine Funktion, und diese Funktion erfüllen sie auch dann, wenn man sie nicht begreift. Das ist ihre wahre (objektive) Funktion. So bringt ein Wunder manche Menschen in Verwirrung, andere reagieren skeptisch, wieder andere fürchten sich oder geraten in Erregung, und so weiter. Die Funktion des Wunders ist, Reaktionen zu provozieren und dem Bewußtsein Nahrung zu geben; eine Nahrung, die für jeden Menschen verschieden ist. Immer ist das Wunder ein Mittel, die betroffenen Menschen zu beeinflussen und einzuschätzen.«

Nach Meinung der Sufis hat das Wunder eine solch mannigfaltige Wirkung auf den Menschen, daß es nicht geschehen kann, wenn nicht die Notwendigkeit dazu besteht und gewisse Ereignisse zusammentreffen. Es liegt in der Komplexität seines Wesens, daß ein Wunder nicht ergründet oder definiert werden kann. Das Wesen eines Wunders ist unablösbar von seiner Wirkung – ohne den Menschen, der es erfährt, hätte es keinerlei Bedeutung.

Die typische Darstellung eines Wunders, das gewissermaßen auf kurzfristige Anforderung hin geschah, finden wir in dem reichhaltigen Material über Abdul-Qadir von Jilan, den Gründer des sufischen Qadiri-Ordens.

Scheich Umru Osman Sairifini und Scheich Abdul-Haq Harini bezeugen das folgende Erlebnis:

»Am dritten Tage des Safar-Monats im Jahre 555 nach der Flucht waren wir in der Schule bei unserem Meister [Sayed Abdul-Qadir]. Er erhob sich, schlüpfte in seine hölzernen Sandalen und vollzog eine Waschung. Dann sprach er zwei Gebete und ließ einen lauten Schrei erschallen, indem er eine seiner Sandalen in die Luft schleuderte, wo sie zu verschwinden schien. Mit einem weiteren Schrei warf der Meister auch die zweite Sandale hoch in die Luft; auch sie entschwand unseren Blicken. Niemand unter den Anwesenden wagte es, ihn zu diesem Vorfall zu befragen.

Dreißig Tage nach diesem Ereignis kam in Bagdad eine Karawane aus dem Osten an. Sie hätten, so sagten uns ihre Mitglieder, Geschenke für den Meister mitgebracht. Wir fragten ihn, und er erlaubte uns, sie entgegenzunehmen. Man übergab uns Tuche aus Seide und anderen Stoffen, und ein Paar Sandalen – es waren die, welche der Meister von sich geschleudert hatte. Sie gaben folgenden Bericht:

›Am dritten Tag des Safar-Monats, es war ein Sonntag, wurde unsere Karawane plötzlich von einer arabischen Bande mit zwei Anführern an der Spitze überfallen. Die Räuber töteten einige von uns und plünderten uns aus. Dann zogen sie sich in einen nahe gelegenen Wald zurück, um die Beute aufzuteilen. Die Überlebenden unserer Karawane versammelten sich am Rand des Waldes.

In unserer Not verfielen wir darauf, die Hilfe des Sayed zu erflehen, denn wir hatten keine Zuflucht und keine Mittel mehr, unsere Reise fortzusetzen. Wenn wir – was angesichts unserer Lage unwahrscheinlich war – Bagdad unversehrt erreichten, so wollten wir ihm Geschenke darbieten zum Zeichen unserer Dakbarkeit.
Kaum hatten wir uns so entschieden, als ein Schrei uns aufstörte, und gleich darauf ein zweiter, der durch die Lichtungen widerhallte. Wir dachten, die Räuberbande sei von einer anderen überfallen worden, und nun sei ein Kampf zwischen ihnen im Gange. Bald darauf kamen einige der Banditen herbeigelaufen und berichteten, ein schreckliches Unglück sei geschehen. Sie flehten uns an, unser Eigentum zurückzunehmen. Wir folgten ihnen zu der Stelle, wo sie unsere Handelsware abgeladen hatten, und fanden dort ihre beiden Anführer tot am Boden liegend. Neben dem Kopf eines jeden lag eine hölzerne Sandale.‹
Für uns ist kein Zweifel: Der Meister hat die Not wahrgenommen, in der sich die Karawane befand. Von dem Verlangen beseelt, diesen Menschen zu helfen, ist er imstande gewesen, seine Sandalen auf eine Weise zu schleudern, daß die Anführer der Bande – die letztlich die Schuld trugen – getötet wurden.
Von uns bezeugt und aufgezeichnet in der Gegenwart des Allmächtigen Gottes, des Richters über Wahrheit und Lüge.« Die Überlieferung der Naqshbandi, die sich auf solche Vorgänge beruft, sagt: »Wenn ein *Freund* bemerkt, daß etwas geschieht, was nicht sein soll, so sucht er in der Kontemplation Rat darüber, ob sein Eingreifen angemessen ist und auf welche Weise es erfolgen soll. Dann geschieht, was notwendig ist, sogleich und fortdauernd oder erst später und dem Lauf der Ereignisse angepaßt.«
»Wunder«, sagt Afghani, »mögen dich von etwas überzeugen. Doch dessen kannst du sicher sein: das ist nicht ihre tatsächliche Wirkung, noch genügen sie sich darin.«
Diese funktionale Betrachtungsweise des Wunders macht auch dem außenstehenden Beobachter deutlich, daß in unerklärlichen Ereignissen tiefere Möglichkeiten verborgen sind. Beginnen wir auf der untersten Stufe des Wunders, so sehen wir, daß ein uns vertrautes und erklärbares Tun oder Geschehen einen Unwissenden verwirren kann; ihm mag es als schlagender Beweis für »Zauberei« gelten. Ein Wilder wird es vielleicht für ein Wunder halten, wenn er ein mit chemischen Mitteln erzeugtes Feuer sieht. In diesem Stadium der Entwicklung könnte ein solcher Vorgang jene gläubige Furcht in ihm auslösen, die ihn veranlaßt, den »Wundertäter« zu verehren und sich seinen Geboten zu unterwerfen. Jedenfalls würde eine geistige und körperliche Wirkung auf ihn ausgeübt. Am anderen Ende der Stufenleiter stehen jene Ereignisse, die mit den Mitteln der Naturwissenschaften nicht zu erklären sind; selbst der »aufgeklärteste« moderne Mensch ist von ihnen beeindruckt. Im Falle der unsichtbaren Wunder, von denen Naqshband spricht, ist ein ähnlicher Mechanismus am Werk. Widerfährt einem Menschen eine lange

Kette zufällig zusammentreffender (günstiger oder ungünstiger) Ereignisse, so werden diese mit Sicherheit geistige oder physische Folgen für ihn haben – und wenn die letzteren nur darin bestehen, daß er mehr ißt als sonst, weil er es sich dank seiner Glückssträhne leisten kann.

Diese Theorie geht erheblich weiter als die üblichen Gedanken über das Wunder; doch im Grunde unterscheidet sie sich nur insofern von ihnen, als sie darauf besteht, daß nichts wirklich zufällig und von anderen Ereignissen isoliert geschieht.

Dies wird unterstrichen durch die sufische Lehre, daß »die Wirkung weit wichtiger ist als die Ursache, weil es verschiedene Wirkungen, aber letztlich nur eine Ursache gibt«. Selbst der hartnäckigste Materialist würde dem zustimmen, wenn wir es in seine eigene Sprache übersetzen, etwa so: »Jede Handlung ist letztlich physischer Natur; und die Verschiedenheit ihrer Wirkung hängt davon ab, worauf diese Wirkung ausgeübt wird.« Kein Sufi hätte daran etwas auszusetzen; allerdings würde er darauf hinweisen, daß der strenge Materialist nur einer beschränkten Sicht von Ursache und Wirkung fähig ist, die er, von seiner Warte aus, nur ein- oder zweidimensional verstehen kann.

Von Wundern heißt vom Problem der Kausalität sprechen, und das ist nach Meinung der Sufis das Problem von Raum und Zeit. Viele Wunder betrachtet man unter diesem Aspekt, weil sie offensichtlich den Konventionen des Raumes oder der Zeit, oder beiden, widersprechen. Wenn uns der Durchbruch in eine neue Dimension gelänge, wären die Wunder nicht länger unerklärlich. Doch die Sufis sagen: Sofern das Wunder Folgen hat in der sichtbaren Welt, können nur diese Wirkungen für uns von Bedeutung sein. Nur der Unverständige kann versuchen, das Wunder selbst zu erforschen.

Aus der Sicht der Sufis hat man unter einem Wunder ganz nüchtern das Wirken eines Mechanismus zu verstehen, der einen Menschen in dem Maße beeinflußt, wie dieser darauf eingestimmt ist. Ein verzückter Wilder, den es danach verlangt, sich vom Strom der Gefühle überschwemmen zu lassen, die das offensichtlich Wunderbare auslöst, ist kein geeigneter Anwärter für die spirituelle Entwicklung; dagegen mag er, infolge dieser Erfahrung, ein sehr gläubiges und gesetzestreues Mitglied einer konventionellen religiösen Gemeinschaft abgeben.

Mein eigener Lehrer beantwortete die Frage nach dem Wesen des Wunders einmal mit diesen Worten: »Denke nach über den Satz ›Warum ist der Ton einer Zwiebel?‹«. Damit wollte er zeigen, daß es Fragen gibt, die man nicht stellen kann, bevor nicht die eigenen Kräfte solchen Fragen und folglich dem Verständnis ihrer wahren Antwort gewachsen sind.

Das offenbare Wunder, wie es die herkömmlichen Religionen verstehen, kann den Sufis zufolge von vielfachem Wert sein. Es beeindruckt einen Menschen je nach dem Stadium seiner Entwicklung, und es ist eine Art der Speise für den, der auf dem Weg schon fortgeschritten ist.

Zeigen wir dies genauer. Professor Seligman entdeckte zu seinem Erstaunen, daß Schnittwunden, die sich bestimmte Derwische beibrachten, unerklärlich rasch aufhörten zu bluten. Andere Beobachter berichten, daß Rifai-Derwische sich Verletzungen beibrachten, die ohne jede Narbe und unglaublich schnell verheilten. Bis Dr. Hunt im Jahre 1931 einen Film vorführte, in dem indische Rifais solche Praktiken demonstrierten, maß man diesen Berichten wenig Wert bei oder verwies die Phänomene in den Bereich des Hypnotismus. Man hat Qadiri-Derwische auf dem Wasser wandeln sehen, und von den Asimia wird berichtet, sie seien, wie die Scheichs der alten Zeit, gleichzeitig an verschiedenen Orten gewesen. Wie ist es möglich, daß solche Dinge geschehen oder zu geschehen scheinen?

Der Derwisch hat ein völlig anderes Verhältnis zu ihnen als der gewöhnliche Mensch, sei er nun ein gläubiger Einfaltspinsel oder ein Wissenschaftler des 20. Jahrhunderts. Denken wir daran, was der Sufi behauptet: die Dinge sind nicht, was sie zu sein scheinen. Er überläßt uns die Entscheidung darüber, indem er uns seine Fähigkeit demonstriert, Dinge zu vollbringen, die andere nicht tun können und die den jedermann vertrauten Naturgesetzen hohnsprechen. Das ist eine ebenso gültige Art sich auszudrücken wie die des Dichters, und sie ist wirkungsvoller als die meisten anderen. Daß diese Form der Darstellung mißbraucht und falsch verstanden worden ist sowie schlechte Nachahmer gefunden hat, spricht nicht gegen das, was ihr zugrundeliegt.

Der außenstehende Beobachter gerät, besonders wenn er das ist, was man einen objektiv denkenden oder gebildeten Menschen nennt, in große Verlegenheit, wenn er sich diesem Problem nähert. Er ist gezwungen, die Phänomene in den Begriffen zu fassen, die ihm zur Verfügung stehen. Daß es seine Aufgabe ist, seine Wahrnehmungsfähigkeit um den Bereich zu erweitern, den er erforscht, weiß er nicht. Das Wunder gibt, so würden die Sufis sagen, diesem Mann nur die Nahrung, die er zu empfangen bereit ist. Wenn ein Kind sich vor einer gespenstischen Erscheinung fürchtet, muß es eine Erklärung dafür finden, oder jemand anders muß ihm eine plausible Erklärung geben. Wenn ein Mann, dem die Sensitivität für solche Dinge fehlt, rätselhaften Ereignissen beiwohnt, so weiß er, »daß es dafür eine logische Erklärung geben muß«, und er wird sie erhalten – egal wie oder von wem.

Anzunehmen, daß die rationale Erklärung einer Sache ihre einzige sei, bloß weil sie möglich ist, ist für die gewöhnliche Erfahrung nicht widersinnig. Doch es ist falsch, wenn jemand eine Stufe der Entwicklung erreicht hat, auf der sich ihm mehrere gleichwertige Möglichkeiten der Erklärung bieten. Die moderne Wissenschaft hat sich diese sehr differenzierende Auffassung noch nicht zu eigen gemacht – dazu ist ihr Gesichtskreis zu beschränkt.

Die traditionelle Methode der Sufis, diese Situation zu beschreiben, ist das Gleichnis. Dabei pflegen sie Gleichnisse zu benutzen, die denjenigen, an die sie sich wenden, bereits vertraut sind. Der westliche Leser dieses Buches wird Hans Christian Andersens Märchen vom häßlichen Entlein kennen. Das Entlein fand, es sei häßlich – und das war es auch, vom Standpunkt einer Ente aus gesehen. Die Geschichte fand ein glückliches Ende, weil sich schließlich herausstellte, daß das Entlein in Wirklichkeit ein Schwan war. Der Keim dieser Erzählung findet sich schon in Jalaluddin Rumis *Mathnawi*. Dort wird ein Punkt hervorgehoben, der in der dänischen, einem anderen Publikum zugedachten Version verlorengegangen ist. Rumi sagt seinen Zuhörern, sie seien »Enten, die von Hennen aufgezogen worden sind«. Sie müssen erkennen, daß es ihre Bestimmung ist, zu schwimmen, und nicht, danach zu streben, ein Huhn zu sein.

Wenn ein Entlein Magie und Wunder vom Standpunkt eines Huhns aus betrachtet, so werden seine Schlußfolgerungen, vorsichtig ausgedrückt, wahrscheinlich falsch sein.

Der skandinavische Märchenerzähler gab der Geschichte einen optimistischen Anstrich. Aus dem Entlein wurde ein Schwan lediglich durch den natürlichen Prozeß des Heranwachsens und Größerwerdens. Der Entwicklungsdenker Rumi weist darauf hin, daß das Huhn seine Bestimmung, eine Ente zu werden, *erkennen* muß.

Wunder, so wissen wir nun, sind ein Bestandteil der Methode, nach der das menschliche Leben zu entwickeln ist. Unter diesem Gesichtspunkt können sie nicht mehr vom Theologen in Beschlag genommen werden, der sie auf einer niedrigeren Ebene zu rechtfertigen sucht, noch vom Skeptiker, der sie mit wissenschaftlicher Terminologie enträtseln will. Sie haben ihre eigene bedeutsame Funktion. In einer Gesellschaft, für die »Die Zeit der Wunder vorüber ist«, geschehen doch immer noch Wunder. Man könnte es so sagen: Wenn auch der Vulkan kein feuerspeiender Drache mehr ist – es gibt immer noch Vulkane.

Die Sufis sind der Überzeugung, daß eine Gemeinschaft von Menschen (in diesem Falle die Sufis) – wenn das Wundergeschehen für ihre Entwicklung eine wichtige Rolle spielt – am ehesten dann ein Wunder erfährt, wenn sie selbst sich bereits in einem Entwicklungsprozeß befindet; das Wunder wird dann die Entwicklung beschleunigen und ihr festere Grundlagen geben. »Das Wunder«, sagt Kamaluddin, »ist ein Vorgeschmack der Macht, Wunder herbeizuführen. Zwei Dinge entwickeln sich gleichzeitig: die rechte Haltung dem Wunder gegenüber und, daß der Suchende sich mit dem Wunderbaren verbündet«. Betrachten wir dieses Problem noch einmal im Lichte der Entwicklung. Ein Mann, so könnte man es ausdrücken, der in blödes Staunen über die Geheimnisse eines Autos, dieses Wunderdings, versunken ist, wird sich nur zögernd dazu finden, seiner eigentlichen Bestimmung zu folgen und sich ans Steuer zu setzen oder irgendwohin fahren zu lassen.

Die schädlichen Folgen dieser falschen Neigung zum Wunderbaren sind der Grund dafür, daß die Sufi-Lehrer stets davor gewarnt haben, in ekstatischen Erfahrungen Befriedigung zu suchen, denn sie sind nur eine Stufe in der Entwicklung des Sufi. In Ehrfurcht und Staunen versunken, bleibt der Suchende an der Stelle des Weges stehen, wo er aufbrechen sollte, die bloße Erscheinung

zu überschreiten. Das Streben nach zeitweiser (oder gar dauernder) mystischer Erfahrung wird deshalb auch als »Schleier« bezeichnet.
Die wahre Wirklichkeit ist jenseits der Ekstase, wie Kalabadhi von Buchara in seinem Werk *Kitabel-Taaruf* sagt. Bei einem der frühesten klassischen Autoren, Junaid von Bagdad (gest. 910), heißt es: in der Ekstase ist der Mensch verzückt; doch wenn die Wahrheit kommt, verdrängt sie die Ekstase von ihrem Platz. Junaid erwähnt, daß Sufis die Ekstase erfuhren, ohne anschließend sich dessen noch bewußt zu sein.
Ein Mann plagte einmal den Lehrer Nourettin mit Fragen über magische Kräfte, über die Gabe der Wunderheilung und die Befriedigung, die der Sufi-Weg gebe.
Da sagte Nourettin: »Bruder, du bist wie ein Räuber, der um unser Lagerfeuer schleicht. Leg ab deine wölfische Gier und iß *mit* uns, aber friß uns nicht auf. Du bringst die Reihenfolge der Dinge durcheinander. Alles geschieht zu seiner Zeit.«
Der Besucher antwortete: »Dann erzähl mir etwas von dir und deinen Freunden, damit ich entscheiden kann, ob ich mit euch gemeinsame Sache machen will.« »Wenn du uns«, sagte der Lehrer, »an deinen gegenwärtigen Vorstellungen mißt, siehst du durch ein getrübtes Glas in die Sonne. Du kannst zusammenhanglose Informationen über uns anhäufen, und wirst sie nach deiner eigenen Methode auswählen. Doch unterscheidet sie sich völlig von der Weise, in der unser Blumenstrauß zusammengestellt ist. Am Ende wirst du unglücklicherweise einen Strauß in Händen halten, der vielleicht hübsch aussieht, aber dir nicht den Duft gibt, den du brauchst.«
Wenn auch nicht die Notwendigkeit besteht, redliche Schüler für Wölfe zu halten, die um das Lagerfeuer der Sufis schleichen – es entsteht häufig eine Verblüffung, die unvermeidlich ist, wenn man innere Vorgänge von außen her zu verstehen sucht: »Wer waren die Adepten, denen er [Ghasali] diese erregenden Geheimnisse wirklich mitgeteilt hat? ... Gab es überhaupt etwas mitzuteilen? Wenn ja – was?« (Gairdner: Einleitung zu *Nische des Lichts*, S. 6.)
»[Lane] erwähnt das Bedauern eines konvertierten Mohammedaners darüber, daß er seinen religiösen Praktiken abschwören mußte. Es ist interessant festzustellen, daß dieser Mann behauptete, als Derwisch ungewöhnliche telepathische Kräfte entwickelt zu haben, die ihm Kenntnis von gleichzeitig an weit entfernten Orten stattfindenden Ereignissen verschafften; er konnte sogar hören, was dort gesprochen wurde. Die Behauptung, solche Kräfte zu besitzen, ist ein Gemeinplatz in der sufischen Literatur. Bestimmte Berichte von Leuten, deren Glaubwürdigkeit außer Frage steht, bestätigen die Existenz sehr bemerkenswerter Kräfte, wie immer sie sich auch erklären mögen.« (A. Guillaume: *Islam*, London 1954, S. 152.)
Am Beispiel Majmuddin Kubras (gest. 1221), eines Vorläufers des heiligen Franz von Assisi, gibt uns John Subhan eine Kostprobe von den ungewöhnlichen Fähigkeiten der Sufi-Scheichs: »Der Gründer des Ordens der Großen

Brüder (*Ikhwan-i-Kubrawiyya*) hatte nicht nur Einfluß auf die Menschen, sondern auch auf die Vögel und andere Tiere. Phänomene ganz ähnlicher Art kommen selbst in unseren Tagen noch vor. ... Als er einmal an der Tür seines *khanaqah* stand, fiel sein Blick auf einen vorbeistreunenden Hund. Sogleich veränderte sich der Hund; sein Benehmen war das eines Mannes, der sich (im mystischen Sinn) selbst verloren hat. Wo er auch hinkam, versammelten sich um ihn die anderen Hunde; zum Zeichen der Ergebenheit legten sie ihre Pfoten auf die seinen. Dann wichen sie zurück und umringten ihn in respektvoller Entfernung.« (*Sufism, Its Saints and Shrines*, Lucknow 1938, S. 182–183.)
In ihrer wechselvollen Geschichte von der Antike bis zum Mittelalter, ja bis zum heutigen Tage, weisen die magischen Lehren und Schriften bestimmte Züge auf, die für den Sufismus wesentlich sind. Die östliche Symbolik ist in einer Weise von Magie umgeben, die man draußen immer noch nicht verstanden hat; wie sufische Zirkel dies verstehen, dringt im allgemeinen auch nicht nach außen.

Es ist bekannt, daß alchimistische Äußerungen stets zweifach auszulegen sind: im allegorischen und im buchstäblichen Sinn. In der magischen Literatur ist ein Gutteil sufischen Gedankenguts verborgen. Allerdings kann man nicht zufriedenstellend erklären, wie es verwendet wurde und was die Allegorien bedeuten. *Sihr* und *sihr al halal* (nach den Gesetzen des Islam ›erlaubte Magie‹) enthält jedoch sufische Lehren, die zum Teil nirgendwo sonst schriftlich fixiert und so zugänglich gemacht wurden. Fragmente finden sich im religiös-magischen *Jawahir-i-Khamsa (Die fünf Edelsteine)*. Die Magie ist, so ersehen wir daraus, ein Vehikel für die Vermittlung allegorischer Lehren. Der Sufismus bediente sich der erlaubten Terminologie der Magie (wie auch der alchimistischen, philosophischen und wissenschaftlichen), um seine Lehren darzustellen. Diese Methode, die Konzepte einer Disziplin in der Terminologie einer anderen auszudrücken, fand ziemlich bald Eingang in den Westen. Wie Guillaume bemerkt, hat zum Beispiel der Sufi Ibn Masarra von Córdoba »als erster den bewußt mehrdeutigen und dunklen Gebrauch alltäglicher Worte in den Westen gebracht, und fast alle späteren Esoteriker sind im darin gefolgt«. (*Op. cit.*, S. 266.)

Das Werk *Die fünf Edelsteine* schöpft teilweise aus den magischen Büchern von El-Buni, dem westlichen Magier der Araber; und die gesamte große Tradition der Magie im mittelalterlichen Europa ist stark beeinflußt von wortgetreuen Adaptionen der arabischen Schulen in Spanien, deren Werk magische Dokumente enthält. Einer der Gründe für die Übernahme der magischen Einkleidung der Lehren ist die wohlgesicherte Überlebensfähigkeit magischer Texte, die unter anderem darin gründete, daß in der Überlieferung kein Wort geändert werden durfte. Man mag deshalb zu dem Schluß kommen, und meine Untersuchungen haben dies bestätigt, daß viele der sufischen Lehren, die in theologischer Gestalt nicht von Bestand gewesen wären, im Gewand der Magie überliefert wurden.

Die Magie ist als System der Schulung ebenso gut wie irgendein anderes. Sie basiert auf Erfahrungen, auf göttlicher oder sonstiger Überlieferung oder auf der Religion. Magie bedeutet nicht nur die Annahme, daß es möglich ist, mit Hilfe bestimmter Techniken bestimmte Wirkungen hervorzurufen; sondern auch die Unterweisung in diesen Techniken. In ihrer heutigen Form läßt sich die Magie auf jede mögliche Weise rationalisieren. Sie vereint so Unbedeutendes wie armselige hypnotische Techniken mit dem Glauben, Naturereignisse hervorrufen zu können. Während man den Sufismus, wenn man ihn begreifen will, nicht in seine Bestandteile zergliedern kann, kann man mit der magischen Überlieferung – einem wahren Mixtum compositum – durchaus so verfahren. Uns interessiert hier nur jener – allerdings sehr umfangreiche – Teil der Magie, der sich dem Bestreben widmet, neue Wahrnehmungen zu schaffen und neue Werkzeuge für die Entwicklung des Menschen bereitzustellen.

In diesem Licht betrachtet erweist sich, daß ein Großteil des Erbes magischer Praktiken (welches häufig religiöse Praktiken einschließt) mit diesem Problem befaßt war. Die Magie basiert nicht so sehr darauf, daß Dinge vollbracht werden können, die die Fähigkeiten der gewöhnlichen Menschen übersteigen, als vielmehr auf dem intuitiven Wissen, daß »der Glaube Berge versetzen kann«. All jene magischen Handlungen, die darauf abzielen, Gedanken oder Vorstellungen über weite Entfernungen auszusenden, in die Zukunft zu sehen oder Zugang zu einer Quelle des höheren Wissens zu finden, sind begleitet von einer dunklen Ahnung davon, daß es dem Menschen möglich ist, eine bewußte Rolle im Prozeß der Evolution zu spielen. Die solche Praktiken anwenden, fühlen das Erwachen eines Organs der Wahrnehmung jenseits der der modernen Naturwissenschaft bekannten Sinnesorgane.

Der Sufi beurteilt die Magie nach seinen eigenen Kriterien. Ist sie fruchtbar für die menschliche Entwicklung? Wenn ja, in welcher Beziehung steht sie zum Sufi-Strom? Im allgemeinen sieht der Sufismus in der Magie eine Entartungserscheinung des sufischen Systems. Sie hat dessen Methodik zwar beibehalten, jedoch die lebendige Beziehung zu seiner fortdauernden Bestimmung verloren. Der Magier, der gewisse übernatürliche Kräfte zu entwickeln sucht, um aus ihnen Nutzen zu ziehen, hat nur ein Fragment der Lehre verstanden. Deshalb wird so oft und in nahezu den gleichen Worten vor den schrecklichen Gefahren magischer Pfuscherei und Besessenheit gewarnt. Allzuoft hat man angenommen, die Magier hätten nur deshalb so vor dem gelegentlichen Gebrauch magischer Praktiken durch den Nicht-Fachmann gewarnt, um sich ihr Monopol zu erhalten. Sieht man aber weiter, so wird offensichtlich, daß die Praktizierenden selbst nur ein unvollkommenes Wissen vom Ganzen der Phänomene besaßen, derer sie sich zum Teil bedienten. Die »schrecklichen Gefahren« der Elektrizität sind nicht im geringsten gefährlich für den Mann, der ständig mit der Elektrizität umgeht und über ein gutes technisches Wissen verfügt.

Magie wird durch eine Steigerung der Emotion gewirkt. Kein magisches Phänomen ereignet sich in der nüchternen Atmosphäre eines Laboratoriums. Wenn die emotionale Spannung bis zu einem gewissen Grade gesteigert ist, springt auf die Beteiligten ein Funke über, und sie erleben scheinbar übernatürliche Ereignisse. Ein Beispiel, das den meisten Menschen vertraut sein dürfte, sind die Poltergeist-Phänomene. Sie treten nur in Gegenwart Heranwachsender bzw. solcher Menschen auf, die sich in einem relativ andauernden Zustand nervöser (emotionaler) Spannung befinden. Die Poltergeister schleudern Steine, sie scheinen die Schwerkraft aufzuheben und bewegen ungeheuer schwere Gegenstände. Wenn der Magier den Versuch unternimmt, sagen wir, eine Person oder einen Gegenstand zu bewegen oder ein Bewußtsein in einer bestimmten Richtung zu beeinflussen, so muß er vermittels einer (mehr oder weniger komplizierten, mehr oder weniger langwierigen) Prozedur emotionale Kräfte erregen und konzentrieren. Weil bestimmte Gefühle leichter zu erwecken sind als andere, neigt die Magie dazu, persönliche Macht, Liebe und Haß anzusprechen. Diese Empfindungen des gewöhnlichen Menschen geben den am leichtesten entflammbaren Brennstoff ab und laden die Atmosphäre mit »Elektrizität« auf, so daß der Funke überspringen und eine Verbindung zu einem umfassenderen Kraftstrom herstellen kann. Wenn die heutigen Adepten der Hexerei in Europa im Kreise wandeln, um »einen Kegel der Macht« zu errichten, so folgen sie diesem Strang der magischen Überlieferung.

Aber der Seher, der sich selbst in einen bestimmten Zustand versetzt, um die Zeitgrenzen zu durchstoßen, und der Magier, der sich einer langen Schulung unterwirft, um einen besonderen Zweck zu erreichen – sie unterscheiden sich vom Sufi. Die Aufgabe des Sufi ist, sich selbst heranzubilden für ein fruchtbares und dauerhaftes Wirken eines Organs der inneren Wahrnehmung und des Handelns.

In ihrem Buch *Mysticism* weist Evelyn Underhill auf die Übereinstimmungen zwischen dem religiös-mystischen und dem magischen Denken hin. Für den Sufi gründet diese Ähnlichkeit in dem, was er das »Vorwärtsdrängende« nennt. Diese Kraft ist es, vermöge derer die Menschheit fortschreitet in der Entwicklung der Zivilisation, der Technik, des Wissens usw. Der Unterschied zwischen Mystik und Magie besteht nach Meinung von E. Underhill darin, daß der Mystiker »sein« will, während der magisch Denkende nach »Wissen« strebt. Zweifellos geht es dem Sufi um das »Sein«; doch anders als der uns bekannte Typ des Mystikers, nutzt er auch das »Wissen«. Nur unterscheidet er zwischen dem gewöhnlichen Tatsachenwissen und der inneren Erkenntnis der Wirklichkeit. Sein Tun verbindet all diese Faktoren und bringt sie in das rechte Verhältnis zueinander – Verstehen, Sein, Wissen.

Auch der Sufi arbeitet mit den emotionalen Kräften, doch nicht in der Absicht, eine Art Sprengstoff daraus zu machen, wie der Magier, sondern einen Kraftstoff, der den Motor des Seins und Wissens ruhig und gleichmäßig laufen läßt. So gesehen ist die hohe Magie, genau wie die gewöhnliche Mystik, für den Sufi eine Bemühung um eine fragmentarische Methodik, die nur ihre eigenen Muster zu reproduzieren vermag. Solange sie sich nicht so weit entwickelt, daß sie, über ihr eigenes Erbe hinaus, zu Innovationen imstande ist, solange sie es verfehlt, ihren Wirkungskreis zu erweitern, und sie nicht genügend Kraft besitzt, ihren neuen Möglichkeiten Bestand zu verleihen – so lange bleibt die ganze Sache ein verstaubter Anachronismus. Im Grunde ist es eine Flucht vor der Bestimmung des Individuums wie der Gemeinschaft.

Gehören magische Rituale zur genuinen Tradition der Sufis? Nein. Für den Sufi hat jedes Symbol eine bestimmte assoziative und eine bestimmte dynamische Funktion, von der er Gebrauch macht bzw. die ihn instinktiv beeinflußt. Rituale sind unter denen, die auf dem Sufi-Weg weit vorangeschritten sind, nicht üblich; doch mögen sie vorkommen. Denn die Konzentration des Denkens, die ein emotionales »Verhaftetsein« impliziert, mag darüber die entsprechende gegenteilige Übung der Loslösung vergessen. Zurschaustellungen und Rituale, wie sie im nicht-sufischen Leben üblich sind (etwa Prozessionen, Insignien, symbolische Handlungen), sind nach Meinung der Sufis abzulehnen, weil sie die Aufmerksamkeit binden, ohne jenen ausgleichenden Faktor zu entwickeln.

Die sufische Psychologie weist auf einen inneren Mechanismus hin, der den Anprall emotionserregender Momente automatisch aufzufangen versucht. Dies geschieht etwa, wenn wir uns gegen etwas zur Wehr setzen, was die Gesellschaft oder irgendeine Gruppe uns ›einimpfen‹ will. Im Westen hat sich in neuerer Zeit eine literarische Methode entwickelt, die unter dem englischen Begriff *debunking* (»etwas seines Nimbus berauben, entlarven«) bekannt geworden ist. Wer so verfährt, folgt nur seinem Bedürfnis, ein gestörtes Gleichgewicht wiederherzustellen. Er hat ein dankbares Publikum, weil er den Hunger stillt, den eine ungesteuerte Emotionalität hinterläßt. Der Intellekt gleicht das Gefühl keineswegs aus, denn in diesem Sinne ist Emotion eher als ein Ballast zu verstehen, der richtig verteilt werden muß, oder als eine Kraft, die angemessen einzusetzen ist. Der Intellekt kann sie weder unterdrücken noch ignorieren, das Denken kann sie nicht daran hindern, sich zu äußern; man kann sie nicht einmal umlenken, indem man sie »explodieren« läßt und noch einmal von vorne beginnt. Wenn westliche Psychologen mit der Methode der Katharsis Emotionen explosionsartig abreagieren oder freisetzen lassen, so mag dies sichtbar scheitern. Scheinen sie Erfolg damit zu haben, so kann man doch nicht sagen, daß sie mehr erreicht hätten, als den Patienten für die Gesellschaft akzeptabler zu machen. Sein Leben ist, nach allem, was wir hören, weniger beschwerlich als zuvor. Das mag unserer gegenwärtigen Gesellschaft genügen, für den Sufi reicht das nicht aus. Er sieht im Menschen ein Wesen, das »unterwegs« ist, nicht eines, das auf irgendwelche Normen festzulegen oder diesen wieder anzupassen ist, die auf den Kriterien bloßer Logik oder des Nutzens beruhen.

All dies bedeutet nicht, die Sufis seien keine Psychologen – im Gegenteil: Ihre

psychosomatische Behandlungsweise ist für die gewöhnliche Welt von solcher Bedeutung, daß »Sufi« mancherorts »Arzt« bedeutet, und natürlich hält man ihn demzufolge auch für einen Magier oder Mystiker. Doch zielt er ursprünglich auf etwas anderes hin; es ist nicht seine Berufung, Lahme und Krüppel zu heilen. Tatsächlich sind seine psychologischen und heilenden (ganz machenden) Fähigkeiten nur ein Ergebnis seines ursprünglichen Strebens. Die Quelle seines Vermögens, der offensichtlich kranken Menschheit zu helfen, ist sein Wissen um die Unvollkommenheit der vermeintlichen Gesundheit der Menschen. Das gilt selbst für die traditionelle Mystik: Die Heiligen wurden nicht zu Heiligen, weil sie Kranke gesund machten; sie konnten Kranke gesund machen, weil sie Heilige waren. Das führt uns zurück zum Problem der Entwicklung intuitiver Einsicht: »Wenn der Löwe krank ist, frißt er von einem bestimmten Strauch und kuriert sich selbst. Er tut das, weil seine Krankheit eine bestimmte Pflanze oder ihre Essenz anzieht. Die Krankheit weiß immer, was ihr Heilmittel ist. Laß dieses Wissen frei, und du wirst klüger sein als der Arzt, der sich nur auf Tatsachen und angelernte Kenntnisse besinnt, die auf den Fall zu passen scheinen. Es ist ein Unterschied zwischen hoffnungsvollen Vermutungen und dem sicheren Wissen. Jede Krankheit ist eine andere.« (*Tibb-al-Arif*, »Medizin der Gnostiker«, von Abdul-Wali, Salik.)
Zu den *Ikhwan El Safa* (Die Wahren Freunde, auch als die Lauteren Brüder bekannt) gehörte eine geheime Gruppe, die durch ihre – um 980 n. Chr. in Basra veröffentlichten – zweiundfünfzig Abhandlungen bekannt wurde. Ein Ziel dieser Schule war es, das gesamte Wissen jener Zeit zugänglich zu machen. Ihr Gebiet umschloß Philosophie, Religion, Wissenschaft und alle anderen Zweige des Forschens. Man bezichtigte sie der Magie. Wie die europäischen Rosenkreuzer, die wohl von ihnen beeinflußt worden sind, haben sie, so nimmt man an, ein inneres Wissen bewahrt. Der erste Schritt auf dem Weg zur Erlangung dieses Wissens mußte jedoch ihrer Meinung nach sein, ein Medium zur Verbreitung des gewöhnlichen Wissens zu schaffen. Sie traten niemals einzeln als Autoren hervor, doch an ihrer Verbindung mit den Sufis besteht kein Zweifel. Ihr Name – *Safa* – klingt wie eine der Interpretationen des Wortes »Sufi«, und die Aufrichtigkeit in liebender Freundschaft ist eine sufische Vorstellung. Sie scheinen ihren Namen aus einer Sammlung allegorischer Geschichten mit dem Titel *Kalilah* übernommen zu haben, von jener Gruppe von Tieren, die dank ihrer Standhaftigkeit von dem Jäger verschont blieben.

Der große Meister Ghasali bezeugt in seinem Werk *Ihya* (Neubelebung), in ihrer Schuld zu stehen. Zu den Sufi-Lehrern, die an ihren Versammlungen teilnahmen, gehört, wie man weiß, auch El-Maari, der Vorläufer Omar Khayyams. Der Astronom El Majriti (Der Madrider) – oder sein Schüler El Karmani von Córdoba – und Averroës brachten diese Lehren in den Westen, einschließlich der Musiktheorien und der von den Sufis in Hinsicht auf die Erleuchtung konzipierten Moralphilosophie.

Der große Rumi mahnt zum Einklang mit den Brüdern der Reinheit (Lauterkeit), indem er den sufischen Charakter der geheimnisvollen Enzyklopädisten darlegt:

> Denkt gut von den Brüdern der Reinheit,
> Wenn sie auch herb Euch behandeln;
> Denn sobald Euch der Argwohn ergreift,
> Trennt er Euch von hundert Freunden.
> Behandelt ein sorgender Freund Euch rauh, um Euch auf
> die Probe zu stellen,
> es wäre gegen die Vernunft, ihm zu mißtrauen.

Hier wird auf die Lehrmethode der Sufis angespielt, nach der ein Meister es für notwendig halten mag, die Seelenstärke seines Schülers zu prüfen oder scheinbar harte Maßnahmen zu ergreifen, um den Boden zu bereiten für die sufische Erfahrung.

Zu einer Zeit vor dem Jahre 1066 brachte El Majriti oder El Karmani die *Enzyklopädie* der Brüder vom Nahen Osten nach Spanien. Majritis wissenschaftliches Werk wurde von Adelard von Bath übersetzt, Englands erstem Arabisten und größtem Wissenschaftler vor Roger Bacon. Ein moderner Mediaevist zeigt, welche Rolle sufische Ansichten in dem bedeutenden Beitrag Adelards zur Schule von Chartres spielen, jenem »Zentrum der humanistischen Wissenschaft und des Platonismus«: »Adelards Denken läuft darauf hinaus, daß das Individuelle mit dem Universellen identisch ist; es sind die Sinne, die unser Bewußtsein mit dem Individuellen aufhalten. ... Er war der erste Denker jener Zeit, der zwischen den göttlichen Ideen und dem konkreten Sein eine unmittelbare Verbindung herstellte. Dies resultierte weitgehend aus seiner Kenntnis der griechischen und arabischen Wissenschaft.« (Gordon Leff: *Medieval Thought*, London 1958, S. 116f.)

Noch aufsehenerregender freilich war der Einfluß der Brüder auf andere Formen der Mystik und des transzendenten Denkens im Westen.

Seit dem 11. Jahrhundert hat die großen Geister des Ostens wie des Westens ein System fasziniert, das als die Kabbala bekannt ist – das jüdisch-mystische Konzept von Mikrokosmos und Makrokosmos, das ebenso theoretische wie praktische Ziele verfolgt. Die Kabbala verhalf dem Menschen dazu, sich selbst zu verstehen, unberechenbare Mächte sich dienstbar zu machen, Wunder zu wirken, kurz, fast alles tun und sein zu können. Von Juden und Christen gleichermaßen eifrig studiert und praktiziert, sah man in der Kabbala die wahre Essenz der alten hebräischen Lehre verkörpert, welche in der Tat das innere, geheime Wissen barg. Keine okkulte Schule, kein Magier und kein Mystiker des Westens, die nicht auf irgendeine Weise von der Kabbala beeinflußt sind. Schon das Wort allein atmet Geheimnis und Macht. Was sind die Ursprünge der Kabbala?

Es ist charakteristisch für die jüdische Gelehrsamkeit, daß Aufrichtigkeit und Loslösung mit dem Streben nach der Wahrheit verbunden sind. So kann es nicht überraschen, daß die *jüdische Enzyklopädie* nachdrücklich darauf verweist, welche bestimmende Rolle die Lauteren Brüder bei der Entstehung des mächtigen Systems der Kabbala gespielt haben: »Die Lauteren Brüder von Basra schufen die acht Elemente, die Gott bilden«, heißt es dort, »und deren Zahl in der Mitte des 11. Jahrhunderts ein jüdischer Philosoph auf zehn erweitert hat[1]«.

Aus dem Gebiet der Lauteren Brüder kam die Kabbala nach Italien und Spanien. Ihr System der Manipulation mit Wörtern mag von gleichzeitig bestehenden und aus alter Zeit überkommenen jüdischen Lehren herzuleiten sein, doch es gründet in der arabischen Grammatik. Ein höchst verwickeltes Band verknüpft den sufischen Strom mit der jüdischen Lehre, deren zugrundeliegende Identität die Sufi-Lehrer deshalb immer betont haben. Einige Fakten, die die Sufis und die jüdisch-christlichen Mystiker verbinden, seien hier erwähnt:

Der Vorläufer von Solomon Ibn Gabirol (Avicebron oder Avencebrol) war Ibn Masarrah von Spanien; Avicebron propagierte seine Lehre. Diese sufischen Lehrsätze, so heißt es in der *Jüdischen Enzyklopädie*, »beeinflußten die Entwicklung der Kabbala mehr als jedes andere philosophische System«. Und natürlich hat Ibn Gabirol, der jüdische Nachfolger des arabischen Sufi, einen starken und weithin anerkannten Einfluß auf das westliche Denken ausgeübt. Im kabbalistischen System des jüdischen Lehrers Asriel heißt Gott EN SOF, das Absolut Unendliche; Asriel war es, der die Kabbala, als sie nach Europa gekommen war, den Philosophen begreiflich zu machen suchte. Ohne Zweifel basiert der kabbalistische Gebrauch der Wörter für mystische Zwecke auf der Erforschung der Grammatik und der Wortbedeutungen durch die Araber. Die hebräische Grammatik ist nach dem Modell der arabischen gebildet. Die erste hebräische Grammatik schrieb der Jude Saadi (gest. 942); wie alle frühen Grammatiken war sie in Arabisch verfaßt, und sie trug den Titel *Kitab al-Lugha*, »in Arabisch und unter dem Einfluß der arabischen Philologie« (*Jewish Encyclopaedia*, Bd. 6, S. 69). Erst seit der Mitte des 12. Jahrhunderts konnten Juden die hebräische Grammatik auf Hebräisch studieren.

Die Sufis und die Lauteren Brüder hatten gelehrt, was sie die älteste, die geheime Lehre von Erfüllung und Macht nannten, und diese den arabisierten Juden weitergegeben. Die jüdischen Kabbalisten paßten diese Lehre dem zeitgenössischen jüdischen Denken an – die Kabbala der Araber wurde die Kabbala der Juden und später die der Christen. Doch die mystischen Schulen

[1]Diese Veränderung des ursprünglichen Kabbalismus beraubte die westliche Entwicklung des Systems um einen Großteil seines Sinns und seiner Nutzbarkeit. Jüdische und christliche kabbalistische Schriften, die nach dem 12. Jahrhundert entstanden sind, haben deshalb an Bedeutung eingebüßt. Das betrifft alle Aspekte der Kabbala der zehn Elemente, wie sie sich von der »Acht-Kabbala« unterscheidet.

des Sufismus, die das Buchwissen als Quelle niemals für genügend erachteten verbanden weiterhin das Praktizieren sufischer Riten mit dem Wesenskern der alten kabbalistischen Lehre; in dieser Form wurde die Mystik der Juden beeinflußt, nicht primär vermittels der jüdischen Kabbala.

Diese sufische Überlieferung unterstreicht die *Jüdische Enzyklopädie*, wo es heißt: »Die Wiedererweckung der jüdischen Mystik in den mohammedanischen Ländern jener Zeit hat ihre Ursache wahrscheinlich in der Ausbreitung des Sufismus im 8. Jahrhundert. Unter dem direkten Einfluß der Sufis entstand die jüdische Sekte der Judghaniten« (Vol. 11, S. 579). Das sufische System war von so tiefgreifender Wirkung auf die mystischen jüdischen Markabah-Reiter, daß einige der von den Mystikern hervorgerufenen Phänomene (etwa das Ineinanderübergehen von Farben, schließlich bis zur Farblosigkeit), mit denen der Sufis identisch sind. Der Chassidismus, jene praktische mystische Frömmigkeit, die im 18. Jahrhundert in Polen aufkam, ist nicht nur »die wirkliche Fortsetzung der Kabbala, sondern er muß auf dem Sufismus basieren oder einem Teil der Kabbala, der mit diesem identisch ist«. Dieselbe Quelle spricht von der »verblüffenden Übereinstimmung« der Praxis beider Systeme, davon, daß der Chassidismus »viele Gemeinsamkeiten mit dem Sufismus« hat, wozu auch die Beziehung des Schülers zum Meister gehört. Die erste der ethischen Schriften aus der jüdisch-arabischen Periode basiert auf einem sufischen Modell. »Der Sufismus hat, wegen seines Einflusses auf die ethischen und mystischen Schriften der jüdisch-arabischen Periode, einen besonderen Anspruch darauf, von jüdischen Gelehrten beachtet zu werden.«

Es muß kaum hinzugefügt werden, daß die Worte »arabisch« und »jüdisch« für die Sufis wenig Bedeutung haben – einer der Gründe, weshalb unter den Spaniern, die dem Sufi-Weg folgten und seine Lehre dem christlichen Westen übermittelten, eine solche Verbundenheit herrschte.

Die Kabbala gab eine Form, einen Rahmen, um bestimmte Ziele erreichbar zu machen. Wie die meisten Systeme dieser Art – das Rahmenwerk der Sufi-Orden ist ein anderes –, fristete sie als leere Hülle ihr Dasein, als der Moment ihrer Auflösung und Erneuerung verpaßt war.

Magie und Wunder haben für den Sufi eine ähnliche, aktive Funktion. Dabei geht es um Zeit, Ort und andere Bedingungen. Sofern sie beide das Produkt der Zeit und das Mittel der Entwicklung sind, muß man sie einerseits als begrenzt, andererseits als fortdauernd verstehen. Solange man darauf besteht, sie mit anderen Kriterien untersuchen zu wollen, werden sie den Eindruck des Bizarren und Nutzlosen nicht verlieren.

LEHRER UND SCHÜLER

Allein vermagst du nichts: such einen Freund.
Könntest du den geringsten Bissen deiner Schalheit schmecken, du würdest zurückschaudern vor ihr.
(Nisami, *Schatzkammer der Geheimnisse*)

Man hört oft, daß es der orientalischen Mentalität entspreche, sich bereitwillig der Erziehung durch einen Lehrer zu unterwerfen und seine Anordnungen mit einem Gehorsam zu befolgen, der dem Westen fremd sei. Wer den Osten aus eigener Erfahrung kennt, weiß, daß diese Meinung ebenso falsch ist wie ein anderes westliches Pauschalurteil – daß alle östlichen Länder sich mehr oder weniger gleichen. Was man über die Einschätzung spiritueller Lehrer im Osten allenfalls sagen kann, ist dies: es gibt dort mehr solcher Lehrer, und mehr Belege dafür, daß sie Gutes bewirken.

Fast alle Menschen werden zu einem gewissen Maß an Selbstbewußtsein erzogen, das schließlich zum geistigen Habitus wird. Infolge eines ganz natürlichen verständlichen Mangels an wahrer Urteilskraft verwechseln sie die Vorstellung, daß man sich der Führung eines anderen anvertraut, mit einem Verlust an Freiheit. Die meisten Menschen – im Osten wie im Westen – begreifen nicht, daß man, wenn man sich in die Hände eines Experten gibt, nicht seinen Selbstwert einbüßt. Inkonsequenterweise erlauben sie dem Chirurgen ohne weiteres, ihnen den Blinddarm herauszunehmen, doch auf einem Gebiet, von dem sie ebensowenig verstehen wie von der Chirurgie, bestreiten sie einem Lehrer die Überlegenheit seines Wissens oder seiner Erfahrung.

Da die Sufis nicht predigen oder missionieren, finden sich Hinweise auf das Verhältnis zum Lehrer nur in den Aussagen erfahrener Sufis; von solchen, die selbst Lehrer sind, wird man darüber im allgemeinen nichts erfahren. »Zum Priester gehst du«, so sagt ein Sufi, »aus Gewohnheit oder weil dein Glaube es verlangt, und weil er bestimmte Dinge bezeugt. Du suchst einen Arzt auf, weil er dir empfohlen wurde, weil du dich in Not fühlst oder verzweifelt bist. Eine innere Schwäche zieht dich immer wieder hin zu den Magiern. Du gehst zum Waffenschmied deiner äußeren Stärke wegen, zum Schuhmacher, weil du seine Waren gesehen hast und einige davon besitzen willst. Geh nicht zum Sufi, wenn du nicht etwas von ihm haben willst; ist es dir nur ums Debattieren, so wird er dich verjagen.«

Nach sufischer Überzeugung beruht die Anziehungskraft eines Sufi-Lehrers wesentlich auf seiner intuitiven Anerkennung durch den Schüler; die Gründe, die der Schüler dafür anführt, sind bloße Rationalisierung und deshalb sekun-

där. Ein Sufi berichtet: »Daß der Meister ein großer und wohltätiger Mann war wußte ich schon, bevor ich ihn zum erstenmal traf. Doch erst als er mir die Erleuchtung brachte, sah ich, daß seine Größe und Güte von einer weit größeren Ordnung waren und mein anfängliches Begreifen bei weitem überstiegen.«
Der gewöhnliche Mensch hat ein eher subjektives Bewußtsein von Freiheit und Unfreiheit. So erzählt ein Sufi: »Ein Lehrer befreite mich von den Fesseln, die mich gefangen hielten; Fesseln, in denen ich glaubte frei zu sein, während sie mir doch nur erlaubten, mich in einem vorgezeichneten Kreis zu drehen.«
Die unkritische Übertragung jenes Selbstvertrauens auf Gebiete, in denen es scheitern muß, kommt anschaulich zum Ausdruck in der folgenden autobiografischen Äußerung eines Sufis: »Ich kam zu dem Schluß, daß ich den mystischen Pfad alleine betreten mußte, und ich mühte mich sehr darum. Bis eine innere Stimme zu mir sagte: ›Geh zu einem Wegbereiter, der dir eine Straße durch die Wildnis zeigt – oder ziehst du es vor, deinen eigenen Weg zu suchen und dabei zugrunde zu gehen?‹« (Siehe Anmerkung: »Irrationale Furcht«)
Während sich einzelne sufische Fähigkeiten spontan entwickeln mögen, kann die Sufi-Persönlichkeit nicht in der Einsamkeit heranreifen; denn der Suchende weiß nicht genau, in welche Richtung er geht und nach welcher Ordnung seine Erfahrungen auf ihn zukommen werden. Zu Beginn ist er seiner eigenen Schwachheit ausgesetzt, die ihn beeinflussen wird, und davor »beschirmt« ihr ein Lehrer. Deshalb sagt Scheich Abu al-Hassan Saliba: »Es ist besser, einen Schüler der Aufsicht einer Katze anzuvertrauen, als seiner eigenen Kontrolle.« Unbeständig und unkontrollierbar wie die Antriebe einer Katze, so sind die eines Schülers im frühen Stadium.
Der Vergleich des noch nicht erneuerten Menschen mit einem weitgehend animalischen Wesen, das mit Fähigkeiten ausgestattet ist, deren es sich noch nicht richtig bedienen kann, findet sich häufig in der sufischen Lehre: »Je mehr der Mensch noch Tier ist, desto weniger begreift er, was ein Lehrer ist. Ihm mag der Führer wie ein Jäger erscheinen, der ihn in einen Käfig locken will. Ich selbst war so«, stellt Aali-Pir fest. »Der unerfahrene Falke glaubt, er werde versklavt werden, wenn man ihn gefangennimmt, wie er es nennt. Er weiß nicht, daß der Falkner ihm ein erfüllteres Leben schenken wird, frei auf dem Handgelenk des Königs thronend, ohne ständig von der Sorge um Nahrung und von Furcht ergriffen zu sein. Der einzige Unterschied zwischen Mensch und Tier besteht hier darin, daß das Tier jeden fürchtet. Der Mensch behauptet, die Vertrauenswürdigkeit eines Lehrers beurteilen zu können. In Wahrheit unterdrückt er nur seine Intuition, sein Verlangen, sich in die Hände eines zu geben, der den Weg weiß.«
Das Schema des sufischen Lehrens – Worte, Handlung und Zusammenarbeit – verlangt dreierlei: den Lehrer, den Schüler und die Gemeinschaft oder Schule. Davon spricht Rumi, wenn er sagt: »Die Wissenschaft lernt man durch Worte; die Kunst durch die Praxis; die Loslösung durch die Gemeinschaft.«
Und da die rechte Weise des Lernens selbst erlernt werden muß, sagt Rumi an

anderer Stelle: »Was für den gewöhnlichen Menschen ein Stein, ist eine Perle dem, der weiß.«

Die Funktion des Lehrers ist, den Geist des Suchenden zu öffnen, ihn bereit zu machen für die Erkenntnis und Annahme seiner Bestimmung. Das verlangt von dem Suchenden, daß ihm bewußt wird, wie sehr sein Denken in Voraussetzungen eingeschnürt ist. Solange dieser Punkt nicht erreicht ist, kann es kein wahres Verstehen geben, und der Kandidat ist lediglich reif für irgendeine der üblicheren Organisationen, die ihn darauf abrichten, entlang bestimmter Richtlinien zu denken: »Öffne die Pforte deines Geistes für das herrenlose Gut der Erkenntnis, denn du bist arm und sie ist reich.« (Rumi)

Man kann den Sufismus als einen Kampf gegen jenen Umgang mit der Sprache verstehen, der das Denken in Schemata preßt, durch die die Menschheit auf einer bestimmten Stufe des Ungenügens festgehalten oder in den Dienst von Organisationen gezwungen wird, die letztlich von keinem evolutionären Nutzen sind.

Ein Sufi wurde einmal gefragt, warum die Sufis die Wörter in einem besonderen Sinn verwenden, der von ihrer gewohnten Bedeutung weit entfernt sei. Seine Antwort war: »Denk lieber darüber nach, warum der gewöhnliche Mensch unter der Tyrannei der Worte leidet, die im gewohnten Gebrauch erstarren, bis sie nur noch zum Werkzeug taugen.«

Die Beziehung zwischen Lehrer und Schüler im Sufismus ist nicht zu verstehen, wenn man sie unabhängig von der Weise des Lehrens betrachtet. Ein Teil der Lehre geschieht außerhalb von Raum und Zeit, entsprechend jenem Element im Menschen, das der Zeit und dem Raum enthoben ist. Ein anderer Teil findet sich in all den Aspekten wieder, in die das gewöhnliche menschliche Bewußtsein die Erfahrung, das Leben und die Welt der Formen aufsplittert. Eine Interaktion dieser besonderen Art führt zu einer Verwandlung. Deshalb geht diese Beziehung in ihrer tiefsten Bedeutung weit über den üblichen Wirkungskreis des Lehrens und Lernens hinaus. Ein Sufi-Lehrer ist mehr als nur jemand, der formales Wissen vermittelt, und er lehrt auch mehr als eine Methode des Denkens oder eine Einstellung zum Leben, mehr sogar als eine innere Möglichkeit zur Selbstentwicklung.

In seinem Vorwort zu einem Buch, das in der Mitte unseres Jahrhunderts rasch ein Klassiker wurde, berührt der tschechische Gelehrte Erich Heller die Probleme des Studiums und vor allem der Lehre in der Literaturwissenschaft. Der Lehrer, so sagt er, »ist mit einer Aufgabe betraut, die, an den Maßstäben der Arbeit im wissenschaftlichen Laboratorium gemessen, unlösbar erscheinen würde – etwas zu lehren, was genaugenommen nicht gelehrt werden, von dem man nur ›ergriffen‹ werden kann, wie von einer Leidenschaft, einem Laster, einer Tugend«. (*The Disinherited Mind*, London 1952.)

Die Funktion des Sufi-Lehrers ist noch komplexer. Anders als der Dozent für Literatur hat er keine Aufgabe im üblichen Sinn des Wortes. Seine Aufgabe ist, zu sein, er selbst zu sein, und was er zu lehren hat, lehrt er durch die Art und Weise seines vorbildlichen Seins. So ist die Persönlichkeit des Sufi-Lehrers nicht gespalten in eine öffentliche und eine private. Wer im Klassenzimmer ein anderes Gesicht zeigt als zu Hause, ist kein Sufi-Lehrer, ebenso wenig wie der Schauspieler, der »in die Haut einer Rolle schlüpft«. Zwar kann sich das äußere Verhalten des Sufi-Lehrers sehr wohl verändert, doch seine innere Persönlichkeit ist eine und dieselbe.

Die Gewohnheit der alternierenden Persönlichkeit sitzt so fest bei den Menschen, daß sie von der Gesellschaft als »Rollenspiel« akzeptiert wird. Dabei kommt sehr oft dazu, daß man die künstliche Persönlichkeit der Rolle in andere Zusammenhänge hinüberträgt. Dies wird nicht als ein Übel angesehen, doch es ist zweifellos ein Zeichen der Unreife im sufischen Sinn.

Andererseits bedeutet die innere Einigung der Persönlichkeit, welche auf verschiedene Weise zum Ausdruck kommt, daß der Sufi-Lehrer nicht der veräußerlichten, idealisierten Persönlichkeit gleicht, die den Naiven beeindruckt. Die ruhige, unveränderliche, nur Scheu einflößende Persönlichkeit, der unnahbare Meister, der »Mann, der nie sich wandelt«, kann kein Sufi-Meister sein. Der Meister ist nicht ein Asket, der sich von den Dingen der Welt losgelöst hat und nun selbst eine äußerliche Verkörperung dessen ist, was dem oberflächlichen Blick als Loslösung erscheint. Der Grund liegt auf der Hand. Das Statische ist tot im Hinblick auf die organische Entwicklung, und deshalb nutzlos. Wer immer ruhig und gesammelt ist, den hat man darauf abgerichtet, losgelöst zu sein. Er »zeigt niemals eine Gemütsbewegung« und hat seine Handlungsmöglichkeiten eingeschränkt, indem er sich einer der Funktionen des organischen ebenso wie des geistigen Lebens selbst beraubte. Der Übertrainierte wird zu einem bloßen Muskelprotz.

Loslösung ist für den Sufi nur ein Element eines dynamischen Austauschs. Der Sufismus wirkt durch Wandlung. Die Loslösung des Intellekts hat nur einen Sinn, wenn sie den Menschen dazu befähigt, als Resultat dessen etwas zu *tun*. In einem System, dem es um die Selbstverwirklichung der Menschheit geht, kann sie niemals ein Selbstzweck sein.

In einem metaphysischen System freilich, das nicht das Ganze im Blick oder seine lebendige Kraft verloren hat, wird das Mittel zum Zweck. Loslösung, Unbewegbarkeit oder Güte zu erlangen, erscheint so ungewöhnlich oder für sich so erstrebenswert, daß seine Anhänger sich ganz auf dieses Ziel hin ausrichten.

Schließlich greift man zu Rationalisierungen, um zu beweisen, daß das Erlangen der Loslösung, das Asketentum oder irgendein anderes System nur teilweiser Entwicklung eine erhabene oder unendliche Bedeutung in sich trage. »Soundso hat die vollständige Loslösung erreicht, und dadurch wurde ihm dann die höchste Erleuchtung zuteil« – solche oder ähnliche Legenden entstehen dann. Natürlich folgt nicht einfach das eine aus dem anderen, aber irgendwie scheint es so. In Westeuropa kann man von sonst ganz vernünftigen Leuten solch irrige Schlußfolgerungen hören wie: »Soundso ist wunderbar;

er kann seinen Herzschlag beeinflussen. Ich gehe immer zu ihm, wenn ich in persönlichen Problemen Rat brauche.« Erzählte man dem selben Menschen, »Soundso ist wunderbar; er schafft neunzig Wörter in der Minute auf der Schreibmaschine – geh mit deinen Problemen zu ihm!« – er würde sehr ungehalten reagieren.

Seine Aufrichtigkeit vorausgesetzt, kann ein Mensch im metaphysischen Bereich nur lehren, was er wirklich für wahr befunden hat. Wenn er uns lehrt, daß man durch den Kopfstand irgendein mystisches Ziel erreicht, muß er in uns zuerst den Glauben erwecken, daß dies bereits jemandem gelungen ist. Man könnte dies die positive Bestätigung nennen, welche man akzeptieren oder ablehnen mag. Die Lehrmethode der Sufis geht noch weiter. Indem er die Aufmerksamkeit des Schülers auf Perspektiven richtet, die sich von den konventionellen Sichtweisen unterscheiden, und indem er jenen Komplex von Aktivitäten entfaltet, die man unter dem Namen »Sufismus« zusammenfaßt, sucht der Lehrer dem Schüler die Materialien zugänglich zu machen, die sein Bewußtsein entwickeln werden. Sein Vorgehen mag, wie Sir Richard Burton erwähnt, sogar destruktiv erscheinen, doch es ist »im Wesen wiederaufbauend«. Dies meint Rumi, wenn er davon spricht, daß man ein Haus niederreißen muß, um darin einen Schatz zu finden. Niemand will, daß sein Haus zerstört wird, selbst wenn der Schatz von größerem Nutzen für ihn ist als das Haus, das er (wie wir zu diesem Zweck annehmen wollen) nicht einmal besonders mag. Der Schatz, sagt Rumi, »ist die Belohnung für das Niederreißen des Hauses«.

»Führer, Philosoph und Freund«, übt der Sufi-Lehrer offensichtlich verschiedene Funktionen aus. Als Führer weist er den Weg – doch gehen muß der Schüler selbst. Als Philosoph liebt er die Weisheit, gemäß dem ursprünglichen Sinn des Wortes. Doch Liebe bedeutet für ihn Handeln, nicht nur Vergnügen oder gar die Hoffnungslosigkeit unerwiderter Liebe. Als Freund schließlich ist er Gefährte und Ratgeber, gibt er Bestätigung und eine Ansicht der Dinge, die von seiner Wahrnehmung dessen abhängt, was dem anderen not tut.

Der Sufi-Lehrer ist das Bindeglied zwischen dem Schüler und dem Ziel. Er verkörpert und symbolisiert sowohl das »Werk« selbst – das auch ihn geschaffen hat – als auch die Kontinuität des Systems, die »Kette der Überlieferung«. Wie der Armee-Offizier dem gemeinen Soldaten gegenüber den Staat und dessen Ziele, so symbolisiert der Sufi *tarika*, die Ganzheit der Sufi-Wesenheit.

Ein Sufi-Lehrer wird nie eine welterschütternde Persönlichkeit sein, die Millionen Anhänger anzieht und deren Ruhm sich in alle Winkel der Erde verbreitet. Der Grad seiner Erleuchtung ist nur dem Erleuchteten sichtbar. Wer sich von der Persönlichkeit eines Lehrers verwirrt und beeindruckt zeigt, dessen Bewußtheit wird zu gering sein, als daß er mit diesem Anstoß fertig werden und ihn positiv nutzen kann. Vielleicht brennt die Sicherung nicht durch, doch sie mag sich, gefährlich und unsinnig, bis zur Weißglut erhitzen.

»Ein Grashalm kann einen Berg nicht durchdringen. Wenn die Sonne, die die Welt erhellt, näher an sie herankäme, die Welt würde aufgezehrt.« (Rumi: *Mathnawi*, Buch I.) Der emporsteigende Mensch kann nur einen Schimmer von der nächsthöheren Stufe erhaschen. Ein Mensch kann nun einmal die wirklichen Eigenschaften des Weisen – des Mannes auf der vierten Stufe der sufischen Entwicklung – nicht wahrnehmen, wenn er sich auf der ersten oder zweiten Stufe befindet.

Die Sufis drücken das in einem Vergleich aus: Die Fledermaus braucht wenig Licht. Der Glanz der Sonne nützt ihr nichts, mag er sie auch berauschen.

Der sogenannte freie oder rationale Geist geht, wenn er sich mit Problemen des Lehrerseins beschäftigt, von den erstaunlichsten Voraussetzungen aus. Sagt jemand: »Ich werde dem folgen, der mich davon überzeugt, daß er echt und ursprünglich ist«, so gleicht er nur dem Wilden, der sagt: »Wenn eine Person seltsame Kräfte zu besitzen scheint oder meine Urteilskraft auf andere Weise lahmlegt, so werde ich bereit sein, ihm zu gehorchen.« Wer so denkt, kommt dem Medizinmann im Urwald gerade recht, der aus Deutschland »geheimnisvolle« Magnesiumlichter mitgebracht hat; sich selbst nützt er damit wenig. Noch weniger Nutzen hat er für die Sache des Sufis; denn er ist nicht bereit für die Wahrheit, so willig er sich auch verwirren lassen mag. Er braucht eine intuitive Fähigkeit, zu erkennen, wenn die Wahrheit kommt.

Als ich einmal mit Libnani, einem Sufi-Lehrer, zusammensaß, kam ein Mann zu ihm, und folgender Dialog entspann sich:

Der Mann: »Ich habe den Wunsch, zu lernen. Wollt Ihr mich lehren?«

Libnani: »Ich glaube nicht, daß Du weißt, wie man lernt.«

Der Mann: »Könnt Ihr mich lehren, wie man lernt?«

Libnani: »Kannst Du lernen, mich lehren zu lassen?«

Die Mannigfaltigkeit unter den Lehrern ist sehr groß im Sufismus, zum Teil deshalb, weil sie sich selbst als Teil eines organischen Prozesses empfinden. Das bedeutet auch, daß sie manchmal auf die Menschen einwirken, ohne daß diese sich der Beziehung zu dem Lehrer bewußt sind. So mochte beispielsweise im Mittelalter ein Sufi von Ort zu Ort ziehen, angetan mit einem Flickenkleid, und durch Zeichen seine Lehre verbreiten; vielleicht sagte er gar nichts, vielleicht sprach er kryptische Worte. Er selbst gründete keine Schule, doch er sorgte dafür, daß die Botschaft der Sufischaft den Menschen der Länder, die er durchwanderte, zugetragen wurde. Diese merkwürdige Gestalt, so wissen wir, hat in Spanien und in anderen Gegenden Europas gewirkt. Der Name, den man dem schweigsamen Lehrer gab, der solch merkwürdige Bewegungen vollführte, war *aghlaq* (im Plural *aghlaqin*, mit gutturalem »r« und europäischem »q« als *arlakeen, arlequin* ausgesprochen). Dies ist ein arabisches Wortspiel auf der Grundlage der Wörter für »große Tür« und »verworrene Rede«. Es ist kaum zu bezweifeln, daß die Weise, wie er den Uneingeweihten erschien, sich im Harlekin verewigt hat.

Ein Sufi-Adept mag sich in Flicken oder in ein normales Gewand kleiden. Er mag jung sein oder alt. Hujwiri erwähnt eine Begegnung mit einem jungen Lehrer dieser Art. Ein Mann, der etwas über den Sufismus erfahren wollte, sah den jungen Mann, der wie ein Adept gekleidet war, jedoch ein Tintenfaß mit sich trug. Er hielt dies für ungewöhnlich, denn die Sufis sind keine Schriftgelehrten. Er näherte sich dem »Hochstapler«, den er für einen Schriftsteller hielt, der sich das Ansehen des Flickenkleides zunutze machen wollte, und fragte ihn, was Sufismus sei. »Sufismus«, war die Antwort, »ist *nicht* zu glauben, daß ein Mann, weil er ein Tintenfaß mit sich führt, kein Sufi sei.«

Während ein Sufi die Erleuchtung nach langer oder schon nach kurzer Zeit erlangen mag, kann er nicht wirklich lehren, bevor er nicht von seinem eigenen Mentor den Mantel der Bestätigung erhalten hat, der ihn autorisiert zu lehren.

Keineswegs alle Sufis eignen sich zum Lehrer. Die esoterische Interpretation eines bestimmten Scherzwortes faßt das zusammen:

> Der halbe Arzt ist eine Gefahr für das Leben;
> Der halbe Priester eine Gefahr für den Glauben.

Der halbe Sufi mag, in diesem Sinne, ein Mann sein, der zwar nicht mehr Schüler sein muß, jedoch selbst den Weg noch nicht zu Ende gegangen ist. Solange er von seiner eigenen Entwicklung in Anspruch genommen ist, kann er nicht lehren.

Man nennt den Lehrer auch den Weisen (*arif*), den Führer (*murshid*), den Älteren (*pir*) oder Scheich (Anführer, Oberhaupt). Es gibt noch viele andere Bezeichnungen, deren Bedeutungsnuancen präzis die besondere Art der Beziehung zwischen den Mitgliedern einer Gruppe und ihrem Lehrer zum Ausdruck bringen.

Drei Wege gibt es, die der Lehrer dem Bewerber weisen kann. In den meisten Sufi-Systemen durchläuft der Anfänger eine Novizenzeit von tausend und einem Tag, während der seine Fähigkeit, Unterweisung zu empfangen, sowohl beurteilt als auch vertieft wird. Steht er diese Periode (deren Dauer von symbolischer Bedeutung sein und tatsächlich aus einer anderen Anzahl von Tagen bestehen mag) nicht bis zum Ende durch, so muß er den Bezirk der Schule (*madrasa*) verlassen. Der zweite Weg wird eingeschlagen, wenn der Lehrer einen Bewerber sofort akzeptiert, ohne daß dieser die allgemeinen Versammlungen der Gruppe oder des Zirkels (*halka* oder *daira*) besuchen muß, und ihm besondere Übungen aufgibt, die er im Einklang mit sich selbst und unabhängig ausführen soll. Der dritte Weg besteht darin, daß der Lehrer, nachdem er die Fähigkeiten des Bewerbers abgeschätzt hat, diesen formal als Schüler annimmt, ihn dann jedoch zu einem anderen Lehrer schickt, der sich auf Übungen spezialisiert hat, welche für den Schüler von direkterem Nutzen sind. Nur die Lehrer bestimmter Schulen wenden selbst alle Übungen an, die angezeigt sein könnten – durchweg die Schulen Zentralasiens und besonders eine Naqshbandi-Schule, die sich Asimiyya nennt; sie läßt eine Anzahl verschiedener Lehrmethoden ineinander übergreifen.

Sufi-Lehrer haben eine kombinierte Methode, die den Mittelpunkt ihres inneren Zirkels bildet; der Terminus technicus dafür ist *markas*, »Zentrifuge, Mittelpunkt eines Kreises, Hauptquartier«. *Markas* nennt man auch eine Sitzung, in der die Sufis solche Übungen vollziehen; geht es nicht um diese Übungen, spricht man von *majlis* (Sitzung).

Da alle sufischen Lehren auf eine Vielfalt von Bedeutungen hin angelegt sind, je nachdem wieviel oder auf welcher Ebene der einzelne zu verstehen imstande ist, finden sich in der Literatur viele Anspielungen auf die Rolle des Lehrers, die man gelegentlich wörtlich übersetzt hat. So sagt etwa Rumi: »Der Arbeiter ist verborgen in der Werkstatt.« Man versteht dies allgemein als einen Hinweis auf die Immanenz Gottes. Vom theologischen Standpunkt aus ist das völlig richtig, und wie in allen sufischen Lehren dürfen wir darin die objektive Wahrheit erblicken; was bedeutet, daß es in jeder möglichen Interpretation wahr ist. Soweit es hier jedoch speziell um den Lehrer geht, ist der Satz so zu verstehen: Der Sufi-Führer ist selbst nur ein Teil des »Werks«, das er lehrt – der ganze Prozeß, Lehrer, Lehren und Lernen, ist eins.

Das Wesen des Lehrers im Sufismus ist deshalb nicht isoliert zu betrachten. Man kommt ihm nur näher, indem man Material, wie es hier dargeboten wurde, sorgfältig studiert *und* den Sufismus in der Praxis erfährt.

Professor A. J. Arberry, der den Sufismus von einem durchweg wohlwollenden, doch akademischen Standpunkt aus untersucht hat, weist auf die Schwierigkeiten hin, die der auf Äußerlichkeiten fixierte oder intellektuelle Betrachter gewärtigen muß angesichts der »Obskurität einer Lehre, die weitgehend auf ihrem innersten Wesen nach nicht mitteilbaren Erfahrungen beruht« (*Tales from the Masnavi*, London 1961, S. 19.)

Ich war einmal dabei, als ein Sufi-Scheich im Nahen Osten von einem ausländischen Forscher auf dem Gebiet des Okkulten mit Fragen bedrängt wurde. Verzweifelt suchte er Antwort auf die Frage, woran man einen Sufi-Lehrer erkennen könne, und ob die Sufis keine messianischen Legenden hätten, in denen ein Führer prophezeit werde, der die Menschen wieder zur metaphysischen Bewußtheit bringe. »Du selbst bist dazu bestimmt, ein solcher Führer zu sein«, sagte der Scheich, »und östliche Mystiker werden in Deinem Leben von besonderer Bedeutung sein. Halt Dein Wort.« Später wandte er sich zu seinen Schülern und sagte: »Das war es, weshalb er kam. Verweigert Ihr dem Kind sein Zuckerwerk, oder sagt Ihr dem Wahnsinnigen, er sei krank? Unsere Aufgabe ist es nicht, die Unbelehrbaren zu belehren. Wenn ein Mann Euch fragt ›Wie gefällt Dir mein Mantel?‹, so dürft Ihr nicht sagen ›Er ist gräßlich!‹, wenn Ihr ihm keinen besseren geben könnt, oder ihm einen besseren Geschmack beibringen. Manche Menschen kann man nicht lehren.«

»Rumi sagt: ›Man kann nicht durch Widerspruch lehren.‹«

DER FERNE OSTEN

> Fische, die wissen wollten, was Wasser sei,
> gingen zu einem weisen Fisch. Er sagte ihnen,
> daß sie sich mitten darin befänden, und doch
> glaubten sie immer noch, durstig zu sein.
> (Nasafi)

Der Sufismus war von solch großem Einfluß auf die Mystik in Indien, daß von einigen Schulen, die man bislang auf den antiken Hinduismus zurückführte, von der Forschung mittlerweile nachgewiesen wurde, daß sie sufischen Ursprungs sind. Weniger diese historische Tatsache ist für den Sufi von Bedeutung als der Umstand, daß der mystische Strom, seine Quelle, wesenhaft eins ist. Wegen der äußerlich so verschiedenen Aspekte der Mystik im Fernen Osten hat man im allgemeinen angenommen, daß die einzelnen Kulte voneinander unabhängige Produkte der Kulturen sind, in denen sie jeweils wurzeln. Eine solche Lebensanschauung kann nicht haben, wer davon überzeugt ist, daß es nur eine Wahrheit gibt und daß die Wissenden miteinander in Verbindung stehen müssen und sich nicht voneinander absondern können.

Vor über tausend Jahren wurde in Indien gesät, was in einer Vielfalt meditativer Schulen offensichtlich hinduistischer Provenienz erblühen sollte. Die Liebesmystik des *bhakti*-Weges ist ein Beispiel. In seiner Kulturgeschichte Indiens schreibt Tara Chand:

*Bestimmte andere Charakteristika der südindischen Gedankenwelt lassen jedoch sehr deutlich islamischen Einfluß erkennen. So die zunehmend stärkere Betonung des Monotheismus, die emotionale Verehrung, die Auslieferung des Selbst (*parpatti*) und die liebende Hingabe an den Meister (*guru bhakti*), außerdem die Laxheit gegenüber den strengen Normen des Kastenwesens und die Gleichgültigkeit bloßem Ritual gegenüber ... das Aufgehen in Gott durch die Hingabe an den Meister. ... Die sufische Vorstellung vom vergötterten Lehrer ging in den mittelalterlichen Hinduismus ein.*

Tara Chand verfehlt hier anzumerken, daß die von ihm aufgezählten bedeutsamen Punkte, in ihrer Gruppierung und Betonung, eher auf den Sufismus als unmittelbar auf den Islam im üblichen Sinne verweisen – in dem Sinn, wie ihn die moslemische Geistlichkeit versteht.

In den meisten indischen Kulten hat die Rolle des vergöttlichten Lehrers ihren ursprünglichen sufischen Charakter verloren; dieser Wandel gab den späteren Hindu-Schulen einen ausgesprochen nicht-sufischen Akzent. Allzu oft sind es gerade diese Kulte, von denen westliche Studenten, begierig danach, die Spiritualität des Ostens zu erleben, fasziniert sind. Sie neigen dazu, bloßen

Abkömmlingen von Sufi-Schulen anzuhängen, die sich mit dem Putz des Hinduismus schmücken.

Obwohl sie zweifellos etwas besaßen, worauf sie hätten aufbauen können, waren es weitgehend die Sufi-Lehrer, denen die großen Hindu-Schulen der Mystik ihre Existenz verdankten. In seinem Buch *Religions of India* beschreibt Auguste Barth die geografischen und chronologischen Korrespondenzen zwischen der Ansiedlung von Sufis in Indien und dem Aufstieg der, wie man später glaubte, indischen mystischen Schulen von ehrwürdigem Alter:

In genau diesen Gebieten wuchsen, vom neunten bis zum zwölften Jahrhundert, jene großen religiösen Bewegungen heran, die mit den Namen Sankara, Ramanuja, Ananda Tirtha und Basava verbunden sind, aus denen die Mehrzahl der historischen Sekten entstand, und denen der Hinduismus bis zu einer sehr viel späteren Zeit nichts Gleichwertiges zur Seite stellen kann.

Ein Umstand hat die Forschung lange davon abgehalten, die Behauptung der Hindus nachzuprüfen, daß die mystischen Bewegungen von ehrwürdigem Alter seien. Dies war, so merkwürdig es dem Leser erscheinen mag, der Umstand, daß die frühe religiöse Literatur der Hindus erst im späten achtzehnten und frühen neunzehnten Jahrhundert niedergeschrieben wurde – auf die dringenden Bitten englischer Gelehrter, wie etwa Sir William Jones (Vgl. S. Piggott: *Prehistoric India*, London 1961, S. 235). »Es existieren kaum antike Zeugnisse. Für die älteste indische Handschrift hält man ein auf Birkenrinde geschriebenes buddhistisches Fragment aus dem späten fünften Jahrhundert. Als zweitälteste muß wohl die Bakhschali-Handschrift gelten, wenngleich sie schon dem zwölften Jahrhundert entstammt.« (*Ibid.*, S. 252.) Die Bhakti- und Reformbewegungen im Hinduismus, aus denen so große Namen wie Madhva, Ramananda und Kabir hervorgegangen sind, basieren weitgehend auf dem Denken und der Praxis der Sufis, die in der Folge der islamischen Eroberung nach Indien kamen. Kabir »verbrachte eine beträchtliche Zeit mit islamischen Sufis«; Dadu »zeigt vielleicht sogar eine größere Kenntnis vom Sufismus als seine Vorläufer ... der Grund mag sein, daß die Sufis des westlichen Indien einen größeren Einfluß auf die hinduistischen wie islamischen Gottsucher ausübten als die aus dem Osten«. So schreibt Tara Chand, der selbst kein Sufi ist.

Die Sikh-Religion, das ist historisch erwiesen, wurde von dem sufisch beeinflußten Hindu Guru Nanak begründet, der freimütig bekannte, was er dem Sufismus verdankte. In Chands Kulturgeschichte heißt es:

Augenscheinlich war er durchtränkt von sufischer Lehre, und die Sache ist die, daß es weit schwieriger ist herauszufinden, was er eigentlich den Hindu-Schriften entnahm. Er nimmt so selten auf sie Bezug, daß man schließlich glaubt, Nanak sei nur oberflächlich mit der vedischen und puranischen Literatur vertraut.

Der Name »Sikh« bedeutet Suchender, womit ja auch der Sufi bezeichnet wird, der unterwegs ist.

Maharshi Devendranath Tagore (1815–1905), der Vater von Rabindranath

Tagore, verbrachte zwei Jahre im Himalaja. Während dieser Zeit studierte er nicht etwa die Schriften seines hinduistischen Erbteils, sondern ein Gedicht von Hafis, was zur Folge hatte, daß ihm eine beglückende Vision zuteil wurde – so berichtet ein anderer hinduistischer Gelehrter, Professor Hanumantha Rao.

Die Wirkung der späteren Sufi-Lehrer in Indien, von denen viele den türkischen, afghanischen und persischen Eroberern folgten, stand der ihrer Vorgänger in nichts nach. Eine der Folgen ihrer Ankunft war, daß die Hindus das arabische Wort für einen hingebungsvollen Sufi – Fakir – übernahmen und sich selbst damit bezeichneten.

Die erstaunlichen Taten und Wunder, die man diesen Männern zuschreibt, haben ganze Bücher gefüllt, und selbst heute noch versammeln sich Millionen von Menschen aller Glaubensrichtungen, um sie zu verehren oder ihre Hilfe als Heilige zu erflehen.

Muinuddin Chishti, der Gründer des Chishti-Ordens in Indien, wurde in der Mitte des zwölften Jahrhunderts nach Ajmer gesandt, um den Hindus seine Lehre zu bringen. Der Raja Prithvi Raj verübelte ihm sein Vorhaben, und es wird berichtet, daß er Soldaten und Magier aufgeboten habe, um ihn am Betreten der Stadt zu hindern. Alle Soldaten verloren ihr Augenlicht, als der Heilige, nach dem Beispiel des Propheten, eine Handvoll Kieselsteine nach ihnen schleuderte. Ein Blick aus den Augen Muinuddins, so hören wir, und dreihundert Yogis und Pandits vermochten ihren Mund nicht mehr zu öffnen und wurden seine Schüler. Doch die bei weitem eindrucksvollste Geschichte ist die von dem übernatürlichen Kampf zwischen dem berühmten Hindu-Magier Jaypal Yogi und dem Sufi-Fakir.

Jaypal hatte einige tausend seiner Yogi-Schüler bei sich, so berichtet die Chishti-Legende, und unterbrach die Wasserzufuhr zum See Anasagar. Auf Muinuddins Befehl schöpfte einer von seinen jüngst Bekehrten einen Eimer voll Wasser aus dem See – woraufhin im weiten Umkreis jeder Fluß und jeder Brunnen austrocknete.

Jaypal schickte daraufhin Hunderte von Geistererscheinungen aus, darunter Löwen und Tiger, um den Heiligen und seine Gefolgschaft anzugreifen. Sie alle zerschellten an dem magischen Kreis, den Muinuddin zum Schutz gezogen hatte. Nach einer Anzahl ähnlicher Heldentaten ergab sich Jaypal; er wurde einer von Chishtis berühmtesten Schülern. Man kennt ihn als Abdullah in der Wildnis, denn man glaubt, daß er auf Ewigkeit umherwandert in der Nähe des großen Schreins von Ajmer.

Es sind drei Ebenen des Kontakts zwischen den Sufis und den Hindu- oder Sikh-Mystikern zu unterscheiden. Hier haben Mißverständnisse viel Verwirrung gestiftet. Im historischen und kulturellen Kontext ebenso wie im wahrhaft metaphysischen haben alle Parteien ein Gefühl für die Einheit der Ziele innerhalb der Rolle der Mystik für die Entwicklung des Menschen gemeinsam. Sie sind sich auch über ihre essentielle Übereinstimmung einig. Es ist das

Gebiet des starren und sich ständig wiederholenden Rituals, des versteinerten Dogmas und des Personenkults, auf dem erhebliche Unstimmigkeiten auftreten.

Der beschränkte, in morbidem Formalismus befangene Moslem, der einem oberflächlichen Sufismus folgt, wird immer wieder mit seinem Gegenstück aneinandergeraten, dem berufsmäßigen hinduistischen Asketen, der einer entarteten Überlieferung huldigt.

Weil diese Leute den meisten Lärm erzeugen, werden sie von Außenstehenden allzu oft für die wahren Repräsentanten des mystischen Stroms in Indien gehalten. Ihr bemühtes Asketentum und ihre sehr weltlichen Talente sind fast immer weit eindrucksvoller und aufsehenerregender als die Schulen der wirklichen Mystiker. Zudem sehen sie sich gerne gedruckt und fotografiert, sie neigen dazu, Schüler aus anderen Ländern anzuwerben, ihre Lehre so weit wie möglich zu verbreiten. Viele der auf östlichen Grundlagen beruhenden Kulte des Westens sind tatsächlich nichts anderes als Ableger dieser Menagerien, die die Überlieferungen und den äußeren Anstrich der authentischen Tradition übernommen haben.

Sie beherzigen nicht den Rat des großen Lehrers Scheich Abdullah Ansari, den ein hervorragender Sikh, der Sardar Sir Jogendra Singh, kongenial übersetzt hat:

»Fasten heißt nur, Brot sparen. Gewohnheitsmäßiges Gebet ist nur etwas für alte Männer und Frauen. Pilgerschaft ist ein weltliches Vergnügen. Erobere das Herz – es zu meistern ist wahrlich ein Sieg. Das sufische Gesetz des Lebens verlangt:

> Güte für die Jungen
> Freigebigkeit gegen die Armen
> Guten Rat für Freunde
> Nachsicht mit Feinden
> Gleichgültigkeit gegen Narren
> Achtung für die Wissenden.«

Zwischen dem hinduistischen Denken und der sufischen Lehre besteht eine interessante Wechselwirkung. Das wird deutlich, wenn wir einen Blick auf die *Slokas* und den Kommentar dazu werfen. In den *Slokas*, einer Sammlung von Sprüchen, die ein Meister seinen Schülern übermittelte, ist ein Großteil hinduistischer Volksweisheit enthalten. Sufische Kommentare dazu, wie der von Ajami, vertreten die Meinung, daß die *Slokas* in der Form, wie sie allgemein zirkulierten, nur die eine Hälfte eines zweifachen Systems der Unterweisung waren. Wie die Fabeln des Aesop oder Saadis Geschichten, kann man sie sowohl als einen Ratgeber betrachten, mit dem man seine Kinder erzieht, als auch auf ihre innere Bedeutung hin lesen.

Hier sind einige der *Slokas* (S), zusammen mit Ajamis Kommentar (K), den indische Sufis zur Übung verwenden. Die Numerierung der *Slokas* folgt Abbé Dubois' großem Werk *Hindu Manners, Customs and Ceremonies* (Oxford 1906, S. 474ff.):

(S) V. In den Leiden, Unglücksfällen und Drangsalen des Lebens ist nur der unser Freund, der uns tatkräftig hilft.

(K) Prüfe, ob du weißt, was Hilfe ist. Erleuchtung ist nötig, bevor der Wilde es weiß.

(S) XI. Das Gift des Skorpions ist in seinem Schwanz, das einer Fliege in ihrem Kopf, das einer Schlange in ihren Zähnen. Aber das Gift eines gottlosen Menschen findet sich in allen Teilen seines Körpers.

(K) Sinne nach über das Gute eines guten Menschen, es ist ebenso wohlverteilt.

(S) XVIII. Der tugendhafte Mensch mag mit einem großen, blattreichen Baum verglichen werden; selbst der Hitze der Sonne ausgesetzt, spendet er Kühlung den anderen, die er mit seinem Schatten bedeckt.

(K) Die Tugend des guten Menschen hilft dem Lauteren, doch sie schwächt den Unbelehrbaren. Das schützende Obdach gewährt nur einen Aufschub von der Arbeit.

(S) XLI. Der Schamlose fürchtet die Krankheiten der Ausschweifung, der Ehrenmann fürchtet die Verachtung, der Reiche die Raubgier der Könige; Sanftheit fürchtet Gewalt, Schönheit das Alter, der Büßer fürchtet die Macht der Sinnlichkeit, der Körper fürchtet Yama, den Gott des Todes; doch nichts fürchten der Geizhals und der Neider.

(K) Sei ein weiser Mann, dann verstehst du das Wesen der Furcht. Sie wird dein Sklave sein.

Es gab schon einen jahrtausendlangen Austausch zwischen den Sufis und hinduistischen Mystikern, bevor irgendein westlicher Forscher sich für die indische Mystik interessierte. Im siebzehnten Jahrhundert gab Prinz Dara Shikoh aus der mongolischen Linie eine sorgfältige Einschätzung der vedischen Literatur und einen Vergleich zwischen der islamischen und der hinduistischen Denkweise. Wie die Sufi-Lehrer vor ihm kam er zu dem Schluß, daß die hinduistischen Schriften das Überbleibsel einer esoterischen Tradition seien, die mit der des Islam und in ihrem innersten Sinn völlig mit der des Sufismus identisch war.

Seine Forschungen erstreckten sich auch auf die Heiligen Bücher der Juden und Christen; er studierte sie unter dem Gesichtspunkt, daß sie eine äußere Manifestation der unvermeidlichen Entwicklung des menschlichen Bewußtseines repräsentieren könnten, welche sich von Zeit zu Zeit in bestimmten Volksgruppen konzentriert. Auf den Grundlagen dieses Werks, das selbst in seiner Einstellung den Schülern Harun al-Raschids von Bagdad folgt, baut ein Großteil sogar der ganz modernen vergleichenden Mystik-Forschung auf. Das Werk von Dara Shikoh – das um so erstaunlicher ist, als es von einem moslemischen Prinzen aus einem Hause stammt, das über ein Land von Ungläubigen herrschte – ist nur *ein* Ausdruck der jahrhundertelangen Wirkung der

Sufis in ganz Indien. In dieser Hinsicht rückt dieser Prozeß in die Nähe dessen, was im mittelalterlichen Europa geschah, als die Existenz einer starken und autoritären Kirche nicht verhindern konnte, daß sich Gruppen entwickelten wie jene sufisch organisierten, die wir in den vorangehenden Kapiteln ans Licht gebracht haben.

Die Rolle des Sufismus sollte jedoch nicht in der Verbreitung der Ergebnisse vergleichender Religionswissenschaft gesehen werden oder in der Betonung der theosophischen Theorie der wesenhaften Einheit aller religiösen Manifestationen. Zu keiner Zeit haben die Sufis vergessen, daß sie *ein* Ziel haben – das Ziel, die äußeren Formen zu überwinden und sich mit der einen und einzigen religiösen Tatsache zu vereinen: der Erlangung von Erkenntnis der Religion durch diese selbst. Wenn es auch schwierig sein mag, mit den Begriffen der herkömmlichen Religion darzustellen, daß es immer eine Einheit der religiösen Erfahrung gegeben hat, so bestand diese trotzdem von jeher. In der gebräuchlichen Terminologie kommt man den Tatsachen am nächsten, wenn man sagt, die Beschäftigung der Sufis und anderer Mystiker des sufischen Stroms mit der Religion seien psychologischer und nicht akademischer Art gewesen. Bei dieser Beschäftigung ging es – soweit sich das in der gleichen Terminologie ausdrücken läßt – darum, sich mit dem inneren Antrieb zu vereinen, der auf eine weitere Entwicklung des menschlichen Bewußtseins hinzielt. Mystik und Religion werden also als etwas verstanden, das den einzelnen und die Gruppe mit der Bestimmung der Menschheit verbindet, die sich im Menschen als eine geistige Sehnsucht manifestiert.

Sehr interessant ist die Ähnlichkeit zwischen dem Denken und der Praxis des Sufismus und dem fremdartigen, erklärtermaßen typisch buddhistischen Kult des Zen, wie er in Japan praktiziert wird. Das Zen beansprucht, eine verborgene Lehre außerhalb des offiziellen Buddhismus zu sein, überliefert durch das individuelle Beispiel und die individuelle Unterweisung. Es ist historisch nicht sehr alt, und selbst seine Anhänger bringen Zen nicht mit irgendeinem Ereignis im Leben Buddhas in Zusammenhang.

Seine frühesten Zeugnisse datieren vom elften Jahrhundert, während die erste Schule, die in Japan gegründet wurde, erst im Jahre 1191 aus China kam.

Die Periode, in der das Zen nach Japan kam, entspricht der des Anwachsens indischer Schulen unter dem Einfluß der Sufis. An seinem Ursprungsort – Südchina – waren jahrhundertelang Araber und andere Moslems angesiedelt. Der Buddhismus beginnt in Japan mit dem Jahre 625, und er verbreitete sich auf den Inseln hauptsächlich zwischen der zweiten Hälfte des siebten und dem Anfang des neunten Jahrhunderts. Die islamische und sufische Unterwanderung bzw. Eroberung der traditionellen buddhistischen Schreine Zentralasiens war zu dieser Zeit längst im Gange; es waren die großen buddhistischen Bollwerke Afghanistans, von denen aus der Buddha-Kult, nach der islamischen Eroberung, in Tibet eindrang.

Es gibt Legenden, die eine Verbindung herstellen zwischen dem chinesischen

Zen und Indien, und die sufische Überlieferung behauptet, daß die frühen klassischen Sufis in spirituelle Verbindung traten mit den Jüngern von *bodd*, so wie sie auch einen gemeinsamen Nenner mit den hinduistischen Mystikern gefunden hatten.

Die Gemeinsamkeiten zwischen Zen und Sufismus, in der Terminologie, den Geschichten wie der Verfahrensweise ihrer Meister, sind bemerkenswert. Aus sufischer Perspektive betrachtet, gleicht die Zen-Praxis unverkennbar einem Teil der Technik des »Anstoßes« (*sarb*) im Sufismus.

Daisetz Teitaro Suzuki, der Zen-Buddhist und hervorragende Gelehrte, hätte wohl recht mit seiner Meinung, daß das Zen sich dem fernöstlichen Geist angepaßt habe, wenn nicht Ideen, Allegorien und Beispiele der sufischen Lehre schon seit Jahrhunderten wohlbekannt gewesen wären, als der Zen-Meister Yengo (ca. 1566–1642) seinen Brief schrieb, um die Frage »Was ist Zen?« zu beantworten. Wer die vorangegangenen Kapitel dieses Buches gelesen hat, dem wird seine Ausdrucksweise vertraut sein:

Es zeigt sich gerade vor Deinem Gesicht, und in diesem Augenblick ist das Ganze Dir schon gegeben. Für einen verständigen Menschen sollte ein einziges Wort genügen, ihn von der Wahrheit zu überzeugen. Aber schon hat sich der Irrtum eingeschlichen. Und dies um so rascher, sobald Papier und Feder daran beteiligt sind oder Vortrag in Worten oder logische Sophisterei; dann entgleitet es Dir immer weiter und weiter. Die große Wahrheit des Zen ist in jedermanns Besitz. Schau hinab in Dein eigenes Wesen und suche es nicht durch andere. Dein eigener Geist ist jenseits aller Form, ist frei und still und sich selbst genügend. Immerwährend prägt er sich selbst in Deinen sechs Sinnen und in den vier Elementen. In seinem Lichte löst sich alles auf. Bringe die Zweiheit von Subjekt und Objekt zum Schweigen, vergiß beide, überspringe den Intellekt, trenne Dich vom Verstand und dringe unmittelbar in die Tiefe bis zur Identität mit dem Buddha-Geist; außerhalb seiner gibt es keine Wirklichkeit.« (D.T. Suzuki: Die große Befreiung, *Zürich/Stuttgart* 1969, *S.* 61.*)*

Es wäre ein leichtes, aufgrund solcher erstaunlicher Fakten nachzuweisen, daß Zen letztlich aus der Überlieferung des Sufismus herzuleiten sei. Doch muß, nach der Überzeugung der Sufis, die Basis immer schon dagewesen und im menschlichen Bewußtsein am Werk gewesen sein. Jeder Kontakt mit dem Sufismus mag lediglich dazu beigetragen haben, das innere Bewußtsein der einzig wahren Wirklichkeit wiederzuerwecken.

H. L. Ma, ein chinesischer Sufi, läßt erkennen, wie die Art und Weise, gewisse Vorstellungen auszudrücken, in verschiedenen Kulturen scheinbar verschiedene Formen annimmt:

Was all die Sucher der Wahrheit angeht, so muß ich ihnen sagen, daß Su-fi kaum mitteilbar ist. Warum? Weil, wer zum erstenmal davon hört, erwartet, daß ein System entfaltet werde, welches seinem gewohnten Denkschema entspricht. Er weiß nicht, daß sein Problem gerade dieses Schema ist. Su-fi ist bereits in uns. Wir fühlen es, aber wir wissen nicht, was es ist. Wenn wir Güte, Liebe, Wahrheit verspüren, den Wunsch, mit allen gemeinsam etwas zu tun –

das ist Su-fi. Denken wir zuerst an uns selbst – das ist nicht Su-fi. Empfinden wir eine starke Zuneigung zu einem verehrungswürdigen Weisen – das ist Su-fi. ... Ein Meister, gefragt, was Su-fi ist, schlägt den Fragenden ins Gesicht. Damit will er sagen: »Zeig mir den Schmerz, und ich werde Dir Su-fi zeigen.« Fragen wir den Meister: »Von woher kam das Licht?«, so bläst er es aus. Das bedeutet: »Sag Du mir, wo es hingegangen ist, dann sage ich Dir, wo es herkam.« Man kann nicht mit Worten beantworten, was man mit Worten fragt...
Das mag für den westlichen Leser sehr orientalisch klingen, doch die verwendeten Bilder (der Schmerz und die Kerze) sind keineswegs fernöstliche Gleichnisse. Sie entstammen geradewegs den Lehren des »westlichen Meisters« Rumi. Die Art, wie die Ideen präsentiert werden, plötzlich und in Gleichnissen, erscheint sehr chinesisch. Und doch, sie atmen den Geist des Sufi.
Allerdings erlaubt es die Art und Weise, wie Clarke seine Eindrücke von den Sufis vermittelt, dem westlichen Bewußtsein eher, zu begreifen, worauf diese Schulen hinauswollen:
»Die sublime Liebeslyrik der Sufi-Heiligen, die ganz und gar praktische Natur ihrer Lehren, die Leidenschaft, verbunden mit einem tiefgründenden Sendungsbewußtsein, einem Sinn für spirituelle wie physische Notwendigkeiten, die Zuversicht der Botschaft, das Vertrauen in die Zukunft der Menschheit: dies sind nur einige der herausragenden Leistungen dieser wunderbaren Gemeinschaft. Wen sie aufnimmt, dem gibt sie das unerschütterliche Vertrauen, einer der uralten Gemeinschaften von Auserwählten anzugehören.«

ANMERKUNGEN UND MATERIALIEN

Das Anliegen des Sufismus

Im Westen ließen sich die meisten am Sufismus interessierten Menschen (vor allem die Akademiker) von dem äußerlich Geheimnisvollen des östlichen Lebens verwirren oder haben sich in die Feinheiten einer Literatur verrannt, die von theologischen und historischen Allegorien durchtränkt ist. So kamen sie bei ihren Untersuchungen schon in einem früheren Stadium der Erfahrung des sufischen Anliegens zum Stillstand, als gut für sie gewesen wäre. Ein Mann allerdings, der erst kürzlich Nordafrika bereiste und einige Zeit mit den Sufis verbracht hat, kehrte aus Tunesien mit einem Sinn für das Anliegen der Sufis zurück, der den traditionellen Gelehrten wahrscheinlich befremden wird:

Die Schüler mußten gewisse Übungen zur Besinnung und Meditation ausführen, welche die Kraft der Sammlung und der Vertiefung entwickeln. Andere, so schien es, waren mit einer Übung beschäftigt, die Denken und Arbeit, als auch Übungen wie das dhikr *umfaßte.*

Das Gefühl des Geheimnisvollen und Seltsamen, das ich zu Anfang verspürt hatte, verschwand nach wenigen Tagen. An seine Stelle trat der Eindruck, daß die Übenden diese Praktiken – so ungewöhnlich sie dem Außenstehenden auch erscheinen mögen – durchaus nicht als ›übernatürlich‹ in dem Sinne betrachten, in dem wir das Wort benutzen. Scheich Arif sagte einmal: »Wir tun etwas ganz Natürliches. Es ist ein Ergebnis von Untersuchungen der Entwicklungsmöglichkeiten der Menschheit und der Bemühungen um diese Entwicklung. Wir schaffen einen neuen *Menschen und es geht uns dabei nicht um materiellen Gewinn.« Dies also ist ihre Einstellung.*
(O. M. Burke in: »Tunesian Caravan«, Blackwood's Magazine, Nr. 1756*)*

Aufstieg

Es gibt vier grundsätzliche Seinsbedingungen (»Zustände«) des Menschen. Jeder Mensch befindet sich unter einer dieser Bedingungen, und die Fortentwicklung des einzelnen muß unter Berücksichtigung dieses Zustandes geplant werden. Er wird in Übereinstimmung mit dem jeweiligen Zustand und dem Ausmaß der Verwirklichung innerhalb dieses Zustandes verschieden handeln und entscheiden und als ein anderer Mensch erscheinen. Nicht jeder Mensch erreicht nach Meinung der Sufis jedes einzelne Stadium dieser Zustände. Der Sufi wird sich je nach Art und Ausmaß des in einer Situation vorherrschenden Zustandes und seiner Beziehung zur gesamten Menschheit verschieden ausdrücken. In den *Geheimnissen des Naqshbandi-Weges* faßt Schah Mohammed Gwath diese »Zustände« in religiöse Begriffe:

1. Menschheit *(nasut)*, der gewöhnliche Zustand.
2. Auf dem Pfad *(tarika)*, gleichgesetzt mit den »Engeln« in einem kosmischen Sinn.
3. Kraft, gleichgesetzt mit dem, was man »Macht« *(jabarut)* nennt, oder das Wahre Vermögen.
4. Versunkenheit *(lahut)*, entspricht dem Zustand der »Göttlichkeit« in einer anderen Sphäre.

Dem einzelnen Sufi geht es darum, aus einem Zustandsbereich in den nächsten überzugehen. Aufgabe des Lehrers ist, ihm das durch die Schulung zu ermöglichen. Der Führer soll die Fortentwicklung des einzelnen mit der gesamten Menschheit in Beziehung setzen. Zahllose Techniken und Praktiken der Sufis haben letztlich mit der Anwendung dieser Vorstellung zu tun.

Baraka

Radikal und Ableitungen (arabische):

BaRKb-	=	fest stehen; innewohnen
BaRK'ala	=	sich niedersetzen
BaRRaKl-	=	beglückwünschen (syrischer Dialekt)
BaRRaK'ala	=	segnen
TaBARaK	=	entrückt sein
TaBaRRaKb-	=	Gutes prophezeien
BaRaK-at	=	Segnung, Fülle
BiRK-at	=	Teich, Zisterne, Tümpel
BaRIK	=	glücklich; frische Datteln mit Rahm
BaRRAK	=	Müller
MuBARaK	=	gesegnet
BaRRaK	=	niederknien lassen, die Knie beugen

Bedil

Mizra Abdul-Qadir Bedil, der zur Zeit des indischen Herrschers Aurangzeb lebte, steht in Indien und Zentralasien als Sufi-Lehrer in hohem Ansehen. Ein Gremium von Gelehrten veröffentlichte im Jahr 1962 in Afghanistan eine Sammlung von 31 000 seiner außergewöhnlich originell gestalteten Gedichte.

Elemente des Sufismus

Die sufischen Zehn Elemente geben einen Bezugsrahmen für das Streben des einzelnen, innerhalb dessen der Suchende die Fähigkeit erlangt, für Dimensionen wach oder aufgeschlossen zu sein, die außerhalb der gewohnten Erfahrungen liegen. Sie sind nach einer Aufstellung des El-Farisi:

1. Die Trennung des Vereinten.
2. Wahrnehmung des Hörens.
3. Kameradschaft und Verbrüderung.
4. Rechte Wahl.
5. Verzicht auf Vorlieben.
6. Rasche Erreichung eines gewissen Geisteszustands.
7. Gedankenschärfe, Selbstprüfung.
8. Reisen und Bewegung.
9. Verzicht auf Verdienst.
10. Abwesenheit von Habsucht und Geiz.

Die sufischen Übungen und die gesamte Schulung basieren auf diesen Zehn Elementen. Je nach den Anlagen des Schülers wird der Lehrer ihm ein Übungsprogramm zuteilen, welches ihm die Möglichkeit gibt, die in diesen Zehn Elementen zusammengefaßten Fähigkeiten zu üben. Diese Faktoren sind also die Grundlage für die Vorbereitung des einzelnen auf eine Entwicklung, die er sonst kaum erkennen und aufrechterhalten, geschweige denn vollenden könnte.

Geist und Materie

Nach sufischem Verständnis ist das, was in der religiösen Terminologie gemeinhin als ›der Geist‹ (*el ruh*) bezeichnet wird, eine Substanz mit materiellen Eigenschaften, ein feinstofflicher Körper (jism-i-latif). In dieser Vorstellung wird jene Substanz nicht als ewig angesehen. Sie existierte schon vor der Verkörperlichung des Menschen (Hujwiri, *Offenbarung des Verhüllten*). Nach dem physischen Tod existiert der substanzielle Geist in einer von zehn möglichen Formen weiter. Sie entsprechen der Gestaltung, die noch während des gewöhnlichen Lebens erreicht wurde. Das erste der zehn Stadien ist das des »Aufrechten«, das zehnte das des Sufi, der durch seine irdische Entwicklung von Grund auf gewandelt ist. Das *ruh* ist gelegentlich sichtbar.

Hafis

Khaja Schamsuddin Hafis (wörtlich: Meister Sonne des Glaubens, der Beschützer, der, der den Koran auswendig kennt) starb im Jahre 1389. Er ist einer der größten persischen Dichter, und seine Werke nennt man *Deuter der Geheimnisse* und die *Zunge des Unsichtbaren*. In den scheinbar sinnlichen Gedichten der Sammlung des *Diwan* sind viele sufische Erfahrungen verborgen. Man benutzt den Diwan gewöhnlich als ein Lesebuch; beschränkte Geister verwenden es auch als Orakelbuch, indem sie es blind an irgendeiner Stelle aufschlagen. Die Familie von Hafis stammt aus Isfahan, siedelte jedoch nach Schiras um. Das Datum seines Todes ist in einem Gedicht auf seinem Grabstein verborgen. Es gibt selbst einen Hinweis darauf, daß es nach der numerischen Methode der Sufis verschlüsselt ist: »Möchtest du wissen, wann er sich niederlegte in den Staub von Musalla, suche das Datum im Staub von Musalla.« »Staub von Musalla« *(khak-i-Musalla)* ergibt aufgeschlüsselt die Zahl 791. Dieses Datum der mohammedanischen Zeitrechnung entspricht dem Jahre 1389. Hafis unterrichtete Könige und war zugleich beim Volk beliebt. Sein Einfluß ist in der persischen Literatur noch immer unübertroffen.

Hallaj

Hussein Ibn Mansur el-Hallaj ist der größte Märtyrer der Sufis. Wie viele Eingeweihte wählte er eine Berufsbezeichnung als Rufname – Hallaj, der Wollkämmer oder Baumwoll-Aufbereiter. Die Tarnung von sufischen Gruppen und ihren Versammlungen unter dem Mantel der Organisation einer Gilde ist einer der Gründe für eine solche Wahl. Ghasali der Spinner und Attar der Drogist sind weitere Beispiele. Die Sufis wählten jedoch stets Berufsbezeichnungen, die auch Hinweise auf ihr besonderes Anliegen im Rahmen des Sufismus enthielten. Hallaj wurde wegen der Assoziation der Berufsbezeichnung mit Wolle *(suf)* gewählt, und auch weil alternative Bedeutungen der HLJ-Wurzel im Arabischen »langsam gehen« und auch »Blitze schleudern« sind.

Obwohl er beim Volk als Mansur bekannt war, war dies eigentlich der Name seines Vaters, eines früheren Magikers. Hallaj wurde im Jahre 922 hingerichtet, weil er Dinge sagte wie »Ich bin die Wahrheit« (Ana el-Haqq) und sich weigerte zu widerrufen, was als die schlimmste Blasphemie betrachtet wurde. Man nahm an, daß er – wie viele Sufis – ein Alchimist gewesen ist, und in der Literatur seiner Gegner wird er als Scharlatan hingestellt. Einige der größten Sufis waren seine Freunde und Zeitgenossen und er gilt als einer der größten Sufi-Meister.

Er hielt heimliche Zusammenkünfte in seinem Haus ab, und durch seine Lehrtätigkeit und die Wundertaten, deren man ihn rühmte, wurde er sehr mächtig. Er stellte also, kurz gesagt, eine politische Bedrohung dar. Er lehrte, der Sufismus sei die innere Wahrheit aller wahren Religion, und da er die Bedeutung von Jesus als eines Sufi-Lehrers betonte, warfen ihm Fanatiker vor, ein heimlicher Christ zu sein. Einer der Anklagepunkte gegen ihn war, daß er eine Anzahl wunderbar ausgeschmückter Bücher besaß. Seine Behauptung, man könne die Pilgerfahrt nach Mekka auch anderswo durchführen, wenn man nur die entsprechenden Rituale befolge, wurde als schwere Ketzerei angesehen. In seiner *Offenbarung des Verhüllten* verteidigt ein Mann von der Autorität des Hujwiri ihn mit dem Argument, die Aussagen eines Sufi ließen sich nicht mit niederen Kriterien beurteilen.

Von der Inquisition des Kalifen el-Muqtadir verurteilt, schritt Hallaj am 26. März 922 zur Stätte seiner Hinrichtung. Er wurde gefoltert und verstümmelt, aber er zeigte keine Furcht. Sein letztes öffentliches Gebet war:

»*O Herr, laß mich dankbar sein für die* baraka, *die ich empfangen habe, da ich erkennen durfte, was andere nicht erkennen. Göttliche Geheimnisse, von denen andere denken, sie verstießen gegen das Gesetz, sind mir also rechtens geworden. Vergib diesen Deinen Dienern, die hier versammelt sind, um mich zu töten, und sei ihnen gnädig. Hättest Du ihnen enthüllt, was Du mir offenbart hast, würden sie nicht so handeln.*«

Hanifs

In vielen metaphysischen Schulen versiegte der sufische Strom, und diese Schulen konnten ihre Anhänger folglich nicht mehr zur Erfüllung führen. Dies ist nach Meinung der Sufis einer der Gründe für die Suche, das Suchen nach einem Lehrer, von dem in alter Zeit so viele Menschen getrieben wurden. Einige der Gefährten Mohammeds berichteten von ihrer eigenen Suche. Einer von ihnen war Salman der Perser. Er wurde der leeren zoroastrischen Rituale überdrüssig und machte sich nach Süden auf, um Glauben und Praxis der Hanifs kennenzulernen. Er schloß sich zuerst einem christlichen Lehrer an, dann einem anderen. Als letzterer im Sterben lag, sagte er Salman, er solle nach Süden reisen und sich einen Lehrer der hanifitischen Überlieferung suchen. Nachdem er gefangengenommen und als Sklave verkauft worden war, fand er in den engsten Kreis von Mohammeds Schülern in Medina. Was aber war die Lehre der Hanifs, welche die Sufis mit dem Sufismus gleichsetzen?

Die Wahl des Wortes, das wie in vielen anderen Fällen über das Radikal und seinen

Ableitungen verschiedene Bedeutungen vermittelt, spricht für sich selbst. Die Drei-Buchstaben-Wurzel HNF ist grundsätzlich mit der Vorstellung des »sich nach einer Seite neigen« verbunden – eine Anspielung auf die rhythmischen Bewegungen der Sufis. Die Form TaHaNNaF ist eine Ableitung von der HNF-Wurzel; es bedeutet »wie ein Hanifite handeln«, und *tahannafi* heißt »eine Sache richtig tun«. Hier liegt ein Wortbild von Übungen vor, die nach einem bestimmten Schema ausgeführt werden – aber auch »nach einer Seite«, was nach Meinung der Sufis sowohl ›exzentrisch‹ als auch ›rhythmisch‹ bedeuten kann. Das von der selben Wurzel abgeleitete Wort *hanif* ist das Substantiv; es bedeutet auch Ehrlichkeit, Offenheit. Eine solche Vielzahl von Bedeutungen mag verwirrend erscheinen, wenn wir uns nicht vor Augen halten, daß in einem gewissen System – dem der Sufis – Vorstellungen wie »eine Sache richtig tun« und »sich nach einer Seite neigen« durchaus miteinander gleichgesetzt werden können. Das soll natürlich nicht heißen, die Sufis hätten die Wurzel-Form erfunden, oder es gebe in der Umgangssprache keine unmißverständliche Bedeutung dieser Wörter. Wichtig ist nur zu wissen, daß die Sufis gewisse Wörter wählen, um damit einen ganzen Komplex von Vorstellungen zum Thema der sufischen Gedanken und Verhaltensweisen zu beschreiben. Sehen wir näher hin, so bemerken wir, daß sie eine Art Wortbild aufbauen.

Der Heilige Augustinus

Unter den christlichen Apologeten war es Brauch, die Religion, und besonders ihre eigene Schule, als zeitbezogen darzustellen. Man bezog sich auf ein bestimmtes historisches Ereignis – das Auftreten von Jesus. Stellte jemand das Christentum auf andere Weise dar, so betrachtete man ihn als Häretiker. Die Lehre des heiligen Augustinus versucht man beiseite zu schieben, indem man sagt, sie sei durch unchristliche (d.h. ›unübliche‹) Philosophie verunreinigt. Behauptete er doch: »Das was wir die christliche Religion nennen, gab es schon zu alter Zeit, ja, seit Beginn der menschlichen Art gab es keine Zeit, zu der es sie nicht gegeben hat.« (Episteln, Buch I) Die Abtrennung des Christentums von allen übrigen Religionen ist natürlich auf eine bewußte Setzung zurückzuführen – die Entscheidung, die Begebnisse des Lebens und des Todes von Jesus-Christus als einzigartig und nicht als Bestandteil eines fortlaufenden Prozesses anzusehen. Man darf jedoch nicht vergessen, daß die Versionen der christlichen Lehre, die allgemein zugänglich sind, nur die verbreitetsten, weil beliebtesten sind. Das muß nicht heißen, daß sie auch die – historisch oder in anderer Hinsicht – stimmigsten sind.

Die Heilige Sprache

Das klassische Arabisch ist die Version des Arabischen, die vom Stamm der Koreschiten gebraucht wurde. Mohammed gehörte zu diesem Stamm, und die Koreschiten sind die erblichen Beschützer des Tempels von Mekka. Schon lange bevor man das Arabische als Heilige Sprache ansah, weil der Koran in ihr formuliert ist, war es schon die Sprache der priesterlichen Klasse von Mekka, einem Heiligtum, dessen religiöse Geschichte bei Adam und Eva beginnt. Das Arabische, die präziseste und primitivste der semitischen Sprachen, läßt erkennen, daß es ursprünglich konstruiert ist. Sie baut auf mathematischen Prinzipien auf – ein Phänomen, das sich in keiner anderen Sprache findet. Sufische Analysen der Gruppierungen ihrer Grundbegriffe haben gezeigt, daß besonders esoterische oder religiöse, wie auch psychologische Vorstellungen um einen Stamm gruppiert sind, und zwar auf offensichtlich so logische und beabsichtigte Weise, daß dies kaum reiner Zufall sein kann. Die arabische Sprache ist heute der ursprünglichen semitischen Sprache noch am nächsten, denn sie ist philologisch um Jahrtausende älter als das Hebräische. Aus diesem Grund basiert auch die hebräische Grammatik auf einer Analyse des Arabischen. Über ein Studium der arabischen Sprache haben Gelehrte des Hebräischen die ursprüngliche Bedeutung hebräischer Wörter wiederentdeckt, die durch langen literarischen Gebrauch der Wörter verderbt war.

Hexensabbat

Der geheimnisvolle »Hexensabbat« fand jeweils am 2. Februar, am 1. Mai, am 1. August und am 1. November statt. Die meisten Kommentatoren konnten keine Übereinstimmung dieser Daten mit den Jahreszeiten oder der Sonnenwende feststellen. Deshalb nahm man an, sie müßten auf einem alten Kalender der Tierzucht basieren. Die Daten stimmen jedoch mit jenen überein, an denen die Anisa (und andere Araber) den Beginn der Jahreszeiten im Bereich des Persischen Golfes feiern. Sie entsprechen genau dem Beginn von:

Frühling, *Rabi'*
Sommer, *Saif*
Herbst, *Kharif*
Winter, *Schita*

Der »Hexen«-Brauch der Zirkumabulation gegen den Uhrzeigersinn (widderschins), der gewöhnlich als eine böswillige Umkehrung der normalen religiösen Bewegung im Uhrzeigersinn angesehen wird, ähnelt dem islamischen Brauch der Umwandelung der Kaaba. Die Sufis und andere Moslems sind die einzigen religiösen Gruppen, in deren Kult eine Drehung gegen den Uhrzeigersinn vorkommt.

Irrationale Furcht

Ein Mensch, der in einer westlichen Kultur aufgewachsen ist, stößt in seinen Bemühungen um Erkenntnis oft auf besondere Schwierigkeiten. Das liegt daran, daß er der Frage des »beherrschen oder beherrscht werden« zu viel Bedeutung beimißt und sich ständig mit ihr auseinandersetzt. Er ist sich des Problems oft nur in einer sehr groben Form bewußt (»beherrschen oder beherrscht werden«), und sein literarischer oder philosophischer Hintergrund gibt ihm wenig Freiheit zu erkennen, daß das Problem auf der allzusehr vergröberten Annahme beruht, es gebe nicht mehr Möglichkeiten als »zu kämpfen oder bekämpft zu werden«. Einigen westlichen Beobachtern ist diese grundsätzliche Krise nicht entgangen. Unter der Überschrift »Irrationale Furcht« sagen die Herausgeber eines Symposiums (A. E. Biderman and H. Zimmer [Hrsg.] *The Manipulation of Human Behavior,* New York, 1961, S. 4) folgendes:

»... die Unfähigkeit, andere dazu zu bringen, die eigenen Wünsche zu erfüllen; und die Umkehrung, die Furcht, von anderen kontrolliert zu werden, was zu einem Verlust der Autonomie führen würde, die man als fundamental für die eigene Vorstellung vom Ich ansieht. Diese Gegensätze sind im paranoiden Denken, welches eines der bezeichnendsten geistigen Symptome des westlichen Menschen ist, überbetont.«

Jami

Mulla Nurudin Abdarahman Jami (wörtlich: Meister Licht des Glaubens, Diener des Gnädigen, aus Jam) wurde 1414 in Khurasan geboren und starb 1492 in Herat. Nach eigener Aussage wurde Jami durch den Anblick des großen Meisters Mohammed Parsa spirituell inspiriert, als dieser durch den Heimatort des Dichters kam, der damals noch ein Kind war. Jami war ein Lehrer des Naqshbandi-Ordens. Seine sufische Lehre ist in seinen außerordentlichen lyrischen und anderen literarischen Werken zum Teil offenkundig, zum Teil verborgen enthalten. Zu seinen Werken gehören die Romanzen von Salaman und Absal, das Epos von Joseph und Suleika und allegorische Geschichten, die zu den größten Werken der persischen Literatur zählen. Sein *Wohnort des Frühlings* enthält das wichtigste esoterische Material. Jami war ein großer Reisender, Theologe, Hagiograph, Grammatiker und Prosodist und auch ein Musiktheoretiker. Er studierte unter Meister Ali von Samarkand und war intellektuell so begabt, daß er bald von dem großen Gelehrten aus Rum als ihm selbst überlegen betrachtet wurde. Vor einer großen Versammlung sagte der Meister: »Seit der Gründung dieser Stadt hat kein Mensch von den geistigen Anlagen und Fähigkeiten dieses jungen Mannes Jami den Oxus nach Samarkand überschritten.« Jami wählte den Namen des Ortes seines Wirkens als Pseudonym, weil sich dieser in die Zahl 54 decodieren, und diese wiederum zu den Buchstaben ND verschlüsseln ließ. Diese Buchstabenkombination bezeichnet im Arabischen eine Gruppe von Vorstellungen wie »Idol, Gegner, laufend, zusammengesetzter Duft«. Dies sind alles poetische Begriffe der Sufis zur Benennung gewisser »Zustände« oder »Bewegungen« des Sufi.

Klassische Lehrer

Es gibt drei »Generationen« oder »Wellen« von Lehrern während der klassischen Periode des Sufismus. Alle Sufis verstehen sich als Erben der von diesen Lehrern angesammelten *baraka,* die deshalb ihre spirituellen Vorfahren sind.
In der ersten Generation haben wir: Abu Bakr, Umar, Ali, Bilal, Ibn Riyah, Abu Abdullah, Salman den Perser – die Sieben Großen
Die zweite Generation besteht aus: Uways el Qarni, Hiran ibn Haya, Hasan el-Basri – den Vier Führern (»Kronen«).
Die dritte Generation besteht aus: Habib Ajami, Malik Ibn Dinar, Imam Abu Hanifa, Daud von Tai, Dhu'l-Nun dem Ägypter, Ibraham Ibn Adam, Abu Yazid, Sari el-Saqti, Abu Hafa, Maaruf Karkhi, Junaid – den Elf Überliefernden Scheichs.
Dies sind die Lehrer, die die Lehre verdichteten und sie auf eine Weise weitergaben, die die Entwicklung von Schulen möglich machte, welche später als die Derwisch-Orden auftraten.

Kult des Pfauen-Engels

Die Yesidis, berüchtigte Teufelsanbeter des Irak, sind Anhänger eines geheimen Kultes, dessen Symbolismus – der Pfau und die Schwarze Schlange – die Gelehrten jahrhundertelang verwirrt haben. Zu solcher Verwirrung besteht jedoch kein Grund, wenn man weiß, daß die Gruppe von einem berühmten Sufi gegründet wurde und wie die Sufis poetische Analogie benutzte. Wie die sufischen ›Baumeister‹, die Reisenden oder die ›Kohlenmenschen‹ waren die Yesidis ursprünglich eine sufische Bruderschaft, und sie benutzten in ihren Ritualen die übliche sufische Symbolik.

Malak tauus, was Pfauen-Engel heißt, ist folgendermaßen zustande gekommen: MaLaK ist homonym mit MaLiK, was »König« heißt, das traditionelle Wort zur Bezeichnung eines Sufi. TAUUS (Pfau) steht hier für sein Homophon TAUUS (Grünendes Land). Wenn wir wissen, daß MaLaK (Engel) im Sinne Ghasalis als »die höheren Fähigkeiten des Menschen« verstanden wird, dann sehen wir, daß das vermeintliche Idol der Yesidis nichts weiter als eine Allegorie zweier sufischer Kennwörter ist. Es steht für die Ausweitung des Landes (Bewußtseins) mit Hilfe der höheren Fähigkeiten. Auch außerhalb des Kultes der Yesidis werden diese beiden Wörter von den Sufis benutzt. Die Rangordnung der Yesidis benutzt Titel der sufischen Tradition: *pir* (Ältester), *Fakir* (Armer), *Baba* (Oberhaupt).

Lady Drower, die den Kult des Pfauen-Engels des Irak aus nächster Nähe studiert hat, sagt über den Gründer der Gruppe, Scheich Adi Ibn Musafir (Sohn des Reisenden, ein sufischer Beiname): »Nichts, was man von ihm weiß, läßt auf anderes als orthodoxes Verhalten schließen. Aber er war ein Sufi, und man hat die geheimen Lehren des Sufismus immer des Pantheismus verdächtigt, so wie man die sufischen Sekten immer der Verehrung alter Glaubensvorstellungen bezichtigte.« (Peacock Angel, London, 1941, S. 152).

Zusätzlich zum Pfauen-Emblem benutzten die Yesidis auch das Abbild einer Schlange, das sie mit Ruß schwärzten. Dieses Schwärzen ist eine symbolische Handlung, die auf das Wort FEHM (Holzkohle, Kohle) hinweist. Weit entfernt davon, ein Symbol des Bösen zu sein oder etwas mit der alten Überlieferung der Regeneration durch die Häutung zu tun zu haben, wurde die Schlange aus den gleichen Gründen gewählt wie der Pfau. Das arabische Wort für Schlange ist HaYYat. Das klingt wie das Wort HaYYAt, Leben, das mit den gleichen arabischen Buchstaben geschrieben wird. Die Bedeutung der schwarzen Schlange ist also »Weisheit des Lebens«.

Wie im Falle anderer sufischer Organisationen hat sich das System der Yesidis weit über seinen kulturellen Rahmen hinaus ausgebreitet und existiert mancherorts nur noch als Nachahmung. Es wird berichtet, daß ein sehr aktiver Ableger des Kultes, der offenbar tatsächlich einen ›engelhaften Pfau‹ verehrt, noch im Jahre 1962 in London existierte. (A. Daraul, Secret Societies, London, 1961)

In vielen obskuren Gesellschaften des Westens ist dieser Zerfall des Symbolismus sichtbar. Die wahre Absicht, Anstöße zur Entwicklung zu geben, ist hinter die bloße Form zurückgetreten, die nun benutzt wird, um irgendwelche Gruppen-Emotionen zu erzeugen, welche an die Stelle innerer Erfahrung treten.

Lataif

Die Aktivierung bestimmter Organe der Wahrnehmung *(lataif)* ist eine dem *chakra*-System der Yogis analoge und oft damit verwechselte Methodologie der Sufis. Es gibt jedoch wichtige Unterschiede. Im Yoga versteht man die *chakras* oder *padmas* als physisch lokalisierte Zentren im Körper, die durch unsichtbare Nerven oder Kanäle miteinander verbunden sind. Die Yogis wissen im allgemeinen nicht, daß diese Zentren reine Brennpunkte der Konzentration sind, reine Beschreibungshilfen, deren Aktivierung Teil einer theoretischen Arbeitshypothese ist. Sowohl im Sufismus als auch im esoterischen Christentum gibt es ähnliche, mit bestimmten Übungen kombinierte Theorien. Ein Vergleich mit der sufischen Literatur zu den Übungsmethoden zeigt, daß die Abfolge der Farben, die in der Literatur der westlichen Alchimisten auftaucht, sich auf die Konzentration auf bestimmte physische Zentren bezieht. Obwohl diese Beziehung im Westen offenbar niemandem aufgefallen ist, läßt sich dies erstaunlich leicht aufweisen. Im Sufismus sind die *lataif* folgendermaßen lokalisiert: Verstand *(qalb)*, gelbe Farbe, linke Körperhälfte; Geist *(ruh)*, rote Farbe, rechte Körperhälfte; Bewußtsein *(sirr)*, weiße Farbe, Solarplexus; Intuition *(khafi)*, schwarze Farbe, Stirn; tiefe Wahrnehmung des Bewußtseins *(ikhfa)*, grüne Farbe, Mitte des Brustkorbs. In der westlichen Alchimie ist die »Abfolge der manifesten Farben« von größter Bedeutung. Unter den christlichen Alchimisten ist die Reihenfolge Schwarz-Weiß-Gelb-Rot besonders verbreitet. Es fällt sofort auf, daß dies – in die physischen Äquivalente übertragen – das Zeichen des Kreuzes bildet. Die alchimistischen Übungen sollen also die Farben (Lokalisierungen = *lataif*) entsprechend der Form der Bekreuzigung aktivieren. Dies ist eine Adaption der sufischen Methode, bei der die Aktivierung in folgender Reihenfolge geschieht: Gelb-Rot-Weiß-Schwarz-Grün. Die Alchimie führt manchmal auch folgende Reihenfolge an: Schwarz (oder auch Grau = die partielle Entwicklung der ›schwarzen‹ Fähigkeit, Stirn); Weiß (Solarplexus, der zweite Punkt des Zeichens der Bekreuzigung); Grün (eine sufische Alternative für die rechte Seite der Brust); Zitronengelb (linke Seite der Brust, »Herz«); Rot (rechte Seite der Brust). Im zweiten Stadium der Übung erscheint manchmal der »Pfau« (buntschillernde Farben) im Bewußtsein. Dieses Zeichen, das die Alchimisten als sehr wichtig ansehen, ist den Sufis als besonderer Zustand bekannt, in dem das Bewußtsein von wechselnden Farben oder Photismen überflutet ist. Es ist ein Stadium vor der Stabilisierung des Bewußtseins und läßt sich in mancher Hinsicht mit den von halluzinogenen Drogen hervorgerufenen Farbhalluzinationen vergleichen. Die Sufis tragen Kleidung (oft Turbane) in der Farbe, die ihrer eigenen Entwicklung gemäß dieses Systems entspricht. Wer sich also nur aus literarischer Sicht mit der Alchimie beschäftigt, kann nur an geheimnisvollen Äußerungen herumrätseln, die überhaupt nicht kompliziert sind, wenn man ihre wahre Bedeutung kennt.

Licht-Vers

Der Licht-Vers aus dem Koran (Vierundzwanzigste Sure, Vers 36) sagt selbst, daß er ein Gleichnis gibt und seine innere Bedeutung metaphorisch zu verstehen ist.

Der Gedanke der Erleuchtung und besonders die vom Sufismus verwendete Analogie der Lampe gehen auf diesen Vers zurück. Die Übermittlung der Bedeutung der Lampen-Allegorie ist ein Teil der esoterischen Entwicklung des Sufismus; die Lampe muß erfahren werden, sobald das Bewußtsein des einzelnen in der Lage ist, sie wahrzunehmen. Dies ist der Licht-Vers:

Allah ist das Licht *der Himmel und der Erde. Sein Licht gleicht dem in einer Nische in einer Mauer, in welcher eine Lampe und die Lampe in einem Glas ist. Das Glas scheint dann wie ein leuchtender Stern. Es wird erhellt vom Öl eines gesegneten Baumes, eines Olivenbaumes, der weder im Osten noch im Westen wächst, dessen Öl fast ohne die Berührung des Feuers Licht gibt und dessen Licht über allem Lichte steht, und Allah leitet mit (zu) seinem Lichte, wen er will. So stellt Allah den Menschen Gleichnisse auf; denn Allah kennt alle Dinge. (Zitiert nach: Der Koran, Goldmann, München,* 1959*)*

Diese mystische Passage spricht das Wesen des Sufismus an und enthält eine verborgene Beschreibung des Wesens der Erkenntnis jener Dimensionen des menschlichen Bewußtseins, die jenseits des Intellekts liegen.

Naqshbandi

Der Naqshbandi-Orden ist eine der verbreitetesten sufischen Bruderschaften. Der Name heißt wörtlich die Maler, eine weitere der von den frühen klassischen Sufis angenommenen Berufsbezeichnungen für ihre Gemeinschaften. Der Orden hat eine esoterische und eine exoterische Schule. Viele persische Dichter benutzen das Wort *naqsh* (Diagramm, Gemälde, Landkarte u.s.w.), um die Beziehung zwischen diesen Sufis und dem »Gesamtplan« der menschlichen Entwicklung anzudeuten, zu der der Sufismus beitragen soll. Rumi benutzte das Wort NQSH schon lange bevor der vermutliche Gründer des Ordens, Bahaudin Naqshband, in Buchara lehrte. Er sagte: »Ich bin ein formgebender Graveur (NaQQASH), in jedem Augenblick forme ich ein Idol.« *(Diwan)*

Khayyam benutzt die gleiche Symbolik sogar noch früher: »Dieser Kreis der Welt ist wie ein Ring, und wir sind zweifellos das Siegel (NQSH) auf seiner Kante.« Die Naqshbandi verfolgen ihre spirituelle Linie über die meisten der frühen klassischen Lehrer bis auf Mohammed zurück. Der Orden betrachtet sich als eine sufische Wirkkraft, die nur teilweise in der äußeren Form einer äußerst strengen Derwisch-Schule zum Ausdruck kommt, welche dazu beiträgt, die kulturelle Identität ihrer Umgebung aufrechtzuerhalten. Bis zur republikanischen Revolution war der Orden in der Türkei sehr mächtig, und er dominierte zeitweise auch die Höfe der Ottomanen und der Mogule. Rumi bezieht sich auf die vergängliche Form der sufischen Schulen, die immer wieder umgeformt werden und auf neuen Gebieten in neuer Gestalt auftauchen, wenn er sagt: »Ich bin nicht von Wasser und nicht von Feuer und auch nicht des mörderischen Winds. Ich bin nicht vom geformten (MUNaQQiSH) Ton: ich habe sie alle verlacht.« (Diwan)

Nshr

NaSHaR	=	ausbreiten, verbreiten, ausstellen
NaSHaR	=	Holz sägen, streuen, verbreiten
NaSHaR	=	nach dem Regen grünen; ausbreiten (Blattwerk)
NaSHaR	=	wieder ins Leben rufen, wiederbeleben (die Toten)
NaSHiR	=	sich des Nachts auf einer Weide zerstreuen
NaSHr	=	Leben; süßer Duft; nach dem Regen sprießendes Gras

YaUM El-NNuSHUR = Tag der Auferstehung
NuSHARa = Sägemehl
MiNSHAR = Säge

Ibn El-Arabis Dichtername, der vom gleichen Radikal wie das Wort »Säge« abgeleitet ist, war nach der sufischen Methode ausgewählt. Seine Aufgabe im Sufismus war – wie wir aus den angeführten Ableitungen der NSHR-Wurzel ersehen können – die Verbreitung des Sufismus, die Wiedererweckung der Erkenntnis, die Erfrischung der Weide durch Regen *(baraka)*. »Holz sägen« wird auch verstanden als die lebenslange Bemühung des Sufis und auch als die Erzeugung von etwas Neuem (Sägemehl) durch die Bearbeitung des Materials (Holz); dies ist eine Variation der Umwandlungs- oder Gestaltungsanalogie der Sufis. In der Alchimie war es die chemische Umwandlung; die QLB-Wurzel (siehe dort) bezog sich auf die »Ausformung, Gestaltung«; in der NSHR-Wurzel liegt der Gedanke der Erzeugung (Sägemehl).

Punkte

NQT (»Punkt«, manchmal auch »Abkürzung«) ist bei den Sufis von großer Bedeutung zur Übermittlung der Lehre. Ein Aspekt der Vorstellung hat mit dem mathematischen Aspekt des Sufismus zu tun. Das arabische Wort für Mathematiker, Architekt ist *muhandis*. Es besteht aus den Buchstaben M, H, N, D, S, welche den Ziffern 40, 5, 50, 4, 60 entsprechen. Diese ergeben die Summe 159. In Hunderter, Zehner und Einer aufgesplittert erhalten wir:

100 = Q
50 = N
9 = T

Die drei Konsonate in der Reihenfolge 2, 1, 3 angeordnet, ergeben das Radikal NQT. In gewissen zeremoniellen Zusammenhängen wird das Wort »Punkt« als Chiffre verwendet für das Wort, aus dem man es ableiten kann – das Wort *muhandis*, der Erste Baumeister. Diese Zahlengruppe enthält noch eine Menge anderer Bedeutungen. So heißen zum Beispiel die ersten beiden Buchstaben auf arabisch »tiefe Meditation« (Q, N) – ein Wort, das für den Sufismus steht. Der verbleibende Buchstabe (T) steht nach der »okkulten« arabischen Wortliste für »innere Erkenntnis«. So kommt es in gewissen Situationen zu ganz besonderen Dialogen. Wird ein Schüler zum Beispiel in einem frühen Stadium der Schulung auf sein formales Wissen um den Gebrauch des Codes hin getestet, so mag es zu folgendem Dialog kommen:

Fragender: »Was bedeutet der ›Mathematiker‹?«
Antwort: »Er ist durch den Punkt (NQT) repräsentiert.«
F.: »Wie wird er buchstabiert?«
A.: »Wie ein Punkt.«
F.: »Was kommt nach der Meditation (QN)?«
A.: »Die innere Erkenntnis (der Buchstabe T).«

F. : »Sag, was ist es?«
A.: »Ich habe nur zwei Drittel – N und Q.«
F. : »Ich habe das dritte Drittel – T, es steht für ›verborgen‹.«

Qalb

Die Bedeutung des arabischen Wortes QLB beschränkt sich nicht auf das Wort QaLB, Herz, welches eine seiner gebräuchlichsten Formen ist. Für den Sufi hat QLB noch die folgenden Bedeutungen, alle direkte Ableitungen der Drei-Buchstaben-Wurzel:

QaLaB = etwas umkehren; eine Anspielung auf die sufische Aussage: »Die Welt ist verkehrt.«

QaLaB = das Mark aus einer Palme herausziehen. Die Palme ist das sufische Symbol für *baraka* und auch das Magische Quadrat der Fünfzehn. Das »Mark« wird im Sinne von Essenz, Lebenskraft benutzt.

QaLaB = rot werden. Das Reifen von Datteln, dem Produkt der Palme. Eine Allegorie für die sufische Entwicklung, später mit dem alchimistischen Gedanken des »roten Elixiers« assoziiert.

AQLaB = auf einer Seite gebacken sein. Gebraucht für Brot. In spezifisch sufischem Sinn die Bezeichnung einer Entwicklung und Umwandlung, bei der ein Ding (Teig) in etwas scheinbar anderes (Brot) umgewandelt wird.

TaqaLLaB = rastlos sein. Gebraucht für einen Schlafenden, der sich im Schlaf herumwälzt. Für die Sufis ein Wort, das die Unsicherheit des gewöhnlichen Menschen bezeichnet, der nach sufischem Verständnis »schläft«.

QaLB = umkehren, falsche Seite. Dies wird mit der Ausformung und einer (Guß)Form (QALiB) assoziiert, dem Werkzeug der Formung.

QaLB = Herz, Geist, Verstand, Seele; wesentlicher Gedanke; Mark, Quintessenz; bester Teil. Auch in dem zusammengesetzten Ausdruck *qalb el-muqaddas* (wörtlich: das Heilige Herz) gebraucht. Es steht für den Teil des Menschen, der Anteil am Göttlichen hat.

Die Buchstaben Q + L + B ergeben die Summe 132, genau wie der Name Mohammed (M + H + M + M + D), der den Logos oder das Wesen Mohammeds bezeichnet. Zweiunddreißig plus einhundert (Q) ergeben ein Drittel der Gesamtheit der Gottheit, der »neunundneunzig Namen des Schönen«.

Qutub

Qutub ist das berühmte unsichtbare Oberhaupt aller Sufis. Das Wort bedeutet wörtlich so viel wie Magnetischer Pol, Angelpunkt, Polarstern, Oberhaupt. In Zahlen übertragen ergibt das Wort die Summe 111 – die dreifache Einheit, die Dreieinigkeit, die dreifache Bestätigung der Wahrheit, die selbst eine Einheit ist. Teilt man die Summe in 100, 10 und 1 auf, so entspricht dies den Buchstaben Q, Y und A. Das aus diesen drei Buchstaben gebildete Wort QYAA heißt »leer sein, entleert sein«. Es ist das leere, geleerte, gereinigte »Haus«, in das die *baraka* hinabsteigt (das menschliche Bewußtsein).

Rose; Rosenkreuzer; Rosenkranz

Die Christen übernahmen den Rosenkranz von den Sarazenen. Sie übersetzten allerdings statt des Wortes *el-wardia* (wörtlich: der Rezitator) ein anderes Wort, das im Arabischen ganz ähnlich klingt und das so viel wie »Rosengarten, ein Kranz von Rosen« bedeutet. Der vollständige arabische Ausdruck für den Rosenkranz ist *el-misbat el-wirdiat* (der Preiser des Rezitators oder des Nahenden). Dies Wort (WRD) ist ein Fachausdruck für eine besondere Übung der Sufis oder Derwische. Die katholische Übersetzung ins Lateinische ist nicht so sehr eine Fehlübersetzung, als vielmehr eine Adaption der poetischen Methode der Sufis, ein ähnliches Wort zu wählen, um damit ein Wortbild zu erzeugen. So benutzen die Sufis statt des Wortes *wird* poetisch das Wort WaRD, die Rose.

Auf ähnliche Weise hat sich das Wort »Rosenkreuzer« entwickelt. Es ist eine direkte Übersetzung der Wurzel WRD in Kombination mit dem arabischen Wort für »Kreuz« – SLB. Die ursprüngliche Bedeutung ist WRD (Übung) zusammen mit SLB, »das Mark herausziehen«. So kam es dazu, daß SLB (was auch »Kreuz« bedeutet) in dem Ausdruck »Rosenkreuzer« auftaucht. Aber in Anspielung auf diesen Zufall oder diese poetische Parallele sagen die Sufis: »Wir haben das Mark des Kreuzes, während die Christen nur das Kruzifix haben.« In der Übersetzung geht der Sinn natürlich verloren. Ein ganzer Derwisch-Orden (der des Abdul-Qadir el-Jilani) hat sich um die esoterische Vorstellung von der Rose gebildet, dessen Gründer die Rose von Bagdad genannt wird. Die Unkenntnis dieses Hintergrundes hat zu vielen Spekulationen über die Rosenkreuzer geführt, die mit ihrem Namen nur sagen wollten, sie seien in Besitz der alten Überlieferung. Es ist die gleiche Überlieferung, die auch die sich parallel mit den Rosenkreuzern entwickelnde Alchimie für sich beansprucht, worauf auch Friar Bacon hinweist, der selbst als Rosenkreuzer, Alchimist und Illuminat bezeichnet wird. Die Frage, welchem dieser Kreise Bacon nun angehörte, erledigt sich mit der Erkenntnis, daß sie alle im Sufismus wurzeln, genauso wie die Frage, welche geheime Lehre wohl gemeint sei. Viele andere Elemente des Symbolismus der Rosenkreuzer sind sufisch. Martin Luther benutzte in seinem Wappen die Rose, das Kreuz und den Ring (die sufische *halka* oder Gruppe). Ein eingeweihter Sufi muß ihn darauf gebracht haben.

Saki

Den Mundschenk, dem so viele sufische Gedichte gewidmet sind, halten die Literaturkritiker gewöhnlich für eine imaginäre Gestalt. In der sufischen Praxis mag sich das Gedicht durchaus an eine Person richten, die eine gewisse Funktion im Gesamtzusammenhang hat, denn ein Gedicht braucht nicht immer allein zu stehen. Wird er in einer ganz bestimmten Funktion angesprochen, so mag durchaus ein Saki zugegen gewesen sein.

Außerhalb des sufischen Kontextes gibt es wenig Hinweise auf die Anwesenheit eines Saki. Sirajudin Ali beschreibt das Zusammentreffen eines Sufi-Meisters (Lai-Khur) mit einem Saki in der folgenden Geschichte:

In der afghanischen Stadt Ghasna gab es einen »Verrückten« namens Lai-Khur, der die unerhörtesten Dinge aussprach – eine sufische Methode, um die Aufmerksamkeit auf etwas zu lenken oder einen bestimmten Punkt zu verdeutlichen. Gegen Mitte des 12. Jh. kam der Dichter Sanai eines Tages an den Hof des Sultans Ibrahim, der Geißel der Hindus, um ihm am Vorabend einer seiner vielen Feldzüge nach Indien ein Lobgedicht zu überreichen.

Da hörte er in einem Garten einen Mann singen. Er blieb stehen und hörte, wie der »Verrückte« den Saki aufforderte, Wein zu bringen, damit er auf die Blindheit des Sultans Ibrahim trinken könne. Der Saki war mit diesem Trinkspruch nicht einverstanden. War Ibrahim nicht ein bewundernswerter Monarch? »Er ist blind«, sagte der Verrückte, »wenn er diese wundervolle Stadt verläßt, um solche sinnlosen Dinge zu tun – vor allem wo er hier gebraucht wird.«

Der nächste Trinkspruch war Sanai selbst, dem heimlichen Lauscher, gewidmet und seiner Blindheit. Auch dem wollte der Saki nicht zustimmen. Sanai sei doch ein hervorragender Dichter und ein gelehrter Mann. »Sanai«, so sagte der Verrückte, »hat keine Ahnung, wozu er geschaffen wurde. Alles was er tut, ist Lobgedichte für Könige zu schreiben, wenn man es von ihm verlangt. Sonst hat er in seinem Leben noch nichts geleistet.«

Dieser Bericht über die Bekehrung des Sanai zum Sufismus ist natürlich der Bericht über einen sufischen Wortwechsel, der hier formalisiert dargestellt wird. Da die Worte des Saki nie in die geschriebene Form des Gedichtes Eingang finden, haben wir keine Aufzeichnungen über solche Begegnungen, und so gibt es sie – aus der Sicht des Literaturkritikers – einfach nicht.

Sarazenisch-westlicher Austausch

Während der ganzen Zeit des erklärten Krieges zwischen den westlichen Herrschern und den heidnischen Sarazenen war der Austausch zwischen diesen beiden Machtgruppen sehr intensiv. Charlemagne, der Held des Christentums, kämpfte als Verbündeter eines mohammedanischen Herrschers. Abdurahman II. von Spanien schickte einen Gesandten – Yaha die Gazelle – zu einem normannischen König. Richard ›Löwenherz‹ (arabisch: *qalb el-nimr,* beides esoterische Begriffe der Sufis) soll vorgeschlagen haben, seine Schwester mit dem Bruder von Saladin zu verheiraten. Sie selbst war die Witwe des Königs von Sizilien; die sizilianischen Herrscher benutzten in ihren Wappen sufische Formeln. Der Bruder von Richard Löwenherz, John, der 1209 exkommuniziert wurde, sandte eine Gesandtschaft von England an den spanisch-marokkanischen Oberbefehlshaber der Gläubigen und bot ihm seinen Übertritt zum Islam an. Richard selbst heiratete im Jahre 1191 Berengaria von Navarra, deren Bruder, Sancho der Starke, ein enger Verbündeter der spanischen Araber war. John bereitete sich im Jahre 1211 darauf vor, die Albigenser militärisch zu unterstützen, die zweifellos von der sufischen Kultur durchdrungen waren. Isabella von Kastilien wurde mit Edmund von York vermählt; sie stammte von Mohammed dem II. von Sevilla ab. Der sufische Einfluß, der zu dieser Zeit von Spanien ausging, schloß den Mohrentanz (Morris) ein. John of Gaunt, der die Tänzer vermutlich nach England brachte, war der Mäzen von Chaucer, welcher sufisches Material benutzte. Die Lords of Aragon waren direkte Nachfahren der mohammedanischen Könige von Granada. Heute soll es etwa 50000 englische Nachfahren der Beni Omeyya aus der Linie von Pedro dem Grausamen geben. Thomas à Becket (1119–1170), Kanzler und Erzbischof von Canterbury, um dessen Leben und Sterben sich viele Spekulationen über seinen spirituellen Hintergrund ranken, soll eine sarazenische Mutter gehabt haben (Hitti, a.a.O., S. 652). Shams el-Doha ist der arabische Name einer englischen oder schottischen Prinzessin, die dem marokkanischen Herrscher Abu el-Hasan (1330–1380) vermählt wurde; ihre Gräber finden sich in den Ruinen von Shilla, in der Nähe von Rabat. Der griechische Kaiser Cantacuzenus verheiratete im Jahre 1346 seine Tochter mit dem türkischen Herrscher Orkhan. Orkhan baute die Elitetruppe der Janissarier auf, die dem Sufi-Lehrer Jaji Bektash Gefolgschaft leisteten. Nach dem Verständnis des Islam ist es unmöglich, Ungläubigen mohammedanische Frauen zu geben. Daß es zu solchen Heiraten kam, ist eine Bestätigung der östlichen Überlieferung, die besagt, es hätte ein esoterisches Einverständnis zwischen den Mohammedanern jener Zeit und den dem Namen nach christlichen Familien gegeben, die derart enge Beziehungen hatten. Sowohl die damals notwendige Vorsicht als auch darauffolgende religiöse Propaganda haben verhindert, daß dies bekannt wurde.

Sich-Besinnen

Das Wort *dhikr* (das in nicht-arabischen Ländern *sikr* ausgesprochen wird) bezeichnet bestimmte Übungen, die von Beginn der Derwisch-Schulung an ausgeführt werden. Die Grundbedeutung des Wortes ist »Er-innerung« und es wird im Sinne von »sich besinnen auf, eingedenk sein, Anrufung« benutzt. »Sich-Besinnen« ist auch als ein Fachausdruck für die religiöse Aktivität der Derwische bekannt. Das erste Stadium ist die Besinnung auf sich selbst, dann auf die Harmonie mit einem größeren Bewußtsein. Auf verschiedene Weisen muß der Schüler sich besinnen und sich selbst erkennen, diese Übung jedoch bald wieder zurücklassen, damit sie nicht zum Selbstzweck wird. Einige Nachahmer des Sufismus, die sufische Zusammenkünfte beobachtet haben, haben diese Technik imitiert. Der große Hakim Sanai warnt vor zu viel ›Sich-Besinnen‹ und weist darauf hin, daß diese Technik nur während eines frühen Stadiums angewendet wird: »Sich-Besinnen gibt es nur auf dem Weg des Kämpfens; Sich-Besinnen, Wiederholung findet man nicht im Kreis der Erfahrenen.« *(Der ummauerte Garten der Wahrheit)*

Sieben Menschen

Im Laufe der sufischen Entwicklung muß der Suchende durch sieben vorbereitende Stadien gehen, bevor seine Persönlichkeit zur vollen Entfaltung kommt. Diese Stadien, die manchmal »Menschen« genannt werden, sind Grade der Umwandlung des Bewußtseins, die mit dem Fachausdruck *nafs* (Atem) bezeichnet werden. Jedes dieser Entwicklungsstadien ermöglicht eine weitere Bereicherung des Seins unter der Anleitung eines erfahrenen Lehrers:

1. *Nafs-i-ammara* (der entartete, gebieterische *nafs*)
2. *Nafs-i-lawwama* (der anklägerische *nafs*)
3. *Nafs-i-mulhama* (der inspirierte *nafs*)
4. *Nafs-i-mutmainna* (der stille *nafs*)
5. *Nafs-i-radiyya* (der erfüllte *nafs*)
6. *Nafs-i-mardiyya* (der erfüllende *nafs*)
7. *Nafs-i-safiyya wa kamila* (der geläuterte und vollendete *nafs*)

Der *nafs* geht durch Prozesse, die man »Tod und Wiedergeburt« nennen kann. Der erste dieser Prozesse, der Weiße Tod, kennzeichnet die Initiation des Schülers; dieser beginnt damit, den automatischen und emotionalen *nafs* neu zu ordnen, um ihn zu einem Werkzeug zur Aktivierung des Gewissens zu machen und damit zum zweiten *nafs* überzugehen. Die Adjektive »still, erfüllend« usw. bezeichnen die Wirkung auf den einzelnen, auf die Gruppe und die Gesellschaft im Ganzen, es sind die im jeweiligen Stadium besonders ausgeprägten Funktionen.

Zu den bezeichnenden Phänomenen der sieben Stadien, die während der sufischen Schulung zutage treten, gehören die folgenden:

1. Das Individuum, das keine Kontrolle über sich selbst hat, hält sich für eine einheitliche Persönlichkeit. Es lernt nun, daß es wie alle unreifen Individuen eine vielfältige und wechselnde Persönlichkeit hat.
2. Das Erwachen der Selbst-Bewußtheit und der »Anklage«. In diesem Stadium erkennt man das automatische Denken als solches.
3. Der Beginn der wahren geistigen Integration. Das Bewußtsein wird in die Lage versetzt, auf einer höheren Ebene zu funktionieren, als es bisher gewohnt war.
4. Stille Ausgeglichenheit, das Gleichgewicht der Individualität.
5. Die Kraft der Erfüllung, neue Erfahrungsdimensionen, die nicht beschreibbar, nur durch Analogiebildung andeutbar sind.
6. Eine neue Aktivität und Wirkungsweise, die außerordentliche Dimensionen der Individualität einschließt.
7. Vollendung der Aufgabe der Erneuerung, die Fähigkeit, andere zu lehren, das Vermögen objektiver Erkenntnis.

Simurgh

Der *simurgh* (dreißig Vögel) ist ein Codewort für die Entwicklung des Bewußtseins durch »China«. China ist sowohl im Persischen als auch im Arabischen ein Codewort für das System der Meditation und die sufische Methodenlehre. Der große Attar kleidet diese Lehre in eine Allegorie *(Parlament der Vögel,* Kap. II):

»Einst, aus der Dunkelheit heraus, offenbarte sich der Simurgh in China. Eine seiner Federn fiel zur Erde; man machte ein Bild davon, und dies hängt auch heute noch im Museum in China. Deshalb heißt es: ›Suche die Erkenntnis, und sei es auch in China‹. Wäre diese Feder des Simurgh nicht in China sichtbar geworden, so hätte die Welt keine Kunde von verborgenen Dingen erhalten. Und dieser kleine Hinweis auf seine Wirklichkeit ist ein Zeichen seiner Herrlichkeit. Alle Seelen tragen in sich das Bild des Umrisses dieser Feder, und das Unterfangen ihrer Beschreibung hat weder Anfang noch Ende. Darum, Ihr Menschen des Pfades, wählt diesen Weg und beginnt Eure Reise.«

Dies sagt in verschlüsselter Form: »Im Bewußtsein des Menschen gibt es eine Fähigkeit. Zu einer bestimmten Gelegenheit wurde sie durch eine gewisse Form der tiefen Sammlung aktiviert und wurde dann nachgeahmt. Ohne diese Fähigkeit haben wir keine Möglichkeit der Entwicklung. Jedermann besitzt sie in embryonaler Form; sie steht in Zusammenhang mit der Ewigkeit. Kommt, begebt euch auf den Weg.«

Sprachen

Viele der Adepten des Sufismus haben es abgelehnt, die arabische Sprache zu benutzen – auch wenn sie damit wohlvertraut waren – außer für ganz bestimmte Zwecke. Sie halten an dieser Praxis gewöhnlich auch in Kreisen fest, in denen man die Beherrschung des Arabischen als eine Grundvoraussetzung des ›gebildeten Menschen‹ betrachtet. So haben literarisch gebildete Beobachter selbst einige der größten sufischen Meister gelegentlich für ›ungebildet‹ gehalten. Es gibt viele Geschichten zu diesem Thema. Die Gründe für den Nicht-Gebrauch des Arabischen waren:

1. Folgt der Sufi zu diesem Zeitpunkt dem ›Pfad des Tadels‹, so ist es notwendig, daß er bei seinen Zuhörern ein Gefühl der Zurückweisung erzeugt. Im Falle eines so sprachbewußten Volkes wie der Araber geschieht dies am besten, indem man ihre Sprache nicht spricht – aus ihrer Sicht ist das ein schwerer Mangel.
2. Da sich die Vorstellung von der arabischen Überlegenheit so sehr festgesetzt hat, muß der Sufi den einzelnen von der Meinung abbringen, jeder große Mann müsse Arabisch sprechen.
3. Der Sufi kann nicht in den von anderen aufgestellten Rahmen einer scholastischen Kultur gepreßt werden, ohne daß seine Lehren dadurch verwässert werden.
4. Es gibt ganz bestimmte Umstände, unter denen eine Kommunikation auf verbaler Grundlage, mit den herkömmlichen Methoden, nicht angezeigt ist. Der »Zustand« des Sufi sagt ihm, wann dies der Fall ist. Der gewöhnliche Mensch jedoch, dessen Wahrnehmung nicht so geschärft ist, bemüht sich bei einem Zusammentreffen unbedacht um den Austausch von Informationen und Gedanken, da er den Gebrauch der sprachlichen Fähigkeiten für notwendig und ausreichend hält.

Von dem großen Sufi und Scheich von Khurasan, Abu Hafs el-Haddadi, sagt man, er spreche kein Arabisch (Hujwiri, *Offenbarung des Verhüllten*). Er verständigte sich über Dolmetscher. Als er jedoch nach Bagdad kam, um solche Größen wie Junaid aufzusuchen, sprach er plötzlich ein von niemandem übertroffenes Arabisch. Dies ist eine typische Geschichte. Der Sufi, dem der Sufismus wichtiger ist als alles andere, wird eine solche Technik in den Prozeß seiner Selbst-Entwicklung einbeziehen und sie mit dem Eindruck, den er auf andere Menschen macht, kombinieren. Es ist niemals sein Ziel, sich in akademischen Kreisen einen Namen zu machen. Jene, die den Sufismus als einen persischen Kult sehen, dessen Anhänger auf die Araber nicht gut zu sprechen waren und die deshalb versuchten, die Bedeutung des Arabischen herunterzuspielen, mißverstehen die Rolle der Sprache im Sufismus völlig. Es wird berichtet, daß ähnliche Techniken auch auf den Gebrauch anderer Sprachen angewendet wurden.

Der Sufi-Lehrer

Im Menschen liegt ein »Schatz« verborgen, und man findet ihn nur, wenn man danach sucht. Es ist, als läge dieser Schatz in einem Haus (den festen Denkmustern), das niedergerissen werden muß, ehe man den Schatz finden kann. Über das »Elefant im Dunkeln«-Haus sagt Rumi: »Hätte es Licht in dem Haus gegeben«, dann hätte man die Vielfalt als Einheit erkannt. Der Mensch sieht nur Bruchstücke der Dinge, da sein Geist in Denkstrukturen gefangen ist, die die Welt nur in kleinen Stücken auffassen können.

Eine Aufgabe des Lehrers ist, dem Schüler diese Tatsache zu verdeutlichen. Rumi hat ein Gedicht darüber geschrieben (Mathnawi, Buch IV):

Zerstöre dein Haus, und mit dem Schatz der sich darin verbirgt
Wirst du tausend neue Häuser bauen können.
Der Schatz liegt unter ihm, daran ist nichts zu ändern,
Drum zaudere nicht es abzureißen, verschwende keine Zeit!
....
Diesen Preis gewinnst du nur, wenn du das Haus zerstörst:
....
»Der Mensch bekommt nichts, ohne dafür zu arbeiten.«
Sonst wirst du dir die Haare raufen und sagen »Ach,
Dieser strahlende Mond, er war verborgen unter einer Wolke.
Ich habe nicht getan, was man zu meinem Guten mir geraten hat;
Nun sind Haus und Schatz verwirkt und meine Hand ist leer.«

Tarika, Tariqa

Der Sufi folgt auf seiner Wanderschaft einem *tariqa* (TaRIQa) – das Wort bedeutet mehr als nur Weg oder Pfad:
Tariqa = Bahn; Lebensregel; Richtung, Strahl; Oberhaupt eines Stammes; Mittel; Derwischorden.
So wie auch andere arabische Drei-Buchstaben-Wurzeln enthalten die TRQ-Wurzel und ihre Ableitungen Elemente, die mit dem Sufismus und der esoterischen Überlieferung in Zusammenhang gebracht werden:

TaRQ	=	der Klang eines Musikinstruments
TaTaRRaQ Li-	=	hinzielen auf, wünschen, annähern an
ATRaQ	=	mit niedergeschlagenen Augen schweigend verharren
TaRRaQ Li-	=	den Weg bahnen zu
TaRaQ	=	bei Nacht zu irgend jemandem kommen
TuRQaT	=	Weg, Straße; Methode; Brauch
TaRIQAt	=	hohe Palme

In der Derwisch-Überlieferung wird dieses Wort folgendermaßen erklärt: »*Tariqa* ist der Pfad und auch die Leitung einer Gruppe, in der die Überlieferung lebt. Es ist eine Lebensregel, eine dünne Richtlinie, die sich durch das gewöhnliche Leben zieht, die manchmal durch musikalische Klänge erhalten wird. Es findet sichtbaren Ausdruck in der Palme. *Tariqa* selbst bahnt den Weg und steht in Zusammenhang mit der Meditation, dem schweigenden Besinnen, so wie ein Mann während der Stille der Dunkelheit ins Gebet vertieft ist. Es ist sowohl das Ziel als auch die Methode.« *(Nishan-Nama)*

Tarot

Die Tarot-Karten, von denen die europäischen Spielkarten herkommen, wurden 1379 in den Westen eingeführt. Nach Feliciano Busi berichtet eine Chronik: »Im Jahre 1379 brachte man nach Viterbo das Kartenspiel, das aus dem Land der Sarazenen kommt und von ihnen Naib genannt wird.« *Naib* ist ein arabisches Wort, das »Stellvertreter« heißt, und das Material, dem die Tarot-Karten nachgebildet wurden, existiert noch. Es ist »stellvertretendes« Material, welches eine Allegorie der Lehre der sufischen

Meister über gewisse kosmische Einflüsse auf den Menschen bildet. Dies Material ist in vier Abteilungen unterteilt, die *turuq* genannt werden (vier Wege) – das Wort, von dem »Tarot« zweifellos abgeleitet ist. Das spanische Wort *naipe* (Karte) dürfte von dem arabischen *naib* herkommen. Das im Westen bekannte Tarot ist kabbalistisch beeinflußt, deshalb enthält es Vorstellungen, die in der ursprünglichen Form nicht vorhanden waren.

Templer

Eine wichtige Tatsache weist darauf hin, daß die Templer in Begriffen des sufischen, und nicht des salomonischen ›Tempels von Jerusalem‹ dachten. Die »Tempel«-Kirchen, die sie errichteten, wie z. B. die in London, sind nach dem Vorbild des Tempels gestaltet, den die Kreuzfahrer vorfanden, und nicht nach einem früheren Gebäude. Dieser Tempel war der oktagonale Felsendom, der im siebenten Jahrhundert nach sufischen mathematischen Verhältnissen errichtet und im Jahre 913 restauriert wurde. Die sufische Legende von der Erbauung des Tempels stimmt mit der vermeintlich freimaurerischen Version überein. So ist zum Beispiel der ›Salomon‹ der Legende der sufischen ›Baumeister‹ nicht der biblische ›König Salomon‹, der der Sohn Davids war, sondern der sufische »König« (Meister) Maaruf Karkhi (gest. 815), der Schüler (und damit spirituelle Sohn) des Daud (David) von Tai (gest. 781), den die Sufis deshalb verschlüsselt als ›Salomon‹ bezeichnen. Der große Mord, dessen die sufischen Baumeister gedenken, ist nicht der der freimaurerischen Tradition. Der Märtyrer der sufischen Baumeister ist Mansur el-Hallaj (siehe Anmerkung: Hallaj). Die Säulen des Tempels sind keine Säulen aus Stein, sondern bezeichnen große Personen – nach dem Brauch der Araber, einen ›Ältesten‹ eine ›Säule‹ zu nennen. Eine der sufischen Säulen ist Abulfaiz, der manchmal auch Abuazz genannt wird. Er ist der Urgroßvater (drei Generationen der Überlieferung der Lehre zurück) von »David« (Maaruf Karkhi) und ist kein anderer als Thuban Abulfaiz Dhu'l-Nun, der Ägypter, Gründer des Malamati-Ordens der Sufis, auf dessen Ähnlichkeit mit der Freimaurerei man oft hingewiesen hat. Er starb im Jahre 860 und wird auch der König und Bewahrer der ägyptischen Geheimnisse genannt.

Tod und Wiedergeburt

Die Aussage, der Mensch müsse »sterben bevor er stirbt« (Mohammed) oder er müsse in diesem Leben »wiedergeboren« werden, findet sich in vielen verschiedenen esoterischen Lehren. In den meisten Fällen jedoch wird die Aussage symbolisch verstanden, und man erinnert nur durch eine äußerliche Nachahmung oder ein Ritual daran. Für die Sufis, die glauben, daß sie den ursprünglichen Sinn dieser Lehre bewahrt haben, sind die drei wichtigsten Stufen der Initiation durch einen »Tod« gekennzeichnet. Der Adept geht dabei durch ganz bestimmte Erfahrungen, für die der Fachausdruck »Tode« benutzt wird. Die tatsächliche Initiationszeremonie erinnert nur an dieses Ereignis und dramatisiert nicht etwa den Tod nur als ein Symbol. Die drei »Tode« sind:

1. der Weiße Tod
2. der Grüne Tod
3. der Schwarze Tod

Die psychologischen und andere Übungen, die zu den so bezeichneten spirituellen Erfahrungen hinführen, schließen folgende wichtigen Faktoren ein:

1. Enthaltsamkeit und die Kontrolle der physischen Funktionen
2. »Armut«, wie die Unabhängigkeit von materiellen Dingen
3. Emotionale Befreiung durch die Übung der Überwindung unnötiger Hindernisse und das »Spielen einer Rolle«, um die Reaktionen anderer Menschen zu beobachten.

Die Schulung unter einem Meister folgt einem bestimmten Muster, das dem Schüler Gelegenheit gibt, diese drei Stadien bewußt zu erleben. Da der Sufismus den normalen Aufbau der »Welt« als Übungsgrund benutzt, beinhalten die drei Tode immer besondere Unterfangen, die innerhalb der menschlichen Gesellschaft durchgeführt werden müssen. Sie führen schließlich zu den durch die drei »Tode« gekennzeichneten spirituellen Erfahrungen und der darauffolgenden »Wiedergeburt«, der Umwandlung, die daraus resultiert.

Verborgene Sufis

Es gibt verschiedene Formen unsichtbarer Heiliger (»Freunde«). Nach der sufischen Lehre entspricht ihre Existenz dem allgemeinen menschlichen Bedürfnis nach der Repräsentation bestimmter psychischer oder psychologischer Aktivitäten innerhalb der Gemeinschaft. Hujwiri sagt in der *Offenbarung des Verhüllten:* »Unter ihnen sind Viertausend, die verborgen sind, und die sich weder gegenseitig erkennen noch selbst um ihre eigene Vortrefflichkeit wissen. Sie sind unter allen Umständen vor sich selbst und vor der Menschheit verborgen. Solches ist uns überliefert worden, die Aussprüche der Heiligen bestätigen dies, und ich habe – Gott sei es gelobt – diese Dinge mit eigenen Augen gesehen.«

E.H. Whinfield schreibt in der Einleitung zu seiner Übersetzung des *Mathnawi* in etwas zeitgemäßeren Formulierungen über diese Menschen:

»Eine äußerst bemerkenswerte Lehrmeinung ist die über die unerkannten Heiligen. Auf der Erde gibt es immer viertausend Menschen, die, sozusagen, Heilige sind, ohne es zu wissen. Es sind jene, die mit einer natürlichen Güte geboren werden, welche sie ohne Mühe in Bereiche hebt, die zu erreichen die meisten anderen sich umsonst bemühen. Sie sind aufrechte, freundliche, selbstlose Seelen, begabt mit einer natürlichen Intuition des Guten und dem natürlichen Hang, Gutes zu tun, mit der Standfestigkeit und dem Wohlbefinden jener Leute, die von ihrer Gesellschaft voll anerkannt werden und deren Andenken, wenn sie einmal gestorben sind, im Herzen von zwei, drei Menschen bewahrt wird, die sie geliebt haben. Spontane Güte dieser Art ist nicht von Regeln oder Formen abhängig; es ist die innere Einstellung, nicht die Beachtung äußerer Regeln, die die Quelle ihrer Güte ist. ›Für solche Menschen gibt es kein Gesetz.‹ Sie haben eine eigene Art zu denken und einen Charakter, welche völlig unberührt bleiben vom Lob oder dem Tadel der ›oberflächlichen Menschen‹.« Die sufische Lehre räumt diesen Menschen einen Platz in der Gesamtstruktur der Evolution der Menschheit ein.

Quellentexte des Sufismus bei Diederichs: Hafis · Gedichte aus dem Divan (mit Illustrationen von Ernst Schneidler) / Al Ghasali · Das Elixier der Glückseligkeit / Persische Märchen